W9-AHC-610

der Evidenz

A-Z

DETOX
NOW

ZIEL
ZIEL
ZIEL
ZIEL
ZIEL

Markt der
Möglichkeiten

t der
ssenschaft

Paradies der Phantasie

Dr. med.
ECKART von HIRSCHHAUSEN

WUNDER WIRKEN WUNDER

WIE MEDIZIN UND MAGIE UNS HEILEN

ROWOHLT

Für Ulla

1. Auflage Oktober 2016
Copyright © 2016 by Rowohlt Verlag GmbH,
Reinbek bei Hamburg
Redaktion Susanne Herbert, Andy Hartard,
Amanda Mock, Rolf Degen
Gestaltung & Illustration Jörg Asselborn
Graphiken S. 60, 177, 261, 304/305 Dirk von Manteuffel
Pinguin-Illustration Jörg Pelka
Satz aus der DTL Documenta PostScript, InDesign,
bei Dörlemann Satz, Lemförde
Druck und Bindung
GGP Media GmbH, Pößneck, Germany
ISBN 978 3 498 09187 3

Inhalt

Auch Supermänner brauchen Erdung. Sie bekommen einen handlichen Koffer voller Ideen: von Superfood bis Bäume umarmen, von Superspezialisten bis Hühnersuppe, um zwischen beiden Welten mit Freude wechseln zu können, je nach Bedarf. **Guten Flug!**

Die Wissenschaft hat die Magie aus der Medizin vertrieben. Aber nicht aus uns Menschen.

Wenn ich als Kind hingefallen war, tröstete mich meine Mutter. Sie pustete und sprach die magischen Worte: «Schau mal, Eckart, da fliegt das Aua durchs Fenster!» Und ich habe es wirklich fliegen sehen. Sogar durch geschlossene Fenster. Mein ganzes Medizinstudium habe ich darauf gewartet, dass mir ein gelehrter Professor erklärt, warum das Aua fliegen kann. Denn ich wusste ja seit meinem vierten Lebensjahr, dass es geht. Diese Phänomene werden aber in der langen und teuren Ausbildung mit keiner Silbe erwähnt. Und je länger ich darüber nachdenke, desto beschränkter finde ich das. Ich bin heilfroh über alles, was es heute an Wissen und Möglichkeiten gibt, von der Schmerztablette bis zur Palliativmedizin. Aber manchmal braucht es nur jemanden, der dich einfach in den Arm nimmt und pustet!

Und selbst wenn ich als erwachsener Mensch irgendwann so aufgeklärt, so abgeklärt, so zynisch geworden bin, dass ich an die Flugfähigkeit von Schmerz nicht mehr glauben kann oder mag ... Kurz gesagt: Es wäre dem Kind gegenüber immer noch eine unterlassene Hilfeleistung, aus Klugscheißerei NICHT zu pusten!

Wissen ohne Zuwendung bleibt kalt. Und Zuwendung ohne Wissen bleibt manchmal unter unseren Möglichkeiten.

Deshalb schreibe ich dieses Buch.
Für Sie und für alle, die außer Puste sind.

Ihr *Eckart v. Hirschhausen*

Damit Sie sich nicht wundern

Wenn es bei uns zu Hause Vanilleeis mit heißen Himbeeren gab, freuten sich alle. Nur mein Vater kommentiert das bis heute lachend mit dem immer gleichen Spruch: «Das ist doch thermodynamischer Unsinn.» Als Naturwissenschaftler ist es ihm ein Gräuel, dass man die eine Substanz erhitzt und die andere mühsam kühlt, um dann beides zusammen auf einen Teller zu tun. Gegessen hat er es trotzdem sehr gerne. Auch mit Nachschlag, selbst wenn sich die verschiedenen Temperaturzonen der Beeren und des Eises angenähert hatten – so wie die Grundsätze der Wärmelehre das vorhersagen.

Meine Mutter war und ist der Herzensmensch der Familie, sie hält alle Kontakte, Freundschaften und Planungen zusammen und weiß immer, wie es gerade wem geht. Auch am Telefon reicht ein «Hallo», und sie spürt, ob etwas los ist. Ich bin dankbar für diese beiden Prägungen. Und dafür, dass meine Eltern mich gefördert haben, einen ganz eigenen Weg zu gehen. Keiner ahnte, wohin das einmal führen würde, als ich mit acht Jahren meinen ersten Zauberkasten geschenkt bekam und anfing, Witze zu sammeln. Was ich über Täuschung und Komik von der Pike auf gelernt habe, prägt mein Denken bis heute. Genauso wie all die Jahre, in denen ich Medizin studieren und die Welt der Gesundheit kennenlernen durfte.

Von dieser Mischung leben dieses Buch und ich. Es ist anders als meine bisherigen, weil es um mehr geht als um Leber, Glück oder Liebe. Es geht ums Leben, Lachen und Weinen, um Krankheit und Heilung, Erklärliches und Wundersames und den Tod. Es ist mein persönlichstes Buch. Gesundheit – und die verschiedenen Wege zu ihr – sind mein Lebensthema.

Als ich anfing zu schreiben, hatte ich ein sehr ehrgeiziges Ziel: den Streit zwischen Schul- und Alternativmedizin zu schlichten. Auf dem Weg habe ich bemerkt: Das ist schlicht unmöglich. Ich hatte naiv angenommen, dass dieser Streit ja erst seit ein paar Jahren bestünde. Inzwischen ist mir klar: Den gibt es seit 250 Jahren, und er wird uns alle überleben. Ich bin nicht auf einer «Seite». Deshalb hat dieses Buch so viele Seiten. Wissenschaft heißt zweifeln. Mensch sein heißt auch glauben und irren und weiter auf der Suche sein.

Wir leben in einer seltsamen Übergangszeit mit vielen Umbrüchen, mit unglaublichen Möglichkeiten und gleichzeitig einem tiefen Vertrauensverlust gegenüber der Medizin. Wir können heute im Internet per Mausklick alles Wissen abrufen, und gleichzeitig geht viel Wissen darüber, was uns guttut, in der digitalen Welt und der Logik der Ökonomie verloren.

Deshalb bin ich inzwischen bescheidener geworden. Es ist unmöglich, alle Heilmethoden und ihr Für und Wider zu kennen, geschweige denn zu beschreiben. Vor Ihnen liegt das Beste, was ich Ihnen geben kann.

Ich habe viel Zeit und Mühe in die Recherche gesteckt, und ich ziehe aus allem meine persönlichen Schlüsse und Konsequenzen, ohne Anspruch auf Vollständigkeit. Dies Buch soll ja auf Ihrem Nachttisch Platz finden, so kompakt sein, dass es ohne fremde Hilfe bewegt werden kann. Aber jeder wird etwas vermissen, ein Verfahren, eine Theorie oder einen Guru.

Ich wünsche mir, dass Sie möglichst viel aus diesem Buch schöpfen können: Einsichten, Lesefreude, Aha-Erlebnisse, Dinge zum Schmunzeln, Ideen für Ihr Leben und Orientierung im komplexen Gesundheitswesen.

Ich möchte Prinzipien aufzeigen, die Sie im besten Fall so noch nicht im Zusammenhang gesehen haben. Ich bin den Streit zwischen Schul- und Alternativmedizinern leid, die in endlosen Grabenkämpfen viel Energie verlieren und es dem Patienten schwermachen, sich in den verschiedenen Welten gut zurechtzufinden. Ich möchte erklären, wie man «wirksam» von «unwirksam» unterscheiden kann, warum das machbar ist, aber oft nicht gemacht wird. Und ich möchte Ihnen erläutern, dass den größten Hebel für Ihre Gesundheit *Sie* selbst in der Hand haben.

Die Texte in den Kapiteln sind unterschiedlich, mal kurz, mal lang, mal faktenorientiert, mal persönlich. Lesen Sie, was Ihnen gefällt.

Mein Freund Paul bestellt zum Beispiel immer beim Universum seine Parkplätze, fährt aber Fahrrad, was für ihn und das Universum sowieso das Beste ist. Wir kennen uns schon lange. Wir mögen uns. Und wir haben manchmal sehr unterschiedliche Sichtweisen auf die Dinge. Neulich frühstückten wir zusammen, da fiel sein Toast vom Tisch auf den Teppich – natürlich auf die Butterseite. Sofort rief er aus: *«Murphy's law!»* Ich überlegte kurz und hielt dagegen: «Nee, Newton!»

Da prallten sie wieder aufeinander, unsere Weltsichten. Für ihn war der Toast ein Beleg dafür, dass ihm immer das Blödeste passiert, was überhaupt möglich ist, eben Murphys Gesetz. Ich entgegnete: «Lieber Paul, es kann gut sein, dass du so eine zentrale Figur im Universum darstellst, dass es da dunkle Mächte gibt, die sich rund um die Uhr damit beschäftigen, wie sie dir persönlich das Leben schwermachen können. Aber eine Grundannahme des wissenschaftlichen Denkens lautet: Nimm nicht mehr Dinge zur Erklärung eines Phänomens an, als du brauchst. Und mir reichen an Kräften die Rotation und die Gravitation. Der Toast hat gar keine andere Wahl, denn wenn er von der Höhe der Tischkante fällt, kann er sich nur genau ein halbes Mal drehen, bevor er auf dem Erdboden landet, und deshalb liegt er folgerichtig auf der Seite, die vorher oben war.»

Paul mochte es nicht, von mir belehrt zu werden, und grantelte: «Du immer mit deiner Wissenschaft.» Ich kam aber gerade erst in

Fahrt: «Paul, das ist nicht *meine* Wissenschaft. Das ist ein Prozess, der von vielen Menschen parallel vorangetrieben wird, in dem man Thesen über die Welt aufstellt, sie überprüft und dann die These bestätigt findet oder verwirft.»

«Dein Pech, aber was hat das mit meinem Toast zu tun?»

«Wir können ein Experiment machen, wer von uns beiden recht hat. Du lässt den Toast fallen, aber aus doppelter Höhe. Und wenn er immer noch auf der Butterseite landet, und das immer wieder, dann stimmt Murphys Gesetz.»

Widerwillig willigte Paul ein und ließ den Toast fallen. Was passierte? Dank Erdanziehung und Schwung machte die Scheibe eine ganze Drehung und landete auf der Seite *ohne* Butter.

Ich war so stolz und dachte, Paul wäre jetzt restlos überzeugt. Pustekuchen. Paul schrie mich an: «Gib doch zu, du hast mit Absicht die Butter auf die falsche Seite gestrichen!»

An dieser Geschichte ist vieles wahr. Jeder Mensch bastelt sich seine Weltsicht, die mal besser, mal schlechter zur Realität passt. Der Gedanke, dass es das Universum gut oder böse mit uns meint, scheint uns leichter erträglich zu sein als der, dass wir womöglich dem Universum persönlich gar nicht so wichtig sind. Wenn jemand kommt, der unsere liebgewonnenen Überzeugungen nicht teilt und in Frage stellt, fühlen wir uns schnell angegriffen statt um eine Sichtweise bereichert. Die Idee, zwischen einer hinreichenden Erklärung (Rotation, Gravitation) und darüber hinausgehenden Spekulationen (es gibt noch zusätzliche Kräfte, die da wirken) zu unterscheiden, wird uns in diesem Buch noch oft begegnen.

Kein Mensch denkt nur auf eine Art. Bei den allermeisten von uns existieren mehrere Denk- und Glaubenssysteme munter nebeneinander: das intuitive Bauchgefühl und das kühle Kopfsystem, das die Dinge systematisch hinterfragt. Ein Bauchgefühl haben wir sofort, und oft liegen wir damit richtig, vor allem, wenn es sich um einen Bereich handelt, in dem wir viel Erfahrung haben. Wenn es um wichtige und weitreichende Konsequenzen geht, lohnt sich aber der Aufwand, sein Denken nicht nur dem Bauch zu überlassen. Deshalb wundern Sie sich nicht, wenn ich nicht alles nur von einer Warte aus beschreibe. Wenn ich berichte, wie es mir als Patienten und Angehörigem ergangen ist, bin ich persönlich und privat betroffen und damit automatisch weniger objektiv. Auch wenn ich von charismatischen Begegnungen erzähle, bin ich natürlich kein kritischer Beobachter von außen. Als Zauberkünstler befinde ich mich wieder in einer anderen Rolle und lasse Sie hier auch gerne hinter die Kulissen der Täuschungskunst blicken.

Wenn ich als Arzt Dinge beschreibe, halte ich mich an feste Spielregeln: Wenn ich etwas behaupte, erkläre ich auch, wie ich darauf komme. Hinter vielen flapsigen Formulierungen stecken Studien, Interviews mit Forschern und Heilern und andere Quellen.

Jeder darf die Schritte und die Resultate in Frage stellen oder mit eigenen Ergebnissen bessere Erklärungen vorschlagen. In der Wissenschaft hat keiner die Wahrheit mit Löffeln gefressen. Wir sprechen über den Stand des Wissens – und gleichzeitig über den aktuellen Stand des kollektiven Irrtums.

In diesem Sinne lade ich Sie ein, nicht immer meiner Meinung zu sein. Wir sind alle viele! In jedem gibt es verschiedene Sichtweisen und Persönlichkeitsanteile, die mal durcheinanderquatschen, mal unsicher, mal beleidigt sind oder streiten wollen. Das ist normal. Und es birgt Potenzial für Missverständnisse.

Ich habe auch einen inneren «Paul». Wenn ich schildere, was für ein Wunder ich erlebt habe, bin ich davon überzeugt, dass es «echt» war. Und Sie halten mich vielleicht für naiv und bekloppt. Rational kann ich das verstehen: Wenn mir jemand anderes dieselbe Geschichte erzählen würde, hätte ich auch sofort Nachfragen, Zweifel und würde sagen: «Anekdoten beweisen gar nichts.» Andersherum kann es passieren, dass ich an etwas überhaupt nicht glauben kann oder mag, was für Sie «echt» und Ihnen «heilig» ist.

Es wäre auch ziemlich langweilig, wenn Sie alles so sehen würden wie ich. Ich bin bereits froh, wenn Sie *einen* schönen Gedanken aus diesem Buch in Ihr Leben mitnehmen. Und wenn das alle Leser tun, dann sind das viele tausend schöne neue Gedanken. Dieses Buch ist eine Wundertüte. Nehmen Sie, was Sie brauchen können, und lassen Sie den Rest den anderen. Es ist genug für alle da.

° Ursprung der Wunder °

Kapitel 1

WUNDER GIBT ES IMMER WIEDER

In diesem Kapitel geht es um Wunder und Zufälle. Wie erklärt sich das Unerklärliche? Kann man sich krank denken – und wieder gesund? Warum wirken Placebos, auch wenn man nicht an sie glaubt? Der Mensch ist weniger vernünftig, als er glaubt, was aber nicht bedeutet, dass Glauben unvernünftig sein muss. Das Irrationale kann uns Halt geben, doch auch dazu führen, dass wir an Dingen festhalten, die nicht gut für uns sind. Der Streit zwischen Schul- und Alternativmedizin ist nicht neu, sondern jeder von uns trägt zwei Seelen in der Brust – mindestens. Los geht es mit Wundern, die ich selbst erlebt habe.

Ich habe drei Wunder gesehen

«Alle warten auf Wunder, aber keiner schaut
mal vor die Tür.»
KLAUS KLAGES

Meine erste Begegnung mit einer wundersamen Heilung hatte ich in London, wo ich ein Jahr lang als Austauschstudent die dortige Medizinpraxis kennenlernen durfte. Hätte sich die Geschichte 2000 Jahre früher zugetragen, hätte sie das Zeug zum biblischen Wunder gehabt, denn eine gelähmte Frau konnte plötzlich wieder gehen. Fairerweise muss man dazusagen, dass die Lähmung nicht etwa auf einer neurologischen Tatsache wie einem durchtrennten Nervenstrang beruhte; die Symptome waren «psychogen». Früher nannte man das hysterisch.

Ein erfahrener Mediziner bekommt in der Regel schnell heraus, dass die Nerven und Muskeln nicht das Problem sind, sondern der Krampfanfall oder die Lähmung Ausdruck eines seelischen Leidens ist. Wir aber waren Anfänger und sollten die Patientin untersuchen – eine junge Frau in ihren Zwanzigern, die recht dünn war, in ihrem Bett lag und überzeugt davon war, nicht mehr laufen zu können. Wir Studenten prüften die Reflexe, die Sensibilität und die Muskelkraft im Liegen. Alles erschien so weit in Ordnung, aber sobald man versuchte, die Patientin auf die eigenen Beine zu stellen, sackte sie in sich zusammen. Nun war unter uns keiner, der sich traute zu sagen: «Steh auf und geh, aber lass das Bett hier.» Das hätte auch nichts gebracht, denn nach aller klinischen Erfahrung ist es wichtig, diese Patienten behutsam therapeutisch dahin zu führen, dass sie sich und ihrer Kraft wieder trauen. Sie sind keine Hypochonder oder Simulanten, ihr Leiden ist echt, und es braucht eine Lösung ihres inneren Konfliktes, bei dem sie das Gesicht vor sich und allen anderen wahren können. Diese Behandlung übernahmen die Fachleute, und wir staunten nicht schlecht, als die Patientin schließlich auf eigenen Beinen und von einer großen Last befreit die Klinik verließ.

Mein zweites Aha-Erlebnis hatte ich in einer Kinder- und Jugendpsychiatrie in München. Vor über 20 Jahren war ich Kandidat in Jürgen von der Lippes Sendung *Geld oder Liebe* und führte mein damaliges Hobby vor: die Zauberei. Damals arbeitete ich noch an der Uniklinik in der Kinderneurologie. Und ich sagte in die laufende Kamera, ich würde gern Medizin und Humor verbinden, hätte aber noch keine konkreten Ideen. Daraufhin wurde ich eingeladen, mit meiner Zaubershow eine kleine Tour durch Kinderkrankenhäuser zu machen. Und bei einer dieser Shows passierte es. Alle Kinder und Jugendlichen kamen in der Turnhalle zusammen. Ich führte durch mein Programm, bei dem die Kinder mitmachen, pusten, lachen und laut zählen durften. Nach der Show kam ein Arzt auf mich zu und sagte, er müsse mir erzählen, was er beobachtet hatte: «In der ersten Reihe saß ein Junge, ich weiß nicht, ob er Ihnen aufgefallen ist. Der ist hier seit Wochen stationär, weil er mit keinem Menschen spricht. Er ist verstummt.» Diese Störung kannte ich, sie nennt sich Mutismus; obwohl neurologisch alles intakt ist, hören die Betroffenen aus innerer Not auf zu kommunizieren, entweder komplett oder selektiv. Der Arzt sagte mir: «Ich habe den Jungen beobachtet. Er hat in Ihrer Show seine Störung vergessen! Er hat einfach so mit allen anderen gelacht, Quatsch gemacht und erzählt.»

In diesem Moment war ich kurz sprachlos. Dann wurde mir klar: Nicht ich habe den Jungen geheilt, sondern die Gruppe. Ich habe vielleicht ein Umfeld geschaffen, aber das Miteinander war das eigentlich Wirksame. Die Ansteckungskraft von positiven Gefühlen, von Kunst, von Verzauberung, von Staunen und Lachen. Wo drei oder mehr versammelt sind, passiert mehr als im Eins-zu-eins-

Kontakt. Wir können uns in Krankheiten hineinsteigern – und wieder heraus.

So weit, so verständlich. Aber ich möchte nicht verschweigen, dass ich auch etwas erlebt habe, was mir bis heute unbegreiflich ist. Der Rahmen für die unerklärlichste Erfahrung hätte nicht unfrommer sein können. Es war in Berlin, kurz nach der Wende, in einem Plattenbauviertel in Hohenschönhausen. Dort fand ein Dreitagesseminar eines amerikanischen Trainers mit indianischen Wurzeln statt. Aus beiden Teilen der Stadt strömten ungefähr 200 Suchende in die karge Mehrzweckhalle, um sich ihrer persönlichen Entwicklung zu widmen. Ich war gerade mit meinem Studium fertig geworden, steckte also in einer typischen Übergangsphase, in der ich offen für Neues war.

Ich mochte die klare Art des Trainers, grundlegende Themen des Lebens zu sortieren und uns mit viel Humor an unsere eigene Kreativität und Verantwortung heranzuführen. Wie oft in Gruppen, lernt man allein schon durch die Erkenntnis, dass Menschen in unterschiedlichen Lebensphasen und mit völlig verschiedenen Lebensentwürfen im Grunde ähnliche Fragen und Marotten oder Beschwerden mit sich herumschleppen.

Am Abend des dritten Tages gab es ein Ritual, bei dem sich jeder in einem Entspannungszustand auf eine innere Reise begeben sollte. Ich kannte das Prinzip der Traumreisen aus dem Studium, wo ich Seminare in medizinischer Psychologie belegt hatte. Meine Erfahrung war bisher gewesen, dass ich sehr leicht entspannen konnte, dann aber Schwierigkeiten hatte, der Stimme des Anleitenden in die Welt der inneren Bilder zu folgen, weil ich schnell einschlief. Auf dem Turnhallenboden war es anders. Ich hatte mir fest vorgenommen, wach zu bleiben. Und das blieb ich auch, dank Walter.

Walter war ein besonderer Teilnehmer; er genoss das Privileg, ganz vorne zu sitzen, weil er von den Lippen ablas. Er war nach einem Autounfall schwerhörig geworden, auf einem Ohr wohl richtig ertaubt, und hatte immer jemanden in seiner Nähe, der für ihn Dinge wiederholen konnte, wenn er etwas nicht verstand. Er war in meiner Erinnerung ein freundlicher Mann um die 50, der im Zoo als Tierpfleger arbeitete, mehr weiß ich nicht über ihn. Während der Heilungsübung fing er an, mit geschlossenen Augen unruhig zu werden. Er stöhnte, wälzte sich, und es war, als ob ihn etwas schüttelte, was er nicht kontrollieren konnte. Der Trainer und die Helfer kümmerten sich um ihn, und die Übung wurde unterbrochen. Der innere Prozess, der sich bei Walter abspielte, dauerte mehrere Minuten, bis er die Augen aufschlug und sagte: «Ich kann wieder hören!»

Er lachte ungläubig und war sichtlich ergriffen. Allen anderen fiel die Kinnlade herunter, ein Stein vom Herzen und nicht mehr viel ein. Auch der Seminarleiter und sein Team schienen bis ins Mark getroffen, denn solche Dinge erlebten sie trotz vieler Jahre Erfahrung nicht oft und nicht so unmittelbar. Walter schilderte es so, als wäre ein großer Wattepfropf, der ihn von der Welt getrennt hatte, mit einem Mal verschwunden.

Was war da passiert?

Ich weiß es nicht. Ich habe keine Veranlassung zu glauben, dass Walter sich das eingebildet hat oder gar ein williger Mitspieler war, der alle anderen überzeugen wollte. Diese Geschichte ist über 25 Jahre her, und sie hat mich nicht losgelassen. Ich ärgere mich bis heute, dass ich vor lauter Ergriffenheit nicht die Gelegenheit und Walter ergriffen habe, um in der nächsten HNO-Ambulanz einen Hörtest zu machen und seine Ärzte mit den Vorbefunden und dem neuen Befund aufzusuchen.

Ich habe in den letzten Jahren auf allen möglichen Kanälen versucht, Walter in Berlin ausfindig zu machen, aber selbst über Radioaufrufe konnte ich nicht herausfinden, was aus ihm geworden ist. Aber wer weiß, vielleicht liest er dieses Buch und meldet sich.

So verhält es sich vorerst mit dieser Geschichte wie mit vielen Fällen von Spontanheilungen oder wundersamen Genesungsverläufen: Alle, die dabei waren, sind überzeugt, dass Wunder möglich sind. Für Skeptiker und Wissenschaftler ist ein Einzelfall ohne objektive Vorher-nachher-Dokumentation, die sich nicht nur auf Augenzeugen stützt, natürlich unbefriedigend. Für mich war es ein Ansporn, immer wieder mein Denken zu hinterfragen: Was geht, was geht nicht, was ist «normal» und was «verrückt»?

Immerhin habe ich den Trainer nach vielen Jahren wiedergetroffen und befragen können. Eine ähnliche Geschichte wie mit Walter hat er in Jahrzehnten intensiver Gruppenarbeit nicht noch einmal erlebt. Immer wieder schilderten ihm aber Seminarteilnehmer, wie sich auch schwere Erkrankungen positiv entwickelt hätten. War er der Heiler? Nein, er selbst sieht sich als Werkzeug. Er habe die Gabe, Menschen zu erreichen, mit seiner Art, in ihnen Muster und Talente zu erkennen und sie ihnen zu spiegeln, und durch das, was er «Universum» oder «Gott» nennt.

Er verstand seine Seminare nicht als Entweder-oder, sondern als klares Zusatzangebot zur wissenschaftlichen Medizin. Auch wenn wir in einigen Punkten unterschiedlicher Meinung darüber sind, wie sehr Menschen ihre Krankheiten «erschaffen», hat der Trainer nie versprochen, dass alles mit den richtigen Gedanken allein wieder gut werden könne. Aber ausschließen muss man es deshalb ja auch nicht.

Drei Beispiele aus meiner Erfahrung. Kein Toter ist auferstanden, kein abgetrenntes Bein wieder angewachsen, aber dennoch reichen diese Erlebnisse aus, um mich und hoffentlich auch Sie neugierig zu machen. Was macht uns krank, was hilft beim Heilen? Welche Macht können Gedanken über den Körper haben? Und ist die Trennung von Körper und Geist nicht sowieso überholt?

Vieles, was heute möglich ist, wäre jeder Generation vor uns wie ein Wunder vorgekommen. Der Kirchenvater Augustinus sagte vor 1600 Jahren: «Wunder geschehen nicht im Widerspruch zur Natur, sondern nur im Widerspruch zu dem, was uns über die Natur bekannt ist.» Und auch wenn wir heute entscheidend mehr über die Natur wissen als damals, würde ich diesen Satz immer noch so unterschreiben.

Wunder wirken Wunder. Wir haben viel über die Verbindungen zwischen Gefühlen, Gehirn und Hormonen, über unser Abwehrsystem und unsere Selbstheilungskräfte gelernt. Aber vieles ist nach wie vor unklar. Und selbst wenn wir alles verstehen würden, stünde uns bei genauerer Betrachtung der Mund offen angesichts dessen, was menschenmöglich ist.

Die Kraft des Staunens, des Erwartens, des Wunderns löst wundersame Dinge in uns aus, in alle Richtungen. Diese Kräfte nicht ernst zu nehmen, sie nicht näher zu untersuchen und sie vor allem nicht systematisch positiv für die Gesundheit zu nutzen, war ein großes Versäumnis der akademischen Medizin der letzten 100 Jahre. Wir können mehr Magie und Wissenschaft wagen, das muss kein Widerspruch sein.

Was Menschen
in Deutschland glauben
(sofern man an Umfragen glaubt)

52 Prozent glauben, dass es Wunder gibt.

54 Prozent glauben, dass es etwas Göttliches gibt (alte Bundesländer).

23 Prozent glauben, dass es etwas Göttliches gibt (neue Bundesländer).

38 Prozent glauben, manchmal in die Zukunft zu sehen.

33 Prozent hatten gefühlt schon mit Verstorbenen Kontakt.

26 Prozent glauben, dass eine schwarze Katze Unglück bringt.

24 Prozent glauben an Wiedergeburt.

23 Prozent glauben, dass die Zahl 13 Unglück bringt.

13 Prozent wähnen «magische Kräfte» in sich, z. B. heilende Hände.

Zum internationalen Vergleich:
77 Prozent der US-Amerikaner glauben, dass Aliens die Erde besucht haben (Umfrage von 2012, also vor Donald Trump).

Magie und Marie

Hinfallen. Aufstehen. Krone richten. Weitergehen.

Wie tief das magische Denken in uns allen steckt, zeigte mir meine Patentochter. Marie tanzte mit vier Jahren durch das Wohnzimmer und stieß mit dem Schienbein gegen den Couchtisch. Das tat weh, aber sie tanzte weiter. Auf dem Rückweg hielt sie an dem Tisch, haute ihn einmal kräftig mit der flachen Hand und sagte ganz streng: «Mach das nicht noch mal, du blöder Tisch!»

Als Erwachsener denkt man: Ach, wie niedlich, die glaubt also noch daran, dass alle Dinge eine Seele haben. Aber dieser kindliche Glaube bietet psychologisch enorme Vorteile: Die Schuldfrage war sofort geklärt! Marie war mit sich im Reinen, der Tisch war schuld. Sie hatte ihr Gesicht gewahrt und konnte unbeschwert von Selbstvorwürfen weitertanzen.

Wie hätte ein Erwachsener reagiert? Er wäre gegen den Tisch gedonnert, hätte sich erst mal auf das Sofa gesetzt und sich selbst bemitleidet: «Ach, heute ist nicht mein Tag, ich hatte gleich so ein komisches Gefühl, ich sollte nicht einfach so durch das Wohnzimmer tanzen, ich bleibe besser hier sitzen, esse Chips und schau mir in der Glotze das Fernsehballett an.» Das finde ich viel unvernünftiger, als auf den Tisch zu hauen und mit Freude weiterzutanzen.

Magisches Denken kann uns motivieren. Und auch schützen. Wenn sich ein Gebüsch bewegte, war es evolutionär sinnvoll, dahinter ein böses Tier zu vermuten und sich in Sicherheit zu bringen. Mal war es ein böses Tier, mal aber auch nur der Wind. Wenn sich ein Vorhang im Schlafzimmer bewegt, vermuten Kinder eher einen Einbrecher oder einen Geist als den Wind. Ältere Kinder verstehen dieses magische Denken sogar für sich zu nutzen, wenn sie etwas verschleiern wollen. So wie Hänsel und Gretel, nachdem sie am Knusperhäuschen der Hexe genascht hatten, auf die Frage «Wer knuspert an meinem Häuschen?» antworteten: «Der Wind, der Wind, das himmlische Kind.»

Eltern wissen: Die einfache Erklärung «Monster gibt es nicht» zieht bei Kindern nicht. Sie glauben vielmehr ihrer Phantasie und sind nicht davon abzubringen, dass sich nachts fürchterliche Wesen unter ihrem Bett verstecken. Dann kommt der lösungsorientierte Papa, sägt die Beine des Betts ab und sagt: «So, Kind, jetzt kann da gar kein Monster mehr sein!» Doch in der nächsten Nacht versteckt sich das Monster hinter dem Vorhang. Man unterschätze nie die Kraft der Phantasie!

Besser als die vernünftige Argumentation funktioniert ein Spray, das die schauerlichen Monster verjagt und von phantasiebegabten Eltern entwickelt wurde. Mit dem Monsterschreckspray erfanden sie eine Einschlafhilfe, die mit natürlichen Inhaltsstoffen von Orange, Limette und Lavendel in Kombination mit elterlicher Zuwendung gut funktioniert. Das Etikett leuchtet im Dunkeln, das Kind bekommt gegen seine diffuse Angst etwas Konkretes in die Hand und sprüht dem Monster direkt ins Gesicht oder dorthin, wo es sich versteckt. Danach riecht es gut, Lavendel ist tatsächlich schlaffördernd, eine runde Sache. Das Prinzip bleibt aber auch im Erwachsenenalter gültig: Was hilft gegen Ohnmacht? Etwas machen, egal was. Hauptsache, man wird aktiv. Magie und Macht haben

Gegen unsichtbare Gefahren helfen am besten sichtbare Handlungen. Eine Flasche reicht für 700 Sprühattacken, also bis zur Pubertät. Dann kommen andere Sprays. Und andere Monster.

dieselbe Wurzel (indogermanisch *magh* für «können» oder «vermögen»). Der gemeinsame Wunsch dahinter: Dinge unter Kontrolle zu bringen, die uns bedrohlich erscheinen, weil wir sie nicht verstehen.

Viele Phänomene sind schlicht zu komplex, um sie zu beeinflussen – das hören auch Erwachsene nicht gerne. Schutzlos ausgeliefert sind wir dem Wetter, manchen Krankheiten und der Willkür der Deutschen Bahn. Deshalb gibt es für alle drei Bereiche eine Fülle von Beschwörungen, Gegenzaubern und Apps.

Wir amüsieren uns gerne über «primitive» Völker, die trommeln, damit es regnet. Und was macht der aufgeklärte Deutsche? Er sagt: «Ich nehme besser mal einen Schirm mit, denn *wenn* ich einen Schirm dabeihabe, regnet es garantiert nicht!» Glauben Sie ernsthaft daran, dass die Wolke die Fähigkeit hat, in Ihre Tasche zu schauen, nach dem Schirm zu suchen und sich dann aus freien Stücken zu entscheiden, weiterzuziehen und woanders abzuregnen? Also, mir erscheint Trommeln genauso plausibel.

Wie magisch Menschen ticken, erlebt man auch beim Würfeln. Wer eine hohe Zahl braucht, schüttelt den Becher gern mit viel Kraft und so lange, bis der Würfel gar nicht mehr weiß, was von ihm erwartet wird. Jeder hat dabei so seine «Tricks», die «immer funktionieren», also fast immer oder, um genau zu sein: nicht öfter als der Zufall. Am ekligsten finde ich die Angewohnheit, in den Würfelbecher zu spucken. Da kann man froh sein, wenn sich am Ende des Kniffelabends nicht mehr Würfel im Becher befinden als zu Beginn. Der Würfel hat kein Gedächtnis. Der Zufall auch nicht. Aber wir. Und deshalb merken wir uns die Male, bei denen unser Trick geklappt hat.

Wenn man beim Segeln eine Flasche Bier aufmacht, kippt man den ersten Schluck nicht in die eigene Kehle, sondern über Bord, damit die Götter der Meere auch etwas davon haben und einem gnädig gestimmt sind. Wenn das Boot anfängt zu schwanken, hofft man, dass das am eigenen Alkoholpegel liegt und nicht an einem aufziehenden Unwetter. Was Neptun und andere Meereswesen von diesem Schluck haben, könnte man einmal ausrechnen. Vielleicht ist die Grundidee der Homöopathie, dass extrem hohe Verdünnung eine Wirkung erzielt, gar nicht allein auf Samuel Hahnemann zurückzuführen, sondern schon vorher auf hoher See entstanden.

Auch ein befreundeter Raucher erzählte mir von einem lustigen magischen Ritual: «Immer wenn ich auf den Bus warten muss, mache ich mir eine Zigarette an, denn dann kommt der Bus schneller.»

Das erinnert an Winnetou. Wahrscheinlich sieht der Busfahrer drei Ecken weiter die aufsteigenden Rauchzeichen und gibt seinem Gefährt die Sporen. Offenbar hat auch die Bahn von diesem Ritual gehört und daraufhin diese Raucherbereiche auf den Bahnsteigen eingeführt. Alle, die in dem magischen gelben Quadrat stehen und dabei gelbe Finger und gelbe Zähne bekommen, sollen gleichzeitig kollektive Rauchzeichen in den Himmel schicken und damit die zeitige Ankunft des nächsten ICE beschwören. Aber Vorsicht: Wenn Sie aus Versehen die Zigarette am Filter anzünden, kommt der Zug in umgekehrter Wagenreihung!

Babys lernen bereits im Mutterleib, ohne dass man sie dazu auffordern muss. Wie auch ...? Sie prägen sich die Stimme der Mutter ein, ihre Vorlieben für bestimmte Gewürze und haben sogar die Fähigkeit, so abstrakte Dinge wie Muttersprache und Fremdsprache zu unterscheiden. Angeboren? Nein, was das Kind durch das Fruchtwasser an Worten und Melodien aufgeschnappt hat, reicht, damit es sich nach der Geburt auch einem Lautsprecher zuwendet, aus dem seine «eigene» Sprache von einer unbekannten Stimme zu hören ist.

Angeboren ist nur das Muster, nach dem wir uns Wissen aneignen: Wir basteln uns unser Weltbild nach der Wahrscheinlichkeit, mit der Dinge zusammengehören. Ein Kind muss annehmen, dass ein Sinnzusammenhang besteht, wenn bestimmte Wörter zeitgleich mit bestimmten Situationen auftauchen. Immer wenn Mutti auf den wuscheligen, bellenden Mitbewohner zeigt, sagt sie «Hund». Und auch, wenn Papa auf das Tier zeigt, sagt er «Hund». Das muss also ein

Hund sein. Auch wenn nicht jedes Mal, wenn jemand «Hund» sagt, ein entsprechendes Objekt im Blickfeld ist. Und auch, wenn nicht jedes Mal, wenn einer auf den Hund zeigt, das Wort «Hund» ertönt. Manchmal hört man auch «Platz!» oder «Nein, das ist nicht dein Teller!». Keine Ahnung, wie viel davon der Hund versteht, aber Kinder kriegen es auch ohne jede Theorie oder Grammatikstunde erstaunlich gut hin, sich die Wörter und Regeln abzuleiten.

Wir finden es süß, wenn sich Kinder mit einer Annahme vertun. Wenn sie zum Beispiel davon ausgehen, dass Windräder den Wind machen. Schließlich haben sie ja beobachtet, dass es immer windig ist, wenn sich die Räder drehen. Aber mal ehrlich: Auf dem Niveau bewegen sich auch die meisten Analysen von Kursgewinnen.

Kinder lernen, indem sie ständig «Verschwörungstheorien» aufstellen, also Vermutungen, wie die Dinge gesteuert werden, die um sie herum passieren. Ihre Welt ist erst einmal magisch und beseelt. Und sie testen ihren Einfluss auf den Lauf der Dinge, genauer gesagt, wann jemand angelaufen kommt. Babys finden sehr schnell raus: Schreien wirkt. Und mit den Jahren wird es ausgeklügelter.

Kurz vor Ostern erlebte ich mit Maries Bruder Carl einen ähnlichen Fall. Die Mutter hatte Schokoladenosterhasen gekauft und gut versteckt, damit sie der Osterhase am Sonntag noch mal verstecken konnte. Doch Carl war dem Osterhasen zuvorgekommen, hatte das Versteck der Mutter heimlich ausgeräumt und sein eigenes unter dem Sofa angelegt. Am Sonntagmorgen lief seine Mutter etwas kopflos durch die Gegend, weil ihr Überraschungsplan nicht recht aufging. Erst beim Verstecken der anderen Süßigkeiten stieß sie unter dem Sofa auf den Schokoladenosterhasen. Der war inzwischen ebenfalls kopflos. Carl stand daneben und wusste nicht, was ihn jetzt erwartete. Die Mutter zog den Resthasen hervor und fragte den Dreijährigen: «Weißt du, wie das passiert ist?» Er sah sie lange an und sagte: «Vielleicht ein Erdbeben?»

Wenn zwei sich streiten

«Für mich gibt es nur entweder – oder.
Entweder voll oder ganz.»
TONI POLSTER

Wo stehen Sie? Haben Sie sich schon entschieden? Anscheinend teilt sich die Welt der Gesundheit und der Medizin in zwei große Lager: die Schulmedizin und die Alternativmedizin. Im Gesundheitswesen tobt ein Glaubenskrieg, und die Frage, zu welchem Lager man gehört, scheint vielen wichtiger zu sein als die Frage, ob man evangelisch oder katholisch, Schalke- oder Bayernfan ist. Beim Abendessen mit Freunden kippt schnell die Stimmung, sobald die Rede auf heiße Themen wie Impfen, Gluten oder Globuli kommt. Dann rette sich, wer kann.

Dabei gibt es nicht *die* Schulmedizin, ebenso wenig *die* Alternativmedizin. Zwei Ärzte sind grundsätzlich nie derselben Meinung. Zwei Heilpraktiker auch nicht. Ein Arzt für Psychosomatik denkt ganz anders als ein Mikrobiologe. Beide sind wichtig, wenn es um Magenbeschwerden geht. Ein Naturheilkundler, der den Kreislauf mit Kniegüssen anregt und hilft, mit Tipps für einen gesünderen Lebensstil Krankheiten zu verhindern, hat mit jemandem, der Irisdiagnostik betreibt oder mit Bioresonanzapparaten hantiert, nichts gemeinsam. In Lagern zu denken, ist Unsinn und hilft niemandem weiter.

Schulmedizin oder Alternativmedizin – was steckt hinter diesen Begriffen, die unser Denken prägen?

«Schulmedizin» ist seit der zweiten Hälfte des 19. Jahrhunderts ein Kampfbegriff, der ursprünglich von Vertretern der Homöopathie geprägt wurde, ein Schimpfwort, das sich so etabliert hat, dass der treffendere Begriff «wissenschaftsbasierte Medizin» es schwerhat. «Alternativmedizin» ist ebenfalls so irreführend wie verheißungsvoll. Das Wort *alter* kommt aus dem Lateinischen und heißt so viel wie «der, die, das andere von beiden». Und *nativus* bedeutet «geboren», «naturbelassen».

Daraus wird gern geschlussfolgert, dass alternativ gleichbedeutend sei mit einer Entscheidung für oder gegen etwas. Und «natürlich» ist immer besser als «unnatürlich». Kann sein, muss aber nicht. Wenn ich zu viele naturbelassene Schimmelpilzsporen esse, kann ich daran sterben. Wenn ich die gleiche Menge Legosteine aus künstlichem Plastik esse, kommen die Steine auf natürlichem Weg wieder heraus, ohne dass sie Schaden anrichten. Es tut höchstens ein bisschen weh. Wenn zwei sich streiten, lohnt sich die Frage: Gibt es noch eine dritte Möglichkeit? Meine Antwort: Ja.

Denn eine therapeutische Frage, die mich immer wieder in ihrer schlichten Direktheit begeistert, lautet: Wer genau hat das Problem? Die meisten Menschen zögern nicht, sich das Beste aus beiden Welten zu organisieren. Zu dem einen Arzt geht man, wenn man etwas hat. Zum anderen, wenn einem etwas fehlt. Wenn ich Gemüse möchte, gehe ich nicht zum Metzger. Wenn ich reden will, nicht zum Radiologen. Röntgenärzte kommen mit zwei Sätzen durch 40 Berufsjahre: «Tief einatmen» und «Nicht atmen». Wer «Weiteratmen» sagt, ist Internist. Oder Atemtherapeut. Jedenfalls gehört er zu einer ganz anderen Gruppe.

Es ist kompliziert geworden, sich in der Medizin zurechtzufinden, und der Mensch liebt einfache Erklärungen. Manchmal gibt es die, oft leider nicht. Der berechtigte Vorwurf der Wissenschaft gegenüber ist, dass sie sich von den Bedürfnissen der Menschen entfernt hat und eine statistische Wahrscheinlichkeit nichts über einen konkreten Einzelfall aussagt. Das stimmt beides. Und genau dieser Frust ist der Motor für eine Gegenbewegung, die nicht von «oben», sondern von «unten» kommt, die nicht mit abgeleiteten Gesetzen und Industrien, sondern mit intuitiven und individuellen Erfahrungen in vielen kleinen Interessengruppen eine «Alternative» bieten möchte. Die Schulmedizin steckt in einer Vertrauenskrise, an der sie mit Schuld trägt. Sie hat sich jahrzehntelang schlecht um die seelischen Belange der Patienten gekümmert. Menschen wurden entmündigt, über ihren Kopf hinweg wurde verhandelt, was zu tun sei, ökonomische Interessen vermischten sich mit der Aufgabe, im Sinne des Patienten zu entscheiden; alles wird juristisch abgesichert, aber gefühlt übernimmt niemand Verantwortung.

Die Auswirkungen dieser Vertrauenskrise erlebe ich in meinem direkten Umfeld. Die Tochter von Bekannten hat seit langem einen tastbaren Knoten in der Brust, der wächst. Aber ihre Ablehnung der Medizin sitzt so tief, dass sie sich strikt weigert, auch nur eine Diagnostik vornehmen zu lassen. Stattdessen setzt sie auf «Energiebehandlungen». Sie riskiert damit ihr Leben. Wenn es sich tatsächlich um Brustkrebs handeln sollte, hätte dieser je nach Befund und Stadium gute Heilungschancen.

Die «Schulmedizin» hat viele von uns offenbar derart vor den Kopf gestoßen, dass sie nicht mehr als Segen, sondern als Bedrohung wahrgenommen wird. Die Patienten gehen lieber dorthin, wo mehr zugehört, mehr berührt und mehr versprochen wird – in die schillernden Gefilde der Alternativmedizin, wo sich alles von seriösen Naturheilkundlern bis zu esoterischen Pendlern tummelt. Wie alt ist dieser Streit eigentlich? Seit wann gehen Magie und Medizin getrennte Wege?

Mich hat als Student die Vorlesung *Geschichte der Medizin* fasziniert. Ich staunte, dass die alten Ägypter schon wussten, dass Leber gegen Augenleiden half (durch das darin enthaltene Vitamin A). Und dass sie Ameisen als «Teststreifen» für eine Urinprobe nutzten: Bei Zuckerkranken verweilten die Insekten länger. Intelligenter, als den Finger reinzuhalten und abzuschlecken.

Ich fand es beruhigend, dass die Geschichte der Medizin immer eine der Widersprüche war, der kuriosen Moden, der Einzelkämpfer und großen Zufälle, denen wir maßgebliche Fortschritte verdanken. Das Beispiel von Alexander Fleming inspirierte mich: Er hatte aus Versehen Petrischalen mit Bakterienkulturen in seinem Labor verschimmeln lassen und entdeckte dadurch, dass in dem Schimmel eine Substanz enthalten sein musste, die das Wachstum der Bakterien hemmte. Die Geburtsstunde des Penicillins! Fleming erhielt den Nobelpreis. Ich habe in meiner damaligen WG gezielt benutzte Teller und Schalen in der Küche über längere Zeit kultiviert, um vielleicht irgendwann eine ähnliche bahnbrechende Entdeckung zu machen. Vergeblich.

Auch die Magenspiegelung entstand aus einem Geistesblitz heraus, der sich in einer Weinstube in Freiburg im Jahre 1868 ereignet haben soll. In der Universitätsstadt fand eine Tagung von Medizinern statt. Was machten die abends? Natürlich einen trinken gehen. Unter ihnen war Adolf Kußmaul, einer der vielseitigsten Mediziner seiner Zeit. Es trat fahrendes Volk auf, und unter den Akrobaten befand sich auch ein Schwertschlucker. Kußmaul dachte sich: Wenn ein Mensch ein Schwert durch seine Speiseröhre bis in den Magen schieben kann, ohne sich zu verletzen – warum nicht auch ein Rohr einführen, um damit in den Magen zu gucken? Er lud den Schwertschlucker aus der Weinstube in die Klinik ein. Die Grundidee der Magenspiegelung war geboren!

Die Psychotherapie hat ebenfalls magische Wurzeln. Friedrich Anton Mesmer war zunächst Arzt in Wien und führte später «magnetische» Kuren durch. Bis heute gibt es im Englischen den Begriff «to mesmerize», wenn man jemanden verzaubert, hypnotisiert oder begeistert. Mesmer glaubte an eine unsichtbare Lebensenergie im Körper. Er behandelte im Jahr 1774 eine junge Patientin, die an Zahn- und Ohrenschmerzen litt, indem er Stahlmagnete bedeutsam über ihrem Körper hin und her bewegte. Für eine Weile verschwanden die Symptome. Mesmer löste damit bei den Patienten viel Hoff-

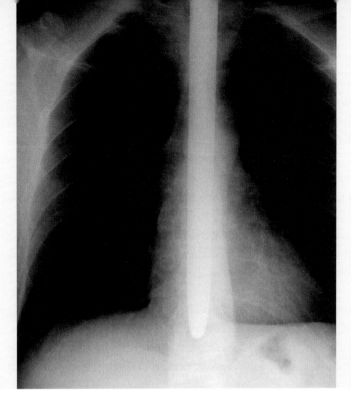

Die Kunst des Schwertschluckens: Vorsichtig am Kehlkopf vorbei durch die Speiseröhre mit der Schwertspitze bis an den Boden des Magens. Beim Applaus nicht
verbeugen, bevor das Schwert wieder raus ist.

nung aus und inspirierte die Romantiker, die überall nach geheimen
Kräften suchten. Als eigentliches Wirkprinzip erkannte man statt
der Magnete aber bald die Kraft der Suggestion, und so entstanden
um die Wende zum 20. Jahrhundert unter anderem durch Sigmund
Freud die ersten psychotherapeutischen Verfahren, die sich stärker
um die Heilkraft der inneren Bilder, die Wirkung der Worte und der
verschiedenen Bewusstseinsebenen kümmerten.

Die beste Geschichte für mich als Freund der Komik ist aber die
Entdeckung der Narkose! Wieder gab es keine systematische
Forschung – entscheidend waren Gaukler. Sie experimentierten zur

Volksbelustigung mit Lachgas. Der amerikanische Zahnarzt Horace Wells sah eine solche Jahrmarktvorführung im Jahre 1844. Er beobachtete, wie ein Mann im Lachgasrausch über eine Kante stolperte und sich dabei eine heftig blutende Schienbeinwunde zuzog. Aber offenbar empfand er dabei keine großen Schmerzen. Daraufhin nutzte Wells in seiner Praxis als Erster erfolgreich die Lachgasnarkose beim Zähneziehen. Es ist heute unvorstellbar, was Menschen vor der Zeit der Anästhesie erduldet haben müssen, als sie sich mit Alkohol betäubten, auf Holz bissen oder schlicht bewusstlos wurden. Ein Meilenstein der Medizingeschichte, entstanden durch Zufall und Kreativität. Und das ist erst gute 150 Jahre her!

Krankheiten zu heilen, ist nicht immer möglich, aber im Leidenlindern sind wir heute viel besser als jemals zuvor. Der Siegeszug der Morphine als effizienter Schmerzmittel begann in der deutschen Provinz, in Paderborn. Jahrtausendelang wurde zuvor rohes Opium verwendet, um Schmerzen zu mindern, aber da die Konzentrationen in der Mohnpflanze stark schwanken, war die Anwendung mit hohen Risiken verbunden, von Wirkungslosigkeit bis Tod durch Atemstillstand war alles möglich. Der Apothekergehilfe Friedrich Wilhelm Sertürner isolierte 1804 nach vielen Versuchen die Grundsubstanz und nannte sie nach Morpheus, dem Gott des Schlafes, *Morphin*.

Mit dem Morphin lag erstmals ein hochwirksamer pflanzlicher Arzneistoff in Reinsubstanz vor. Und seine Gewinnung war der Beginn der Pharmaindustrie, denn bis dato stellte jeder Apotheker seine Präparate selbst her. Aber die Nachfrage nach Morphium und seinen Ablegern stieg rasant und gab der industriellen Herstellung von Fertigpräparaten enormen Aufschub. Übrigens: Als der Firma Bayer zeitgleich die neuen Substanzen Heroin (ein Abkömmling des Morphins) sowie Aspirin angeboten wurden, entschied sich die Geschäftsleitung, Heroin in die Apotheken zu bringen – als Hustenmittel. Aspirin dagegen lehnte sie zunächst ab. Es war ihr zu gefährlich.

Im 19. Jahrhundert wurden viele bahnbrechende Erfindungen in der Medizin gemacht. Dadurch begann die Abkehr von religiösen Heilritualen, magischen Beschwörungen, undefinierbaren Kräutermischungen und kruden Operationsmethoden. Aber die naturwissenschaftliche Medizin steckte nach wie vor in den Kinderschuhen und hatte wenig konkreten Nutzen. Das übliche Repertoire bestand weiter aus einer wirren Mischung von Aderlässen, Brech- und Abführmitteln und vor allem stark giftigen Arzneimitteln. Diese «Giftmedizin» befeuerte die Entstehung der sanfteren Methoden. Einer ihrer bedeutendsten Vertreter war Samuel Hahnemann, der Begründer der Homöopathie. Er verdünnte die Gifte, bis kein Molekül mehr in seinen Arzneimitteln nachzuweisen war. 1876 tauchte erstmals in der Zeitschrift *Homöopathische Monatsblätter* der Begriff Schulmedizin auf, mit eindeutig abwertender Bedeutung. Ein Großteil der Bevölkerung konnte sich Ärzte damals nicht leisten, gleichzeitig erlebten Patienten die Defizite der jungen akademischen Medizin am eigenen Leib und wandten sich daher neuen, anderen Verfahren zu. Das tiefe Misstrauen gegenüber Ärzten und Arzneimitteln ist also gar kein Phänomen unserer Zeit. Es tröstet zu wissen, dass sich die Menschen vor 150 Jahren in einem ähnlichen Dilemma befanden. Die Begriffe ändern sich, aber die Kontroverse ist erstaunlich konstant. Und auch die Ärzte waren untereinander immer schon zerstritten. Um 1800 hieß der Streit «zünftige Medizin» gegen «Quacksalberei». Und die Schimpfwörter waren «Afterärzte» (weil Hämorrhoiden schon damals weh taten) oder «Pfuscher».

Mit Rudolf Virchow rückte Mitte des 19. Jahrhunderts schließlich die einzelne Zelle in den Mittelpunkt der Krankheitslehre, und bei den physikalischen und chemischen Methoden wurden große Fortschritte gemacht. Virchow verengte den Blick aber nicht auf das, was man unter dem Mikroskop sah. Er war ein Visionär und sozial sehr engagiert, weil er erkannte, dass die Lebensumstände die Menschen krank machten, nicht allein die Bakterien.

Ab 1871 galt in Deutschland die Kurierfreiheit – praktisch jedem war die fast uneingeschränkte Ausübung der Heilkunde gestattet, was zu einer extremen Zunahme der «Kurpfuscherei» bis in die Weimarer Republik führte. Mit der Machtergreifung durch die Nazis entwickelte sich die *Neue Deutsche Heilkunst*. Führende Nationalsozialisten standen Naturheilkunde und Homöopathie sehr positiv gegenüber, 1939 wurde das noch heute gültige Heilpraktikergesetz erlassen. Viele berühmte jüdische Ärzte flohen oder wurden umgebracht. Der Kabarettist Karl Valentin formulierte damals: «Gut, dass Hitler nicht Kräuter heißt, sonst müsste man ihn mit ‹Heil Kräuter› grüßen.»

Ideologie, Magie und Medizin bieten Stoff für weitere Bücher. Wer sich damit genauer beschäftigen will, dem empfehle ich, etwas von Robert Jütte zu lesen, dem Fachmann für die Geschichte der Alternativmedizin. Ich kann hier nur kleine Einblicke liefern – mein Anliegen ist es, eine neue Perspektive auf das Ganze zu wagen.

Wenn zwei sich streiten … das eine zu tun, bedeutet ja nicht, das andere automatisch zu lassen. Und deshalb gefallen mir die Begriffe *Komplementärmedizin* oder *Integrative Medizin* viel besser, denn sie stehen für «ergänzen» und nicht «ersetzen». Integrativ heißt, sich im konkreten Fall die Behandlungsmethoden sinnvoll nach dem zusammenzustellen, was guttut, sei es Yoga, Akupunktur oder Chirurgie. Denn letzten Endes gibt es gute und schlechte Medizin, wirksame und unwirksame Verfahren.

Man muss die Spreu vom Weizen trennen. Das ist mühsam und birgt Überraschungen. Und wer lieber Spreu zu sich nimmt als Weizen, weil er meint, Ballaststoffe seien gesund und Weizen das neue Gift, kann das gerne tun. Allerdings sagt der aktuelle Forschungsstand, dass Ballaststoffe überschätzt werden und die meisten Menschen Weizen gut vertragen.

Unbelehrbar, wie oft gedacht, ist die wissenschaftsbasierte Medizin auch gar nicht. Sie befindet sich im ständigen Wandel – so sind inzwischen ehemals alternative Verfahren wie Meditation oder das Achtsamkeitstraining ebenso fester Bestandteil geworden wie Akupunktur bei Schmerzen, weil sie nachweislich nützen. Es braucht immer Menschen, die alles in Frage stellen. Aber auch solche, die das Wissen sortieren, sich systematisch einen Überblick verschaffen und anwenden, was man schon weiß.

Schlecht ist dieser Weg nicht, wir sind schon ziemlich weit gekommen. Wie viele Menschen in Ihrem Umfeld sind an Syphilis verstorben? Mal ehrlich, wir können froh sein, im 21. Jahrhundert zu leben. Casanova, Beethoven und Nietzsche hätten alles dafür gegeben, ein Antibiotikum zu bekommen! Wie viele Menschen, die Sie kennen, wären ohne «Schulmedizin» längst tot? In meinem Fall wären es mein Vater und meine Mutter; ich bin heilfroh, dass sie beide noch leben. Vor 50 Jahren hätten sie das 70. Lebensjahr nicht erreicht. Wir haben uns an ein medizinisches Niveau gewöhnt, das jeder vorherigen Generation wie ein Wunder vorgekommen wäre.

Gibt es denn Wunder in der wissenschaftlichen Medizin? Ja – in Kombination mit wunder Punkt, der in der Wissenschaft alles ist, was sie sich nicht erklären kann. Oder noch nicht. Anstatt empathisch werden einige dadurch zynisch, nach dem Motto: Es gibt keinen gesunden Menschen, es gibt nur solche, die noch nicht lange genug untersucht wurden.

Es geht leider oft nicht nur um den besten Weg zur Gesundheit, sondern auch um Geld und Macht. Vor 30 Jahren noch durften die schlausten Köpfe eines jeden Jahrgangs Medizin studieren. Wer nicht so recht wusste, was er später einmal werden wollte, machte Betriebswirtschaft. Und wer hat heute das Sagen im Krankenhaus? Die BWLer! Irgendetwas läuft da schief. Erwarten Sie also nicht, dass jemand sagt: Sie brauchen nichts! Auch nicht, dass die Pharmaindustrie freiwillig ihre Preise senkt oder ein privates Krankenhaus Sie drei Tage länger dabehält, weil Sie so nett sind und sich doch noch etwas erholen sollen. Das sind Wirtschaftsunternehmen mit klarem

Gewinninteresse, und das werden Sie und ich auch so schnell nicht ändern. Deshalb zeige ich Ihnen gerne, was schiefläuft, aber auch, wie Sie da halbwegs heil durchkommen. Wir brauchen keine weiteren Verschwörungstheorien, sondern Aufklärung und Transparenz. *Power to the patient!* Und die Menschen, die im Gesundheitswesen arbeiten, sind auch nicht grundsätzlich böse, sondern leiden selbst unter den Absurditäten und dem Diktat der Wirtschaftlichkeit.

Wir sind Teil eines uralten Kampfes und des Ringens von Magie und Medizin um die Macht über unser Schicksal und unseren Körper, um Leben und Tod, mit immer neuen Formen und Mitteln.

In allen Kulturen gab und gibt es seit jeher weise, heilkundige Frauen und Medizinmänner. Der Medizinmann war in Personalunion zuständig für Krankheiten, Kräuter und berauschende Substanzen. Er regelte den Zugang zum Jenseits, das Diesseits und den sozialen Frieden – mit Trommeln, Feuer und Feiern. Was haben wir daraus gemacht? Neun verschiedene Berufe: Arzt, Apotheker, Drogendealer, Priester, Psychotherapeut, Sozialarbeiter, DJ, Pyrotechniker, Eventmanager. Wir sind enttäuscht, weil uns keiner mehr ganzheitlich sieht. Und wir übersehen dabei, dass die Welt zwar komplexer, aber auch deutlich professioneller geworden ist. Und deshalb spiegelt der Widerspruch der medizinischen Versorgung einen Widerspruch in uns: Einerseits haben wir das Bedürfnis nach einem schützenden, fürsorglichen, allumfassenden Heiler, andererseits kann uns bei einem konkreten Eingriff der Operateur nicht spezialisiert genug sein.

Medizin war immer eine Mischung aus Wissen und Glauben, aus Beobachten, Messen und Interpretieren, aus Auseinandernehmen und «Ganzmachen», aus Pulsfühlen und Handauflegen. Weil wir keine Maschinen sind, gibt es Komplementärmedizin. Aber es gibt keinen Komplementärmaschinenbau. Es gibt Heilpraktiker im Gesundheitswesen, aber in der Chemie keine Alchemisten mehr. Allerdings ist der Traum der Alchemisten noch sehr aktiv: aus Unrat irgendwie Gold zu machen. Und das wiederum tun viele im Gesundheitswesen. Warum gibt es eigentlich keine Alternativmathematik? Wie würde so eine Prüfung wohl aussehen?

> **Was ist 2 plus 2?**
> *Fünf!*
> **Wie kommen Sie darauf?**
> *Intuition.*
> **Können Sie das genauer beschreiben?**
> *Nein, es ist einfach so ein Bauchgefühl. Die 5 kam energetisch am klarsten rein.*

Welchen Sinn haben diese Kategorien von Richtig und Falsch? Warum soll das Ergebnis nicht mehr sein als die Summe der Teile? Dieses Buch wird durch Sie auch zu mehr als der Summe seiner Seiten.

Wenn zwei sich streiten, freut sich der Dritte – und das sind *Sie*, weil *Sie* wählen können! Und Ihre Wahl verändert Ihre Haltung, verändert Ihren Körper, verändert das System. Schulmedizin gegen Alternativmedizin? Entweder oder? Oder sowohl als auch?

Wollen Sie wissen, auf welcher Seite ich stehe? Bei den Guten. Die gibt es auf beiden Seiten. Ich stehe außerdem auf der Seite der Patienten, denn die sind die größte Gruppe im Gesundheitswesen, aber oft auch die schutzloseste. Und ich stehe auf der Seite des Lebens, das es zu schützen gilt. Und zu genießen! Denn es ist bei genauer Betrachtung aus jeder Perspektive ein Wunder.

Wie spontan sind Spontanheilungen?

«Wunder gibt es immer wieder,
heute oder morgen können sie geschehn.
Wunder gibt es immer wieder,
wenn sie dir begegnen, musst du sie auch sehn.»

KATJA EBSTEIN

Jeden Arzt, den ich in letzter Zeit traf, habe ich gefragt: «Hast du schon mal ein Wunder bei einem Patienten erlebt?» Oft kam dann die Gegenfrage: «Was ist denn ein Wunder?»

So einfach zu definieren ist ein Wunder nicht. Wir kreisen es ein und schleichen uns an. Der Duden sagt: «ein außergewöhnliches, den Naturgesetzen oder aller Erfahrung widersprechendes und deshalb der unmittelbaren Einwirkung einer göttlichen Macht oder übernatürlichen Kräften zugeschriebenes Geschehen, Ereignis, das Staunen erregt» oder «etwas, was in seiner Art, durch sein Maß an Vollkommenheit das Gewohnte, Übliche so weit übertrifft, dass es große Bewunderung, großes Staunen erregt».

Kurz: irgendetwas, das über das alltägliche Verständnis hinausgeht, worüber man sich also wundert. Aber was ist schon das alltägliche Verständnis? Was für jemanden in seiner Zeit erklärlich, erstaunlich oder unfassbar wirkt, unterliegt immer historischen und subjektiven Einflüssen. Die heutige Vorstellung von einem Wunder als «übernatürlich» entstand erst in der Neuzeit. Wer keine Naturgesetze kennt, kann auch schlecht einschätzen, wann etwas den Naturgesetzen widerspricht. Für die Menschen in der Antike und im Mittelalter, für die bereits Phänomene wie Blitz und Donner unerklärlich blieben, war die Grenze zwischen «Möglichem» und «Un-

Das eigentliche Wunder sind für mich nicht die Menschen, die spontan geheilt werden, sondern die vielen, die lernen, mit ihrer Krankheit zu leben, jeden Tag!

möglichem» weitaus durchlässiger. Heilungswunder waren in der Antike auch nicht auf Religionen beschränkt – auch von bekannten Politikern oder Dichtern hieß es, dass sie schon Wunder gewirkt hätten. Wobei Politiker ja bis heute gern behaupten, Wunder was getan zu haben. Und bei der nächsten Wahl erleben sie dann oft ihr blaues Wunder.

Die Herkunft des deutschen Wortes «Wunder» ist ungeklärt, andere Sprachen hantieren eher mit Varianten von «Mirakel». Sinnverwandt mit dem Wunder sind das «Kuriosum», das «Mysterium», das «Spektakulum» und alle weiteren Wunderdinge von «Rätsel» bis «Hexenwerk». Entscheidend ist, dass es jemandem auffällt. So wie ein Witz, über den keiner lacht, kein Witz ist, ist ein Wunder, über das keiner staunt, auch keins. Wen wundert's? «Wunderbar» und «komisch», «staunen» und «lachen» sind artverwandt. Vielleicht interessiere ich mich auch deshalb für all das, inklusive der Wunder, die Illusionisten und Zauberer vollführen können.

In der Medizin vermeidet man den für viele religiös geprägten Begriff und redet nicht von «Wunder», sondern lieber von «Spontanheilung», wenn man den Mechanismus dahinter nicht versteht und ein Patient gegen alle Erwartungen gesund wird. Erstaunliche Verläufe und dramatische Wendungen haben viele Ärzte schon auf die eine oder andere Art erlebt: Babys, denen man nach der Ultraschalluntersuchung oder bei der Geburt kaum eine Chance gegeben hätte, entwickelten sich prächtig. Ein Säugling wurde geboren, obwohl er nicht in der Gebärmutter lag, sondern in der Bauchhöhle am Eileiter. Normalerweise überlebt die Eizelle so eine falsche Einnistung nicht. Und leider sterben auch immer wieder Mütter an einer nicht erkannten Eileiterschwangerschaft, wenn plötzlich der Eileiter reißt und innere Blutungen auslöst. Aber es kann auch auf wundersame Art und Weise über 40 Wochen in vielleicht einem von 40 000 Fällen gutgehen!

Kinder, die im Eis eingebrochen und länger ohne Sauerstoff waren, erholten sich vollständig. Es gibt berühmte Einzelfälle, in denen jemand aus langjährigem Koma wieder erwachte. Fairerweise möchte ich in Hinblick auf die Organspende klarstellen: «Koma» ist neurologisch etwas völlig anderes als ein «Hirntod». Noch nie ist jemand, bei dem ein kompletter Hirntod diagnostiziert wurde, ins Leben zurückgekehrt. Das ist auf eine Art auch wieder beruhigend.

Weil viele mit der Diagnose «Krebs» irrtümlicherweise gleich ein Todesurteil verbinden, gibt es gerade bei bösartigen Erkrankungen viele Geschichten über ungewöhnliche Verläufe. Denn Krebs ist nicht gleich Krebs, und jeder Patient ist anders. Professor Clemens Unger hat als Onkologe in seinem Leben viele Krebspatienten an der Klinik für Tumorbiologie in Freiburg behandelt. An eine Betroffene erinnert er sich auch über zwölf Jahre später noch sehr genau: Margret Schmidt. Im Mai 2003 erhielt er den Anruf eines Heidelberger Kollegen, er solle sich um eine Patientin kümmern, die nach einer schweren Operation eine Chemotherapie benötigte. Sie litt an einem fortgeschrittenen Tumor der Gebärmutter, einem metastasierten Endometriumsarkom. Der Chirurg hatte die Gebärmutter und die Eierstöcke entfernt, aber das ganze Bauchfell war voller Metastasen und die Leber ebenfalls befallen – also inoperabel. Unger erinnert sich: «Ich machte einen Ultraschall, verschrieb ihr zur Stärkung des Immunsystems einen Bakterienextrakt und bat sie, in zwei Monaten wiederzukommen. Im August kam sie zum erneuten Ultraschall, und siehe da: Die Lebermetastasen und die verklebten Lymphknoten im Bauchraum waren nicht mehr nachweisbar.» Ich frage ihn, wie er sich das erklärt. «Keiner weiß, warum. Aber die Frau hat jeden Abend gebetet: ‹Tumor, ich habe dich nicht eingeladen, ich bitte dich, meinen Körper zu verlassen.› Er ist bis heute nicht wiedergekommen. Nach fünf Jahren spricht man von einer Heilung. Bei ihr sind es jetzt schon zwölf.»

Ob in diesem Fall der Glaube eine Rolle spielte, kann niemand sagen – aber auch nicht ausschließen. Dafür sind und bleiben Spontanheilungen zu selten. Aus den Einzelfällen sind keine einfachen Erklärungen, keine Muster, geschweige denn eine Therapieempfehlung abzuleiten. Manchmal steckt hinter dem «Wunder» auch eine vorangegangene Fehldiagnose, wenn beispielsweise ein Tumor falsch klassifiziert wurde. Aber eines steht fest: Es gibt sie, diese Ausnahmen von der Regel. Warum interessieren sich so wenige Forscher dafür?

Dr. Herbert Kappauf ist einer der wenigen. Der Onkologe aus Bayern hat sich vor bald 20 Jahren die Mühe gemacht, dem Phänomen der Spontanheilungen tiefer auf den Grund zu gehen, und lange gebraucht, um viele Fälle zusammenzutragen. Beim Vergleich wird klarer, dass es offenbar Krebsarten gibt, bei denen Spontanheilungen häufiger vorkommen. Insbesondere Tumorerkrankungen der Niere und der Haut überraschen immer wieder in ihren Verläufen.

Krebs entsteht zuerst an einer Stelle des Körpers und kann in andere Gebiete streuen. Auf bisher nur unvollständig verstandene Art bleiben die Zellen aber in Kontakt. Das sieht man an dem belegten Phänomen, dass Tochtergeschwülste verschwinden, wenn die «Mutter» entfernt wird. So waren nach einer Operation des primären Tumors aus der Niere ohne weitere Behandlung die Metastasen in der Lunge, an die man mit dem Skalpell nicht herankam, nicht mehr nachweisbar. Auch beim schwarzen Hautkrebs gibt es Fälle, in denen, nachdem der streuende ursprüngliche Tumor angegangen worden war, die weiteren Absiedlungen von allein verkümmerten. So können sich Chirurgie und Selbstheilung gegenseitig unterstützen. Über welche «Drähte» die Zellen in Verbindung stehen und welche Rolle das Immunsystem dabei spielt, wird weiter erforscht.

Es ist bekannt, dass bestimmte Krebsarten leichter entstehen, wenn ein Immunsystem geschwächt ist. Menschen mit einer HIV-Infektion oder solche, bei denen nach einer Transplantation längerfristig die eigene Abwehr unterdrückt werden muss, bekommen eher Leukämien, Lymphome oder Hautkrebs. Für die Häufigkeit von Brustkrebs oder Darmkrebs spielt die Immunsuppression dagegen keine Rolle. Das heißt, die generelle Aussage «Krebs entsteht durch ein schwaches Immunsystem» ist nicht haltbar. Und auch eine unspezifische «Aktivierung des Immunsystems» ist kein Allheilmittel.

Kappauf meint: «Krebsbetroffene können zum einen entlastet sein, da Spontanremissionen offensichtlich nicht das Ergebnis eines besonderen Krankheitsverhaltens oder einer außergewöhnlichen willentlichen Anstrengung sind. Zum anderen bestätigen meine Untersuchungen ohne Zweifel, dass es in seltenen Fällen spontane Tumorrückbildungen wirklich gibt. Allein diese Tatsache gibt vielen Hoffnung.»

Die Chancen sind bei Krebsarten wie dem schwarzen Hautkrebs (Melanom) und dem Nierenzell- oder auch Basalzellkarzinom (Altershautkrebs) allemal besser als für sechs Richtige im Lotto, deren Wahrscheinlichkeit bei etwa 1 zu 14 Millionen liegt. Wer also daran glaubt, dass er beim Lotto gewinnen kann, darf auch bei einer Krebserkrankung an die Möglichkeit einer Spontanremission glauben. Auch im 21. Jahrhundert geschehen noch Zeichen und Wunder.

Der wundersame Heiler in uns

«Ich bin süchtig nach Placebos. Ich würde ja damit
aufhören, aber was macht es für einen Unterschied?»
STEVEN WRIGHT

Es soll 1944 während des Zweiten Weltkriegs gewesen sein: Eine
Krankenschwester kümmerte sich um einen verletzten Soldaten,
der unter furchtbaren Schmerzen litt. Aber ihr war das Morphin aus-
gegangen, das stärkste Schmerzmittel dieser Zeit, und sie brachte es
nicht übers Herz, dem Soldaten zu sagen, dass sie nichts für ihn tun
könne. Stattdessen zog sie mit einer großen gläsernen Spritze einfache Kochsalzlösung auf, gab dem Leidenden die Injektion und sagte
zu ihm: «Das ist ein starkes Medikament, es wird Ihnen gleich bes-
sergehen.» Und in der Tat ging es dem Soldaten deutlich besser.

Die Krankenschwester handelte intuitiv aus Mitgefühl und
nutzte damit einen Effekt, der einem Wunder gleicht: den Placeboeffekt. Was wirkt da? Ist es Einbildung oder etwas anderes?

Placebo kommt aus dem Lateinischen und bedeutet: «Ich werde
gefallen.» Darunter versteht man ein Scheinmedikament, ein Mittel
ohne Wirkstoff, wie die harmlose Kochsalzlösung. Offenbar linderte
die positive Erwartung, dass das «Morphium» ihm helfen würde, die
Schmerzen des Soldaten. Wer gefällt hier wem? Und dürfen Ärzte
und Krankenschwestern Patienten solche «Gefallen» tun?

Lange wollte die Wissenschaft nichts davon wissen, wie mächtig
die Kräfte der Erwartung und der positiven Einstellung für die Heilung sind: «Das ist doch nur Placebo.» Was heißt denn hier «nur»?
Schnell taten Mediziner den Effekt ab und redeten von «Einbildung».
Ganz schön eingebildet.

Die Forschung ist in den letzten 20 Jahren unglaublich vorangekommen. Heute weiß man, dass sich die Patienten weder die Schmerzen einbilden noch die Linderung nach Einnahme eines Placebos. Schon länger ist bekannt, dass im Gehirn körpereigene Schmerzmittel gebildet werden, die berühmten Endorphine. Sie wirken an denselben Andockstellen wie «richtige» Schmerzmittel, und auch wenn in der Tablette nichts drin ist, verändern sich die Verarbeitungsprozesse im Kopf. Ganz real und messbar.

Das gilt nicht nur in höchster Not und in der Medizin: Erwartungen beeinflussen uns in vielen alltäglichen Situationen. Jede mitfühlende Mutter und auch jeder Vater haben schon einmal ihrem Kind aufs Knie gepustet, ein «Aua» weggerubbelt oder einen Saft mit Suggestionskraft aufgeladen: Der macht dich groß und stark. Warum soll das bei Erwachsenen anders sein? So vernünftig sind wir doch gar nicht. Aber Probieren geht über Studieren, und hier ist die Anleitung für einen kleinen Placebotest am Arbeitsplatz. Überall, wo Menschen arbeiten, gibt es eine Kaffeemaschine, weil Kaffee wach macht. Das liegt am Koffein, oder? Machen Sie den Test:

1. Besorgen Sie sich eine Placebovariante der Sorte Kaffee, die Sie für gewöhnlich im Büro trinken, sprich: koffeinfreien Kaffee.
2. Tauschen Sie heimlich die Bohnen oder das Pulver aus.
3. Erhöhen Sie die Dosierung, damit der Kaffee stärker schmeckt.
4. Beobachten Sie die Reaktionen Ihrer Kollegen.
5. Trinken Sie selbst den Kaffee und fragen Sie sich, ob Sie den Unterschied bemerkt hätten.

Ich wette, mindestens ein Kollege wird sagen: «Boah, der ist aber stark heute. Mensch, der geht mir voll auf die Pumpe, das spüre ich sofort.»

Wir verbinden Kaffeetrinken mit angeregter Stimmung – allerdings ist es selbst *mit* Koffein unmöglich, sofort eine Wirkung zu erzielen, die nicht auf Konditionierung beruht. Denn damit Koffein wirken kann, muss es erst einmal in den Nervenzellen im Gehirn ankommen. Und dazu braucht es etwas Zeit: Der Kaffee muss durch Mund, Schlund, Speiseröhre, Magen und Darm, von dort ins Blut, vom Blut ins Hirn, mit dem Transporter in die Nervenzelle, und erst dann kann sich etwas tun. Das dauert einen Moment, mindestens eine Viertelstunde. Wer also nach einem Schluck schon eine anregende Wirkung spürt, schafft das mit etwas Übung auch mit einem Schluck kalten Wassers. Fakt ist: Kaffee gelangt, auch wenn Sie beim Trinken den Kopf weit in den Nacken legen, nicht direkt vom Mund ins Hirn – wenn er das tun sollte, sprechen Sie umgehend mit Ihrem Zahnarzt, dann haben Sie ein ganz anderes Problem.

So wie das Koffein aus dem Kaffee schon wirkt, bevor es im Blut ist, wirkt auch jede Kopfschmerztablette bereits in dem Moment, ab dem wir wissen, dass sie gleich helfen wird. Das Verblüffende: Haben wir dreimal erlebt, dass ein echtes Medikament hilft, kann beim vierten Mal auch ein Scheinmedikament eingenommen werden, das genauso aussieht – mit ähnlicher Wirkung. Das ist nicht nur für leichtere Medikamente wie Kopfschmerzmittel und Asthmasprays nachgewiesen worden, sondern sogar für Medikamente, die nach einer Organtransplantation auf das Immunsystem wirken. Die praktische Konsequenz aus dieser Erkenntnis könnte zukünftig sein, echte Medikamente bei jeder vierten Gabe durch etwas Harmloseres mit weniger Nebenwirkungen zu ersetzen und somit einzusparen. Es braucht zuerst den Anstoß von außen, es braucht das wirksame Mittel; aber wenn unser Körper die Wirkung gelernt hat, übernimmt unser innerer Heiler mit seiner Apotheke.

Und auch im Alltag können wir vieles tun, um dem Schmerz den Wind aus den Segeln zu nehmen. Prof. Dr. Christian Büchel vom Universitätsklinikum Hamburg-Eppendorf hat viel über Erwartungen, Aufmerksamkeit und Schmerz geforscht: «Wenn Sie einen Weisheitszahn gezogen bekommen, tut das weh, und die meisten gehen nach Hause und leiden im stillen Kämmerlein. Viel besser ist es, arbeiten zu gehen. Je weniger Sie sich mit dem Schmerz beschäftigen, desto weniger gräbt er sich im Gedächtnis ein. Das gilt auch für Rückenschmerzen: Die Patienten, die *nicht* krankgeschrieben wurden, bekamen die Schmerzen leichter weg als die, die zu Hause blieben und sogar chronische Schmerzen entwickelten.»

Ein weiterer Beweis dafür, wie groß die Rolle der Erwartung ist, gelang Büchel, als er das Spiel umdrehte und wirksame Medikamente verabreichte, ohne dass die Patienten davon wussten. Gab er durch eine Infusion «heimlich» Novalgin, ein sehr starkes Schmerzmittel, wirkte es deutlich schwächer als bei den Patienten, die Bescheid wussten und die Wirkung erwarteten.

Bei genauerer Betrachtung beruhen viele Behandlungen sowohl in der akademischen Medizin als auch in der Alternativmedizin auf dem Placeboeffekt. Wenn bei einem verstauchten Knöchel eine Magnetspule angelegt wird, damit er schneller wieder schmerzfrei wird, sind es nicht die Magnete, die etwas ausrichten, sondern die positive Erwartung. Placeboeffekte gibt es sogar in der Chirurgie – aber das erzähle ich Ihnen später am Beispiel meiner Knieoperation.

Wenn ein Arzt Zuversicht weckt, kann er damit Reaktionen auslösen, die beim Patienten wie ein Medikament wirken. Warum lernt man als Arzt so viel über jeden Pups der Pharmakologie und immer noch so wenig über die Psychologie der Worte? Mit den richtigen Sätzen, Gedanken und Ritualen wird jedes wirksame Medikament noch wirksamer, und deshalb sind Worte und Pillen zusammen viel besser als Worte allein und Pillen allein. Ärzte können lernen, mehr auf ihre Wirkung zu achten und einfache Dinge zu beherzigen, die schon einen Unterschied machen: Blickkontakt aufnehmen, aktiv zuhören, Gefühle wahrnehmen und spiegeln, Erwartungen erfragen, Ängste ausräumen und positive Erwartungen wecken. Glaube, Liebe, Hoffnung sind uralte Wirkmittel, und sie in der Tablette allein zu suchen, ist einer der großen Irrtümer der Mediziner.

Die verrückteste Frage kommt erst: Wirken Placebos denn auch, wenn alle wissen, dass es sich um Placebos handelt? Kann man sich die Pillen selbst verabreichen, oder muss man sie «untergejubelt» bekommen?

Das untersuchte Prof. Ted Kaptchuk, einer der Querdenker an der Harvard Medical School in Boston: Er gab Menschen mit Reizdarmsyndrom die Anweisung, dreimal täglich Placebos einzunehmen. Und obwohl alle darüber aufgeklärt waren, dass es sich um «leere» Tabletten handelte, ging es über 40 Prozent der Patienten besser. Vor allem denen, die sich genau an die Anweisung hielten und die Scheinmedikation ernst nahmen. Offenbar ist das Ritual, sich selbst dreimal am Tag Gutes zu wünschen, ein wesentlicher Teil der Heilung. Und vielleicht braucht es dafür ja noch nicht einmal die Tablette. Rituale gibt es viele, zum Beispiel eine Kerze anzuzünden, Verbeugungen in eine bestimmte Himmelsrichtung, demütiges Hinknien, tiefe Atemzüge oder was immer den Alltagsstrom des Bewusstseins unterbricht.

Jutta Meissner, Forscherin in München, überrascht mit einem weiteren Detail: Die Wirkung von Placebos kann sogar spezifisch einzelne Organe betreffen, zum Beispiel nur die Leber – aber wie das genau geschieht, wird die Wissenschaft noch eine Weile beschäftigen. «Wenn Alternativmediziner Menschen Hoffnung geben, gilt das schnell als verpönt und unseriös. Nach allem, was wir heute wissen, gilt aber vor allen Dingen: Einem Patienten unnötig die Hoffnung zu nehmen, ist eine Art von Körperverletzung!»

Früher glaubte man sehr an die Macht der Sprache und der inneren Bilder, was blieb den Menschen auch anderes übrig? Neben ein paar bekannten Heilkräutern gab es wenig Wirksames, das ein Arzt anwenden konnte. So war es beispielsweise Brauch, einen Satz aus der Bibel dem Patienten auf ein Stück Papier zu schreiben und zum Essen zu geben. Der Zettel wurde gekaut und heruntergeschluckt, um sich die wohltuenden Worte im wahrsten Sinne einzuverleiben.

Zehn Dinge,
die Sie über Placebos womöglich
noch nicht wussten

=✳=

1. Placebos wirken auch, wenn man weiß, dass es welche sind.

2. Blaue Placebos beruhigen, rote regen an.

3. Vier Tabletten mit nichts drin wirken stärker als zwei.

4. Placebospritzen wirken besser als Tabletten. Am besten wirken Placebooperationen.

5. Teure Placebos zeigen mehr Wirkung als billige.

6. Placebos haben genau die Nebenwirkungen, die das richtige Mittel auch aufweist.

7. Placebos wirken bereits auf Rückenmarksebene.

8. Placebos können spezifische Auswirkungen auf einzelne Organe haben.

9. Placebos, die der Chefarzt im weißen Kittel verabreicht, wirken besser als die vom Pfleger im Poloshirt.

10. Nur etwa 20 Prozent der konventionellen Medizin sind nachgewiesenermaßen wirksamer als Placebos.

Unser Ausdruck «Man kaut lange auf etwas herum» geht auf dieses Ritual zurück.

Manchmal frage ich mich, was heute passieren würde, wenn die Menschen die Tabletten wegwerfen würden und dafür den Beipackzettel kauen und herunterschluckten.

Sie würden jede Nebenwirkung bekommen, die draufsteht – aber nur, wenn sie ihn vorher gelesen haben. Die meisten «Informationen» auf Packungsbeilagen sind mentale Ballaststoffe. Und wenn man zur Kontrolle einen «Placebo-Beipackzettel» schlucken würde? Einen Blankozettel ohne die negativen Wirkstoffe, auf dem draufsteht: «Das wird schon!»?

Da bekommt das Wort *Schein*-Medikament eine ganz neue Bedeutung.

Zu Tode gedacht

Eine kleine Frage entscheidet mit, wie hoch
Ihr Herzinfarktrisiko ist, und die steht in keinem
Anamnesebogen: «Fühlen Sie sich geliebt?»

Kann man sich öfter als zweimal halb totlachen?
Und jetzt im Ernst: Hat sich schon mal jemand totgedacht?
Nachts am Lagerfeuer erzählt man sich gerne Gruselgeschichten. Eine, die mir seit einer Klassenfahrt im Gedächtnis geblieben ist, handelt von einem Mann, der starb, weil er in einem Kühlhaus eingesperrt worden war. Er erfror und wurde am nächsten Morgen tot aufgefunden. Das Seltsame: Das Kühlhaus war nicht in Betrieb. Er hatte sich das Erfrieren also in seiner Panik nur eingebildet, und zwar so sehr, dass es reichte, um seinen Körper davon zu überzeugen. In manchen Varianten der Geschichte finden sich noch Merkmale der Unterkühlung an den Fingern oder ein Zettel, auf dem das Opfer seiner eigenen Vorstellungskraft mit zittriger Hand einen Abschiedsgruß notiert hatte. Derjenige, der sie erzählt, hat sie meist von jemandem gehört, der jemanden kannte ... Natürlich fehlen handfeste Orts- und Zeitangaben, auf deren Grundlage man den Wahrheitsgehalt recherchieren könnte. Kurzum: Es ist aller Wahrscheinlichkeit nach eine urbane Legende.
Ein besser dokumentierter Fall aus dem Jahr 2009 gibt mir mehr zu denken: Ein depressiver Patient wollte sich das Leben nehmen. Er schluckte alle seine Pillen, bereute kurz darauf diese Kurzschlusshandlung, wählte die 112 und kam in die Notaufnahme. Er war kurzatmig, hatte Schweißausbrüche und brach nach seiner Ankunft mit einem Kreislaufkollaps zusammen. Die Ärzte gaben ihm Infu-

sionen, aber die Tests auf das überdosierte Medikament waren überraschenderweise negativ. Es kam heraus, dass der Patient an einer Studie teilnahm – in der Placebogruppe. Er hatte sich also mit «leeren» Pillen vergiftet. Sobald er darüber aufgeklärt wurde, dass keine Lebensgefahr bestand, ging es ihm schlagartig besser. Wer weiß, wie sein Schicksal ausgesehen hätte, wäre er weiterhin davon überzeugt gewesen, an einer Überdosis sterben zu «müssen»?

Steckt in diesen Anekdoten und Legenden vielleicht ein Fünkchen Wahrheit? Allerdings! Über einige dieser Schicksale wurde sogar in medizinischen Zeitschriften berichtet. Ein Patient, dessen Arzt ihm eröffnet hatte, er habe Speiseröhrenkrebs in fortgeschrittenem Stadium, war am nächsten Tag tot. Der Pathologe fand jedoch keine Spur von Krebs, nur ein paar geschwollene Lymphknoten, die aber den Tod des Patienten nicht erklärten. Eine Fehldiagnose mit fatalen Folgen – gespenstisch.

Wie groß ist die Kraft der bösen Gedanken? Kann man sich tatsächlich selbst «zu Tode denken» oder von anderen verflucht werden, so wie es die Anhänger der schwarzen Magie und des afrikanischen Voodoozaubers behaupten?

Der sogenannte psychogene Tod ist ein medizinisches Rätsel. Wenn Pathologen versuchen, die Todesursache eines Menschen zu bestimmen, stehen sie vor einer großen Herausforderung: Ein Herzinfarkt hinterlässt eine Spur, weil sich ein Gefäß mechanisch verschlossen hat. Eine Herzrhythmusstörung ist hingegen nicht nachweisbar. Deshalb arbeiten die Pathologen häufig mittels einer Ausschlussdiagnostik: Wenn man nichts Handfestes findet, muss es wohl ein spontanes Aussetzen des Herzens gewesen sein, das zum Tod führte.

Dass unser Herz «mitleidet», wenn wir in seelischen Nöten sind, hat wohl jeder schon am eigenen Leibe erfahren. In sehr drastischer Form erlebte das ein Freund von mir, der an Herzrhythmusstörungen litt. Er spürte jeden Tag Tausende Extrasystolen, Herzschläge außerhalb des Rhythmus, und es dauerte eine Weile, bis ihm, einem sehr rationalen Menschen, dämmerte, dass es eventuell damit zusammenhing, dass ihn seine Arbeit unglücklich machte: «An dem Tag, an dem ich mich entschied, meinen Job zu kündigen, verschwand das Herzstolpern plötzlich und ist bis heute nicht wieder aufgetaucht.» Magie?

Wie groß ist der psychosomatische Einfluss auf das Herz? Der Schweizer Hypnotherapeut Gary Bruno Schmid hat alles zusammengetragen, was über den psychogenen Tod bekannt ist. Dokumentation, Nachuntersuchung und Deutung sind und bleiben schwierig; aber Todesfälle, die durch die Überzeugung, sterben zu müssen, ausgelöst oder beschleunigt werden, scheinen ein kulturübergreifendes Phänomen zu sein. «Die eigene Vorstellungskraft kann einen entscheidenden Einfluss auf den Augenblick des Todes haben», sagt Schmid.

Was passiert da im Körper? Hier hilft der Vergleich mit einem anderen Phänomen. Kann man an gebrochenem Herzen sterben, so wie es in vielen Märchen erzählt wird? Klare Antwort: Ja! Der medizinische Begriff dafür lautet nur wenig poetisch «Stresskardiomyopathie» oder «Tako-Tsubo», denn die ersten Fälle wurden 2002 von Japanern in der Fachliteratur vorgestellt und benannt. Die Veränderungen der Herzkammer unter extremem Stress erinnerten die Forscher an die Form einer japanischen Tintenfischfalle. Die meist weiblichen Patienten erleiden scheinbar einen Herzinfarkt, aber es existiert kein verstopftes Gefäß. Offenbar reicht eine zu hohe Konzentration von Stresshormonen wie dem Adrenalin aus, um die Durchblutung gefährlich zu drosseln und den Herzmuskel zu schwächen. Fast alle Patienten haben gemein, dass die Symptome kurz nach einem emotional belastenden Ereignis einsetzen, etwa dem Tod einer nahestehenden Person, der Trennung vom Partner, einem Unfall oder der Diagnose einer schweren Erkrankung. Wie eng Herzgesundheit und Seelenfrieden tatsächlich zusammenhängen, zeigt auch die Erkenntnis, dass sich während einer Depression die Anfälligkeit für eine Herz-Kreislauf-Erkrankung verdoppelt. Übrigens: Auch Männer können an gebrochenem Herzen sterben – aber anders. Es klingt wie ein schlechter Witz: Am 22. Juni 1996 stieg die Anzahl der Herztodesfälle bei holländischen Männern statistisch signifikant an, die im Fernsehen verfolgen mussten, wie ihre Mannschaft das Viertelfinale der Europameisterschaft im Elfmeterschießen gegen Frankreich verlor. Auch eine Form von Liebeskummer, womöglich in Tateinheit mit Alkohol. Sind das nur Einzelfälle?

In der amerikanischen Kleinstadt Framingham wird bereits seit dem Jahr 1948 eine großangelegte Studie zur Herzgesundheit durchgeführt. Aus der jahrzehntelangen Beobachtung von Tausenden Menschen in verschiedenen Lebensphasen und über mehrere Generationen hinweg konnten die Forscher bedeutende Erkenntnisse über die größten Risikofaktoren für Herzinfarkte und Schlaganfälle gewinnen. Eines der weniger beachteten Ergebnisse war der Einfluss der eigenen Zukunftserwartung bei Frauen auf ihre Gesundheit. In den Fragebögen, die zu Beginn der Untersuchung vorgelegt wurden, stand unter anderem folgende Frage: «Glauben Sie, dass Sie im Verhältnis zu anderen Frauen in Ihrem Alter eine höhere Anfälligkeit für einen Herzinfarkt haben?» Probandinnen, die das bejahten, unterlagen tatsächlich einem dreifach erhöhten Risiko, an einem Herzinfarkt zu sterben, obwohl alle anderen bekannten Risikofaktoren herausgerechnet wurden. Die Angst vor dem Herztod scheint ihn wahrscheinlicher zu machen. Eine selbsterfüllende Prophezeiung.

Wer hatte nicht schon einmal Kopfschmerzen nach einem langen Telefonat mit dem Mobiltelefon? Gibt es Elektrosmog tatsächlich? Nein, aber die Erwartung wirkt. In einem Test wurden Mobilfunksendemasten in Wohngebieten aufgestellt und die Schlafqualität der Anwohner anschließend mittels EEG genau erfasst. Tatsächlich

WENN NICHTS MEHR HILFT.

von HIRSCHHAUSEN

PLAZEBO AKUT

Granulat zur Herstellung einer Suspension zur Suggestion mit 50 mg Nichts und 30 mg Wiedernichts.

Unterstützt die Selbstheilungskräfte, senkt Schmerzen, steigert das Wohlbefinden.

20

20 Beutel

von
HIRSCHHAUSEN

Überzogene Tabletten zu überzogenen Preisen. Wirkstoff: Glaube, Liebe, Hoffnung. Nur mit viel Zuwendung und positiver Erwartung einnehmen.

Wer inhaltsleere, aber wie die «echten» aussehende Medikamente in den Verkehr bringt, darf sich nicht wundern, wenn die so gut wirken wie die «echten». Bitte beachten Sie die gesteigerte Wirksamkeit bei Kindern und Tieren. Zu Risiken und Nebenwirkungen fragen Sie Ihren Arzt oder lesen Sie statt der Packungsbeilage den Text ab Seite 49.

schliefen die Menschen schlechter – allerdings ebenfalls, wenn die Dinger ausgeschaltet blieben. Negative Erwartungen sind mächtig; wir bezeichnen das als Noceboeffekt, das Gegenteil des bekannteren Placeboeffektes. So wie uns positive Erwartungen schneller gesund werden lassen, zieht uns Angst herunter.

Denkt man weiter über diese Effekte nach, so stellen sich ernsthafte ethische Fragen bezüglich der Aufklärung von Patienten über die Risiken von Operationen. Einer der Experten dafür ist Professor Ernil Hansen, ein Narkosearzt an der Universität Regensburg. Er wies nach, dass ein großer Teil der Nebenwirkungen einer Anästhesie nicht durch die Medikamente, sondern durch die Art der Aufklärungsgespräche ausgelöst wird – Patienten bekamen nach einer Narkose Kopfschmerzen, wenn sie vorher darauf hingewiesen wurden, dass dies eine mögliche Nebenwirkung sein könnte.

Ein kleiner Selbsttest: Stellen Sie sich vor, Ihnen wird eine Spritze in den Rücken gesetzt. Wenn Sie zu Gruppe A gehören, sagt man Ihnen: «Wir werden Sie jetzt lokal betäuben; damit wird die Anästhesie später für Sie angenehmer und schmerzfrei.»

Gruppe B hört Folgendes: «Sie werden einen heftigen Stich und ein Brennen am Rücken spüren, so als hätte Sie eine Biene gestochen; das ist der schlimmste Teil der ganzen Prozedur.» Gruppe B leidet deutlich mehr Schmerzen. Sie auch – allein durch die Vorstellung?

Professor Hansen versucht, die Ärzteschaft davon zu überzeugen, im Patientengespräch die Perspektive des Gegenübers einzunehmen und weniger über juristische Absicherung nachzudenken und in Routine zu verfallen. Gut informierte und betreute Patienten wollen gar nicht alles wissen. Warum reden alle über die 5 Prozent, die etwas nicht vertragen, statt zu betonen, dass 95 Prozent den Eingriff sehr gut wegstecken?

Eine Bekannte schilderte mir, dass sie kurz vor einer Operation den Narkosearzt fragte: «Werde ich wieder aufwachen?» Er fand es witzig zu antworten: «Weiß ich nicht.»

Ärzte zerstören oft unwissentlich mit achtlosen Sätzen die positiven Erwartungen ihrer Patienten. Die flapsige Bemerkung «Bei Ihnen hat ja bisher gar nichts geholfen» reicht schon, um die Wirkung der folgenden Maßnahme drastisch zu reduzieren.

Es gibt gute Belege dafür, dass die unschönen Begleiterscheinungen von lebensrettenden Chemotherapien durch gute psychologische Interventionen und eine verstärkte Selbststeuerung abgemildert werden können. «Chemotherapie» ist ein solches Schreckenswort, dass es wie ein Nocebo wirkt. Die geläufige Assoziation ist: Haarausfall, Erbrechen, Gift. Was stimmt? Erstens gibt es sehr unterschiedliche Chemotherapien, die unterschiedlich wirken. Zweitens ist die Übelkeit zum Teil davon abhängig, wie sehr man sie fürchtet. Und natürlich ist eine Chemo kein Lifestyle-Medikament, sondern eines der Mittel, die man nur dann einsetzt, wenn es einen verdammt guten Grund dafür gibt: eine bedrohliche Grunderkrankung.

Als jemand in meinem Familienkreis eine Form von Magenkrebs entwickelte, spuckte Google nur aus: «... führt unbehandelt rasch zum Tod.» Wir einigten uns auf zwei Dinge: Nie mehr googeln. Und: Wir nennen das Medikament «Heilsoße». Es macht einen großen Unterschied, ob ich über die Dauer einer Infusion immer nur denke: «Ich werde hier gerade vergiftet.» Oder: «Wie schön, dass ich im 21. Jahrhundert in Deutschland lebe, wo es wirksame Medikamente gibt, die mir hier gerade das Leben retten.»

Wenn unser Denken so viel Einfluss hat und wir alle ein bisschen Voodoo sind – lässt sich dieser Effekt nicht auch positiv nutzen, vielleicht sogar für ein psychogen verlängertes Leben? In einer Studie wurden 660 Menschen über 50 befragt, wie sie sich ihren eigenen Alterungsprozess vorstellen. Als man 23 Jahre später in die Sterberegister schaute, staunten die Forscher: Diejenigen, die eine positive Einstellung zum Altern hatten, lebten siebeneinhalb Jahre länger!

Mein Vorschlag: Statt ständig über demographische Tsunamis, Methusalem-Komplotte oder Alzheimer-Epidemien zu lesen und daran zu verzweifeln, sammeln Sie doch einfach Biographien von Menschen, die glücklich alt geworden sind! Wer sind ihre Vorbilder? Wie haben sie gelebt? Welche Eigenschaften haben diese entspannten und zufriedenen Menschen über Jahre kultiviert? Das ist das beste Gegenmittel gegen das schleichende gedankliche Gift, das uns das ganze Leben madig machen kann. Sammeln Sie Namen von Menschen, die Sie bewundern, und schreiben Sie Ihre persönliche Hitliste der coolsten über 80-Jährigen. Sie erhöhen damit erstens Ihre Chance, selbst einmal so alt zu werden, und zweitens die Wahrscheinlichkeit, selbst einmal bei jemand anderem auf genau so einer Liste zu stehen. Das ist wirksame weiße Magie zur Lebensverlängerung. Und Lebensvertiefung.

Heiler rund um die Welt

«Dahoam is dahoam», sagt der Bayer und meint damit:
Zu Hause ist es am schönsten.
In der Bibel heißt es: «Der Prophet gilt nichts im eigenen Lande.»
Und im Ruhrpott sagt man: «Woanders is auch Scheiße.»

In Sachen Heilkunde hat sich die Bibel durchgesetzt. Je weiter weg ein Behandler lebt, desto wirksamer muss er sein. Aus diesem Grund fliegen Menschen aus Deutschland nach Sri Lanka, um sich dort an der Quelle der Weisheit mit ayurvedischen Einläufen von allen Schlacken und Giften befreien zu lassen. Und jeder, der es sich leisten kann, fliegt aus Sri Lanka nach Deutschland oder England, um dort mit westlicher Medizin behandelt zu werden. Eigentlich müsste man in Dubai eine komplementäre Klinik aufbauen, denn da steigen die meisten um. Vielleicht eine Geschäftsidee?

Was mir an der Medizin immer schon Spaß gemacht hat, ist, dass sich Menschen in allen Teilen der Welt mit Gesundheit und Krankheit auseinandersetzen, aber mit unterschiedlichen Methoden und Sichtweisen. Deshalb habe ich während meines Studiums jede Gelegenheit genutzt, in Krankenhäusern anderer Länder zu arbeiten, mit den Ärzten dort zu sprechen und Heilungsritualen beizuwohnen.

In Brasilien erlebte ich die tiefe Spiritualität der Menschen. Die Mischung aus schwarzafrikanischen Wurzeln und katholischer Mission führt dort zu einer eigenwilligen Gemengelage: Mal betet man zu Maria, dann wieder zu Yemanjá, der Göttin des Meeres. So streng sieht man das nicht, sodass viele alte Bräuche und Kulte parallel zur christlichen Religion weiterexistieren. Während der Reise besuchte ich einen Freund, der in einer franziskanischen Gemeinschaft lebte.

Er ist Soziologe und organisierte eine Pilgerreise von der Quelle des Rio São Francisco bis zu seiner Mündung. Ich begleitete die Gruppe ein paar Wochen. Als ich mir beim Wandern meinen Fuß verknackste, nahm er mich mit zu einem Pflanzenkundigen, der mit mir durch seinen wilden Garten ging, mit der Machete bestimmte Blätter abschlug, mit einem Mörser daraus einen Brei mischte und mir einen Verband anlegte. Viel näher kann man der «Apotheke der Natur» nicht kommen. Ob die Schwellung mit diesem Verband schneller zurückging, konnte ich nicht sagen. Ich hatte keine Kontrollgruppe. Aber es war mir auch egal. Der Verband wirkte kühlend, ich fühlte mich bestens umsorgt. Was hätte ich in Deutschland getan? Vermutlich irgendein Sportgel aufgetragen. Das hätte auch gekühlt, hätte aber einen definierten Wirkstoff – der im Zweifelsfall genauso nutzlos ist. Denn wie viel von dem Zeug durch die Haut tatsächlich ins Gewebe eindringt und wirksam wird, ist mindestens so viel Glaubenssache wie der brasilianische Kräuterverband.

Im Nordosten Brasiliens durfte ich auch an einer «Candomblé»-Zeremonie teilnehmen. Dazu fuhren wir zu einem Haus, wo sich eine Art Priester schon länger mit bestimmter Kleidung, Gesang und Gebeten vorbereitet hatte und sich offenbar in Trance befand. Menschen schlugen auf Trommeln ein, er tanzte im Kreis, bis er sich plötzlich schüttelte und anscheinend von einem Geist erfasst wurde. In diesem Zustand wurde er zum Medium und konnte Botschaften empfangen und weitergeben. Es war ein sehr mystischer Moment, der mich fesselte. Leider redete der Geist wirres Zeug, oder aber mein spirituelles Portugiesisch war zu schlecht, auf jeden Fall kamen die Anleitungen aus der anderen Welt nicht in der Klarheit rüber, wie ich mir das als Deutscher gewünscht hätte.

Ein Schamane, der mich persönlich sehr viel mehr beeindruckt hat, kam aus dem Eis. Ein Ältester der Inuit Grönlands: Sein Name war Angaangaq, das bedeutet «der Mann, der so aussieht wie sein Onkel». Seine Familie gehört zu den Heilern und Weisen aus dem

hohen Norden, aus Kalaallit Nunaat. Angesichts der Klimakatastrophe, die seinem Volk das Wasser bis zum Halse stehen und den Boden unter den Füßen wegschmelzen lässt, war es sein Wunsch, das «Eis in den Herzen der Menschen zu schmelzen», die die Erderwärmung sonderbar kaltlässt. Er erzählte von den spirituellen Gesetzen, nach denen alle Menschen miteinander verbunden sind und Freunde werden können, wenn man einmal den äußeren Panzer geknackt hat. Er besaß die Fähigkeit, die Menschen mit einfachen Bildern und Musik auf einer ganz tiefen Ebene zu berühren. Sein magisches Instrument war eine Windtrommel, genannt Quilaut, die wirklich laut war und größer als er selbst. Sie symbolisiert einen Kreis ohne Anfang, ohne Ende, zu dem wir alle gehören.

Dem Schamanen gelang es, uns alle zu einer Gemeinschaft zusammenzutrommeln und zu verzaubern. Mit seiner Gesangsstimme und den Trommeltönen stellte er eine extrem intensive Kommunikation her. Ich fühlte, wie die Schläge meinen ganzen Körper in Vibration versetzten. Die positive Energie, sein Glaube und diese intensive Musik ergriffen von mir Besitz, Verspannungen und Kälte lösten sich, und ich fühlte mich, als würde sich meine Seele befreit in die Lüfte erheben. Diese Erfahrung entsprach ganz seinem Motto: «Die größte Entfernung im Dasein des Menschen ist weder von hier nach dort noch von dort nach hier. Nein, die größte Entfernung im Dasein des Menschen ist von seinem Verstand zu seinem Herzen. Nur indem er diese Distanz überwindet, lernt er, wie ein Adler zu segeln und seine innere Unermesslichkeit wahrzunehmen.»

Manche Heiler machen auch eine Reise in umgekehrter Richtung, aus unserer Kultur in eine andere. Auf einem Kongress lernte ich den amerikanischen Arzt und *Healing Doc* Carl Hammerschlag kennen. Weil er nicht nach Vietnam in den Krieg ziehen wollte, wurde er auf eine wenig beliebte Arztstelle in einem Indianerreservat zwangsversetzt. Carl blieb dort, lernte von den Stammesältesten ihre Geschichten und Rituale.

Mit dieser Trommel kann man Geister wecken, sogar schwerhörige.

Er ist ein begabter Erzähler und demonstrierte die Wirkung der legendären «Friedenspfeife» eindrucksvoll. Wir rauchten sie nicht, wir waren schließlich Ärzte, Therapeuten und Pflegekräfte, aber auf einem Teller brannten Kräuter vor sich hin und entfalteten ihre Wirkung. Bei den Indianern wird Rauch verwendet, um die Atmosphäre vor oder nach einer Heilung, Initiation oder Zeremonie zu beruhigen und um heilige Gegenstände vor ihrer Verwendung zu reinigen. Er kann außerdem genutzt werden, um Dank auszudrücken und um unsere Absichten zu unterstützen.

Allein die Instruktion «Redet aus eurem Herzen, sagt, was ihr euch wünscht und was ihr dazu beitragen wollt, dass es in die Welt kommt» hatte eine unglaubliche Wirkung auf uns. Wir saßen auf der Erde im Kreis, und wer das rauchende Feuer vor sich hatte, schaute in

die Flamme und sprach klare Worte. Kein Gejammer, kein Gelaber. Carl entlockte uns das Beste und weckte den Spirit, aus dem heraus wir alle einmal einen Gesundheitsberuf gewählt hatten.

An die Kraft der Flamme und des Rauches erinnerte ich mich, als ich in eine Wohnung zog, die frei wurde, weil darin jemand unschön aus dem Leben geschieden war. Irgendwie hatte ich ein ungutes Gefühl. Eine Freundin schlug ein kleines Ritual vor: Mit Hilfe von Salbei und Klangschalen wurde die Wohnung «ausgeräuchert» und gereinigt. Wir verabschiedeten die Geister der Vormieter, und ich machte mir klar, dass ihre Geschichte mit einer nicht behandelten Depression zusammenhing und nicht an den Ort und erst recht nicht an mich als Nachmieter gekoppelt war. Natürlich hätte mir das auch ohne diese Zeremonie bewusst werden können, aber der Rauch hat mir gutgetan, um einen Neuanfang zu markieren.

Auf meinen Reisen stelle ich immer wieder fest, dass sich die verschiedenen Heilmethoden auf einer tieferen Ebene erstaunlich ähnlich sind. Alle Schamanen arbeiten mit der Kraft der Elemente, mit Wasser, Erde, Feuer und Rauch. Es braucht mehrere Beteiligte: jemanden, der an den Prozess glauben will, und jemanden, der die Rolle des Heilers ausfüllt, einen spirituellen Reiseleiter, wenn man so will. Das gilt auch für Ärzte. Auch wenn wir uns dessen selten bewusst sind, haben wir doch einige Elemente der Schamanen übernommen. Die Insignien der Macht finden sich meistens auf oder um den Kopf herum, bei uns ist es das Stethoskop, bei den Heilern eher ein Amulett. Darüber hinaus verlangt der Heilungsprozess nach spezieller Kleidung, die verziert ist und die zeigt, dass man in Kontakt mit höheren Mächten steht. Bei uns sind das die weißen Kittel und die Pieper, bei den Schamanen Felle und Vogelfedern. Zu guter Letzt braucht es noch Musik, Rhythmus, Trommeln und Trance – in diesem Bereich könnte die westliche Medizin echt eine Schippe drauflegen. In der Magie geht es um Kontrolle, aber gleichzeitig auch um den Kontrollverlust – und die Lust, die in diesem Ver-lust stecken kann.

Wo sind denn unsere ekstatischen Momente geblieben? Was dem Zwanzigjährigen seine Technoparty, ist dem Siebzigjährigen sein Tanztee. Das Bedürfnis, mal wieder die Kontrolle abzugeben, steckt auch in uns kontrollierten Deutschen. «Du musst öfter mal an dich denken.» Nein, wenn wir etwas von anderen Kulturen lernen wollen, heißt die Botschaft: Vergessen Sie sich mal wieder! Wir sind in unserem Effizienzwahn im *Um-zu* gefangen. *Um* uns vor Krebs *zu* schützen, essen wir Brokkoli. *Um* etwas Gift auszuschwemmen, kippen wir ständig Wasser in uns hinein. Wir schlafen, *um* fit *zu* sein, wir joggen, *um* im Job länger durchzuhalten, wir haben Sex, *um* die Rente *zu* sichern und weil es gut ist für die Haut und für den Blutdruck.

Uns fehlt die Ekstase, das Ent-rückt-Sein, die Pausen von *Um-zu*, Vernunft und Messbarkeit. Tanzen Sie nackt durch den Regen, von mir aus auch in Badesachen. Hauptsache, Sie tanzen.

Mein Vorbild ist ein über achtzigjähriger Referent, den ich auf einem Psychotherapeutenkongress kennenlernte. Er hatte den Festvortrag am nächsten Morgen zu halten, war aber abends bei der Party nicht von der Tanzfläche zu bekommen. Nach ein paar Stunden machten sich die Organisatoren langsam Sorgen. Er bemerkte die Blicke, ging auf sie zu und sagte: «Keine Angst, mir geht es bestens. Ich will mich einfach mal wieder so fühlen wie mit sechzig!»

Wie ich in Trance meinen inneren Bären traf – als Staubsaugervertreter

«Es gibt Teile in mir, die haben sich noch nicht mal
das Du angeboten.»

MICHAEL MARIE JUNG

Es hätte auch eine ganz normale Psychotherapiepraxis sein können.
Die freundliche große Frau, die mir die Tür öffnete, trug eine weiße
Hose und ein Poloshirt. Sie hätte ebenso gut Ärztin sein können,
hatte aber eine Heilpraktikerausbildung. Ich hatte sie bei einer Fort-
bildung kennengelernt und war neugierig geworden. Sie bezeichnet
sich selbst nicht als «Schamanin», wird aber von anderen so genannt,
und ich wollte einmal erleben, wie sie vorgeht, wenn Patienten zu
ihr kommen. Auf ihrer Facebook-Seite gab es Seminarangebote zum
Trommeln oder zu Erlebnissen in der Natur, bei denen man Kontakt
zu Bäumen und Steinen aufnimmt. So weit wollte ich nicht gehen,
daher begab ich mich in ihre Praxis in der Kölner Innenstadt, zwei
Ecken vom Hauptbahnhof entfernt, nicht weit von vielen anderen
Reisenden.

Ich bekam einen wohltemperierten Tee, und sie stellte mir eine
Menge Fragen, die traditionell in einem Arztgespräch eher selten
auftauchen, zum Beispiel: «Was für ein Bild hast du von deinen Urgroßeltern?» Das nenne ich mal eine gründliche Familienanamnese,
ich musste mir aber eingestehen, dass ich außer einem Bild im Foto-
album herzlich wenig über meine Vorfahren wusste.

Schamanische Kulturen verehren ihre Vorfahren, und eine
Ahnung von ihrer Bedeutung steckt auch in dem deutschen Wort.
Sie sind diejenigen, die *vor* uns da waren, die einen Weg gegangen

sind und Spuren hinterlassen haben, denen wir folgen können. In unserer westlichen Zeitvorstellung liegt die Vergangenheit gefühlt hinter uns, die Zukunft liegt vor uns. In vielen anderen Kulturen der Welt ist es genau umgekehrt. Die Vergangenheit sieht man vor sich, hat eine Verbindung zu ihr und geht denen nach, die vorgefahren sind.

Immerhin wusste ich über meine Großeltern Bescheid, die ihre Heimat verlassen mussten und als Flüchtlinge in Deutschland noch einmal bei null anfingen. Die Fragen der Schamanin brachten mich zum Nachdenken darüber, welchen Einfluss diese Erfahrung vielleicht noch heute auf mich hat. Spannend.

Ich erzählte von meinem Knie und einem neuen Problem, einem nervösen Magen, der mich nervte, weil ich mich bisher nie groß mit meinem Inneren hatte beschäftigen müssen. Die schönste Definition von Gesundheit, die ich kenne, lautet: «Gesundheit ist das Schweigen der Organe.» Wenn man nichts von seinem Körper mitbekommt und keine Stelle nach Aufmerksamkeit schreit, dann ist man gesund. Mein Magen hatte aufgehört zu schweigen, grummelte vor sich hin, aber ich verstand nicht recht, was er mir sagen wollte. Vielleicht sprachen wir nicht dieselbe Sprache. Oder er hatte eine schlechte Angewohnheit von mir übernommen und nuschelte einfach. Ich wollte herausbekommen, was mit mir los war, und vor allem wollte ich wissen, mit welchen Methoden eine moderne Schamanin arbeitet.

Sie schaute in einem großen Lexikon der Psychosomatik nach und fand als Deutung meiner Beschwerden: «Etwas überwältigt dich, es ist zu viel, alles auf einmal zu verarbeiten. Du kannst etwas nicht vollständig erfassen, in den Griff bekommen. Eine unbewusste Angst davor, nicht die Macht über dich behalten zu können. Positiv betrachtet kann es sich um eine Fülle von Eindrücken handeln, die dich sogar auf sehr angenehme Weise überkommen und dennoch aufwühlen.»

Damit konnte ich etwas anfangen. Vorsichtshalber war ich vorher schon beim Gastroenterologen gewesen. Keine Zeichen für Säure in der Speiseröhre, für ein Magengeschwür oder den Keim Helicobacter pylori.

Ich legte mich auf eine Massagebank, die Schamanin machte es mir mit Kissen und Rollen bequem und hielt meine Hand, während sie mich bat, die Augen zu schließen und mich auf eine Traumreise einzulassen. Es war Nachmittag, Siestazeit, und ich hatte keine Mühe, mich ins Land der Träume zu begeben. Mein Körper war weniger neugierig als mein Geist und nutzte die gute Gelegenheit für ein Nickerchen. Vielleicht kann ich mich daher nicht an alles erinnern.

Woran ich mich gut erinnere, ist die Begegnung mit meinem Krafttier. Die Schamanen betrachten viele Dinge als beseelt und arbeiten viel mit symbolischen Prozessen im Außen, die etwas Inneres darstellen helfen. Ich sollte mir vorstellen, welches Tier oder welche Tiere mich begleiten. Ich sah spontan einen Bären und einen Hirsch rechts und links an meiner Seite. Ich sollte die Tiere fragen, was für ein Geschenk sie für mich hätten. Der Bär hatte einen Staubsauger dabei. Ein Zeichen? Was könnte ich damit anfangen?, sollte ich mich fragen. In einer sehr lustigen gedanklichen Bewegung saugte ich den Boden meines Arbeitszimmers. Das war unglaublich befreiend. Und wenn Sie mein Zimmer kennen würden, verstünden Sie sofort, warum. Ich bin, wie viele kreative Menschen, nicht gerade gut im Ordnunghalten. Für dieses Buch habe ich Hunderte von Studien und Büchern und Zettel mit Ideen und Stichworten gesammelt, und in der akuten Schreibphase wuchs mir dieser Papierberg über den Schreibtisch, über den Boden, über den Flur und über den Kopf. Mit dem bärigen Geschenk konnte ich Großputz machen und mich von dem Gedanken befreien, das alles noch lesen zu müssen.

Dann trat der Hirsch vor mein geistiges Auge. Er hatte ein Lexikon dabei, ein funkelndes, leuchtendes Buch, das ich nur aufzuschlagen brauchte, und alles Wissen der Welt stand mir zur Verfügung. So ein Buch hatte ich mir immer gewünscht, denn auch auf meinem Computer sah es mit den ganzen offenen Rechercheseiten bei den Suchmaschinen und Wikis der Welt so ähnlich aus wie auf dem Boden, nur senkrecht. Während ich dies schreibe, merke ich erst, dass dieses Symbol auch etwas mit meinen Urgroßeltern zu tun hat. Väterlicherseits waren meine Vorfahren über viele Generationen Pfarrer, besaßen also ein Buch, das für sie die Antworten auf viele Fragen bot. Und mein «von» geht auf einen dieser Pfarrer zurück, der ein Wörterbuch der estnischen Sprache geschrieben hat. So gesehen sprach der Hirsch zu mir in Bildern, die ich tatsächlich in meinen mentalen Genen trage: Wissen weitergeben, sodass es jeder versteht.

«Diese beiden Krafttiere werden dich jetzt in dieser stressigen Zeit des Buchschreibens begleiten, und immer, wenn du stockst oder Rat brauchst, kannst du dich an sie wenden.» Ich sah, wie der Bär an einem Glas Honig schleckte, um mich daran zu erinnern, dass dieses Buch sinnlich und froh werden möge, und der Hirsch gab mir zwinkernd zu verstehen, dass ich schon genug wisse und ihn sonst fragen könne. Ich bedankte mich bei ihnen und versprach, in Kontakt zu bleiben.

Aus der Traumwelt kam ich wieder ins Wachbewusstsein zurück. Mir war die Zeit wie im Fluge vergangen, aber inklusive Nickerchen hatte die Reise eineinhalb Stunden gedauert. Wir setzten uns wieder einander gegenüber, und die Schamanin las mir vor, was die Tiere im Schamanismus bedeuten: «Gevatter Bär gibt dir eine Spur, folge ihr nur in das Innere der Höhle. Kommst du in Frieden, so führt er dich und deckt Verblendungen auf, gibt Kraft aus der Mitte und zeigt dir die Süße des Lebens.» Von Staubsaugervertreter stand da nichts, aber das war wohl auch ein ganz spezielles Geschenk nur an mich.

Der Hirsch steht laut Lexikon für vitale Lebensenergie, geistiges Bewusstsein und Öffnung. «Er lehrt, das Licht zu empfangen im Wechsel von Tun und Sein, und lehrt, gut mit dem Herzen zu sehen.

Mit dem Geweih erinnert er daran, sanft und friedlich mit anderen umzugehen und nur dann zu kämpfen, wenn eine neue Ordnung hergestellt werden muss. Von seiner dunklen Seite ist der Hirsch unbeständig und zerstreut und will wegrennen, statt stehen zu bleiben und hinzuschauen. Als Bote des Göttlichen erinnert er dich daran, den Plan zu vollenden, nach dem du angetreten bist.»

Diese Texte hatten den Schmalz und die Breitbandbedeutung von Horoskopen, aber ich war mit meinen Krafttieren sehr zufrieden – sie hatten mich tatsächlich auf eine überraschende Art auf meine aktuellen Konflikte aufmerksam gemacht. Ich hatte nichts erfahren, was ich nicht irgendwie schon wusste, aber es tat gut, sich einmal auf einer anderen Ebene damit anzufreunden, dass ich eben diese vielen Seiten und Wesen in mir trage. Das Lustigste bei der Sitzung war, dass ich während der Reise innerlich ganz ruhig war, aber merkte, wie die Schamanin nach der Hälfte der Zeit heftiges Magenknurren bekam. War mein grimmiger Bauchgeist auf sie übergegangen? War es etwas spirituell Infektiöses? Mein Wunsch nach einer Wunderheilung blieb unerfüllt, das Grummeln hat sich in den Tagen nach der Behandlung nicht wesentlich verändert. Aber ich habe mein Zimmer aufgeräumt, mit meinem neuen imaginativen Freund, dem bärenstarken magischen Staubsauger.

Warz ab!

«Es hängt alles irgendwo zusammen. Sie können sich
am Hintern ein Haar ausreißen, dann tränt das Auge.»

DETTMAR CRAMER

Eine Zuschauerin schrieb mir: «Als Kind hatte ich monatelang
schlimme Warzen an der Hand und wurde deswegen von meinen
Mitschülern gehänselt. Weil es bei uns im Dorf damals keinen Arzt
gab, ging ich mit meiner Mutter zu einer Heilerin. Die besprach die
Warzen und schmierte eine spezielle Tinktur darauf. Drei Wochen
später waren die Warzen weg und kamen auch nicht wieder. Was
war es, was da geholfen hat?»

Das Besprechen, auch Raten (von «Rat geben»), Beschreien oder
«Böten», ist vermutlich eines der ältesten Heilrituale der Welt. Früher fand man in jedem Dorf eine Hexe oder eine weise Frau, der diese
Gabe nachgesagt wurde, und ich kenne auch eine Dame in Berlin,
eine ehemalige Nachbarin, die regelmäßig von Hilfesuchenden gebeten wird, die alten und streng geheimen Sprüche einzusetzen. Ich
habe sie natürlich gefragt, ob sie mir nicht ihre Kunst weitergeben
könne, aber bei aller Sympathie wollte sie einem verkopften Mediziner wie mir diesen Erfahrungsschatz nicht einfach so anvertrauen.
Dazu braucht es ein persönliches Einweihungsritual, und so oft
werde ich ja nun auch nicht danach gefragt.

Es gibt unendlich viele Ratschläge, Reime und Beschwörungs-
formeln:

«Was ich sehe, das vergehe, was ich streiche, das erweiche,
Warze, fall ab!»

Es gibt auch praktische Tipps:

«Mache in einen Bindfaden so viele Knoten, wie du War-
zen hast. Dann lege den Bindfaden unter das Fallrohr einer
Regenrinne. Wenn der Faden verrottet ist, sind die Warzen
verschwunden. Wichtig: Sprich mit niemandem darüber und
schaue auch nicht mehr nach dem Bindfaden.»

Warzen sind lästig, und gerade bei Kindern können sie sich über die
ganze Hand verbreiten, erst recht, wenn man versucht hat, sie durch
Kratzen loszuwerden. Warzen können sehr hartnäckig sein, aber
auch ganz plötzlich verschwinden. Gerade weil der Verlauf dieser
Erkrankung sprunghaft ist, gibt es wohl so viele Wunderheilungsge-
schichten. Und man kann an ihr sowohl den Einfluss der Psyche auf
die Gesundheit demonstrieren als auch unseren Wunsch, für alles
eine Ursache und eine Erklärung zu finden.

Hinter der Hautwucherung stecken sogenannte Papilloma-
viren, von denen es so viele Typen gibt, dass sich ein Kontakt mit
ihnen kaum vermeiden lässt. Ob wir Warzen bekommen oder nicht,
hängt von den Eintrittspforten, zum Beispiel kleinen Rissen in der
Haut, ab und offenbar auch von der momentanen Abwehrlage unseres Körpers. Das Immunsystem und seine Selbstheilungskräfte
sind mal stärker, mal schwächer, immer so wie unsere seelische
Verfassung. Stress schwächt uns, Freude, Entspannung und positive Erwartung stärken das Immunsystem. Ein anderes Beispiel für
den engen Zusammenhang von Laune und Immunität sind Herpes-
viren. Viele können ein Lied davon singen, dass die kleinen Bläschen
immer an der Lippe zu kribbeln beginnen, wenn die Sonne scheint,
die Menstruation oder ein wichtiges Date ansteht. Dann heißt es für
alle Prinzen: «Küssen verboten.» Die Bezeichnung «Fieberbläschen»
zeigt auch, dass diese kleinen Biester es ausnutzen, wenn der Körper
gerade mit einem anderen Eindringling beschäftigt ist.

Zurück zu den Warzen. Sie können durchaus Schmerzen verursachen, vor allem am Fuß, wenn mechanischer Druck die Warze in die Tiefe, in Richtung der Nervenbahnen, treibt. Der Körper baut langfristig seine Abwehr auf, und darin liegt der kleine Trost: Wer als Kind viele Warzen hatte, bleibt im Erwachsenenalter eher davon verschont, weil sein Immunsystem dazugelernt hat.

Obwohl diese Erkrankung so viele Menschen beschäftigt, gibt es dazu erstaunlich wenige systematische Untersuchungen und Studien durch Hautärzte und erst recht keine, die sich mit alternativen Behandlungen beschäftigen. Oft wird behauptet, dass sich Alternativmedizin grundsätzlich nicht wissenschaftlich untersuchen lassen könne. Das stimmt nicht! Wenn jemand eine klare Aussage trifft, lässt sich prüfen, ob sie richtig ist oder nicht. Das gilt für ein Medikament, von dem ich behaupte, dass es Warzen verschwinden lässt, genauso wie für Schneckenschleim oder auch Fernheilung. Alternativmedizin nimmt man dann ernst, wenn man sie auf die Wirksamkeit untersucht, die sie für sich selbst in Anspruch nimmt. Und genau das tat Professor Edzard Ernst mit Fernheilern in England. Die Frage lautete: Macht es für Patienten mit Warzen einen Unterschied, ob sie aus der Ferne energetisch behandelt werden, oder nicht? Wie kann man so etwas sauber erforschen? Man nehme eine möglichst große Anzahl von Patienten und teile sie per Zufallsprinzip in zwei Gruppen. Die eine Gruppe erhält eine Fernbehandlung, die andere nicht. Natürlich dürfen die Behandelten nicht wissen, in welcher Gruppe sie sind, das ist der Sinn dieser «Verblindung».

All das tat der englische Spezialist. Er stellte 84 Patienten zusammen, die allesamt dem Konzept der Fernheilung gegenüber aufgeschlossen waren. Die Heiler lebten etwa 150 Kilometer weit weg und waren Mitglieder im offiziellen Heilerverband. Im Schnitt hatten sie schon elf Jahre als «Kanal» zwischen höheren Energien und Patienten gearbeitet. Sie waren davon überzeugt, dass ihre Arbeit die Selbstheilungskräfte von Kranken unterstützen kann und diese

Wirkung über den Placeboeffekt hinausgeht. Professor Ernst teilte ihnen, wie auch bei anderen Fernheilungen üblich, nur den Namen des jeweiligen Patienten, das Alter, den Wohnort und die Anzahl und Position der Warzen mit. Daraufhin ließen sie ihre Energien fließen... Das Ergebnis: Vorher hatten die Patienten im Schnitt acht Warzen. Nach sechs Wochen hatten die «Ferngeheilten» noch immer im Durchschnitt acht Warzen. Um genau zu sein, war der Schnitt sogar um 0,2 gestiegen. In der Kontrollgruppe dagegen verschwanden im Schnitt 1,1 Warzen. War die Heilenergie im Londoner Dunst stecken geblieben? Klar ist: Hätte es eine durchschlagende Wirkung der Energiebehandlung gegeben, wäre sie in dieser Anordnung aufgefallen. Tat sie aber nicht.

Die Hälfte der Patienten, die glaubten, die Fernheilung wirke bei ihnen, war in der Kontrollgruppe, hatte also gar keine Behandlung erhalten. Aber: Unabhängig von dem fehlenden Erfolg antworteten die meisten Teilnehmer, dass sie auch in Zukunft wieder Heiler aufsuchen würden.

Eignet sich zur Aktivierung unserer Selbstheilungskräfte «Nahbehandlung» vielleicht besser als Fernbehandlung? Ein echter Spezialist für die Zusammenhänge von Haut, Seele und Immunsystem ist der Psychodermatologe Prof. Dr. Uwe Gieler in Marburg. Dort wurde bei zehn Kindern eine Behandlung mittels Röntgenstrahlen simuliert. «Wir haben die Kinder unters Röntgengerät gesetzt, ihnen Bleischürzen angelegt, dann aber nur die lautstarke Kühlung der Maschine angeschaltet. Die Kinder hatten den Eindruck, dass etwas Bedeutendes passiert», erinnert sich Gieler. Bei 90 Prozent der kleinen Patienten verschwanden die Warzen. «Das soll eine herkömmliche Therapie erst mal nachmachen.»

Das klassische Repertoire der Hautärzte sieht Verätzen, Lasern, Vereisen, den scharfen Löffel oder das Skalpell vor – was oft mit Schmerzen und meist auch mit Narben einhergeht. Gieler empfiehlt daher auch Eltern, es erst einmal mit Bindfäden und Löwenzahn um Mitternacht zu versuchen. Die Chancen stehen gut, denn auch mit Abwarten allein verschwinden bis zu 70 Prozent der Warzen innerhalb von drei Monaten.

Und ich schlage vor, dass wir für alle, bei denen es mit den alten Methoden und Sprüchen noch nicht funktioniert hat, auch mal ein paar modernere ins Rennen schicken können. Hier ein paar Formeln, die einen Versuch wert sein könnten:

Die beleidigende Masche:

Warze, du siehst scheiße aus
Ich schmeiß dich aus dem Körper raus
Und trau dich nicht, noch mal zu wachsen
Ich hab sie dicke, deine Faxen!

Wer es wissenschaftlicher mag:

Jetzt hört mal zu, ihr kleinen Viren
Ihr macht euch fort, auf allen vieren!
Paperlapp und Papilloma
Ich werd immun, ihr fallt ins Koma!

Wem das immer noch zu kompliziert ist, nehme nur die magischen Worte:

Warz ab!

Und dann abwarten.

Am Anfang war das Wort

«Denn wahrlich, ich sage euch, wenn ihr Glauben
habt wie ein Senfkorn, so werdet ihr zu diesem Berge
sagen: Rücke von hier weg dort hinüber, und er wird
fortrücken; und nichts wird euch unmöglich sein.»
MATTHÄUS 17,20

Früher war es irgendwie einfacher. Da glaubten die Menschen an
Wunder, zum Beispiel daran, dass Jesus über Wasser laufen konnte,
und fertig. Heute hinterfragen wir alles. Stehen Wunder nicht im
Gegensatz zur Naturwissenschaft? Die Festkörperphysik sagt: Jeder
Mensch kann über Wasser laufen – entscheidend ist die Außentem-
peratur.

Beim Thema Glauben und Wunder betrete ich buchstäblich dün-
nes Eis. Sehr schnell könnte sich jemand angegriffen oder beleidigt
fühlen, weil ihm etwas heilig ist. Nichts läge mir ferner. Ich bin evangelisch, meine Frau ist katholisch. Und manchmal bin ich neidisch
auf die Katholiken und ihren unreformiert sinnlichen Zugang zum
Mystischen. Der Heimatort meiner Frau ist ein gutes Beispiel, denn
er verdankt seine lokale Bekanntheit einem legendären «Blutwun-
der» aus dem tiefsten Mittelalter. 1347 brauchte der Ort eine neue
Kirche, Geld wurde gesammelt und in eine Schatulle gelegt. Aber
es kam des Nachts ein Dieb und stahl aus der Kirche alles, dessen er
habhaft werden konnte, auch die Geldschatulle und die Dose mit
den heiligen Hostien. Der Dieb rannte mit seiner Beute auf und davon, warf aber die Hostiendose achtlos weg. Er dachte wohl, Hostien lassen sich nicht zu Geld machen. Die Dose ward gefunden,
und siehe da, ein Wunder war geschehen! Die Hostien hatten sich

rot gefärbt, so wie das Blut des Heilands. Die Kunde über diese wundersame Verfärbung als Zeichen höherer Kräfte verbreitete sich wie ein Lauffeuer, so nannte man damals Social Media. Man teilte die Nachricht mit Nachbarn, Freunden und 500 Unbekannten, die des Weges kamen. Alle strömten in den Ort, und wie durch ein Wunder wurde aus dem kleinen, seiner letzten Mittel beraubten Flecken in der Landschaft durch die Flecken auf dem Backwerk ein Wallfahrtsort. Die Pilger brachten Einnahmen, sodass eine Kirche gebaut werden konnte, viel schöner und prächtiger als alles, was jemals mit dem Geld aus der Schatulle möglich gewesen wäre. Halleluja! Der Dieb hatte so weit nicht gedacht: Hostien kann man sehr wohl zu Geld machen, oh Wunder.

Ja, so war das damals! Oder so ähnlich. Blutwundergeschichten gibt es in der katholischen Volksfrömmigkeit einige. Heute wissen Naturwissenschaftler, dass für den Vorgang der Rotfärbung nicht nur das Blut Jesu, sondern auch *Serratia marcescens* verantwortlich sein kann, ein Bakterium, dessen wundersamer, intensiv roter Farbstoff viele Sensationen beschert hat. Ob das Wunder 1347 auch diesem Bakterium geschuldet war und warum das genau in diesem Moment an diesem Ort passiert ist, weiß Gott oder weiß der Geier – und ich hoffe inständig, es handelt sich um zwei verschiedene Instanzen.

Ist mit der Wissenschaft alles erklärt und damit der Glauben aus der Welt? Eindeutig nein. Glauben gibt es in vielen Formen, heute wie damals. Das Thema ist komplex und zu groß, als dass ich hier klären könnte, ob es einen Gott gibt. Und wenn ja, warum er dann nicht immer da ist, wenn man ihn braucht. Als Bertrand Russell als einer der härtesten Kritiker der Religionen und ihrer Auswüchse gefragt wurde, was er wohl sagen würde, wenn es nach dem Tod doch weiterginge und er Gott tatsächlich gegenüberstünde, soll er mit typisch englischem Humor gesagt haben: «Ich würde ihm sagen: Du hättest mir auch ein paar mehr Hinweise geben können!»

Deshalb genügt es mir, zu sortieren, welche Phänomene es rund

um Wunder, Glauben und Kirchen gibt; einordnen müssen Sie sie selbst.

Was können religiöse Gefühle Positives bewirken? Was berichten Gläubige?

Ich erinnere mich noch gut an eine Klassenfahrt nach Polen. Wir besuchten unter anderem eine der wichtigsten katholischen Pilgerstätten, die Schwarze Madonna in Tschenstochau. Zum ersten Mal war ich an einem Ort des katholischen Wunderglaubens und staunte über die unzähligen Votivgaben. In Glasvitrinen gab es jede Menge kleiner Beine, Hände, Gesichter, Augen, Ohren und Brüste zu sehen, aus Wachs, Blech oder mühevoll von Hand gebastelt. Die Pilger hatten sie fertigen lassen, als Dank für ihre Heilung. Uns spätpubertierenden Schülern kam das alles sehr seltsam vor, eine Mischung aus Andachtsort, Museum und Gruselkabinett.

Angelehnt an den Wänden standen auch mehrere Paar Krücken, die offenbar überflüssig geworden waren. Eine der bekanntesten Fälle des Pilgerortes ist Janina Lach. Sie litt zehn Jahre lang an multipler Sklerose, ihre Beine gehorchten ihr nicht mehr, und sie konnte sich nur mit einer Gehhilfe oder dem Rollstuhl fortbewegen, bis ihr im Traum die Muttergottes von Tschenstochau erschien, sie sich aufmachte und die 150 Kilometer zum Wallfahrtsort reiste. Zeugen bestätigen, dass sich die Frau mit Krücken in Richtung Bildnis bewegte, stolperte, die Gehhilfen fallen ließ – und aus eigener Kraft weiterging. Janina Lach wurde in Kliniken in Warschau und Posen untersucht. Die Ärzte stellten fest, dass sie nicht mehr unter multipler Sklerose litt. «Die Krankheit ist weg bis heute, 27 Jahre nach dem Wunder», sagt Janina Lach in einem Interview. Die katholische Kirche hat ihre Heilung als Wunder anerkannt. Das gibt sicher vielen Menschen Hoffnung. Zu Recht?

Der Arzt in mir fragt sich, warum auch bei anderen Wallfahrtsorten wie Lourdes zwar öfter von Heilungen bei multipler Sklerose, Parkinson oder seelischen Erkrankungen die Rede ist, auch verschiedene Krebsarten und Knochendefekte verschwanden, doch noch nie ein amputiertes Bein nachgewachsen ist oder eine Erbkrankheit spontan geheilt wurde. Für Wundergeschichten eignen sich offenbar eher Erkrankungen, die sehr unterschiedliche Symptome und Schweregrade im Verlauf zeigen und bei denen das Immunsystem und die Psyche eine Rolle spielen können. Wenn eine Erkältung verschwindet, glaubt ja auch keiner an ein Wunder, weil man weiß, dass man das erwarten darf. Bei der multiplen Sklerose wissen weder Patient noch Arzt genau, wie der Krankheitsverlauf aussieht. Sie kommt schubweise, mal bleibt es bei einem Schub im Leben, mal gibt es schnelle Verschlechterungen, mal bilden sich alle Symptome zurück. Für Skeptiker sind Anekdoten ein Gräuel, jedem Geheilten ist es egal, wodurch er wieder gesund wurde.

Menschen verbinden schon seit biblischen Zeiten ihre Heilserwartung mit ihrer Glaubenserfahrung. Von Jesus gibt es mehrere Heilungsgeschichten: Ein Mann mit Lepra ist dabei, eine Frau mit Blutfluss, mehrere Hauterkrankungen, Blinde können wieder sehen, Gehörlose wieder hören. In einer weniger bekannten Geschichte heilt Jesus die Schwiegermutter von Petrus, er lässt ihr Fieber verschwinden. Nun wüsste der Mediziner in mir natürlich gerne, wie hoch das Fieber war, wie lange es schon bestand und ob es nicht auch ohne Jesus weggegangen wäre. Hätten Wadenwickel eventuell auch gereicht? Oder Globuli? Oder geht es vielleicht um etwas ganz anderes?

Meine Lieblingsgeschichte fand ich im Markusevangelium. Da wird erzählt, dass Jesus in Kapernaum in einem Haus predigt und so viele zuhören wollen, dass kein Platz mehr ist, auch nicht draußen vor der Tür. Ein Gelähmter wird von vier anderen auf einem Bett angeschleppt. Als diese sehen, dass sie ihn nicht zu Jesus bringen können, steigen sie Jesus buchstäblich aufs Dach. Sie machen ein Loch ins Gebälk und lassen das Bett herunter, auf dem der Gelähmte liegt. Als nun Jesus ihren Glauben sieht, spricht er zu dem Gelähmten:

«Deine Sünden sind dir vergeben!» Die Schriftgelehrten – die Aufsichtsbehörde der Zeit – finden das anmaßend. Sünden vergeben kann nur Gott! Doch genau diesen Anspruch erhebt Jesus, und zum Zeichen dafür setzt er noch einen drauf: «Ich sage dir, steh auf, nimm dein Bett und geh heim! Und er stand auf, nahm sein Bett und ging alsbald hinaus vor aller Augen, sodass sie sich alle entsetzten und Gott priesen und sprachen: Wir haben so etwas noch nie gesehen.»

Wenn Jesus die Gabe hatte, Menschen zu heilen, warum hat er dann kein Krankenhaus eröffnet und das von morgens bis abends gemacht? Er wusste, was er kann, hielt es aber offenbar für sinnvoller, in der ambulanten Versorgung zu bleiben.

Unabhängig davon, ob man die Geschichte genau so glaubt, steckt für mich viel Zündstoff in ihrem Kern. Allein die Hartnäckigkeit der Freunde, sich durch das Dach Zugang zum Heiler zu verschaffen, erkennt Jesus an. Wer krank ist, soll nicht allein sein, braucht sozialen Halt, Menschen, die mit einem durch dick und dünn und sogar durch Dächer gehen. Aber als alle Platz machen, damit der Meister nun endlich das Wunder vollbringt – da passiert erst mal nichts Sichtbares. Nur Gerede: «Deine Sünden sind dir vergeben!» Mit Worten die Seele des Kranken zu berühren, war Jesus offenbar wichtiger, als sich auf die Symptome zu stürzen. Die Lähmung zu heilen, ist die Zugabe.

Der Meister fragt nicht: «Wie ist das mit der Lähmung passiert, wer ist schuld, und wie bist du überhaupt krankenversichert?» Er spricht einen Satz, der Kranke steht auf und geht mit seinem Bett nach Hause. Ich stell mir manchmal vor, wie das heute wäre – wenn ein Patient sich in der Psychoanalyse auf die Couch legte und nach einem Satz des Therapeuten sich die Couch schnappte, aufstünde und ginge. Da würde der aber gucken. Vor allem, wenn die 50 Minuten noch nicht rum sind.

Kann Religion mehr als Psychotherapie? Um die verschiedenen Perspektiven besser zu verstehen, traf ich mich mit einem, der sich mit beidem auskennt. Dr. Manfred Lütz ist Chefarzt einer psychiatrischen Klinik und katholischer Theologe. Er meint: «Wissenschaft und Glaube sind unterschiedliche Perspektiven. Deswegen muss man zum Beispiel Psychotherapie und Seelsorge streng unterscheiden. Wenn ein depressiver Patient krankhafte Schuldgefühle hat, hat das mit echter Schuld nichts zu tun. Das ist ein Fall für gute Therapie. Aber als ich mal einen Mörder behandelt habe, da ging es um echte Schuld. Schuld ist etwas Existenzielles. Und da hilft keine Therapie, sondern für einen gläubigen Menschen zum Beispiel die Beichte, in der ein Mensch seine Schuld vor Gott trägt und so endlich einen Schlussstrich ziehen kann. Das kann dann unglaublich befreiend wirken. Für nicht gläubige Menschen erfinden Psychotherapeuten manchmal Riten, die an die Beichte erinnern.»

Moderne Psychiatrie und Psychotherapie können viel, aber natürlich kommen sie auch immer wieder an ihre Grenzen. Lütz erzählte mir von einer Frau, die offenbar lange depressiv war und trotz guter psychiatrischer Behandlung schließlich völlig verzweifelt war. Eine Freundin nahm sie mit zum Wallfahrtsort Medjugorje, und da verschwand die Depression, sie fand zum Glauben, kündigte ihren hervorragenden Job in der TV-Branche und ist seit 25 Jahren glückliche Ordensschwester. Die Depression kam nie wieder. Dennoch macht Lütz weiter seinen Job und schickt seine Patienten nie auf Wallfahrt oder ins Kloster.

Sind Gläubige gesünder als andere? Ja. Aber ob dafür der Glaube entscheidend ist oder die positiven Effekte, die daraus folgen, in einer festen Gruppe soziale Unterstützung zu bekommen, lässt sich nicht so einfach auseinanderhalten. Gemeinden bieten ja nicht nur einen Ort für Gebete, Gesang und Gespräche, sondern auch gleichzeitig soziale Kontrolle, was bedeutet: weniger Tabak, Alkohol und Drogen. Das ist allemal gesund.

Hilft es denn, für andere zu beten? Auch hier steckt der Teufel im statistischen Detail. Nach allen Regeln der Studienkunst wurden bereits Versuche gestartet, die Wirkung von Gebeten zu belegen. Allerdings: Die Effekte sind extrem mehrdeutig und noch wenig aussagekräftig. Es konnte bisher jede mögliche Beziehung von Beten und Gesundheit gezeigt werden – von negativ über wirkungslos bis positiv. Kann Beten schaden? Eine Erklärung dieser höchst unbefriedigenden Datenlage könnte auch mit dem Gottesbild der Patienten zusammenhängen. Wer an einen alttestamentarischen strafenden Gott glaubt, für den ist die Botschaft, dass für ihn gebetet wird, womöglich keine Hilfe, sondern Stress: «Oh Gott, ich bin so unrettbar krank, dass jetzt schon für mich gebetet wird!» Wer aber einen Gott der Liebe imaginiert, dem kann das Gefühl, von anderen getragen und bedacht zu werden, Kraft geben und Zuversicht: «Wir fallen nie tiefer als in Gottes Hand.» Gefährlich wird es in meinen Augen vor allem dann, wenn die Menschen, die krank sind und bleiben, ein schlechtes Gewissen eingeredet bekommen: Du hast nicht genug gebetet und geglaubt, sonst wärst du ja nicht krank. So einen mechanischen Zusammenhang von «richtigem» Beten und ewiger Gesundheit behauptet nicht einmal die Bibel, im Gegenteil.

Spannend und bis heute bedenkenswert finde ich: Bei den Heilungswundern Jesu steht nicht das Verschwinden einer Krankheit im Mittelpunkt, sondern die Heilung besteht vor allem darin, dass man sich mit Gott und dem Nächsten versöhnt, heute würde man vielleicht sagen: mit sich und der Welt ins Reine kommt. Akzeptieren können, was ist. Ablassen von der Erwartung, dass wir alle unversehrt 100 Jahre alt werden können und darauf irgendwie ein Anrecht hätten. Und den Wert eines Menschen nicht an dem Zustand seines Körpers ermessen, sondern an etwas, das größer ist, vielleicht sogar unermesslich.

Alte, Kranke, Gebrechliche und Schwache nicht aufgeben, sondern sich um sie zu kümmern, ist die positive Seite der abendländischen humanistischen Haltung, die in dieser Ausprägung vielen anderen Kulturen fremd war. Klar wurde im Namen des Herrn auch jede Menge Schreckliches begangen, und die Abgründe jeder fundamentalistischen Glaubensüberzeugung möchte ich nicht beschönigen, dazu sind sie bis heute viel zu präsent. Aber ich sehe auch, dass wir ärmer dran wären ohne Menschen, die sich aufgrund ihres Glaubens und ihres Menschenbildes für andere engagieren, sowohl ehrenamtlich als auch professionell.

Was ist der Unterschied zwischen evangelisch und katholisch? Beide glauben an unsichtbare Dinge, aber der Zugang ist jeweils ein anderer. (Gesehen in einem katholischen Seminarhaus [oben] und im Büro des Deutschen Evangelischen Kirchentages [unten].)

Die Gründung der Hospitäler geht auf Werte der *Hospitality*, also der Gastfreundschaft und der Nächstenliebe, zurück, auch wenn davon heute selbst bei konfessionellen Häusern nicht mehr automatisch viel zu spüren ist. Die kirchliche Gemeinde ist Anlaufstelle für viele Belange, die in dieser Form keine andere Organisation bietet. Es gibt weltliche Entsprechungen wie Mehrgenerationenhäuser, Selbsthilfegruppen und Kegelclubs. Die Kraft der Gemeinschaft wird aber verstärkt, wenn es ein gemeinsames höheres Interesse gibt, das über den Einzelnen hinausweist. Im Kirchenchor kann ich mehrstimmig singen. Allein nicht. Die Kirchen sind große Förderer der Musik, denn sie haben mehr zu bieten, als dass jeder allein zu Hause hockt und singende Talente im Fernsehen verfolgt. Wo zwei oder drei versammelt sind, entsteht etwas Positiveres als bei *Deutschland sucht den Superstar*, wo es darum geht, den Nächsten hinauszukicken.

Was im Gottesdienst der Weihrauch und die bunten Fenster, sind auf der Bühne die Nebelmaschine und die Lichtshow. Ein guter Priester langweilt seine Gemeinde nicht, sondern weiß, wie man Geschichten erzählt, wie man innehält und Hoffnung macht. Es gibt langsame und schnelle Lieder, Hits und Balladen, Liturgie und hinterher etwas zu essen und zu trinken. Insofern ist es nicht allzu verblüffend, dass viele Kabarettisten und Entertainer ihre Karrieren als Ministranten in der Kirche begannen. Hape Kerkelings Ministrantenzeit war leider nur von kurzer Dauer. Als er vergessen hatte, die Glocken zu läuten, und darüber einen Lachanfall bekam, legte der Kaplan ihm nahe, die Messdienerschar zu verlassen. Von dem Kaplan hat man nichts mehr gehört. Aber seit Hape nach Santiago de Compostela gepilgert ist und offen zu seiner Spiritualität steht, ist im Sommer der Jakobsweg voller als die A 9.

Von Albert Einstein stammt der Ausspruch: «Es gibt nur zwei Arten zu leben. Entweder so, als wäre nichts ein Wunder, oder so, als wäre alles ein Wunder.» Entscheiden Sie selbst.

Die Wunderfrage

nach Steve de Shazer

Angenommen, es ist Nacht, und Sie legen sich schlafen.
Während Sie schlafen, geschieht ein Wunder, und das Problem,
das Sie seit längerer Zeit belastet, ist gelöst. Da Sie geschlafen
haben, wissen Sie nicht, dass dieses Wunder geschehen ist.

*Wer wird als Erster bemerken, dass ein
Wunder geschehen ist, und woran?*

Wer wird nach dem Wunder etwas anders machen?

*Wer wird am meisten überrascht sein,
dass Ihr Problem gelöst ist?*

*Was werden andere in Ihnen sehen,
das sie nicht für möglich gehalten haben?*

*Was werden Sie an sich wahrnehmen,
das Sie positiv überrascht?*

Wann waren Sie in der Vergangenheit erfolgreich?

*Was war es, das Ihnen damals ermöglichte,
erfolgreich zu sein?*

Die Einfälle, die im Zusammenhang mit der Wunderfrage
entstehen, sind oft positive Zukunftsphantasien.
Man versetzt sich in eine Zeit, in der die schwierige
Situation nicht mehr besteht. Das erleichtert es einem,
die nötigen Veränderungsschritte einzuleiten. Manche
Probleme lassen sich so quasi im Schlaf lösen.

So ein Zufall!

Neulich hat sich in Amerika ein Mann gewaschen.
Und sein Zwillingsbruder in Australien wurde
plötzlich sauber.

Was ist das Wundersamste oder Zufälligste, was Ihnen in Ihrem Leben passiert ist? Verteilt auf sieben Seiten finden Sie in diesem Buch eine kleine Auswahl davon, was mir die Zuschauer in meinem Liveprogramm an «wahren Wundern» anvertraut haben. Das Leben schreibt die besten Geschichten.

Der Regisseur Mel Brooks sagt: «Tragik ist, wenn ich mir den Finger klemme, Komik, wenn jemand anderes in einen Gully fällt.» Genauso individuell und subjektiv ist es mit dem Unterschied zwischen Wunder und Zufall. Was für den einen höchst bedeutsam ist, ist für den anderen zum Schmunzeln.

Zufall heißt auf Englisch *coincidence*, was nichts anderes bedeutet als: «Zwei Dinge fallen zusammen.» Komik und Koinzidenz haben also viel gemeinsam: die Reaktion, das Staunen, das Lachen, das Nicht-glauben-Wollen.

Wenn eine eindeutige Ursache-Wirkung-Beziehung fehlt, fühlen wir uns, als ob uns für einen Moment der Boden unter den Füßen weggezogen würde – wir verstehen die Welt nicht mehr. Das kann spaßig sein oder bedrohlich, je nachdem, wie schnell oder hart wir wieder in der Realität landen.

«Koinzidenzen liegen immer im Auge des Betrachters», sagt David Spiegelhalter, Professor der University of Cambridge. «Wenn etwas total Seltenes in einem Wald passiert, und keiner bekommt das mit – ist es keine echte Koinzidenz.» Das klingt schon fast nach Wunder oder Zenbuddhismus: Wenn ein Baum im Wald umfällt und niemand in der Nähe ist, gibt es dann trotzdem ein Geräusch?

Zufälle sind das, was uns aus dem Grundrauschen der Ereignisse um uns herum anlacht. Wenn man genug Menschen befragt, kann man sicher davon ausgehen, dass irgendwem etwas Erstaunliches passiert ist. Das erlebten auch die Forscher, die sich fragten, wie viele Gemeinsamkeiten Zwillinge haben, die nach der Geburt getrennt wurden. Zwei Jungs hatten seit ihrem ersten Lebensmonat keinen Kontakt: Beide wurden von ihren Adoptivfamilien «James» genannt, beide heirateten erst eine «Linda» und später in zweiter Ehe eine Frau namens «Betty». Ihre Söhne nannten sie «Alan» beziehungsweise «Allan», beide hatten Adoptivbrüder mit Namen «Larry» und einen «Toy» als Hund. Beide hatten Spannungskopfschmerz und machten an demselben Ort in Florida Ferien.

Was folgt daraus? Gibt es ein Gen, das die Vornamen der Ehepartner festlegt? Und den des Hundes? Gut, ich wäre noch erstaunter gewesen, wenn er «Eckart» geheißen hätte, weil das ein deutlich seltenerer Name für einen Hund in Amerika ist. Aber das Gefühl bleibt bei dieser Menge an Übereinstimmungen: Das kann kein Zufall sein. Doch man muss nur genug Leute fragen, dann hat der Zufall eine Chance.

Das Gesetz der großen Zahl besagt: Wenn alle Lose einer Lotterie verkauft sind, wird ein Hauptgewinner dabei sein. Für denjenigen, den es trifft, wird es ein Leben lang ein Wunder bleiben, und er wird immer wieder erzählen, wie er an dem Tag, an dem er das Los gekauft hat, beinahe vergessen hätte, eins zu kaufen, aber dann doch diesen Impuls gespürt hat und so weiter. Andersherum erfährt man nie etwas von den Leuten, die an dem Tag tatsächlich vergessen haben, ein Los zu kaufen. Aber die Tatsache, dass es einen Gewinner gibt, ist bei einer fairen Lotterie kein Wunder.

Wenn man einmal bedenkt, wie viele Menschen man irgendwann in seinem Leben schon einmal gesehen hat und wo man überall unterwegs ist und andere auch, ist es letztlich nicht mehr ganz so erstaunlich, wenn man am Grand Canyon dem Klaus, einem Mitschüler aus der dritten Klasse, von dem man ewig nichts mehr gehört hat, plötzlich beim Postkartenkaufen gegenübersteht. Denn in dem Moment fragt sich der trainierte Skeptiker: Wäre es mir aufgefallen, wenn ich ihn nicht getroffen hätte?

Und wären wir Gott oder der Regisseur eines spannenden Films, könnten wir sogar zurückverfolgen, wie oft wir schon ganz nah dran waren, einen Bekannten an einem unvermuteten Ort zu treffen, ohne irgendetwas davon zu ahnen. Wir bewegen uns metaphorisch gesprochen ständig in einer großen Lostrommel des Lebens.

Wir sind einfach nicht besonders gut darin, Wahrscheinlichkeiten abzuschätzen. Wenn jemand auf einer Party am selben Tag Geburtstag hat wie ein anderer Gast, ist das «verrückt». Rein rechnerisch braucht es dafür aber nicht 365 Leute, sondern es reichen 23, damit dieser Fall bei jeder zweiten Party auftritt. Ich weiß, Sie glauben das nicht. Ich auch nicht, aber es ist mathematisch so.

Ich bin im Zeichen der Jungfrau geboren, am 25. August. Mit mir haben Sandra Maischberger, Matthias Opdenhövel, Sean Connery und Erich Honecker Geburtstag. Ich finde es schon erstaunlich, dass drei von fünf Moderatoren des Westdeutschen Rundfunks, die im Ersten zur Primetime moderieren, am selben Tag geboren sind. Hätte ich nicht auch James-Bond-Darsteller werden können? Und warum war Honecker nie beim WDR? Das Schicksal lässt sich nicht so einfach in die Karten schauen.

Für andere können wir Wahrscheinlichkeiten besser abschätzen, als wenn wir selbst betroffen sind. Ein Beispiel: Sie erleben, wie Freunde versuchen, ihre halbwüchsigen Kinder auf dem Handy zu erreichen, die aber nicht ans Telefon gehen. Sofort wird bei besorgten, doch in diesem Moment machtlosen Erziehungsberechtigten eine Endlosschleife negativer Gedanken ausgelöst: Ist dem Kind

Ich hatte Ohrenschmerzen und bin zur Heilpraktikerin. Die massierte die Galle, und zack! waren die Ohrenschmerzen weg.

Ich habe gehofft, dass meine Waschmaschine kaputtgeht, weil ich unbedingt eine wollte mit Sieben-Kilo-Ladung. Eine Woche später war sie hinüber ...

Ich selbst bin das Wunder. Prof. Pschyrembel persönlich hat mich erst 25 Minuten nach der Geburt meiner Zwillingsschwester entdeckt.

Als ich zum ersten Mal zu meiner Geliebten sagte: «Ich liebe dich», flog aus einer im Kühlschrank stehenden Sektflasche der Korken.

Es ist ein Wunder, dass es immer noch Leute gibt, die an Wunder glauben.

Tausende von Schutzengeln waren da, als wir mit unseren beiden Kindern (2 Jahre und 7 Wochen) einen sehr schweren Unfall, bei dem sich das Auto auf der Autobahn überschlug, überlebten.

Alle Männer, die ich im letzten Jahr kennengelernt habe, haben im Februar Geburtstag.

WAHRE WUNDER!

EIN HERZLICHES DANKESCHÖN AN MEINE LIVEZUSCHAUER FÜR IHRE PERSÖNLICHEN WUNDER UND ZUFALLSGESCHICHTEN.

EINE KLEINE AUSWAHL FINDEN SIE HIER IM BUCH.

etwas zugestoßen? Ist es möglicherweise entführt worden und darf nicht ans Telefon? Hätte ich früher anrufen sollen? Hätte ich das Furchtbarste verhindern können?

Ihnen ist klar, dass die naheliegendsten Erklärungen lauten: Akku ist alle, das Kind telefoniert, knutscht wild herum, daddelt oder hat schlicht keine Lust, ans Telefon zu gehen. Handelt es sich nicht um die eigenen Kinder, fällt es einem leicht, diese Verzerrung zu erkennen. Um nicht zu sagen: Es fällt einem schwer, die Sorgen überhaupt ernst zu nehmen, weil man so oft schon erlebt hat, dass die Ängste unnötig waren. Oder andere Ängste angebrachter. Aufklärungsgespräche etwa sollte man rechtzeitig führen und nicht per Handy.

Aber verliebt oder nicht – jeder kennt die Situation: Man geht in die Badewanne, denkt an jemanden, und just in diesem Moment ruft genau dieser Mensch an. Das kann doch kein Zufall sein!

Merkwürdig, oder? *Merk*würdig sind Dinge, die so aus unserem Alltag herausstechen, dass wir sie würdig finden, sie uns zu merken und vor allem: weiterzuerzählen. Denn mal ehrlich, bei wem könnte man mit dem Gegenteil in großer Runde punkten? «Hört mal, mir ist da was passiert, ich habe an jemanden gedacht, ganz intensiv. Und der hat nicht angerufen. Aber dann bin ich in die Badewanne gegangen, und dann klingelt doch tatsächlich das Telefon. War aber jemand ganz anderes, an den ich überhaupt nicht gedacht hatte. Ist das nicht irre?»

Eher nicht. Und wer badet überhaupt so oft mit Telefon, dass sich daraus eine Gesetzmäßigkeit ableiten ließe?

Machen Sie doch im privaten Rahmen den Test, ob Sie medial begabt sind. Gehen Sie in die Badewanne, suchen Sie sich jemanden aus dem Telefonbuch, denken Sie intensiv an sie oder ihn und lassen Sie sich überraschen. Ab und an bitte warmes Wasser nachlaufen lassen, es könnte dauern.

Mein Wunderkind ist tiefbegabt

«Das größte Wunder ist die Geburt meines Kindes.»
ALLE MÜTTER UND VÄTER

Man redet immer von den Kindern, die das Licht der Welt erblicken. Aber erblicken wir nicht das Licht der Welt, wenn wir ein Kind sehen, das geboren wird? Das Blöde an Wundern ist: Sie sind so unzuverlässig. Oft bräuchte man eins, und es passiert keins. Dafür passieren Dinge, die keiner will. Das Leben bleibt bis zu einem gewissen Maße unvorhersehbar und außerhalb unserer menschlichen Kontrolle. Für unseren Verstand ist das immer wieder eine Herausforderung, manchmal auch eine Beleidigung. Das Wunder des Lebens beginnt ja nicht erst mit dem ersten Atemzug, sondern mit der Zeugung. Wie ein Kind im Mutterleib entsteht, ist so komplex, dass man sich eigentlich viel mehr darüber wundern müsste, dass es so oft spontan klappt. Und so oft gutgeht, ohne dass jemand darüber nachdenken muss. Aber viele, die sich Kinder wünschen, bekommen keine. (Und manche, die sich keine wünschten, bekommen welche.) Aber, liebe Eltern, jetzt müsst ihr sehr tapfer sein: Nicht alle Kinder werden hochbegabt.

So, wie nicht alle Autofahrer überdurchschnittlich gut Auto fahren können, aber alle überzeugt sind, dass sie es tun, gibt es den seltsamen Trend, dass alle Eltern meinen, ihre Kinder lägen über dem Durchschnitt. Was für ein Quatsch. Wenn das so wäre, würde etwas mit dem Durchschnitt nicht stimmen.

In einem Klassiker des jüdischen Humors wird die Mutter gefragt, wie alt ihre Kinder sind. Sie antwortet: «Der Jurist wird jetzt drei, und der Arzt kommt nächstes Jahr in die Schule.» Klar wünscht man

sich gute Gesundheit, diverse Talente und tolle Berufswege für seine
Kinder. Aber in unserer Perfektionskultur und unserem Fitness-
terror geht eine wichtige Tatsache unter: Eins von zehn Kindern ist
chronisch krank, hat Asthma, Epilepsie, Rheuma, Mukoviszidose,
ist minderbegabt oder sogar geistig behindert, ohne dass die Ärzte
immer wüssten, woran das liegt. Ich habe als Arzt viele tolle Kinder
erlebt, die auf andere Art und Weise toll waren. Viele von ihnen hatten einfach nur Pech: kein Sechser bei der Verlosung der Gene, bei
der Geburt zu wenig Sauerstoff, schwierige oder suchtkranke Eltern.
Gegen die allermeisten der «Abweichungen» gibt es keine Tablette
und kein Wundermittel. Gleichzeitig ist der Bereich mit den größten wissenschaftlich belegten Fortschritten nicht etwa die Genthe-
rapie oder die Molekulargenetik, sondern die Sonderpädagogik! Dass
heute viele Kinder mit Downsyndrom ihre Schulabschlüsse machen,
Berufe lernen und älter werden, war vor einer Generation undenkbar
und ist eine stille Sensation. Aber wer «investiert» in Leben, das keine
«Rendite» bringt? Versuchen Sie mal, für Kinder mit Epilepsie Spenden zu bekommen! Gespendet werden Millionen für krebskranke
Kinder. Dabei sind das gar nicht so viele. Und sie können wieder gesund werden. Aber viele Krankheiten gehen nicht weg. Und deshalb
haben meinen größten Respekt nicht die Wunderkinder, sondern die
Wunderfamilien, die das Beste aus dem machen, was eben auch das
Leben an Unerfreulichem und Schrecklichem mit sich bringt.

Auf Station hatten wir damals einen vierjährigen Jungen, der in
den Gummistiefeln seines Großvaters die Kellertreppe herunterge-
fallen war und sich sein Hirn schwer verletzt hatte. Ich erinnere mich
wie heute an den Moment, in dem ich den Eltern die MRT-Bilder
ihres Kindes zeigen musste. Die Eltern waren beide Ärzte und wussten, was die großen weißen Flecken bedeuteten. Jonas blieb lange
auf Station, dann wurde er verlegt, und ich verließ die Medizin. Immer wieder dachte ich an diese Situationen, vor drei Jahren wollte
ich schließlich erfahren, wie die Geschichte weitergegangen ist. Der

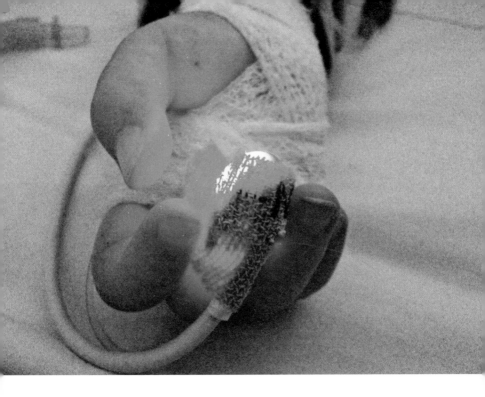

Name der Familie hatte sich in mein Gedächtnis eingebrannt, ich fand die Adresse heraus, schrieb einen Brief und bekam eine sehr herzliche Antwort. Wir trafen uns. Der Sohn lebt, er ist nie aus dem Koma erwacht, aber er hat jeden Tag eine Familie um sich, die ihn liebt. Die Eltern sind noch zusammen, was bei chronisch kranken Kindern alles andere als selbstverständlich ist. Oft bleiben die Mütter allein. Jonas ist inzwischen ein junger Mann, sein Bruder auch.

Wunderkinder müssen nicht alle Klavier spielen. Die ganze Familie hat mich tief beeindruckt mit ihrer Liebe, Hingabe und Annahme. Und dem Weitermachen. Ganz anders, als man sich das mal vorgestellt hat.

Heilung kann auch heißen, zu akzeptieren, dass nicht alle heil sind. Aber dazugehören.

Einmal ausbluten, bitte

*Das Tolle an einem Holzweg: Man hat immer frische
Bretter griffbereit für vor den Kopf.*

Hatten Sie als Kind einen Blutsbruder oder eine Blutsschwester?
Bei uns in der Siedlung hatte ich einen Freund, mit dem ich einmal
Blutsbrüderschaft schloss. Es war gar nicht so einfach, denn wir
wollten uns ja nicht wirklich weh tun und zugleich sehr männlich
wirken. Was wir damals nicht ahnten: Damit hatten wir ein Ritual
vollzogen, das viel älter und tiefgreifender ist als die Phantasien von
Karl May.

«Blut ist ein ganz besonderer Saft», sagt Mephisto in Goethes
Faust. Es hat die Menschen über alle Epochen hinweg fasziniert.
«Blut ist dicker als Wasser», heißt es, wenn man sich fragt, warum
man Leute trifft, die man sich nicht ausgesucht hat: Blutsverwandte
eben! In den großen Religionen gibt es strenge Vorschriften für den
Umgang mit Blut oder für das Schlachten von Tieren. Nur, wofür
Blut im Körper eigentlich notwendig ist, war den Menschen über
Jahrhunderte völlig unklar. Im ausgehenden Mittelalter war es ein
Tabubruch, das Innere des Menschen verstehen oder gar in die göttlichen Abläufe eingreifen zu wollen. Lieber ließ man die Bauchhöhle
im Dunkeln und die Menschen an einer einfachen Blinddarment-
zündung sterben. Früher war alles besser? Nein.

Heute weiß fast jedes Kind, dass das Blut aus dem Herzen in
Arme und Beine fließt und dann wieder zurück zum Herzen, dann
einmal durch die Lunge gepumpt wird, damit es sich mit Sauerstoff
auflädt, und anschließend erfrischt die ganze Runde wieder von
vorne macht. Ein Kreislauf eben.

Die Idee des Kreislaufes gab es in der Antike noch nicht. Die Vier-
säftelehre bestimmte seit Hippokrates und Galenos, was denkbar war
und was nicht. Die Säfte waren: Blut, Schleim, gelbe und schwarze
Galle. Aus deren schwankendem Gleichgewicht heraus wurde alles
erklärt, auch alle Krankheiten. Überwog die schwarze Galle, war der
Mensch Melancholiker, überwog die gelbe, war er Choleriker. Noch
heute nennen wir einen besonders langsamen und zähen Menschen
Phlegmatiker (von griechisch *phlégma*, «Schleim»), so tief hat diese
Lehre unsere Kultur geprägt.

Auch wenn man nicht genau wusste, wofür das Blut gebraucht
wurde, hatte man keine Probleme damit, es den Patienten in rauen
Mengen abzuzapfen. Der Aderlass sollte die Ausgewogenheit der
Säfte wiederherstellen; man behandelte den Patienten durch gezielte
Verletzungen an der Armbeuge oder am Handgelenk, aber auch am
Hals oder Kopf, je nach Symptomen. Wieso man das für sinnvoll
hielt, gehört für mich zu den größten Missverständnissen der Medizingeschichte. Es muss doch jedem halbwegs aufmerksamen und
mitfühlenden Menschen aufgefallen sein, dass es den Patienten
nicht guttat, sondern sie zusätzlich schwächte. Wie konnte eine unwirksame, ganz offensichtlich schädliche Methode sich so hartnäckig
halten? Warum protestierte niemand gegen den Wahn der Ärzte,
Chirurgen und Kurpfuscher?

Unter den Opfern des Aderlasses waren bis in die Mitte des
19. Jahrhunderts viele große Geister ihrer Zeit. Das berühmteste
Opfer: George Washington, Präsident der Vereinigten Staaten von
Amerika. Er war krank – aus heutiger Sicht litt er den Symptomen
nach an einem Infekt –, aber seine Leibärzte hielten es für eine gute
Idee, ihn zur Ader zu lassen, so lange, bis er tot war. Ohne Ärzte hätte
er wohl sehr viel bessere Überlebenschancen gehabt.

Anthropologen aus Frankreich und der Schweiz untersuchten
die ungeheure Popularität des Aderlasses und fanden heraus: Die Eu-
ropäer und die Amerikaner waren damit nicht allein. Ähnliche Prak-

tiken finden sich überall auf der Welt! Die Kulturforscher sind der Meinung, dass dieses Ritual unabhängig voneinander an mehreren Orten der Erde entstanden sein muss, also auch unabhängig von der Säftelehre. Der Satz «Wer heilt, hat recht» kann den internationalen Erfolg des Aderlasses nicht erklären, aber was dann?

Forscher führten eine Art Stille-Post-Experiment durch. Verschiedene Testpersonen lasen Texte über Heilungsrituale. Jeder bekam eine andere Variante und sollte anschließend jemand anderem von dieser Geschichte erzählen. Siehe da: Aderlass war die beste «Story», die Geschichte, die am besten hängenblieb und zum Weitererzählen taugte. Oder um mit Bruce Darnell zu sprechen: «Drama, Baby!» Die Menschen glaubten und verbreiteten die drastische Behandlung viel erfolgreicher als die anderen getesteten Varianten, die nur von Kräutern oder Brechmitteln handelten. Aderlass hat viele magisch-dramatische Elemente: Da wird jemand krank, böse Kräfte und Säfte sind am Werk. Dann kommt ein «Fachmann» und ritzt an dem Patienten herum, bis der blutet. Das ist wie beim Verkehrsunfall: Alle finden es schlimm, aber schauen doch hin mit einer Mischung aus Ekel, Faszination und «Gut-dass-mir-das-nicht-passiert».

Symbolisch steckt im Aderlass auch die uralte Idee, dass ein Kranker irgendwie schuld sein muss an seiner Krankheit; mit dem Blut bringt er ein sichtbares Opfer, um seine Schuld zu sühnen. Bis heute gilt, von der Placeboforschung belegt: Wenn etwas bitter schmeckt, weh tut oder besonders teuer ist, wir also statt Blut unser Geld opfern, halten wir die Behandlung für besser. Bei der sogenannten Borderline-Störung verletzen sich Patienten selbst, sie ritzen sich in die Haut oder fügen sich anderweitig Schmerzen zu. Auch sie schildern dabei eine seltsame Form der Befriedigung und Reinigung durch Schmerz und Selbstkasteiung. Ein gefühlter Aderlass in Eigenregie.

Magische Denkprozesse können also erklären, warum eine Handlung, die Patienten eindeutig schadet, rund um die Welt praktiziert wird und beliebt ist. Und der Aderlass ist nur das bekannteste

Manche Erscheinungen haben eine verblüffend weltliche Erklärung.

Beispiel. Die Geschichte der Medizin steckt voller magischer Missverständnisse. Was hat man mit Ertrunkenen noch vor 250 Jahren gemacht? Man hat ihnen ein Tabakklistier verabreicht. Auf gut Deutsch: Den armen Menschen, deren Lunge voller Wasser war, wurde mit einem Blasebalg warmer Rauch in den Popo gepustet. Dadurch erhoffte man sich, den Darm zu reizen und die Wiederbelebung in Gang zu setzen. Tabak kam aus Amerika und galt als so heilsam und fortschrittlich, dass es sogar Zigaretten für Kinder gab. In Europa wurden diese Blasebalge zum Erste-Hilfe-Equipment bei Schiffbrüchigen und sogar prophylaktisch an Badeseen installiert. Eine Art Defibrillator der Aufklärung.

Syphilis wiederum wurde mit Quecksilber behandelt, und wenn die Patienten die unnütze Medizin erbrachen, weil der Körper merkte, dass er gerade vergiftet werden sollte, galt dies als ein Zeichen der Heilung und als ein Signal, noch mehr Quecksilber hinterherzukippen. Wer nicht an der Infektion starb, starb an der Behandlung. Man kann sich heute bei vielem, was hochangesehene Doktoren in der Vergangenheit verabreicht haben, nur wundern. Von der Gegenwart schweige ich vorläufig. Und in der Zukunft wird man sich aller Wahrscheinlichkeit nach angesichts dessen, was wir heute für den letzten Schrei halten, genauso ungläubig an den Kopf fassen.

Aufgrund des weltweiten, jahrhundertelangen Siegeszugs des Aderlasses bin ich jedenfalls sehr vorsichtig mit Heilverfahren, die sich auf eine lange Tradition berufen und darauf, dass es diese Methode in vielen Kulturen gibt. Das sagt absolut nichts über ihre Wirksamkeit aus. «Hat man immer schon so gemacht» ist kein Argument, genauso wenig wie «sogar in Amerika beim Präsidenten». Man kann auch lange und überall Unsinn verzapfen und die Patienten schröpfen – bis aufs Blut.

Und wie stehen wir heute zum Thema Blut und seine magische Kraft? War denn alles Unsinn? Nein, ich darf Ihnen nicht verschweigen, dass es eine kleine Renaissance des Aderlasses gibt. Andreas Michalsen, Professor für Naturheilkunde am Immanuel-Krankenhaus in Berlin, empfiehlt einen Aderlass als natürliches Mittel, um einen erhöhten Blutdruck zu senken. Blut spenden zu gehen, ist ebenfalls gut für den Körper. Es wird ja nur eine definierte Menge von einem halben Liter abgenommen. Das kann der Körper verkraften und bildet rasch neue Blutkörperchen nach. So tut man etwas für sich und für andere, die auf eine Konserve angewiesen sind. Echtes Blut lässt sich nicht durch etwas anderes ersetzen – ein besonderer Saft eben.

«Einmal alle Blutwerte» – ein großes Blutbild erstellen zu lassen, ist bis heute bei einer Untersuchung ein kraftvolles Ritual, das viele

Patienten so ernst nehmen, dass sie fast beleidigt sind, wenn man ihnen mal kein Blut abnehmen will. Medizinisch sinnvoll sind solche regelmäßigen Untersuchungen übrigens nicht. Wenn es keinen konkreten Verdacht gibt, machen Bestimmungen aufs Geratewohl keinen Sinn. Ich weiß noch, wie ich in der Kinderklinik immer mit den Eltern darüber diskutieren musste, wie oft man die Kleinen piksen muss, um den Verlauf einer Erkrankung zu dokumentieren. Heute ist man der Meinung, dass es besser ist, die Kinder in Ruhe zu lassen und möglichst wenig zu untersuchen. Denn wie erleben Kinder eine Blutentnahme? Je nach Alter verstehen Kinder nicht wirklich, warum man ihnen etwas von ihrem «Lebenssaft» wegnehmen muss, haben Angst davor, wehren sich, weinen und fühlen sich nach der Entnahme «beraubt». Woher sollen sie auch wissen, wie viel mehr Blut sie noch im Körper haben, das sie nicht sehen? Was sie sehen, sind die vollen Röhrchen, die ihnen fehlen.

Wie man diese magische Vorstellung zugunsten der kleinen Patienten drehen kann, lernte ich von Annalisa Neumeyer. Sie ist gelernte Sozialpädagogin, Psychotherapeutin und Zauberkünstlerin und hat das therapeutische Zaubern erfunden. Da sie mit Kindern in Kliniken arbeitete, sah sie das Dilemma beim «Blutraub» und hatte eine geniale Idee. Sie gab den Kindern ein Glas mit dunklem Johannisbeersaft und sagte: «Dieser Zaubersaft ist für dich. Der wird durch deinen ganzen Körper fließen und dich stark machen. Und zum Beweis werden wir dir ein ganz kleines bisschen davon aus dem Arm holen, nur so viel – den ganzen Rest darfst du behalten.»

Das Kind blieb Sieger, ohne Kampf, nur durch die Kraft von einem Glas Saft und guten Worten. Wenn das kein kleines Wunder ist!

Wo steckt der Geist?

«Die Frau ist ein Mensch, bevor man sie liebt,
manchmal auch nachher; sobald man sie liebt,
ist sie ein Wunder.»
MAX FRISCH

Frisch Verliebte sind sehr magisch in ihrem Denken und Handeln. Das ist ja auch schön. Für die beiden. Für alle anderen ist es anstrengend, aber zum Glück geht es in der Regel von allein vorbei.

Als ich jung – und sehr romantisch – war, taten wir noch etwas, das den jungen Menschen heute fast pervers vorkommen wird: Wir hatten Briefverkehr! Diese Briefe waren in ihrem Kern Textnachrichten, aber nicht auf eine bestimmte Zeichenzahl festgelegt. Alles handgeschrieben, häufig sogar erst ein Entwurf und dann in Reinschrift, weil es damals noch keine Autokorrektur gab. Und um eine persönliche Note beizufügen, wurde manchmal auch eine Locke vom Haupthaar abgetrennt und im Kuvert mitversendet – als ein Zeichen der Verbundenheit, der Opferbereitschaft und der Tatsache, dass man mit Haut *und* Haar verliebt war. Dafür gab es auch eine Locke zurück. Die Idee des Haaropfers basiert auf einer uralten magischen Formel: *Pars pro Toto* – ein Teil steht für das Ganze, durch das stellvertretende Symbol erhalte ich Macht über den anderen. Als Junge kannte ich das Prinzip bereits aus meinen Karl-May-Bänden. Mit dem Unterschied, dass sich die Indianer nicht mit einer Locke begnügten, sondern gleich den ganzen Skalp nahmen. Aber die Symbolik ist durchaus vergleichbar.

Die Romantik in einer Beziehung über längere Zeit aufrechtzuerhalten, ist gar nicht so einfach. Irgendwann teilt man sich mit dem Objekt der Begierde einen Briefkasten, womit traditionell der Briefverkehr erlahmt. Und wenn man sich zudem die Dusche teilt und sich als Mann morgens fragt, warum eigentlich das Wasser so schwer abfließt, und man dann den Grund am Grunde des Siebes findet, entdeckt man dieselben Locken wie damals im Kuvert – nur andere Gefühle.

Die Pars-pro-Toto-Magie zeigt sich auch in Formen des Fetischismus. Faust fleht den Mephisto an, sich irgendetwas von Gretchens persönlichen Dingen zu erschleichen: «Schaff mir ein Halstuch von ihrer Brust / ein Strumpfband meiner Liebeslust.» So wie man, wenn man auf Reisen geht, dem Partner ein T-Shirt überlässt, das nach einem riecht, um in den einsamen Nächten, wenn schon keine faktische, dann doch wenigstens eine olfaktorische Verbindung herzustellen. Besser als jedes Foto. Das funktioniert schon bei Kindern. Objekte beruhigen uns, wenn wir damit bestimmte Menschen und Gefühle verknüpfen. Ein Schnüffeltuch, das nach Mama riecht, tröstet. Und am anderen Ende der Emotionsskala findet sich ein Markt für getragene Unterwäsche, über den manche die Nase rümpfen mögen, aber den Reiz macht auch hier offenbar allein die Vorstellungskraft aus.

Die Idee, dass man den «Geist» durch Objekte übertragen kann, sehe ich auch als den Kern der Frischzellentherapie. Bei dieser werden Zellen aus ungeborenen Kälbern und Lämmern gewonnen und in alternde Leiber gespritzt, um sie zu verjüngen. Wissenschaftlich fragwürdig, aber mit magischem Denken verknüpft offenbar auch für aufgeklärte Menschen verlockend. Der Glaube an etwas nicht Fassbares spielt auch in etablierten medizinischen Zusammenhängen eine Rolle, etwa bei der Organspende. Denn wenn das Herz den Sitz der Seele symbolisiert, was geschieht mit mir, wenn ich durch Transplantation das Herz eines anderen eingepflanzt bekomme? Auch wenn dies selten in die Diskussionen mit einfließt, bin ich überzeugt davon, dass die unbewusste Ablehnung der Organspende oft solche

Denkmuster widerspiegelt. Ich bin Organspender und glaube, dass mir Nieren, Leber und Hornhaut nach dem Tod nicht fehlen werden, sondern dass ich bis zu sieben Menschen nach meinem Ableben noch helfen kann. Viel näher kann man der Unsterblichkeit des Körpers kaum kommen. Ich hätte, glaube ich, auch kein Problem damit, ein fremdes Herz anzunehmen, wenn ich es bräuchte. Doch mit einem fremden Hirn täte ich mich wahrscheinlich schwerer. Wer ist denn dann noch ich?

Auch in der katholischen Kirche spielt der Glaube an symbolische Teile, die beseelt sind, in den Reliquien eine Rolle. Laut Bibel wurde Jesus im zarten Alter von acht Tagen beschnitten, und Theologen haben jahrhundertelang ernsthaft darüber diskutiert, was mit der messianischen Vorhaut passiert ist, ob sie auf Erden geblieben oder mit ihm in den Himmel gefahren ist. Vatikanische Sondergremien berieten, denn nicht weniger als 14 Kirchgemeinden beanspruchten den Besitz des heiligen Objekts. Dies ist wohl eines der größten Wunder der katholischen Kirche: die Vermehrung der göttlichen Vorhaut!

In Antwerpens Liebfrauenkirche soll die weithin berühmte Vorhaut 1112 sogar Wunder gewirkt haben. Der Bischof hatte drei Blutstropfen von ihr fallen sehen, worauf der Klerus eine prächtige Kapelle und einen Altar aus Marmor für sie errichten ließ. Wegen des Spotts der Nichtkatholiken über die angebliche Reliquie verhängte der Vatikan 1900 schließlich ein Sprech- und Schreibverbot über die heilige Vorhaut. Seitdem hat sich die Vorhaut komplett aus der Öffentlichkeit zurückgezogen. Ein weiteres kleines Wunder unserer Tage war die Wertvermehrung eines Golf, als der Vorbesitzer Papst wurde. Der Klassiker von VW war ursprünglich auf Joseph Kardinal Ratzinger zugelassen und für 9500 Euro weiterverkauft worden. Bei eBay wurde der Gebrauchtwagen für 188 938 Euro und 88 Cent verkauft. Der Mensch denkt, und Gott lenkt? Oder manchmal auch umgekehrt? Aber wo, denken wir denn, ist der geistige Mehrwert, wo steckt der Vorbesitzer im Nachhinein noch drin?

Auch die modernen Stars und Götter hinterlassen Reliquien. Was ist ein Klavier wert, auf dem ein Genie wie John Lennon gespielt hat? Im Jahr 2000 wurde der Steinway-Flügel, auf dem Lennon sein Lied «Imagine» komponiert hatte, für umgerechnet rund 2,27 Millionen Euro von dem Sänger George Michael gekauft. Das Instrument ist also nicht nur Erinnerungsstück, sondern auch Teil einer kultischen Verehrung, die zeigt, dass wir auch in der säkularisierten Welt an etwas Magisches glauben wollen. Denn ohne den Geist, der noch auf irgendeine Art in den Tasten präsent ist, hätte man einfach viel zu viel gezahlt. Aber wenn George Michael durch dieses besondere Klavier zu weiteren Millionenhits inspiriert wurde, hat sich die Investition gelohnt.

Psychologen fragten Testpersonen, ob sie einen Pullover anziehen würden, der bereits von Adolf Hitler getragen wurde. Viele ekelten sich bei der Vorstellung und lehnten ab. Wo genau vermutete man das Böse? Zwischen den Maschen? Und wie sollte es jemanden «anstecken»? Durch böse Bakterien, die den neuen Träger befallen würden? Die Vorstellung, dass das Böse übertragbar ist wie eine Krankheit, lässt uns offenbar Dinge meiden, die in Kontakt mit jemandem waren, dessen Eigenschaften wir nicht haben möchten. Auch wenn wir heute mehr über Bakterien, Viren und Pilze wissen, steckt uns dieser Ekel evolutionär in den Knochen.

Während ich diesen Text schreibe, meldet die *Süddeutsche Zeitung*, dass bei einer Versteigerung in München auch Hermann Görings Unterhose angeboten wurde. Beruhigenderweise hielt sich das Interesse in Grenzen. Das Stück, das zusammen mit einem seidenen Nachthemd für 500 Euro aufgerufen wurde, brachte am Ende nur 3000 Euro. Es gibt mir Hoffnung, dass ein Klavier, auf dem jemand eine Hymne des Friedens komponiert hat, 756-mal so viel wert ist wie ein Schlüpper, in den eine Nazigröße gepupst hat. «You may say I'm a dreamer, but I'm not the only one!»

Andere Länder, andere Pillen – und Geister

Der Wert der Alternativmedizin hängt entscheidend davon ab, was die Alternative ist.

Man sollte ja denken, dass zumindest in Europa, wo alle Ärzte sich denselben wissenschaftlichen Standards verpflichtet fühlen, Patienten, die dieselbe Krankheit haben, auch ähnlich behandelt würden. Pustekuchen! Obwohl alle dieselben internationalen Fachzeitschriften lesen und Leitlinien nach der besten aktuellen Beweislage erlassen, sieht es in der Praxis ganz anders aus: Den Deutschen ist ihr Herz wichtig, den Franzosen ihre Leber. Das klingt wie ein Witz, zeigt sich aber in den harten Daten des Medikamentenverbrauchs ebenso wie bei den Untersuchungen. Die Deutschen möchten am liebsten jeden, der ein Herz hat, mit dem Herzkatheter untersuchen, darin sind wir Weltmeister. Vielleicht ist unsere romantische Tradition dafür verantwortlich, dass wir sechsmal so viele Herzmedikamente schlucken wie die Schweizer, die ja auch ein Herz haben, aber eben nicht so viel Doppelherz.

In Frankreich hingegen wird die Leber als das zentrale Organ für die Gesundheit des Organismus angesehen. Deshalb verschreibt man dort besonders leberschonende Medikamente. Eine verfettete Leber liebt man nur bei den dafür gezielt vollgestopften Gänsen.

In Italien und anderen südlichen Ländern werden wiederum mehr Zäpfchen gebraucht als andernorts. Sind die alle «analfixiert»? Nein, sie lieben das Essen mehr als andere Kulturen. Gut zu essen, ist dort ein Zeichen für Gesundheit. Und Zäpfchen sind schonender für den Magen als Tabletten, die geschluckt werden müssen. Der Magen bleibt so für das Essen reserviert.

Eine Heilerpraxis in Südafrika: Ganzheitlich heißt hier, es gibt neben Erektions-
kraft auch etwas gegen Ehekrach, Schulden und Ärger mit dem Gesetz. Der
«Herbalist» ist Generalist – Barbara Salesch, Peter Zwegat und Antje-Katrin
Kühnemann in Personalunion.

Welche Rolle spielt die Seele? Die Franzosen nehmen Unmengen an Beruhigungsmitteln, damit sie entspannter wirken als wir
Deutschen. Wir schlucken auch schon viele, mehr als die Engländer
zum Beispiel. In angelsächsischen Ländern werden generell weniger
Psychopharmaka verkauft. Dort ist das Spektrum des akzeptierten
menschlichen Verhaltens offenbar größer, man ist nicht gleich kran-
kenhausreif, wenn man einen *Spleen* hat, sondern gilt länger noch als
«anders normal».

Unangenehme Krankheiten schreibt man überall gerne anderen zu, manchmal auch wechselseitig. Tripper hieß in England: «die

französische Krankheit». In Frankreich: «die englische». Niedrigen Blutdruck nennen Engländer «the German disease». Zu hoher Blutdruck ist gefährlich. Ein niedriger Blutdruck nicht, man lebt länger und hat keine Probleme, solange man langsam aufsteht und sich bewegt, ohne dass einem komplett schwarz vor Augen wird. Dennoch werden in Deutschland absurd viele Medikamente dagegen verschrieben, damit etwas Gesundes wieder «normal» wird.

Je weiter man über den Tellerrand schaut, desto größer werden die Unterschiede in den Krankheitskonzepten, Diagnosen und Behandlungsmethoden. Manche Ideen kommen uns sehr merkwürdig vor, bisweilen unfreiwillig komisch. Kulturelle Prägung, magisches Denken und Medizin gehen überall auf der Welt kuriose Bündnisse ein. Unter Männern in Nigeria, Malaysia, Thailand und China gibt es etwa eine unschöne Vorstellung namens *Koro*. Dabei erfassen dunkle Mächte den Mann an seiner empfindlichsten Stelle und ziehen den Penis in den Körper hinein, bis er daran stirbt. Auch wenn diese Art der Hilfe-mein-Penis-ist-geschrumpft-Panikattacke auf Südostasien und Westafrika beschränkt ist, kennt wohl jeder Mann das plötzliche Erschrecken nach einer kalten Dusche oder dem Bad in einem eisigen Bergsee. Da zieht sich einem alles zusammen. Im Falle von *Koro* wird das aber nicht als natürlicher Schutzreflex des Körpers gedeutet, sondern als ein Fluch. Und es werden drastische Maßnahmen ergriffen, um das Unheil des vollständigen Verschwindens abzuwenden. Verwandte, Nachbarn, Freunde helfen – mit Schnüren, Gewichten und zum Teil verstümmelnden Eingriffen. Aber so ein Penis ist ja nicht blöd und wird sich bei so viel Panik und unzärtlicher Zuwendung hüten, den Kopf vor die Tür zu stecken. Nicht umsonst bedeutet *Koro* zu Deutsch so etwas wie «Schildkrötenkopf».

Der bizarre Wahn *Koro* ist eine von circa 180 international klassifizierten «kulturspezifischen Störungen», die in der Internationalen Klassifikation von Krankheiten als «ICD 10» aufgenommen wurden. Auch wenn über Ursachen und Häufigkeit kaum verlässliche Zahlen vorliegen, sind diese Krankheiten ernst zu nehmen. Ein weiteres Beispiel ist *Pibloktoq*, die «Arktische Hysterie», bei den Inuit. Betroffene sind verwirrt, reißen sich die Kleider vom Leib und rennen in den Schnee, bis sie in ein stundenlanges Koma fallen. Auf Reisen in Lateinamerika habe ich das Konzept von *Susto* kennengelernt, einem großen Schrecken, der einem in den Körper fährt und alle möglichen Symptome haben kann. Mexikaner, die stürzen und daraufhin depressiv werden, erklären das damit, dass ein Erdgeist ihre Seele gefangen hält. Das passt insofern, als Depression von lateinisch *deprimere* («niederdrücken») abstammt; das Gleichgewicht leidet unter einer krankhaften Schwerkraft und Schwermut. Die Griechen dagegen dachten, dass man alles schwarzsieht, läge an der schwarzen Galle. Heute wissen wir: Depressive nehmen Farben wirklich als weniger bunt war. Tatsächlich steckt in den meisten Begriffen und kulturellen Vorstellungen auch viel Lebenserfahrung, Wahrheit und Poesie.

In Südafrika erlebte ich die düstere Seite von magischen Krankheitskonzepten. In den meisten afrikanischen Sprachen gibt es kein Wort für «Zufall», und so wird vieles, was man sich nicht erklären kann, mit dunklen Mächten in Verbindung gebracht. Die Engländer exportierten zwar ihr Gesundheitsverständnis in die Welt, aber oft blieben die traditionellen Heiler mit ihren Erklärungen sehr viel näher dran an den Menschen. Ich absolvierte einen Teil meines praktischen Jahres in einem großen Krankenhaus in Soweto. Das war Anfang der neunziger Jahre, die Zeit der beginnenden HIV-Epidemie und des politischen Umbruchs. Dank der Besonnenheit und Weitsicht von Nelson Mandela und Frederik Willem de Klerk gelang ein Wunder: Das Ende der Apartheid kam friedlich, ohne Bürgerkrieg, Rache und Blutvergießen. Beide bekamen für diese historische Leistung den Friedensnobelpreis.

Durch den Regierungswechsel kam es aber zu einem Bruch in der Gesundheitspolitik mit verheerenden Folgen. Präsident Mbeki und seine Gesundheitsministerin behaupteten allen Ernstes, dass es sich bei Aids gar nicht um eine Krankheit handele. Sie hielten das Ganze für eine Verschwörung gegen die Schwarzen. Dubiose Berater empfahlen, HIV-Infekte mit «natürlichen» Mitteln wie Vitaminen, Olivenöl und Knoblauch zu behandeln. Zehn Jahre lang war das das staatliche Dogma – gegen jeden wissenschaftlichen Beweis. Erst 2008 ließ die neue südafrikanische Gesundheitsministerin Barbara Hogan keinen Zweifel daran, dass Aids durch das HI-Virus ausgelöst wird und mit evidenzbasierter Medizin bekämpft werden muss.

Die Ablehnung effektiver Aidstherapien in Südafrika war verantwortlich für den vermeidbaren Tod von 330 000 südafrikanischen Aidskranken zwischen 2000 und 2005. Hinzu kamen 35 000 HIV-infizierte Neugeborene, denen eine Prophylaxe vorenthalten wurde. Mythen und magische Vorstellungen können töten. Nicht nur den, der sie hat.

Auch bei der Ebola-Epidemie stand ein hartnäckiger lokaler Glaube der Bekämpfung der Virenausbreitung entgegen; die «weiße Medizin» wurde sogar als Urheber des Ausbruchs beschuldigt. Erst als immer mehr Berichte über Überlebende auftauchten, die von westlicher Medizin geheilt worden waren, wandten sich viele von der traditionellen Kräutermedizin ab.

Wer in anderen Ländern helfen will, muss erst die Menschen und ihre Glaubenssysteme vor Ort verstehen. Fabian Vaucher, Präsident des Schweizer Apothekerverbandes, erzählt ein Beispiel für fehlgeleitete Entwicklungshilfe: «Es gibt da dieses Bild einer schwarzen Frau in Afrika, welche die Antibabypillen als Schutz gegen ungewollte Kinder fein säuberlich aneinandergereiht als Halskette trägt. In ihrer Kultur ist das Amulett, der Talisman, wichtig als Heilsbringer. Wir verstehen das nicht und bringen Tabletten dorthin, weil unser Krankheitsverständnis ein ganz anderes ist.»

Da muss man einmal in Gedanken um die Welt reisen, um zu verstehen: Das gilt natürlich auch bei uns. Patienten werden praktisch nie gefragt, wie sie sich selbst ihren Zustand oder ihre Krankheit erklären. Und entsprechend schlecht ist dann die Therapietreue. Weil der Patient nicht versteht, wie die Tabletten helfen sollen, wenn sein gefühltes Problem ganz woanders liegt, lässt er sie im Zweifelsfall einfach weg.

Aus diesem Grund hat der Arzt und Anthropologe Arthur Kleinman einige Fragen formuliert, die die Patientensicht mit einbeziehen sollen. Er hat sich in vielen Kulturen umgeschaut, wie sich die innere Logik einer Krankheit für den Patienten zu einer stimmigen Geschichte formt. Ohne dieses Verständnis reden Arzt und Patient aneinander vorbei. Kleinmans hilfreiche Fragen lauten:

1. Was, glauben Sie, hat Ihr Problem verursacht?
2. Warum könnte es gerade jetzt losgegangen sein?
3. Was, denken Sie, macht das Problem in Ihrem Körper?
4. Glauben Sie, dass es ernst ist, lange oder kurz andauert?
5. Was für eine Behandlung, denken Sie, wäre passend aus Ihrer Sicht?
6. Wovor haben Sie am meisten Angst?
7. Was ist für Sie das wichtigste Ziel, das Sie mit der Behandlung erreichen wollen?

Was uns Wolken und Mond zu sagen haben

«Psychotherapie bedeutet: ein neues Ende finden
für eine alte Geschichte.»

CARL HAMMERSCHLAG

Wenn Sie im Sommer auf dem Rücken liegen und die Wolken betrachten – was sehen Sie? Es gibt Menschen, die sofort Muster und ganz phantastische Gesichter und Tiere erkennen. Da ein Hund, dort eine Katze – und die jagen sich! Und wenn ich mir das eine Auge zuhalte und das andere zusammenkneife, dann sieht es so aus, als hätte die Wolke das Gesicht von Elvis, und dahinter schillert ein Regenbogen. Und wenn einem das langweilig wird, spielt man um die Wette «Wolken auflösen». Das geht so: Jeder konzentriert sich auf eine Wolke und versucht, sie durch Geisteskraft und Stirnrunzeln zum Verschwinden zu bringen. Wessen Wolke zuerst weg ist, gewinnt und gibt einen aus. Es gibt Menschen, die haben den ganzen Tag auf einer Sommerwiese Spaß, einfach so, mit nichts. Und es gibt andere, die sind gut in Physik und Kognitionspsychologie und sagen: Schatz, pass mal auf, Wolken sind im Grunde nur Wasserdampf, und die bilden per Zufall total sinnlose Muster.

Zu welcher Sorte gehören Sie? Wie sehen Sie die Welt? Eher poetisch oder rational? Und jetzt gehe ich noch einen Schritt weiter und wende mich nur an die Leserinnen. Liebe Frauen, es ist mir bewusst, dass dies jetzt eine ziemlich intime Frage ist: Mit was für einer Art Typ hattet ihr den ersten Sex? War das mehr ein Poet, also ein Geschichtenerzähler, oder eher einer, der gut war in Mathe und Physik?

Noch einmal kurz nachgedacht. Die erste große Liebe. Das wisst ihr! Ihr müsst es mir auch nicht sagen, ich weiß es. Denn ich war gut in Physik. Und ich weiß, was das heißt. Es war in der achten Klasse, ich war in meine Mitschülerin verliebt. Und sie erzählte mir gerne – wir waren ja «Kumpel, aber nicht mehr» –, wie schön es war, mit Basti (diesen Namen werde ich nie vergessen) heimlich nachts noch unter dem Sternenhimmel spazieren zu gehen. Und der Basti kannte auch viele tolle Sternbilder ... Hatte ich dagegen eine Chance? Es ist verjährt. Aber die Botschaft hat sich tief eingegraben.

Menschen lieben Geschichtenerzähler, keine Klugscheißer. Wer darf sich fortpflanzen? Die Physiker oder die Phantasten? Wer in den Sternen Wagen und Bären erkennt? Oder wer erklären kann, warum der Rest des Himmels nachts dunkel ist, obwohl das gar nicht so logisch ist, wie es uns vorkommt? Die Typen, die einem auch nachts das Blaue vom Himmel erzählen können, die sind begehrt. Und um das jetzt mal von meinem pubertären Frust auf die Ebene der Evolutionspsychologie zu heben: Wenn das aber eine Weile so geht, hat das Einfluss auf die folgenden Generationen, in denen sich viele kreative bis spinnerte Erbfaktoren häufen. Und wenn Einzelne bei der Genlotterie von Mutter und Vater eine Überdosis Geschichtenerzählergene bekommen haben, liegen sie irgendwann auf einer Sommerwiese und wissen nicht mehr genau: Redet die Wolke jetzt tatsächlich mit mir? Hat das rote Auto, das gerade vorbeifuhr, Gedanken von mir geklaut? Und warum gucken alle anderen so komisch?

In übersteigerter Form nennt sich dieser Zustand Psychose, früher auch Schizophrenie genannt, gespaltene Seele. Psychosen gab und gibt es zu allen Zeiten und in allen Kulturen. Aber zu beneiden sind Menschen mit diesen gestörten Geisteszuständen keineswegs, obwohl man zuweilen dachte, sie stünden den Göttern nahe. Umso besser, dass die Medizin auch hier große Fortschritte gemacht hat. Psychosen sind erst in den letzten 50 Jahren behandelbar geworden – durch spezielle Medikamente in Kombination mit Psychotherapie und sozialer Unterstützung.

Warum gibt es Psychosen überhaupt? Die Evolutionspsychologen vermuten, dass sie der Preis sind, den wir für Kreativität zahlen. Denn in milder Form sind lockere Assoziationen die Grundlage für viele Erfindungen, Erzählungen, Witze und all die anderen Dinge, die uns vom Tier unterscheiden.

Da ist es eher ein Wunder, dass die ganz harten Physiker und Naturwissenschaftler nicht komplett ausgestorben sind. Die Skeptiker, die reinen Rationalisten sind und bleiben in der Minderheit, aber man braucht sie doch. Und im Zweifel kann man auch ihnen helfen: Per Zufall entdeckte ein Forscher im Reagenzglas das LSD. Und *zack* kann auch ein Physikerhirn in Wolken Muster sehen, ab einer bestimmten Dosis sogar in Farbe.

Wie wir die Welt erleben, hat also nicht nur mit der Welt zu tun, sondern auch mit uns. So wie es Menschen gibt, die musikalischer sind als andere und sich leichter tun, eine Melodie herauszuhören oder zu erinnern, so gibt es auch Menschen, die «medialer» veranlagt sind als andere. Wer häufiger «Zufälle» erlebt, ist auch häufiger religiös oder spirituell und – das hört keiner gerne – auch etwas egozentrischer als andere, denn diese Persönlichkeitstypen beziehen Dinge eher auf sich. Neurotizismus nennen das die Psychologen, vereinfacht gesagt: die Neigung, seine eigene Bedeutsamkeit und ihren Einfluss auf den Lauf der Welt eher zu über- als zu unterschätzen.

Unsere «Hardware», mit der wir geboren wurden, ist eine große Suchmaschine, die ständig nach Zusammenhängen fahndet und so lernt, möglichst gut durchs Leben zu kommen. Die Kategorien von Raum, Zeit und Bedeutung sind in unserem Hirn fest verankert, und mit dieser «Brille» betrachten wir alles, was uns begegnet. Die Brille ist schwer abzunehmen, weil sie sozusagen *im* Kopf sitzt und nicht davor. Und wir kommen mit dieser Weltsicht auch sehr weit. Nur können wir uns so schwer vorstellen, dass es Dinge gibt, die in Raum und Zeit passieren und nicht von einem höheren Sinn gesteuert sind.

Haben Sie schon mal versucht, die Flugbahn einer Fliege vorherzusagen, die Sie nachts in Ihrem Zimmer mit ihrem dämlichen

Noch einen Kaffee, Doktor Freud?

Gesumme am Schlafen hindert? Ich kenne das demütigende Gefühl, wenn man sie von einer in die andere Ecke verfolgt, über Bett, Stühle und Nachttische klettert, ohne Rücksicht auf Verluste. Und das Biest haut einem immer wieder ab, als ob es unseren nächsten schlauen Angriff ahnt. Doch nachdenken muss die Fliege gar nicht; sie muss sich nur zufällig verhalten, das reicht, um uns verrückt zu machen. Zufall ist eine Beleidigung für unser Großhirn, das sich dann zur Rache an der Fliege Waffen wie giftige Mückensprays, Klebefallen und UV-Lampen mit Hochspannung ausdenkt. Oder den Staubsauger.

Der Schweizer Neurobiologe Peter Brugger bat Versuchsteilnehmer, Zahlen wie Nullen und Einsen in einer zufälligen Reihenfolge anzuordnen. Wir bekommen das nicht hin. Intuitiv vermeiden wir

Wiederholungen, weil wir denken und uns nicht vorstellen können, dass der Zufall das nicht tut. Der Zufall findet aber nichts dabei, wenn beim Münzwurf dreimal hintereinander Zahl kommt. Zufälle sind ein bisschen wie Träume. Ihre Deutung ist subjektiv, und irgendwie sind die eigenen Träume und Zufälle auch immer spannender als die der anderen, oder? Wer sagt, es gebe keine Zufälle, muss akzeptieren, dass alles vorherbestimmt ist.

So verlockend die Idee einer höheren Ordnung ist, möchte ich mir nicht die Rechenkapazität vorstellen, die dahinterstecken müsste. Vielleicht ist die Milchstraße ja in Wirklichkeit eine Art Cloud! Irgendwie finde ich es schöner und für das Zusammenleben günstiger, an den freien Willen zu glauben. Doch diese beiden Weltbilder beißen sich. Es kann nicht alles vorherbestimmt und der Mensch gleichzeitig frei in seinem Denken und Tun sein. In Sozialexperimenten verhielten sich Personen, die gesagt bekamen, dass es keinen freien Willen gibt, rücksichtsloser anderen gegenüber. Wozu sich verantwortlich verhalten, wenn man doch nur ein Opfer und Ausführender seiner Neuronen ist? Klingt fast so wie im Kindergarten: «Das war ich nicht, das war mein Hirn!»

Wir können noch so trainiert im strengen logischen Denken sein – sobald wir in emotional aufgeladene Situationen kommen, «sehen» und erleben wir mehr bedeutungsvolle Zufälle. Wenn wir ängstlich, ärgerlich oder tieftraurig sind, sind wir sensibler dafür, Sinnzusammenhänge zu erstellen und äußere Zeichen auf uns zu beziehen.

Das trifft auch bei bedrohlichen Krankheiten zu oder wenn wir uns um jemanden sorgen. Als jemand aus meiner Familie krank wurde, fuhr ich im Fahrstuhl, und es lief «Time to Say Goodbye». Ich zuckte zusammen; war das ein Zeichen? Ja – für den schlechten Massengeschmack, weshalb in Fahrstühlen nur die sülzigsten Lieder in Endlosschleife gespielt werden. Aber für mich schien es in diesem Moment wie eine persönliche Botschaft, mich der Endlichkeit zu

Welcher Phantasietyp sind Sie?

Was sehen Sie?

A) Vogel B) Wasserdampf

C) Nackte Frauen D) Käse

stellen, was ja auch außerhalb von Fahrstühlen gilt und Sinn ergibt. Um Sie zu beruhigen: Dank einer guten Konstitution und erfolgreicher Medizin geht es allen Beteiligten gut.

Solche Begebenheiten als «magisch» zu interpretieren, ist die Grundeinstellung unseres Denkens; sich gegen eine Überinterpretation zu stemmen, braucht Kraft. Das fanden auch Forscher aus Finnland, als sie ihre Probanden nach ihren Grundüberzeugungen einteilten. Die Hälfte der Versuchspersonen glaubte an die Existenz übernatürlicher Phänomene, die übrigen waren entschiedene Skeptiker. Alle lasen, während sie im Hirnscanner lagen, Situationsbeschreibungen wie: «Du hast Angst, dass ein Freund wegen Alkohols am Steuer ins Gefängnis muss.» Dann sahen sie ein Foto und sollten angeben, inwieweit das Bild ein «Zeichen» für den Fortgang der Geschichte enthalte. Wie erwartet, taten sich die Freunde des Übernatürlichen leichter, etwa eine gemauerte Wand mit der Gefängnisstory zu verknüpfen.

Während der Aufgabe war bei den Skeptikern der Teil des Gehirns aktiver, der an der «kognitiven Inhibition» beteiligt ist. Auf gut Deutsch: Skeptische traten auf die Bremse, um nicht wild draufloszuassoziieren. Die Frage ist also nicht, warum Menschen an Übersinnliches glauben, sondern eher, warum manche den Prozess willentlich unterdrücken können. «Erworbene Rationalisierungskompetenz» nennen Psychologen diese Fähigkeit. Sie braucht die volle Aufmerksamkeit und Rechenkapazität, und wenn wir vermindert zurechnungsfähig sind, rechnen wir eben auch mit allem Möglichen. Es reicht dafür schon, müde oder berauscht zu sein, dann erscheint einem vieles wie ein Wunder.

Aber vielleicht ist es ja auch ein Wunder. Vielleicht leuchtet ein Areal im Hirnscanner nur, weil es von einer ganz anderen Quelle, die wir nicht sehen können, beschienen wird. Man darf doch mal kognitiv ganz ungehemmt träumen! Das ist beim Mond schließlich auch so, der leuchtet nicht von allein, aber er erinnert uns nachts als sehr freundlicher Erdbegleiter an die Existenz der Sonne. Rettet die Poesie!

Ich möchte bei allem, was ich über das Gehirn weiß, auch mal wieder nachts mit dem Mond und den Wolken reden dürfen, einfach so, weil der Mond ein guter Zuhörer ist und weil er auch immer wieder zunimmt. Das macht ihn so menschlich.

Der schönste Satz der finnischen Studie: «Die kausalen Prozesse hinter dem Phänomen, Zeichen zu sehen, sind nicht bekannt.»

So ähnlich hat das Matthias Claudius auch schon gesagt. Nur poetischer. Bis heute singe ich gerne sein Abendlied *Der Mond ist aufgegangen.*

Seht ihr den Mond dort stehen?
Er ist nur halb zu sehen
und ist doch rund und schön!
So sind wohl manche Sachen,
die wir getrost belachen,
weil unsre Augen sie nicht sehn.

∽ Heile, heile, Gänschen ∾

BEI «AUA»

Hei-le, hei-le, Gäns-chen, es ist bald wie-der gut. 'S

Kätz-chen hat ein Schwänz-chen, es ist bald wie-der gut.

Hei-le, hei-le, Mau-se-speck, in hun-dert Jahr'n ist

al-les weg.

Was will der Dichter dieser Zeilen uns mitteilen?

Lassen Sie mich eine kleine Textanalyse wagen, denn dieser scheinbar beknackte Karnevalsschlager ist psychosomatische Grundversorgung.

Was braucht ein Mensch, wenn er leidet? Zuwendung und Hoffnung. Das ist die erste Zeile: Heile, heile, Gänschen. Die Botschaft ist klar, es wird schon wieder, da streichelt dir jemand musikalisch über den Kopf, gleich zweimal kommt der Imperativ «heile», denn doppelt hält besser. Da übernimmt jemand anderes die Verantwortung, du darfst dich zurücklehnen, ja zurückentwickeln ins Kindliche. Deshalb heißt es ja auch Gänschen und nicht Gans. Ein gans-heitlicher Ansatz, der das innere Kind anspricht. Aber was passiert, wenn Menschen oft erleben, dass sie immer dann Zuwendung bekommen, wenn sie leiden? Richtig! Sie lernen blitzschnell, mehr zu leiden, denn dafür gibt es mehr Zuwendung. Das nennt sich in der Psychologie «sekundärer Krankheitsgewinn» – und im Alltag: Männer.

Liebe Frauen, nicht zu früh freuen, es gehören immer zwei dazu! Wir Männer müssten nicht so bitterlich leiden, wenn wir auch mal im Alltag Anerkennung bekommen würden.

Das Lied weiß um die Tücke und bietet in der zweiten Zeile bereits den Ausweg an: «Das Kätzchen hat ein Schwänzchen».

Dieser Satz reißt dich heraus aus deinem Selbstmitleid, aus deinem Kreisen um den eigenen Bauchnabel und zwingt dich zu zwei Reaktionen. Erst denkt man: «HÄH – was soll das denn jetzt bitte?» Und dann: «Stimmt!» Der Satz ist so zwingend richtig und einleuchtend, dass man gar nicht anders kann, als innerlich «JA» zu sagen. «JA» zur Katze, «JA» zum Schwanz, «JA» zum Leben!

Und dieses Gefühl von Zustimmung überträgt sich auf den Text «es ist bald wieder gut». Bei Wiederholungen denken wir: Habe ich schon mal gehört, da wird wohl was dran sein. Und das glauben wir dann. Erfinden Sie zum Test einmal ein total beklopptes, absurdes Gerücht über sich! Erzählen Sie es drei Leuten, die Sie nicht kennen. Die erzählen das munter weiter, und schwups landet es in Ihrem eigenen Bekanntenkreis. Und ich wette: Wenn Ihnen ein Bekannter Ihr eigenes Gerücht zurückerzählt, werden Sie kurz innehalten und denken: «Vielleicht ist doch was dran, wenn so viele Leute schon davon gehört haben!» Der Mausespeck erinnert an eine Heilpflanze, den echten Eibisch, der bereits im 11. Jahrhundert kandiert als Mittel gegen Erkältung verwendet wurde, als ein Zeichen der Hoffnung.

Bleibt uns noch die letzte Zeile: «In hundert Jahr'n ist alles weg» – damit gelingt die wichtige Einordnung des eigenen Leids in eine überzeitliche Perspektive, melancholisch und tröstlich zugleich. Egal womit wir uns grade plagen, so viel ist sicher: In 100 Jahren haben wir alle andere Themen. So viel Weisheit in vier Zeilen.

° Halbinsel der Halbwahrheiten °

Kapitel 2

WUNDER SIND MACHBAR

Weil Menschen einen Hang zur Magie haben, gab es immer welche, die den Wunsch danach bedient haben – und durch die Psychologie der Täuschung ausnutzen konnten. Lange bevor es Gebrauchtwagen gab, existierten schon Gebraucht-warenhändler, die nur etwas anderes verkauften, zum Beispiel «Schlangenöl» oder «philippinische Operationen mit den bloßen Händen». Damit Sie in diesem Kapitel nicht nur um ein paar Illusionen ärmer, sondern auch reicher werden, verrate ich Ihnen eine Handvoll Tricks: wie Sie aus der Hand lesen, Gedanken beeinflussen und in die Zukunft schauen können. Und Sie werden nicht mehr so leicht auf Menschen hereinfallen, die es Ihnen glaubhaft machen wollen. Das kann ich Ihnen jetzt schon vorhersagen! Denn ich war über viele Jahre meines Lebens Zauberkünstler. Gleich können Sie Pendel bewegen und Ihren Puls anhalten – nur durch Geis-teskraft und ein bisschen unsichtbare Hilfe.

Wie mich das Zaubern verzauberte

*Uri Geller hat Gabeln verbogen, Gabelstapler hätten mich
mehr beeindruckt.*

Ich muss vier oder fünf Jahre alt gewesen sein. Ich war beim Kindergeburtstag von Carsten, einem Nachbarsjungen. Nach Kakao und
Kuchen fing Carstens Vater an, für uns Kinder zu zaubern. Ich sehe
ihn noch heute vor mir, wie er einen weißen Ball an seinem Ärmel
reibt. Und plötzlich waren es zwei. Obwohl ich mit meiner Nase den
Ball beinahe berührte, hatte ich keinen Schimmer, wie er das ange-
stellt hatte. Und *zack* war ein Ball wieder verschwunden. Hatte sich
ins Nichts aufgelöst. Ich tastete den Ärmel ab, denn ich hatte schon
mal davon gehört, dass Zauberer alles im Ärmel verstecken. Aber den
Ball hätte man ja sehen oder fühlen müssen. Nichts. Und während
ich noch prüfte, griff Carstens Papa blitzschnell hinter mein Ohr und
zauberte von dort genau den Ball mit der Hand hervor, den ich die
ganze Zeit suchte. *Magic.* Ich hatte nichts von dem Ball gespürt, der
sich hinter meinem Kopf aus der Luft formte. Inständig sagte ich das,
was alle Kinder in diesen Momenten sagen: «Noch mal!»

Aber wie jeder gute Zauberer verweigerte mir Carstens Vater diesen Wunsch. Es war auch nicht notwendig. Ich war schon längst verzaubert. Mehr ging gar nicht. Dieses Gefühl des fassungslosen Staunens lernte ich von da an lieben. In dieser Direktheit aber habe ich es
nur noch selten erlebt.

Zwei Jahrzehnte später kam David Copperfield nach Berlin und
zeigte als Höhepunkt der Show die Illusion «Flying». Für einen
Moment blieb mir auch da der Mund offen stehen, weil ich dachte:
Wenn Menschen tatsächlich fliegen könnten, müsste es so aussehen.

Einfach ein bisschen Anlauf nehmen und abheben. Zu dem Zeitpunkt war ich aber schon in die Geheimnisse der Zauberkunst eingeweiht, und so folgte kurz nach dem Staunen die Bewunderung für die Technik, mit der Copperfield als Vollprofi diesen Eindruck erwecken konnte, ohne dass im Publikum jemand die Vorbereitung sah.

Zwischen Kindergeburtstag und Copperfield lagen Jahre, in denen ich jeden Groschen Taschengeld und jede freie Minute der Magie widmete. Jahre, in denen ich immer besser verstand, warum Zauberer, die behaupten, die Schwerkraft zu überwinden, meistens ihre Assistentin unter ein Tuch packen. Oder zumindest immer fürsorglich in unmittelbarer Nähe bleiben, wenn sie «schwebt». Ich hatte viel Glück. Meine Tante Ruth hatte meinen Wunsch früh erkannt und mir einen Zauberkasten geschenkt. Das ist im Grundschulalter bei vielen Kindern angesagt, aber meist währt die Freude daran nur kurz, denn das entscheidende Erlebnis bleibt aus. Die Freude am Zaubern besteht darin, andere zum Staunen zu bringen und die Verzauberung weiterzugeben. Doch in den handelsüblichen Zauberkästen stecken im wahrsten Sinne nur «billige Tricks», die kaum einen Erwachsenen verblüffen, erst recht nicht, wenn man sie nicht gut übt.

Der zweite Glücksfall in meiner frühen «Zaubererkarriere» war Sebastian, mein Mitschüler und Kumpel, dessen Onkel Christoph Profizauberer war. Christoph nahm uns unter seine Fittiche, ging mit uns zu den entscheidenden Zaubergerätehändlern und sorgte dafür, dass wir an das «richtige» Zeug herankamen. Wir wurden Mitglieder in der Jugendgruppe des «Magischen Zirkels von Deutschland» und trafen uns wöchentlich mit ähnlich Verrückten. Es begann eine harte Zeit für meine Familie, denn auch wenn man vor dem Spiegel die Abläufe einübt, kann man sich so wenig selbst verblüffen, wie man sich selbst kitzeln kann. Zaubern braucht ein Gegenüber, ein Publikum, und so wurden Eltern und Geschwister zwangsverpflichtet, jede neue Variante eines Kartentricks geduldig über sich ergehen zu lassen. Bald wurde ich «ausgeliehen» und verzauberte andere.

So lernte ich die nächste wichtige Lektion über die Zauberei: Es zählt nicht der Trick, es zählt die Präsentation. Wie bei den Zauberkästen erschöpft sich bei vielen das Interesse darin, «zu wissen, wie es geht». Diese Haltung ist ein Schlag ins Gesicht für jeden, der die «Kunst» in der «Zauberkunst» für sich entdeckt hat und pflegt. Wie geht Geige spielen? Man nimmt einen Bogen und streicht damit über die vier Saiten, die man mit der anderen Hand an verschiedenen Stellen herunterdrückt. So einfach. Das ist der ganze «Trick». Aber wie viele Jahre notwendig sind, bis das Geigenspiel «verzaubert», kann nur jemand ermessen, der Wand an Wand mit einem Anfänger gewohnt hat. Da denken selbst die gelassensten Buddhisten gelegentlich an Mord.

Ähnlich wie beim Geigespielen ist das mechanische Geheimnis der Kunststücke oft erschreckend banal. So war ich tief enttäuscht bis empört, als ich lernte, wie der Trick mit dem weißen Ball – meine Einstiegsdroge vom Kindergeburtstag – funktioniert. Der Magische Zirkel möge es mir verzeihen, aber ich verrate ausnahmsweise das Geheimnis: Der zweite Ball ist gar kein Ball! Es ist nur ein halber Ball, genauer gesagt, eine Halbschale, die um den ersten Ball gelegt werden kann, sodass aus den «anderthalb» Bällen optisch einer wird. Ein geschickter Zauberer kann seine Finger so über die Kante der Halbschale halten, dass diese Unebenheit nicht auffällt. Im richtigen Moment lässt man dann den soliden Ball aus seinem Versteck, und *zack* hat man scheinbar zwei Bälle in der Hand. Zumindest für alle, die einen von vorne sehen. Wer von hinten schaut, sieht die «Mogelpackung» sofort, und die Täuschung geht in Enttäuschung über.

Meine Neugier wurde größer. Von da an interessierten mich nicht mehr nur die Tricks, sondern auch die Verpackung. Warum fallen erwachsene Menschen, die alle mal mit russischen Puppen gespielt haben und wissen, dass eine Sache in einer anderen «verschwinden» kann, reihenweise auf eine Halbschale herein? Kann man die noch für voll nehmen?

Jeder Mensch hat zwei Seiten – mindestens

Tagsüber im Labor als Doktorand

Abends auf der Bühne als Magical Entertainer

Der Fakir-Fake:
Durch Willenskraft den Puls anhalten!
Also fast.

Schon immer hat es die Menschen beeindruckt, wie Fakire ihre Schmerzen, ihre Atmung und ihren Puls willentlich unter Kontrolle hatten. Mit einem sehr einfachen Trick können auch Sie Ihren Puls verschwinden lassen.

Einmal tief durchatmen! Das sagt man jedem, der sich beruhigen soll. Tatsächlich kann man durch Atemtechniken Einfluss auf den Herzschlag nehmen. Das machen wir meistens unbewusst. Wer lange übt, kann erstaunliche Körperkontrolle erreichen, wie hypnotische Schmerzunempfindlichkeit, sehr ruhigen Atem und Pulsschlag und Bewusstseinszustände zwischen Tiefschlaf und Erleuchtung.

Sehr viel einfacher erreicht man aber mit einem uralten Fakir-Trick den Eindruck einer ungewöhnlichen Körperbeherrschung: Man braucht nur einen Gummiball dafür.

Klassisch fühlt man den Puls am Handgelenk an der Daumenseite. Das Blut, das dort pulsiert, kommt aus einer einzigen dicken Arterie, die durch die Achselhöhle verläuft.

Gummiball (pressen)

Für den Fakir-Fake platzieren Sie heimlich einen kleinen harten Gummiball (oder einen ähnlichen Gegenstand) in Ihrer Achselhöhle. Sobald Sie den Arm an den Körper pressen, drücken Sie automatisch die Arterie ab. Es kann folglich nur noch wenig Blut in den Arm fließen – und damit ist plötzlich auch kein Puls mehr zu ertasten! Der Puls desjenigen, der Ihren Puls fühlen sollte, wird deutlich ansteigen ...

Ein Aha-Erlebnis der anderen Art verdanke ich einer alten Tante, zu der mich meine Mutter schickte. Meine Mutter hatte alle meine Tricks schon oft genug gesehen und außerdem beobachtet, dass meine kleinen Vorführungen für die gesundheitlich arg gebeutelte Dame eine willkommene Abwechslung darstellten. Bei einem dieser Besuche wurde ich vom belächelten Jungen zum Wundermann. Die Woche zuvor hatte ich ihr einen Kartentrick präsentiert, den ich Stunden geübt hatte. Dazu mussten die Karten heimlich in eine bestimmte Ordnung gebracht werden, anhand deren ich sogar aus der Ferne sagen konnte, welche Karte die gezogene war. Meine Tante war nicht beeindruckt. Auch wenn sie keine Ahnung hatte, wie raffiniert das Prinzip dahinter war, reichte ihr die Kategorie «Ist halt ein Kartentrick» aus, um das Ganze als uninteressant abzuhaken. Ich aber wusste, dass sie einen Hang zum Okkulten pflegte, und so kam ich beim nächsten Mal präpariert.

Ich hatte mich inzwischen mit dem Pendeln beschäftigt, und um das Ganze emotional noch mehr aufzuladen, nahm ich kein eigenes Pendel, sondern bastelte ein Unikat aus ihrer Kette und einem schweren Fingerring. Eine Karte wurde gezogen, nur meine Tante wusste welche, okay, ich natürlich auch, aber das konnte sie wiederum nicht wissen. Alle Karten wurden verdeckt nach unten im ganzen Zimmer verteilt. Jetzt konnte erst recht keiner mehr wissen, wo ihre Karte lag. Okay, ich wusste auch das, aber wenn ich Ihnen sage, woher, sind Sie wieder enttäuscht! Beschwörerisch nahm ich das Pendel in die Hand, und die Tante sollte sich in Gedanken auf ihre Karte konzentrieren. Um die «Energie» noch zu erhöhen, nahm sie meine Hände in die ihren, und gemeinsam wackelten wir über den Wohnzimmerboden. Und da geschah es: Über einer Karte fing das Pendel plötzlich an auszuschlagen. Völlig unerklärlich. Für die Tante. Ich wusste, dass wir über ihrer Karte angelangt waren, und auch, dass es nur minimale Bewegungen braucht, um ein Pendel zum Schwingen zu bringen. Diese waren so unmerklich, dass die Tante sie nicht

wahrgenommen hatte, obwohl ihre Hände ja meine und das Pendel
berührten. Nachdem das Pendel zu uns «gesprochen» hatte, drehte
sie die Karte um. Und dann sprach eine Weile niemand mehr. Das
Wunder hatte gesessen.

Pendeln ist ein gutes Beispiel für die Kraft der Selbsttäuschung.
Hören Sie sich einmal in Ihrem Bekanntenkreis um, was man alles
«auspendeln» kann: Reiseziele, passende Nahrungsmittel oder Medikamente, Allergien, Partner. Oder alles zusammen: einen Partner,
mit dem man nach Timbuktu reisen kann, ohne allergisch zu reagieren. Mal ehrlich: Wer so etwas sicher voraussagen könnte, wäre doch
längst steinreich. Fakt ist, Pendel können nicht sprechen, sie können
nur hin- und herpendeln. Und deshalb setzt man sie so gerne in allen
Bereichen ein, in denen wir selbst ein bisschen hin- und herschwan-
ken. Unser eigenes Schwanken überträgt sich physisch auf das Pendel, was die kleinen, kaum wahrnehmbaren Bewegungen sichtbar und größer macht. Und plötzlich haben wir eine übersinnliche
Bestätigung für das, was wir bereits geahnt hatten. Und das Beste:
Wenn sich das Pendel einmal irrt, sind wir es wenigstens nicht selbst
gewesen, die eine falsche Entscheidung getroffen haben. Je unsiche-
rer, desto zittriger ...

Praxistest: Pendeln
Mein Vorschlag zur Güte: Machen Sie ein Experiment. Wenn Sie
davon überzeugt sind, dass allein geistige Kräfte das Pendel zum
Schwingen bringen, testen Sie diese Annahme bitte selbst: Hängen
Sie das Pendel über die Küchentür und setzen Sie sich in entspann-
tem Abstand an den Küchentisch. Jetzt konzentrieren Sie sich auf das
Pendel. Sie können es eine Stunde probieren, einen Tag oder ein Jahr.
Es wird nicht ruckeln. Aber wenn es plötzlich ruckelt, lautet mein
ärztlicher Rat: *Verlassen Sie rasch das Gebäude!*

Die philippinischen Wunderheiler

«Alle Hoffnungen sind naiv,
aber wir leben von ihnen.»

PRIMO LEVI

Ihr Ruf ist legendär: Operieren ohne Skalpell und bei vollem Bewusstsein, ohne Narkose. Direkt mit der ungewaschenen Hand in
den Bauchraum greifen, alles herausziehen, was da nicht hingehört,
Blut abwischen – fertig. Keine Narbe, keine Schmerzen. Der Traum
einer Heilmethode.

In der *Zeit* las ich, dass der Hamburger Schauspieler Manfred
Meihöfer einer der Menschen war, die sich auf den Weg machten,
um Heilung zu finden. Manni hatte, wie sein Freund schildert, nicht
mehr viel zu verlieren. Und deshalb flogen sie gemeinsam auf die
Philippinen zu einem dortigen Wunderheiler, im Gepäck eine wirre
Hoffnung. «In anderen Situationen würden wir Witze darüber machen. Vielleicht handelt es sich ja tatsächlich um Hokuspokus. Doch
schlimmstenfalls schadet das Ganze nicht, und bestenfalls kehrt
Manni gesünder, als er aufgebrochen ist, zurück.»

Der philippinische Heiler Labo ist erst einmal erzürnt, keine Dollar im Voraus zu bekommen, sondern nur die Landeswährung. So
richtig spirituell wirkt auch seine «Klinik» nicht, die ein ehemaliger
Zoo ist. «Labo war ein erfolgreicher Rechtsanwalt, der nach einem
Autounfall zufällig seine Fähigkeiten als Heiler entdeckt haben soll.
Als er sich eine Mentholzigarette ansteckt, erklärt er Manni: ‹Sie sollten nicht rauchen und weniger Fleisch essen.› Warum wir hier sind,
will er nicht wissen. Entweder ist es ihm sowieso klar, oder es spielt
keine Rolle. Kaum ist Labo mit bloßen Händen über Mannis Bauch

Original und Fälschung. Wunderheiler auf den Philippinen und auf der Bühne –
beide täuschend echt oder echt täuschend.

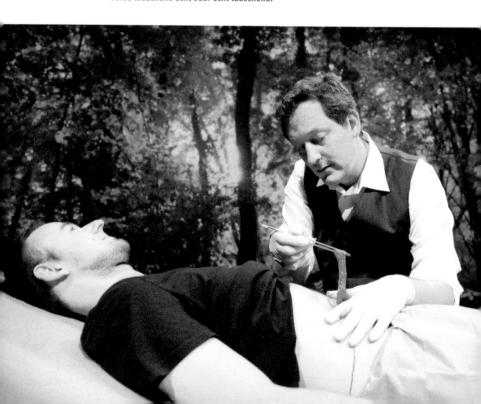

und seine Brust gestreift, fließt bereits Blut. Labo zieht Fleischfetzen heraus und schmeißt sie in die Körbe. Länger als drei, vier Minuten dauert es nicht. Zum Schluss wischen die Helfer das Blut weg, Manni steht auf, und man sieht nichts mehr von dem, was da eben stattgefunden hat. Geredet wird kein Wort.» Stets die gleiche Prozedur, zehn Tage lang.

Im Internet gibt es zahlreiche Videos von Menschen, die aus nächster Nähe dabei waren und begeistert davon berichten. Einem Patienten wurde sogar das Auge herausgenommen und wieder eingesetzt. Unglaubliche Geschichten! Als Zauberkünstler und Arzt frage ich mich: Wie war es eigentlich vorher? Was wurde danach besser? War die Augenhöhle zwischendurch leer und die Hände des *psychic surgeon* vorher auch? Bin ich zu kritisch?

Ich wollte nicht nur darüber reden oder schreiben, sondern es selbst ausprobieren, wie «echt» so eine Operation aussehen kann. Also habe ich eine eigene Wunderheiler-Nummer auf die Bühne gebracht – komplett mit Krankenbett, Skalpell, Innereien und jeder Menge Blut. Aber mit OP-Handschuhen. Jeden Abend ist das der Moment, auf den ich mich am meisten freue. Ich lade mir dazu einen Zuschauer ein, der bis zu dieser Sekunde nichts von seinem Glück ahnte, und biete ihm an, «kostenlos prophylaktisch den Blinddarm zu entfernen. Denn: Was weg ist, kann sich nicht mehr entzünden!» Nach den ersten kundigen Griffen in die Bauchhöhle hole ich ein langes Stück Darm heraus. Es fließt Blut! Dabei wird dem einen oder anderen Zuschauer schwummrig. Und zum Abschluss kommt auch noch eine Quietscheente aus dem Bauchraum zum Vorschein, zur großen Erleichterung des Patienten und des Publikums – denn sie war offensichtlich die wahre Ursache der energetischen Blockade der Chakren nach einem frühkindlichen Ereignis in der Badewanne.

Ihnen kann ich es ja verraten: Es ist Theaterblut. Als westlicher Wunderheiler benutze ich ein präpariertes Skalpell, hinter dessen

Klinge ein kleiner, mit Flüssigkeit gefüllter Beutel sitzt. In dem Moment, in dem ich mit dem stumpfen Messer «schneide», drücke ich ein bisschen «Blut» heraus. Um mit einem Finger in den Bauchraum vorzudringen, reicht es, ihn einfach mit Schwung in eine Hautfalte zu stecken und dann umzubiegen. Von vorne ist die Täuschung perfekt. Man schaut mir nie «über die Schulter» oder gar hinter die Kulisse. Der nächste Baustein der Glaubwürdigkeit sind die Tupfer, auch das habe ich mir beim «Original» abgeschaut. Warum geht es auf den Philippinen nie ohne? Das ist jedem Zauberer klar: Jedes Mal, wenn man einen Gegenstand sichtbar in die Hand nimmt, ist das eine gute Gelegenheit, dabei auch etwas unsichtbar mit der Hand zu verbergen, zum Beispiel einen kleinen blutgefüllten Ball oder Schwamm. In meinem Fall ist es scheinbar eine elastische Binde zum Abdrücken – in Wirklichkeit aber das Gelbe eines Überraschungseis. Um den zweiteiligen Behälter sind lediglich zwei Lagen Mull gewickelt. Wenn ich auf die Wunde drücke, drücke ich gleichzeitig auf das Ei; das «Blut», das sich darin befindet, sickert durch den Mull, und es sieht so aus, als wäre eine offene Wunde dafür verantwortlich. Am beeindruckendsten wirkt es, wenn man tatsächlich in den Bauchfalten einen kleinen Krater erzeugt, der sich dann mit Blut füllt.

Wie immer bei Zauberern achtet keiner auf die Technik oder darauf, was in diesem einen Moment die andere Hand oder der Assistent tut – weil jeder gebannt von dem «Wunder» ist, das direkt vor seinen Augen geschieht.

Bei meinen Vorbildern, den «echten» philippinischen Wunderheilern, geschieht dies alles sehr schnell. Sie halten auffälligerweise beim «Operieren» immer Hände und Finger zusammen, es gibt einen Assistenten mit Tupfern und Tüchern und einen kleinen Plastikeimer, in dem das entfernte Gewebe gleich wieder verschwindet – ohne weitere Untersuchungen unter dem Mikroskop. Dass die entfernten Eingeweide von Hühnern und nicht von den Patienten stammen, scheint niemanden zu interessieren.

1982 machte sich einer der besten Wissenschaftsjournalisten seiner Zeit, Hoimar von Ditfurth, daran, das «Wunder» aufzuklären. Er recherchierte, filmte Eingriffe und sprach mit Heilern und Patienten. Um dem Fernsehpublikum zu verdeutlichen, was so eindrucksvoll und schauerlich wirkte, lud Ditfurth nicht etwa Naturwissenschaftler dazu. Die fallen, meinte der Professor, besonders leicht auf faulen Zauber herein, weil sie sich für unfehlbar halten und schnell ihre eigenen Erklärungen glauben. Die Beweise im Fernsehstudio erbrachte vielmehr jemand, der sich auf Illusionen verstand: «Magic Christian», dreifacher Weltmeister der Magie. Er zeigte dieselben Eingriffe, erklärte aber, dass ein Finger, wenn er tatsächlich gerade in den Bauchraum geschoben würde, am Knöchel schrumpelig bleibt, weil die Haut entspannt ist. Biegt man dagegen einen Finger um, spannen sich die Sehnen, und die Haut am Gelenk wird glatt.

Aber so genau will es bis heute vor Ort niemand wissen, denn das Geschäft mit der Hoffnung läuft gut, für beide Seiten. Die Heiler machen sehr viel Geld damit, und die Patienten fühlen sich gut behandelt. Und die Hühner werden nicht gefragt. Ditfurth fragte damals einen der Touristen: «Haben Sie das Gefühl, dass Sie hundertprozentig geheilt worden sind?» – «Ja, ohne Zweifel.»

«Wenige Monate nach dieser Antwort», so Ditfurth, «lag er auf einem westdeutschen Friedhof.» Manfred Meihöfer starb 2010, im selben Jahr, in dem der Artikel erschienen ist. Ich weiß nicht, woran. Und ich weiß nicht, wie es ohne den Ausflug auf die Philippinen gewesen wäre.

Natürlich kann ein derart starker Glaube auch Selbstheilungsprozesse in Gang setzen, und je exotischer die Methode, desto faszinierender ist sie. In einem kulturellen Umfeld, in dem es keine Chirurgen, keine Diagnostik und keine wirksamen Therapien gibt, verstehe ich gut, dass eine Scheinbehandlung besser ist als Hoffnungslosigkeit und Nichtstun. Der Wert von Alternativmedizin hängt davon ab, was die Alternative ist.

Ich würde mir aber wünschen, dass man untersucht, welche Wirkung man bei bedrohlichen Erkrankungen erwarten darf, und das ist nur möglich, indem man die Erfolge über längere Zeit dokumentiert. Die Naturgesetze, die Spielregeln der Psyche und die Tricks der Gaukler funktionieren auch auf den Philippinen.

Grundsatz Nummer 1: Wenn etwas plötzlich «erscheint», wie zum Beispiel ein Stück Fleisch in der Hand, war es vorher auch schon da. Nur woanders. «Erscheinen lassen» heißt lediglich, es aus dem Verborgenen zu holen und sichtbar zu machen.

Grundsatz Nummer 2: Wenn man mit ungewaschenen Händen tatsächlich in einen Bauchraum greift, gibt es eine Narbe und eine Infektion. Wenn es keine Narbe und keine Infektion gibt, ist das nicht der Beweis für ein Wunder, sondern dafür, dass die Hand nie wirklich im Bauchraum war. Schon die Blutseen, die sich bei den Eingriffen auf dem Bauch des Patienten bilden, beweisen, dass darunter keine Körperöffnung klaffen kann: Das Blut müsste sonst, wie bei jeder normalen Operation, nach innen abfließen.

Menschen lieben die Täuschung mehr als die Enttäuschung. Und so hat die Aufklärung durch die Medien dem Interesse an den Wunderheilern nicht geschadet. Im Gegenteil: Die Stars der Szene haben ihr Geschäftsmodell optimiert und warten nicht mehr, bis die Kranken zu ihnen reisen. Die Heiler sind so entgegenkommend, dass sie regelmäßig in Deutschland und der Schweiz Termine anbieten.

Was mich irritiert, obwohl ich den Hoffnungsaspekt nachvollziehen kann: Diese Art von Behandlung hat nichts «Ganzheitliches» an sich. Es wird weder nach der Vorgeschichte gefragt noch danach, worunter jemand leidet, es gibt keine Diagnose oder gar eine Suche nach den tieferen Ursachen. Es wird etwas getan, was der Patient nicht versteht, passiv über sich ergehen lässt und zu dem er nichts beitragen kann oder soll. Anschließend werden die Menschen ihrem Schicksal überlassen. Was aus den Patienten nach den lukrativen zehn Tagen wird, scheint die Heiler nicht zu interessieren.

Sie sind im Akkord unterwegs, gehen im Minutentakt von einer Liege zur anderen, drücken mal am Nacken, ruckeln mal am Rücken oder am Bein – auch das erinnert mehr an die Situation in hiesigen orthopädischen Praxen als an etwas, was der Medizin meilenweit überlegen wäre.

Überspitzt formuliert: Für Wortlosigkeit, Aktionismus und Desinteresse an der weiteren Behandlung muss man nicht so weit reisen – das bekommt man alles auch in deutschen Krankenhäusern, sogar als Kassenpatient!

Sie sind ein Medium!

Wer glaubt, dass Gedankenleser Gedanken lesen
können, darf auch weiter daran glauben, dass die
Puppe des Bauchredners von allein spricht.

Es ist verblüffend einfach, bei sich und anderen den Eindruck zu erwecken, übersinnliche Kräfte zu besitzen. Dieses Erlebnis können Sie auch mit folgendem Trick haben, den Sie für sich oder als Hypnoseexperiment auch mit anderen testen können.

Trick 1: Hypnose für Einsteiger – die magnetischen Finger
Halten Sie Ihre Finger gefaltet vor Ihr Gesicht, nur die beiden Zeigefinger strecken Sie aus, sodass sich die beiden Fingerspitzen circa zwei Zentimeter gegenüberstehen. Lassen Sie alle anderen Finger weiter fest verschränkt. Drücken Sie die Handflächen gegeneinander. Stellen Sie sich jetzt vor, eine magische magnetische Kraft zöge die beiden Fingerkuppen zueinander. Ihre beiden Fingerspitzen werden sich wie von allein annähern und berühren, Sie können es gar nicht verhindern. Sie müssen sich nur fest vorstellen, es befänden sich Magnete in den Fingerspitzen, die sich immer stärker und stärker aufeinander zubewegen. Sobald sich die Finger berühren, können Sie den Druck der Handflächen entspannen.

Hat das gut funktioniert? Ja!

Es fühlt sich verrückt an, wenn die Finger ein «Eigenleben» entwickeln, aber das hat nichts mit imaginären Magneten zu tun, sondern damit, dass es viel anstrengender für die beiden Zeigefinger ist, auf Dauer aufgerichtet zu bleiben, als sich aufeinander zuzubewegen. Als Mentalmagier können Sie jetzt bei anderen so tun, als ob dieses

natürliche Phänomen nur mit Ihrer großen Suggestionskraft zu tun hat, der sich niemand entziehen kann.

Wenn Sie auf den Geschmack gekommen sind, verrate ich Ihnen jetzt ein weiteres Geheimnis, mit dem Sie andere noch mehr verblüffen können.

Trick 2: Vorher wissen, was jemand will, oder: Die gezwungene Wahl

Bei diesem Kunststück meint der Zuschauer, er hätte eine Wahl. Trotzdem wissen Sie vorher, was herauskommt. Klingt unmöglich?

Legen Sie drei Gegenstände in einer Reihe vor sich auf den Tisch, zum Beispiel einen Apfel, ein Handy und ein Feuerzeug, so wie in der Grafik auf der nächsten Seite. Das Handy liegt in der Mitte. In mehreren Schritten wird jetzt einer der drei Gegenstände «frei» gewählt. Egal was der Zuschauer tut, passen Sie Ihren nächsten Schritt so an, dass das Handy am Ende übrig bleibt. Wenn Sie alle Möglichkeiten einmal durchgespielt haben, wird Ihnen klar, wie der Hase läuft.

Das psychologische Prinzip ist dreist und nennt sich in Zaubererkreisen «forcieren» – etwa wenn man jemanden bittet: «Nenn mir ir-

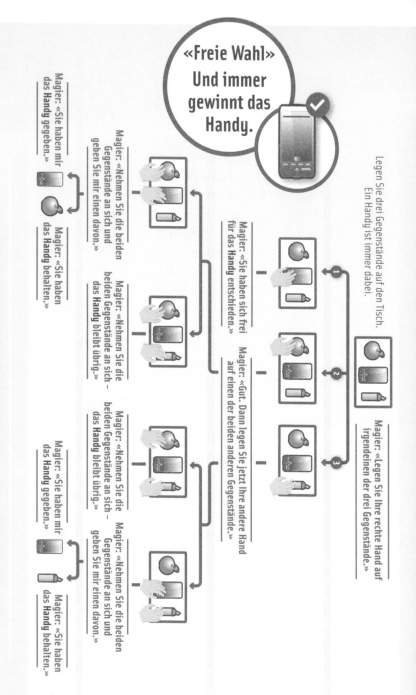

«Freie Wahl»
Und immer gewinnt das Handy.

Legen Sie drei Gegenstände auf den Tisch. Ein Handy ist immer dabei.

Magier: «Legen Sie Ihre rechte Hand auf irgendeinen der drei Gegenstände.»

Magier: «Sie haben sich frei für das **Handy** entschieden.»

Magier: «Gut. Dann legen Sie jetzt Ihre andere Hand auf einen der beiden anderen Gegenstände.»

Magier: «Nehmen Sie die beiden Gegenstände an sich und geben Sie mir einen davon.»

Magier: «Nehmen Sie die beiden Gegenstände an sich – das **Handy** bleibt übrig.»

Magier: «Sie haben mir das **Handy** gegeben.»

Magier: «Sie haben das **Handy** behalten.»

Magier: «Nehmen Sie die beiden Gegenstände an sich – das **Handy** bleibt übrig.»

Magier: «Nehmen Sie die beiden Gegenstände an sich und geben Sie mir einen davon.»

Magier: «Sie haben mir das **Handy** gegeben.»

Magier: «Sie haben das **Handy** behalten.»

Der ganze Trick: Egal wie sich der Mitspieler «frei» entscheidet – Sie bestimmen, was rauskommt, weil Sie die Spielregeln nicht vorher festlegen, sondern unterwegs anpassen.

gendeine Zahl zwischen eins und drei!» Da bleibt nur die zwei übrig. In unserem Trick bleibt immer das Handy übrig, aber wie?

Ihr Text dazu: «Viele Menschen glauben, sie hätten einen freien Willen – ich glaube aber, dass ich beeinflussen kann, wie du dich gleich entscheidest. Als Beweis steht hier auf diesem gefalteten Zettel meine Vorhersage. Lege bitte deine *rechte* Hand auf irgendeinen der Gegenstände – lass dich dabei nur von deiner Intuition leiten.»

Weil das Handy in der Mitte liegt, stehen die Chancen gut, dass die Hand des Zuschauers direkt auf dem Handy landet. *Bingo.* Dann haben Sie schon gewonnen; Sie müssen nur sagen: «Du hättest deine Hand auch auf das Feuerzeug oder den Apfel legen können. Aber du hast dich aus freien Stücken für das Handy entschieden. Und das habe ich vorhergesehen!» Dann zeigen Sie die Vorhersage – wie genau, beschreibe ich gleich.

Menschen wählen lieber etwas in der Mitte aus. Das gilt auch auf Autobahnraststätten: Wenn es eine ganze Reihe von Toiletten zur Auswahl gibt, sind die mittleren häufiger genutzt als die am Rand. Das gilt auch für Parteien, die alle behaupten, sie seien die Mitte – aber das nur am Rand.

Was tun Sie, wenn die Hand des Zuschauers auf Feuerzeug oder Apfel zu liegen kommt? Kein Problem. Dann gehen Sie in Runde zwei. Sie haben ja Zeit und haben nicht verraten, wie der Auswahlprozess genau laufen soll. «Lege jetzt deine *linke* Hand auf einen der beiden übrigen Gegenstände.»

Jetzt gibt es wieder zwei Möglichkeiten: Entweder liegen jetzt beide Hände über Feuerzeug und Apfel, dann bleibt das Handy übrig, und Sie sind am Ziel.

Oder die Hände liegen über Handy und Feuerzeug / Apfel, dann sind Sie noch genau einen Schritt vom Ziel entfernt.

«Gib mir einen der beiden Gegenstände.» Entweder bekommen Sie das Handy in die Hand gedrückt oder das Feuerzeug / den Apfel. Das Tolle an dieser «freien Wahl» ist, dass Sie, egal was passiert,

das Ergebnis immer so deuten, dass am Ende das Handy «gewählt» wurde. Es war entweder das Erste, was berührt wurde, oder blieb als Einziges auf dem Tisch. Oder es ist das, was Sie in die Hand gedrückt bekommen. Oder es ist das, was der Zuschauer zuletzt unter seiner Hand hatte. Raffiniert. Sie behaupten immer, dass es genau so kommen musste. «Du hast dich frei für das Handy entschieden!»

Es klingt viel komplizierter, als es ist. Nicht lange überlegen, sondern zügig und selbstbewusst jeweils den nächsten Schritt vorgeben, dann fällt das wirklich niemandem auf, sofern Sie Ihren Text gelernt haben.

Jetzt geht es nur noch darum, das Ergebnis als erstaunliche Vorhersage zu verkaufen – mit dem Auffalten des Zettels, auf dem «Handy» steht, oder mit diesem Buch, das Ihnen die Schreibarbeit abnimmt. Denn an der rechten unteren Ecke wartet der Zauberpinguin darauf, dass Sie ihn zum Leben erwecken! Dazu biegen Sie alle Seiten an der Ecke sanft nach hinten und lassen sie dann Seite für Seite aufspringen. Dadurch entsteht aus den kleinen Zeichnungen eine Art Daumenkino, das Sie wie folgt synchronisieren können:

«Darf ich vorstellen? Das ist mein kleiner Zauberpinguin, der mir hilft, den Gegenstand, den du gerade frei gewählt hast, aus dem Hut zu zaubern. Kannst du ihn gut sehen? Er winkt dir zu! Er greift in den Hut, und heraus kommt ein Zettel – und auf dem steht dein Gegenstand – ja, wirklich, er muss den Zettel nur noch umdrehen: *Tatatataaaa* – da steht *Handy*!»

Trick 3: Gedankenlesen: der offensichtliche Kartentrick

Stellen Sie sich vor, ich lege sieben Spielkarten vor Ihnen auf den Tisch, alle mit der Bildseite nach unten. Eine andere Spielkarte mit einer anderen Rückenfarbe liegt als Vorhersage daneben, ebenfalls mit der Bildseite unten. Sie wissen nicht, welche Spielkarten es sind, aber Sie dürfen eine von den sieben Karten jetzt auswählen. Tatatata: Ihre Spielkarte stimmt mit der Vorhersage überein.

Wie kann das gehen? Haben Sie schon eine Idee? War es Zufall oder Beeinflussung?

Zauberer wiederholen aus guten Gründen ihre Tricks nie oder nur höchst ungern, denn beim zweiten Mal würde Ihnen die Mechanik des «Gedankenbeeinflussens» sehr schnell klar werden: Egal welche Karte Sie wählen, sie wird immer mit der Vorhersage übereinstimmen, denn: Alle Karten sind gleich!

Psychologen testeten Studenten, ob sie von allein auf diese naheliegende Lösung kamen. Und tatsächlich schnallten die meisten den Trick bereits in der ersten Runde. Alles andere hätte mich auch an der allgemeinen Hochschulreife zweifeln lassen. Am gesunden Menschenverstand lässt mich aber die zweite Runde zweifeln. In dieser wurde das Experiment mit anderen Studenten wiederholt, und diesmal stellte der Zauberkünstler den Testpersonen eine Denkfalle. Er sagte: «Mit dieser magischen Handbewegung werde ich deine Gedanken so beeinflussen, dass du die Karte wählst, die ich hier mit dieser Karte vorhergesagt habe.» Dann fuchtelte er bedeutungsschwanger durch die Luft. Den Studenten war sehr schnell klar, dass die Handbewegung mit dem Trick nichts zu tun hatte. Aber sie waren durch die scheinbare Erklärung so abgelenkt, dass sie die offensichtlichere übersahen. Ihre Gedanken waren damit beschäftigt, die Handbewegung als Humbug zu entlarven, sodass sie erst recht auf den Trick reinfielen. Als man sie fragte, ob sie eine Ahnung hätten, wie dieser funktioniere, wenn es nicht die Handbewegung sei, stand die Mehrheit auf dem Schlauch. Der Effekt war immens: Statt über 80 Prozent kamen weniger als 20 Prozent der Studenten hinter den offensichtlichen Mechanismus. Eigentlich ziemlich erschreckend.

Und was hat das mit Medizin zu tun? Das Prinzip von scheinbar plausiblen Erklärungen gibt es überall. Und wir alle fallen darauf herein. Wenn ein Arzt Blut abnimmt, und ein Wert «winkt» ihn an, dann denkt er sehr schnell, die Ursache schon gefunden zu haben, und hört auf, weitere Erklärungen zu suchen. Und das Schlimme:

Sobald man eine «Verdachtsdiagnose» hat, wirkt auch noch der Bestätigungsirrtum. Alles, was zum Verdacht passt, wird wichtig genommen. Alles, was nicht dazu passt, wird ignoriert. Im Bereich der Alternativmedizin wimmelt es von Erklärungen, die nicht viel weiter gehen, als einmal mit der Hand zu wedeln. Nur ruft man dazu noch Dinge wie «Quantenphysik», «Hefe im Darm», «Sie sind ja voller Giftstoffe», und dann einigen sich beide Seiten darauf, dass dies ja vernünftig klingt, und suchen nicht weiter nach einer anderen oder tiefer gehenden Erklärung.

Sich ein bisschen mit der uralten Trickkiste der Zauberer zu beschäftigen, schärft die Sinne dafür, wo überall noch mit doppeltem Boden und doppelter Zunge gemogelt wird. Im Experiment gab es eine dritte Runde, mit einer kleinen Änderung der Frageformulierung, die eine große Hebelwirkung hatte. Von denen, die auf dem Schlauch standen, wurde die eine Hälfte gefragt: «Wenn das mit der Hand nicht die richtige Lösung ist, was könnte es dann sein?» Währenddessen bekamen die anderen eine klare Ansage: «Die Hand ist definitiv *nicht* die richtige Lösung – was kann es sein?» Wurde die mentale Ablenkung klar ausgeräumt, hatte der Geist wieder freie Bahn, auf die Lösung zu kommen: Na, dann sind vielleicht alle Karten gleich? Richtig!

Es gibt also Hoffnung für unser aufklärerisches Denken. Wir müssen uns im Alltag nur selbst die Fragen stellen und dürfen nicht darauf warten, dass diejenigen, die uns täuschen wollen oder vielleicht selbst an ihre falsche Erklärung glauben, uns darauf stoßen werden. Wie gesagt: In diese Denkfalle können auch Ärzte tappen, die auf den ersten Eindruck hin schon eine Diagnose im Hinterkopf haben. Wenn Sie das Gefühl haben, der Arzt sei auf dem Holzweg, dann trauen Sie sich, Fragen zu stellen: Was spricht dafür? Was spricht dagegen? Was könnte es noch sein?

Dieses Buch kann Ihre Gedanken lesen

Um dieses Um-die-Ecke-Denken zu testen, sehen Sie hier sieben Karten, die alle verschieden sind. Sie suchen sich in Gedanken eine aus, und wenn Sie die Seite umblättern, werden Sie sehen, dass ich Ihre gedachte Karte vorhergesehen habe. Also: Erst eine denken und dann weiterblättern.

Voilà: Hier sind sechs Karten. Und ausgerechnet Ihre Karte ist nicht mehr dabei.
Irre, oder? Kann ich Ihre Gedanken lesen?
Haben Sie eine Idee, wie das geht?
Ich gebe Ihnen einen Tipp: Es hat nichts mit Ihren Gedanken zu tun.

Die Bretter vor dem Kopf, die die Welt bedeuten

Frage an einen Zauberkünstler: «Haben Sie Geschwister?»
Antwort: «Zwei Halbschwestern.»

Die drei Fragen, die einem Kleinkünstler oft gestellt werden: Kann man davon leben? Was machen Sie tagsüber? Und: Haben Sie einen anständigen Beruf? Kurioserweise habe ich lange Zeit versucht, meine zwei Welten zu trennen. In der Klinik verriet ich nicht viel über meine Auftritte nach Feierabend. Und auf der Bühne verschwieg ich, dass ich Mediziner bin. Es kam mir gar nicht in den Sinn, aus meinem Hobby einen Beruf zu machen. Von Kierkegaard gibt es den schönen Satz: «Leben kann man nur vorwärts. Verstehen kann man es nur rückwärts.»

Aus heutiger Sicht erscheint es mir folgerichtig, dass ich mich jahrelang mit Humor, Kabarett und Zauberei beschäftigt habe, um schließlich die Medizin einzubinden und eine neue Form der Wissensvermittlung zu begründen – das medizinische Kabarett. Aber als ich anfing, gab es das noch nicht. Und die Welt hatte auch nicht darauf gewartet. Ich galt als Exot, passte in keine Schublade. Den Wissenschaftsredaktionen war ich suspekt, weil zu lustig. Und den Kabarettredaktionen war ich suspekt, weil ich ein Anliegen hatte, das traditionell als ernst gilt – die Medizin. Comedy drehte sich um das Thema Mann und Frau, weil die Ansicht herrschte, Menschen können nur über Dinge lachen, die jeder kennt. Aber das Arzt-Patienten-Verhältnis ist niemandem fremd, und so stieß ich allmählich eine Tür zu einer Wunderwelt auf, in der sich ebenfalls jeder wiederfinden kann. Das medizinische Kabarett gefiel den Zuschauern, und so traute ich mich auf der Bühne mehr und mehr, nicht die Zauberei in den Mittelpunkt zu stellen, sondern die Geschichten über die Macht des weißen Kittels, über die Absurditäten hinter den Kulissen eines Krankenhauses und die weltfremde Arztsprache, in der man «idiopathische Dystonie» sagt, wenn man keine Ahnung hat, was mit jemandem los ist.

Mein Jahr in England hatte mich geprägt – medizinisch und komödiantisch. Jeden freien Abend hatte ich in Stand-up-Clubs verbracht, Kurse in Improvisationstheatern absolviert und die englische Art kennengelernt, die Menschen am Mikrofon unverkrampft zu unterhalten. Ich war sogar in meinem jugendlichen Leichtsinn nicht davor zurückgeschreckt, an einem Nachwuchstalent-Wettbewerb teilzunehmen, der Hackney Empire New Act of the Year Competition. Ich wurde Vorletzter. Für einen deutschen Austauschstudenten im Mutterland der Komik eine aufrichtige Form der Anerkennung.

Zurück in Deutschland, schloss ich mein Studium ab und schrieb meine Doktorarbeit. Nebenbei hatte ich Zeit, weiter Freude an der Zauberei zu haben, und wurde, ohne dass ich es geplant hätte, als Geheimtipp herumgereicht und empfohlen.

Ich trat an beim Magischen Zirkel von Deutschland in der Sparte «Allgemeine Magie mit Vortrag», gewann die Vorrunde und zu meiner großen Freude auch die deutsche Meisterschaft 1996.

Meinen «Durchbruch» zur Profi-Entertainer-Karriere verdanke ich einem Zufall und einem Vorfall. Der Zufall wollte es, dass ich die Mitternachtsshow in der Berliner «Bar jeder Vernunft» spielte, als in der Halswirbelsäule der wunderbaren Sängerin Gayle Tufts eine Bandscheibe sich entschloss vorzufallen. Gayle Tufts fiel für mehrere Wochen aus. Alle Shows im Spiegelzelt waren ausverkauft, alle Profikünstler ausgebucht, und so bekam ich einen Anruf, ob ich spontan auch das Programm um 20 Uhr 30 bestreiten könne. Plötzlich war ich in der Primetime der Hauptstadt angekommen, reingerutscht im wahrsten Sinne.

Die Zeit in der Vorhölle der Kindergeburtstage hatte sich schon nach wenigen Jahren gelohnt. Wer diese Prüfung heil überstanden hat, den schockt so schnell nichts mehr. Wer 20 Kinder in den Bann ziehen kann, den schrecken auch 200 volltrunkene finnische Handyvertreter nicht, die ein paar Jahre später mein Publikum im Varieté bildeten. Offenbar hatten sie sich unter Varieté irgendetwas mit leichtbekleideten Frauen und Beine-in-die-Luft vorgestellt; mein Auftritt muss für sie eine herbe Enttäuschung gewesen sein. Ich kam mit Frack und Zylinder. Und mit bedeckten Beinen. Und mit ausgeklügelten Wortspielen auf Deutsch. Ich machte den Fehler, meine Conférencen ins Englische zu übersetzen, was die Feierlaune der Finnen nicht trübte, aber dafür verlor ich die Aufmerksamkeit des restlichen deutschsprachigen Publikums. Eine wichtige Erkenntnis, wenn man über Jahre fast täglich auf der Bühne steht: Du kannst nicht immer gewinnen. Und jedes Mal, wenn du «auf der Bühne stirbst», wird dir klar, dass man Aufmerksamkeit erst dann geschenkt bekommt, wenn man sie nicht braucht. So bewunderte ich im Varieté von Anfang an nicht die ehrgeizigen Jongleure, die sich und alle anderen Jongleure übertrumpfen und noch einen Ball mehr in der Luft halten wollten – bei gleichbleibender Anzahl von Händen. Ich mochte die «alten Hasen», die auf der Bühne Lässigkeit und Bescheidenheit ausstrahlten. Sie hatten das gleiche Charisma wie gute, erfahrene Chefärzte, die mit einem Blick die Diagnose erfassen und den Patienten in Sicherheit wiegen können.

Ich freundete mich mit einem alten amerikanischen Comedy-Zauberer namens Milo an. Er und sein Partner vollführten seit Jahren die gleiche Nummer auf der Bühne, in Las Vegas, Tokio oder Berlin, und weil sie dabei ohne Sprache auskamen, lachte die ganze Welt über die gleichen Effekte. Von Milo lernte ich das Prinzip: «Wenn du etwas verstecken willst, stell es nach vorne!» Die beiden hatten als Running Gag eine Vase, aus der sie ständig Wasser auskippten, so oft und so viel, dass sich jeder wunderte, wo es herkam. Es gab offensichtlich keinen geheimen Schlauch zum Nachfüllen, dazu stand die Vase zu sichtbar auf einem Tischchen. Erst als ich mir die Nummer immer wieder von der Seite aus anschaute, verstand ich die Chuzpe der beiden. Während der eine Zauberer eine Gans erscheinen ließ, tauschte der andere einfach die leere Vase gegen einen volle aus. Auf offener Bühne. Und niemand nahm es wahr.

Ein Phänomen, das ich als Zauberkünstler schnell begriff: Jeder «sieht» sein eigenes Wunder und erzählt Dinge weiter, die nie passiert sind – im Brustton der Überzeugung. «Die Vase hatte ich die ganze Zeit im Auge, da konnte keiner rankommen ... Unerklärlich!»

Wie intensiv man Menschen mit Zaubertricks täuschen kann, erlebte ich an der Karriere von Uri Geller. Er hat es fertiggebracht, bis heute im Ruf zu stehen, übersinnliche Kräfte zu haben. Dabei steckt hinter allem, was er jemals demonstriert hat, eine banale Erklärung. Vielleicht bin ich als «Insider» so alert wie allergisch, wenn jemand mehr behauptet, als er kann. Denn das eigentliche Wunder an dem israelischen Wundermann: Alle Enthüllungen perlten an ihm ab. Man hat fast das Gefühl, diese «Entzauberungen» haben die Bewunderung für ihn noch verstärkt. Wir werden auf dieses Phänomen noch öfter stoßen: Irrationale Annahmen werden durch ihre Widerlegung nicht etwa aufgelöst – vielmehr wird noch intensiver daran geglaubt, weil wir die Täuschung mehr lieben als die Enttäuschung. Und wir lieben auch die Täuscher mehr als die Aufklärer, die schnell in die Ecke der Spielverderber rutschen.

All diese Denkfehler, die die Psychologie erst in den vergangenen 20 Jahren systematisch erforscht hat, wussten Gaukler und Heiler, Schamanen und Scharlatane schon seit Tausenden von Jahren einzusetzen. Inzwischen gibt es sogar einen neurowissenschaftlichen Forschungszweig, der sich mit *Neuromagic* beschäftigt und untersucht, wie Zauberkünstler es schaffen, unser Gehirn zu täuschen.

Die Psychologie der Täuschung

1 Menschen sehen nicht unbedingt, was vor ihren Augen passiert – wir sehen, was uns interessiert, was wir kennen und was wir sehen wollen.

2 Offensichtliches wird gerne übersehen oder sogar aktiv ausgeblendet. Ein berühmtes Beispiel ist der Film eines Basketballspiels: Die Zuschauer werden gebeten zu zählen, wie oft ein Team den Ball hin- und herwirft. Währenddessen läuft ein Mann in einem Gorillakostüm durchs Bild – die Mehrheit nimmt ihn nicht wahr. Wirklich wahr!

3 Die Kunst der Täuschung ist deshalb nicht, die Aufmerksamkeit abzulenken, sondern sie auf etwas Irrelevantes hinzulenken. Wenn ein Zauberkünstler Sie ein Kartenspiel mischen lässt oder eine leere Kiste dreimal vorzeigt, ist es Zeit, misstrauisch zu werden.

4 Menschen wollen eine Erklärung. Für alles. Gibt es keine, erfinden sie lieber eine, als sich mit «Unfassbarem» wie Zufall zufriedenzugeben oder zuzugeben, dass sie etwas nicht verstehen.

5 Wir sehen Verbindungen, wo keine sind. Nur weil aus einer Kiste vorne ein Kopf und hinten zwei Schuhe herausschauen, nehmen wir an, dass ein Mensch von Kopf bis Fuß in der Kiste liegt. Nein – die Schuhe können auch einem zweiten gehören, und das ermöglicht es, zwischen dem einen und dem anderen Menschen hindurchzusägen, ohne dass jemand verletzt wird – außer in der Vorstellung der Zuschauer.

6 Es ist leichter, eine Gruppe von Menschen zu täuschen als einzelne. Am leichtesten ist es, wenn ein zweiter eingeweiht ist. Der Trick der Hütchenspieler ist: der Komplize, der vorgibt, ein Zuschauer zu sein, und dreimal hintereinander gewinnt. Dann denkt jeder: Das kann ich auch – und ZACK ist das Geld weg.

7 Alle spielen gerne mit, denn niemand will als leicht zu täuschen gelten. Und so werden aus billigen Tricks wahre Wunder: Wie im Falle von Gerüchten hat das, was weitererzählt wird, wenig mit dem zu tun, was wirklich passiert ist. Darauf kann man sich verlassen.

Einer Ihrer Elternteile war weiblich!

*Ich bin neulich zum plastischen Chirurgen und habe mir
meine Lebenslinie operativ verlängern lassen. Sie verläuft
jetzt an allen Fingern entlang, über die Kante rüber und
auf der Rückseite der Hand weiter. Und wer sich auskennt
– das ist ein sehr gutes Zeichen!*

Es war ausgerechnet die Sekretärin des Chefarztes, die mir aus der
Hand las. Um nicht zu sagen: seine rechte Hand. Ich war drei Monate lang in der Schweiz als Unterassistent an einem kleinen Krankenhaus im Kanton Bern, weil dort die Studenten im letzten Jahr
der Ausbildung besser behandelt und angeleitet werden. Mit der
Schweiz verband ich zunächst nur Sauberkeit, Banken, Schokolade
und Käse – lauter Klischees. Als ich dort war, lernte ich, dass es hinter der vordergründigen Korrektheit einen tiefen Hang zum Spirituellen und Okkulten gibt. Jedes einsame Käsertal hat seine Wundermänner und -frauen, was kein Wunder ist, wenn man bedenkt, dass
es über Jahrhunderte keine ausreichende medizinische Versorgung
gab. Wenn kein Rettungshubschrauber zu erwarten ist, würde ich
auch nach jedem rufen, der überzeugt ist, helfen zu können. Und
diese Formen der Volksmedizin haben sich erhalten, auch wenn die
Schweiz heute eines der besten und teuersten Gesundheitssysteme
der Welt hat.

   Woher die Sekretärin die Fähigkeit zum Handlesen hatte, war
mir nicht klar, aber über kurz oder lang landeten alle Mitarbeiter bei
ihr auf der Suche nach Rat und Orientierung. Ich war 25 Jahre alt,
neugierig und hatte von mehreren Krankenschwestern auf Station
schon von dieser besonderen Gabe gehört. «Die weiß Dinge über

dich, die weißt du selbst noch nicht!», «Die irrt sich nie!», «Mach das, sie verlangt auch kein Geld dafür!». Wenn Schweizer etwas tun, ohne ein Geschäftsmodell daraus zu entwickeln, ist das tatsächlich ein Zeichen von echter Leidenschaft. Und so wartete ich, bis ich die Sekretärin einmal unter vier Augen sprechen konnte. Sie war keineswegs erstaunt, sondern schien geradezu darauf gewartet zu haben, endlich nach ihrer Kunst gefragt zu werden. Ich ging nach Dienstschluss zu ihr, und es war erstaunlich, wie sie in ihrem Büro, zwischen all den Telefonen, die sie tagsüber beherrschte, Verbindungen in die Vergangenheit und Zukunft aufbaute. Sie war sehr wohlwollend und sagte, sie sähe nur Gutes für meine Zukunft. Ich sei eine «alte Seele» – in esoterischen Kreisen ein Kompliment, denn es bedeutet, dass man schon in mehreren Leben die Chance hatte, Weisheit zu erlangen. All das liegt auf der Hand, genauer in der Menge an Falten in ihr; dieser Theorie zufolge graben sich Erfahrungen nicht nur in die Seele ein, sondern auch in die Furchen der Hand. Typisch für eine alte Seele sei, dass ich gerne Zeit mit mir allein verbringen würde, spirituell wachsen wolle, genau beobachten könne, eine Abneigung gegen seelenlosen Mainstream habe und sehr intuitiv sei. Boah – das stimmte ja alles!

Die Sekretärin war offenbar auch eine alte Seele, denn das Vertrauen in ihre intuitiven Fähigkeiten wuchs. Und so stellte ich die Frage aller Fragen: wie das denn bei mir mit der Liebe sei. Sie schaute sich noch einmal gründlich alle Linien und Verläufe der Hand an und sagte: «Sie werden erst mit über 35 die Liebe Ihres Lebens finden.»

Jetzt, wo ich auf die 50 zugehe, kann ich sagen: Auch damit hatte sie recht.

Heute, mit vielen Jahren Abstand, denke ich, dass diese Prophezeiung nicht spurlos an mir vorüberging. Einerseits war es für mich Jungspund eine Entlastung; die Aussicht, der Liebe meines Lebens schon früh zu begegnen, hätte mich unter Stress gesetzt. Andererseits blieb mir dieser Satz im Hinterkopf, und so fühlte ich mich darin bestätigt, mir noch Zeit lassen zu dürfen, was mir als emotionalem Spätentwickler sehr entgegenkam.

Sosehr mich damals erstaunte, wie gut mich die Chefsekretärin «erkannte», so sehr bin ich heute davon überzeugt, dass solche selbsterfüllenden Prophezeiungen auch nach hinten losgehen können. Es gibt keinen Zusammenhang zwischen Handlinien und Lebensgeschichte. Punkt. Wer anderes behauptet, möge Beweise liefern oder einfach die Hand vor den Mund halten. Und für labile Menschen kann aus einem harmlosen Spaß schnell ein Problem werden – vorausgesagte Krisen oder Unfälle ohne genaue Datierung lassen so manchen in Schockstarre auf den nächsten Schicksalsschlag warten.

Die Sekretärin hatte mich schon über zwei Monate lang erlebt; um meinen Charakter halbwegs zuverlässig einzuschätzen, brauchte sie meine Handlinien nicht. Auch die Erkenntnis, dass ich als junger Mann, der gerade dabei war, die Welt zu erobern und weite Reisen zu planen, noch nicht in der Verfassung war, mich häuslich niederzulassen, brauchte keine Vorhersehung.

Handlinien sind natürlich extrem suggestiv; sie sind bei jedem anders, wie ein Fingerabdruck, und wir sehnen uns danach, ganz anders zu sein als andere. De facto beruht aber die Kunst der Handleser genau darauf, dass die meisten Wünsche der Menschen gleich sind. Und so kann man vielen schon eine Freude machen, indem man ihnen einfach sagt, was sie gerne hören wollen.

Ein Händedruck sagt tatsächlich viel über den Charakter eines Menschen aus – zumindest darüber, wie dieser Mensch wirken will. Dominante Männer quetschen gerne und verwandeln die Begrüßung in eine Art Armdrücken mit durchgestrecktem Arm. Das Modell «toter Fisch» ist das andere Extrem. Tatsächlich zeigt sich die Muskelspannung des Körpers an den feinen Muskeln der Hand am deutlichsten; ein guter Arzt kann anhand der Dicke der Daumenmuskeln früh Zeichen von Muskelschwund erkennen, und auch bei älteren Menschen lässt sich die schwindende Kraft mit einem Druckmesser in der Hand gut abbilden. Man erkennt an der Hand, ob jemand zu wenig Wasser zu sich nimmt, ob die Fingergelenke entzündet sind und ob die Fingernägel sich zu sogenannten Trommelschlägeln oder Uhrgläsern verformt haben, was auf Probleme mit Herz oder Lunge hindeutet. Seelische Probleme zeigen sich, wenn jemand raucht oder viel an den Fingern knabbert, schweißnasse Hände verraten eine gewisse Aufregung. Dazu muss man kein Hellseher sein, nur ein Hinseher.

In meinem Jahr in London wurde uns Studierenden sehr viel über *bedside manners* beigebracht, also «Benimmregeln am Krankenbett», was in Deutschland weder als Wort noch als Ausbildungsinhalt eine große Rolle spielt. Dazu zählt, was Ärzte seit Jahrtausenden als Erstes tun, wenn sie einen Patienten untersuchen: der Griff zum Handgelenk – Puls fühlen. Wie die Chinesen allein dadurch viele hundert Diagnosen stellen wollen, bleibt mir ein Rätsel. Aber zumindest die Häufigkeit, Regelmäßigkeit und Härte des Herzschlages ist immer zu erkennen. Mindestens genauso wichtig ist dabei aber der Kontaktaufbau zum Patienten, dem man sich über den Körperteil nähert, der am ehesten einem Fremden als Zeichen des Friedens entgegengestreckt wird. Und das ist eben nicht der Rücken, der Fuß oder die Zunge. Bei jedem zwischenmenschlichen Annäherungsversuch kommt das Händchenhalten vor dem Abtasten – wissen das die Ärzte heute nicht mehr?

So werden Sie zum Handleser

Nehmen Sie die linke Hand («Die kommt von Herzen») Ihres Gegenübers in Ihre und benennen Sie die Linien. Sie können meine Legende nutzen oder sich eigene Märchennamen ausdenken.

Der große Vorteil beim Handlesen ist der Körperkontakt. Durch ihn bekommen Sie tatsächlich viele Informationen: ob jemand entspannt ist oder nervös, ob sich jemand aufmerksam aufrichtet oder abwehrend zurücklehnt.

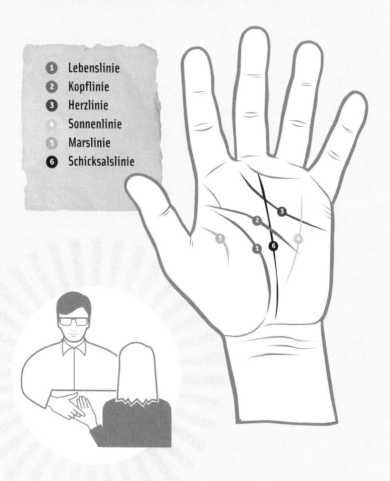

1. Lebenslinie
2. Kopflinie
3. Herzlinie
4. Sonnenlinie
5. Marslinie
6. Schicksalslinie

Studieren Sie die Linien genau und sagen Sie Dinge, die individuell klingen, aber eigentlich allgemeingültig sind. Wir neigen dazu, solche Aussagen zu akzeptieren, und fühlen uns verstanden (Psychologen sprechen vom Barnum-Effekt). Sie können mit den Beispielen unten loslegen – oder sich eine eigene Kollektion aus Zeitschriftenhoroskopen zusammenstellen, denn das Prinzip ist immer dasselbe.

1 «Sie haben eine gute Beobachtungsgabe, Imagination und empfinden Liebe zu den Menschen, das spüre ich sofort. Anhand der Lebenslinie und des schön ausgeprägten Muskels des Daumens erkenne ich eine Feinsinnigkeit, und gleichzeitig stehen Sie mit beiden Beinen auf der Erde.»

2 «Sie verfügen über ein erhebliches Potenzial, das Sie bisher nur selten zu Ihrem Vorteil nutzen konnten. Sie sind stolz darauf, eigenständig denken zu können, und Sie akzeptieren nicht so einfach die Aussagen anderer Leute. Was Sie noch lernen können: mehr zu delegieren.»

3 «Sie hatten in letzter Zeit eine Trennung zu verarbeiten, vielleicht das Ende einer Liebesbeziehung, oder jemand ist gestorben, der Ihnen etwas bedeutet hat. Ihre Freunde wissen, dass sie sich auf Sie verlassen können.»

4 «Sie haben in letzter Zeit ein Geschenk bekommen oder eine Prämie, jedenfalls etwas, das Ihnen etwas bedeutet hat ... Ich sehe eine Tür, die sich schließt. Was sagt Ihnen das?»

5 «Ihre Gesundheit sollten Sie in der nächsten Zeit etwas mehr schonen, Sie brauchen Ihre Power. Gesunde Ernährung, Ruhe und möglichst viel Schlaf sind jetzt wichtig, um weiterhin fit zu bleiben.»

6 «Es gibt einen Bereich, in dem Sie versuchen, sich von etwas zu lösen, aufzuräumen, sich zu reinigen. Nach außen hin wirken Sie meist diszipliniert und selbstbewusst, jedoch scheinen Sie innerlich beunruhigt und unsicher.»

Die Überzeugungstäter

«Wenn dich ein Laie nicht versteht, so heißt das noch
lange nicht, dass du ein Fachmann bist.»
M. G. WETROW

Jeder von uns hat sich schon einmal etwas aufschwatzen lassen. Die Kreditkarte mit null Zinsen, die Versicherung, die gerade noch fehlte, oder das Zeitungsabo, das man nicht kündigen muss, das aber in jedem Urlaub lästig wird und auch sonst nur den Papierkorb füttert. Ob in der Fußgängerzone oder bei der Verkaufsparty für die tollste Küchenmaschine, die von allein die Familie satt macht – überall treffen wir auf den Typ «Staubsaugervertreter und Gebrauchtwarenhändler». Oder wir fühlen uns sozial verpflichtet, zu etwas ja zu sagen, obwohl wir nein denken. Irgendwie treffen diese Menschen unseren Nerv und gehen uns eigentlich total auf die Nerven. Dabei sind die psychologischen Tricks, mit denen sie uns einen magischen Hobel anzudrehen versuchen, gar nicht viel anders als die Rhetorik von Wunderheilern, deshalb lohnt sich ein Blick durch den Schall und Rauch der verbalen Nebelkerzenwerfer.

Solange es vor allem ums Verkaufen geht, hält sich der Schaden in Grenzen. Für mich hört der Spaß auf, wenn mit der Hoffnung der Menschen gespielt wird, wenn ihre Verzweiflung ausgenutzt wird und ihnen für Quatsch horrende Summen aus der Tasche gezogen werden, und das unter dem Vorwand, doch nur helfen zu wollen.

Einer der perfidesten Wunderheiler trieb lange in den USA sein Unwesen. Mit seiner christlich verbrämten Show füllte der Evangelikale Peter Popoff große Hallen mit Tausenden von Zuschauern und Hoffnungssuchenden. Popoff beeindruckte die Menschen mit seiner «übernatürlichen» Gabe, Krankheiten mit einem Blick aus der Ferne benennen zu können. Aggressiv und manipulativ brüllte er Dinge wie: «Gott hat mir gesagt, dass du Magenkrebs hast. Aber ich werde dich davon befreien!» Dann legte er dem Zuschauer die Hand auf die Stirn und befahl lautstark dem Satan zu weichen. Nun geschahen die «Wunder». Reihenweise fielen die Gläubigen wie in Trance um, brachen in Tränen aus oder erhoben sich aus ihrem Rollstuhl und machten unter dem Jubel der Menge ein paar zaghafte Schritte.

Der Zauberkünstler James Randi kannte viele Tricks der Branche, hatte schon zahlreiche «medial Begabte» entlarvt, aber Popoffs Betrügerei erreichte eine neue Dimension. Randi sah sich mehrere dieser Heilungsshows an, um den Trick zu entschlüsseln und dem Blender das Handwerk zu legen. Als Popoff einmal nahe an seinem Platz vorbeilief, erkannte der Ent-Täuscher etwas: Popoff hatte einen kleinen Knopf im Ohr. Einen Empfänger, aus dem nicht Gott sprach, sondern Popoffs Frau! Sie flüsterte ihm alles ein. Vor der «Heilungsshow» füllten die Besucher Zettel aus, wofür sie Genesung erhofften. Und so konnte Popoff jemandem «aus heiterem Himmel» sagen, was dieser Mensch eine halbe Stunde vorher selbst preisgegeben hatte. Zudem wurden eingeweihte Assistenten in Rollstühle gesetzt, die dann effektheischend aufstanden und vermeintlich auf einmal gehen konnten – so wie vor der Show auch. Popoff nahm Millionen ein, kaufte sich ein teures Haus und fuhr Porsche.

Randi demaskierte den Schwindel schließlich in einer großen Fernsehshow, ein Jahr später musste Popoff Konkurs anmelden. War das das Ende des Schwindlers? Leider nein. So einfach gewinnt das Gute nicht. Popoff ist immer noch aktiv, aber jetzt in England. Er verkauft immer noch «heiligen Sand» und russisches Wunderwasser aus der Nähe von Tschernobyl, das Geldschulden bereinigen soll, an Gutgläubige und Verzweifelte. 2015 beobachteten Skeptiker, wie er angeblich eine Frau von ihren Schmerzen heilte, die offenbar zu seinem Team gehörte. Die gleiche Masche wie 20 Jahre zuvor.

Auch Randi, inzwischen über 80 Jahre alt, ist immer noch aktiv und geht kreativ gegen falsche Medien und Heilsversprecher vor. Er entwickelte Schulmaterialien, um jungen Menschen skeptisches Denken näherzubringen, immer mit viel Humor und Überzeugungskraft. Die Zauberei ist eine hervorragende Grundlage, um zu lernen, um die Ecke zu denken. Wenn Ihnen jemand erzählt, dass er Jungfrauen zersägen kann, warum tut er sie dazu in eine Holzkiste? Das macht das Zersägen ja nicht einfacher. Aber es vertuscht die Tatsache, dass in der einen Hälfte der Kiste ein Mensch und in der anderen Hälfte ein anderer liegen kann, sodass niemand verletzt wird. Zersägen ginge ja auch direkt, aber das Zusammenfügen der Hälften wäre deutlich schwieriger.

Wollen die Menschen getäuscht werden? Warum fallen wir auf so windige Gestalten immer wieder rein, und das schon seit jeher? Quacksalber verhökerten im Mittelalter Ziegenhoden gegen Impotenz, später ein Pulver, hergestellt aus ägyptischen Mumien, gegen Halsweh, Zittern und Kopfschmerzen und im 19. Jahrhundert «Schlangenöl» gegen Haarausfall. Dabei hat eine Schlange gar keine Haare. Der Humbug hält bis heute an: Der aktuelle Verkaufshit – Korallenpulver gegen Arthrose. Aber «Schlangenölverkäufer» wurde im Englischen ein stehender Begriff für diese Sorte Marktschreier, die mit Tricks und mit der Kraft ihrer Person und ihrer Worte arbeiten.

Gute Verkäufertypen sind so von sich und ihrer Sache überzeugt, dass sie gar keinen Zweifel kennen. Sie können sich gut in andere einfühlen, sind attraktiv, machen Komplimente, gewinnen schnell die Herzen und haben keine Skrupel, Vertrauen auszunutzen. Wenn ich Ihnen erzähle, wie man sich dagegen wappnen kann, angeschmiert zu werden, muss ich Ihnen auch erzählen, was mir selbst passiert ist: Ich bin auf einen Betrüger hereingefallen, der an der Tür meiner Studenten-WG in Heidelberg klingelte, sogar gleich zweimal hintereinander. Er erzählte mir erst eine rührende Geschichte, dass er gerade aus dem Knast käme, und auch wenn ich mich nicht mehr an alle

So funktioniert der Verkaufstrick mit der kinesiologischen Körperspannung:

1 Die Versuchsperson stellt sich hin, streckt beide Arme seitlich aus und zieht ein Bein an.

2 Sie legen Ihre Hand auf den Ellbogen der Versuchsperson – auf der gleichen Körperseite wie das angezogene Bein.

3 Instruieren Sie die Versuchsperson, möglichst stehen zu bleiben.

4 Drücken Sie mit Ihrer Hand den Arm nach unten von der Körpermitte weg, bis die Versuchsperson das Gleichgewicht verliert.

5 Geben Sie der Versuchsperson einen energetischen Gegenstand (wie zum Beispiel ein Amulett oder einen Kristall) in die Hand und wiederholen Sie den Versuch – mit einem geheimen Unterschied: Sie drücken den Arm dieses Mal nach unten zur Körpermitte hin. Automatisch fühlt sich die Testperson stärker und stabiler. So wurden Powerbänder verkauft, so werden Medikamente «ausgetestet», und der nächste Hype kommt bestimmt.

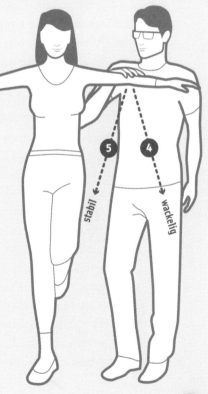

stabil

wackelig

Details erinnere, weiß ich, dass ich ihm alles Geld «geliehen» habe, das ich damals in bar dahatte. Meine Mitbewohner schauten mich nur ungläubig an, aber die hatten auch nicht die schöne Geschichte gehört. Auf ihre Fragen hatte ich keine Antwort. Zwei Stunden später stand der Typ wieder vor der Tür. Ihm war kalt, er hatte mich schon einmal weichbekommen, und er quatschte mich wieder so zu, dass ich ihm meine Winterjacke gab. Alles andere wäre mir unmenschlich vorgekommen. Ich habe ihn später noch einmal wiedergesehen. Aus der Ferne, in der Fußgängerzone. Mit meiner Jacke. Ich sprach ihn nicht an. Ich hatte die Lektion verstanden und mein Lehrgeld gezahlt. Als Zauberer hatte ich auch eine gewisse Hochachtung vor ihm, weil er so passgenau meine «Knöpfe» gedrückt hatte, ohne dass ich es geschnallt habe. Sprachkünstler wissen, dass in Verkaufsgesprächen keine Worte vorkommen dürfen, die abschrecken, Fragen auslösen oder Unsicherheit offenbaren. Dafür lullen sie uns mit lauter Allgemeinplätzen ein, zu denen wir innerlich nur «Ja» sagen können.

Verkäufer kennen das Muster der «Ja»-Straße. Wenn zwei Dinge «stimmig» sind, meint man schnell, dass auch «das Ganze» stimmt. Und man sagt leichter ein drittes Mal «Ja», wenn man vorher schon zweimal genickt hat. Bei der Argumentation von dubiosen Heilmethoden lohnt sich daher, jeden einzelnen Schritt für sich zu bewerten.

«Die Gesundheit ist ein hohes Gut.» Stimmt.

«Die Pharmaindustrie will Geld verdienen.» Stimmt.

«Und deshalb sollten Sie sich mit dieser Metallscheibe vor Erdstrahlen schützen.» Stimmt nicht.

Gute Heiler, Wahrsager und auch Ärzte und Heilpraktiker sind gute Menschenkenner. Sie nehmen alle Signale der Körpersprache auf, verstehen, wie jemand tickt, was ihn plagt und was er sucht. Sie können sich blitzschnell auf verschiedene Gefühls- und Sprachebenen einlassen, sind mal Kumpel, mal Guru, mal vertraulich, mal autoritär. Man vertraut ihnen. Das kann man nutzen oder ausnutzen.

Unser ganzes Miteinander beruht auf Vertrauen. Ich will Sie auch nicht paranoid machen, sondern nur vor den schwarzen Schafen warnen. Und den Wölfen im Schafspelz. Grundsätzlich gibt es mehr weiße Schafe und im Gesundheitsmarkt auch viele bunte. Vertrauen lohnt sich. Menschen, die grundsätzlich anderen vertrauen können, leben gesünder und glücklicher als die ständig misstrauischen.

Aber: Wenn jemand etwas über Sie weiß, was er eigentlich nicht wissen kann, liegt das oft daran, dass er es von Ihnen oder über Sie erfahren hat. Kein Mensch kann Gedanken lesen! Aber Zettel! Heute ist es, wenn man ein paar Anhaltspunkte wie Name und Adresse hat, noch viel einfacher geworden, im Internet über Menschen Dinge herauszufinden, miteinander zu verknüpfen und so dem Opfer schnell das Gefühl zu geben, dass da jemand über eine außergewöhnliche Einfühlungskraft verfügt. Manchmal ist es auch nur Funktechnik. Wenn jemand große Dinge tut, ist er meistens nicht allein und hat Komplizen. Vom Hütchenspieler bis zum Wunderheiler.

Bis heute ein sehr beliebter Trick von Überzeugungstätern: Der Ausgleich einer Beinlängendifferenz durch Herumruckeln am Becken. Das wirkt auf den ersten Blick beeindruckend, aber wie wahrscheinlich ist es, dass eine anatomische Fehlstellung, die über Jahre bestanden hat, in Sekunden und mit zwei Handgriffen aus der Welt zu schaffen ist?

Für Sie heißt das im Umgang mit den Spielarten der Medizin: Wenn Ihnen etwas wie ein Märchen vorkommt, denken Sie an das, was Sie als Kind schon bei Rotkäppchen gelernt haben, als es dem Wolf gegenübersteht, der behauptet, die Großmutter zu sein: nachfragen. «Warum hast du so große Augen?» heißt übersetzt: Warum kostet diese Behandlung so viel? Warum zahlt das nicht die Kasse? Wo ist der Beweis für den Erfolg? Wo sind die ganzen Leute, die damit so tolle Erfahrungen gemacht haben? Eine Großmutter wird gerne auf alles antworten. Wölfe verlieren nach zwei Gegenfragen schon die Geduld. Das ist kein Märchen.

Gibt es Menschen mit besonderen Energien?

«Wer außergewöhnliche Behauptungen aufstellt,
sollte auch außergewöhnliche Beweise liefern.»
GRUNDSATZ DER SKEPTIKER

Es gibt Menschen mit positiver Ausstrahlung – genauso, wie es das
Gegenteil gibt. Von manchen Menschen wird man gerne angefasst,
von anderen gar nicht. Es gibt Menschen, denen man nur ins Gesicht
schaut und sich schon berührt fühlt, weil sie Wärme, Herzlichkeit,
Lebenserfahrung oder Unvoreingenommenheit ausstrahlen, die einen vertrauen lässt. Aber über welchen Kanal wird die Botschaft gesendet: die Augen, die Hände oder ein unsichtbares Energiefeld? Es
kommt auf einen Versuch an. Genauer: auf 100.

Ich würde vorschlagen, Sie besorgen sich einen großen Karton,
den Sie vor sich auf den Tisch stellen, mit der Öffnung zu Ihnen. Der
Karton sollte so hoch sein, dass Sie nicht darüberschauen können.
Dafür schneiden Sie aber ein Loch in den Boden, wo gerade so eine
Ihrer Hände durchpasst; Sie dürfen durch das Loch aber nicht durch-
spähen können.

Die Frage lautet: Ab wann spüre ich eine Energie, wenn jemand
seine Hand über meine hält? Das heißt, Sie brauchen für den Versuch
einen anderen Menschen. Außerdem einen Würfel, Bleistift und Papier. In der ersten Runde sind Sie der Empfänger, Sie stecken nur Ihre
Hand durch das Loch und fühlen, ob der andere «Energie» schickt.

Der Sender sollte seine Hand mindestens eine Handbreit über
Ihre halten, sonst spüren Sie die physische Wärmeabstrahlung, und
um die soll es hier nicht gehen. Wir suchen ja die «Aura», die ein
Energiefeld um den Körper herum bildet.

Auf dem Papier hat der Sender die Zahlen von 1 bis 100 notiert. Sie können auch nur bis 10 spielen, aber dann dürfen Sie sich nicht wundern, wenn ein Ergebnis herauskommt, das schwer zu interpretieren ist. Je öfter Sie spielen, desto klarer wird es, ob die «Aura» gespürt werden kann oder nicht.

Die Senderhand befindet sich entweder direkt über der Empfängerhand oder ganz woanders. Der Sender sollte sich nicht so weit zurücklehnen, dass der Empfänger Rückschlüsse daraus ziehen kann. Sie merken schon, es ist gar nicht so einfach, ein gutes Experiment zu gestalten.

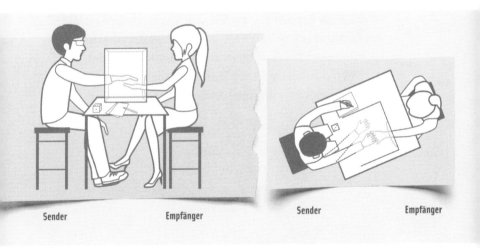

Sender   Empfänger   Sender   Empfänger

Da es zwei Testbedingungen gibt, stehen die Chancen, jedes Mal per Zufall auf die richtige Lösung zu kommen, bei 50 : 50. Der Empfänger sollte kein Muster erkennen können, denn wenn er weiß, dass jedes zweite Mal die Hand über seiner ist, «fühlt» er leicht, was er fühlen soll. Deshalb ist der Würfel so wichtig. Der Sender würfelt so, dass der Empfänger den Würfel nicht sehen kann. Bei einer geraden Zahl hält er die Hand über den Empfänger. Bei einer ungeraden *nicht.*

Beispiel für den ersten Wurf: Er würfelt eine Fünf, hält die Hand *nicht* über den Empfänger. Nach fünf Sekunden des «Hineinspürens» sagt der Empfänger «Ja» oder «Nein». «Ja» bedeutet: Ich spüre die Hand. «Nein» bedeutet: Ich glaube, die Hand ist nicht über meiner. Der Sender notiert hinter der 1 dann ein R oder ein F für richtig oder falsch.

Zählen Sie am Ende der Reihe die *Richtigen*. Bei zehn Versuchen wird es logischerweise irgendeine Anzahl zwischen 0 und 10 sein. Wenn Sie achtmal richtiggelegen haben, könnten Sie sehr medial begabt oder es könnte auch Zufall sein. Acht oder mehr nur durch Zufall zu erreichen, dafür ist die Wahrscheinlichkeit 5,5 Prozent. Je öfter Sie das Experiment wiederholen, desto kleiner ist der Einfluss des Zufalls. Bei hundert Versuchen achtzigmal richtigzuliegen, gelingt Ihnen per Zufall nur noch zu 0,000000043 Prozent.

Wenn es bei Ihnen in 100 Versuchen konstant mehr als 80 Richtige gibt, melden Sie sich bitte bei mir. Das will ich sehen!

Wahre Wunder

Ein Wunder ist geschehen, ich kann wieder laufen – jemand hat mein Fahrrad geklaut.

Ein Wunder, das mir tatsächlich mal begegnet ist: Mein Arbeitskollege heißt Wunder.

Leider erlebe ich ihn jeden Tag.

Ich habe eine Laserbehandlung an beiden Ohren gemacht und bin seither hundertprozentiger Nichtraucher.

Als meine Mama mich nach sieben Jahren Dialyse eines Nachts weckte und mir sagte, dass wir ins Krankenhaus fahren müssen, sie bekomme eine neue Niere.

Mein Kater hat seit drei Jahren keine Zecken mehr (Freigänger!), seitdem er in seinem Futter 1x pro Monat 2 Globuli Ledum C30 bekommt.

Ich habe meine Tochter an meinem Geburtstag geboren. Ja. Und an ihrem auch. Das ist ja ... 1 zu 365, das ist schon ein großer Zufall.

Oder Wunder. Geburten sind sowieso Wunder.

Ich habe im Baumarkt einen Mitarbeiter gefunden. Ein Wunder ist geschehen.

° Hort der Wissenschaft °

Kapitel 3

WUNDER ZWISCHEN VERSUCH UND IRRTUM

Es geht in diesem Kapitel um die Kernfrage: Wie kann man wirksam und unwirksam unterscheiden? Da wir alle leicht zu täuschen sind, ist es eine große kulturelle Leistung, dem magischen das wissenschaftliche Denken gegenüberzustellen. Evidenzbasierte Medizin ist Erfahrungsmedizin. Nach klaren Spielregeln werden die Erfahrungen einer großen Anzahl von Menschen zusammengefasst. Versuch und Irrtum – beides bringt uns weiter. Deswegen ist es auch kein schlechtes Zeichen, wenn man heute etwas anderes behauptet als vor 20 Jahren. Übrigens: Vitamin C schützt in hohen Dosen nicht vor Erkältungen, egal wie viele Menschen daran glauben. Dafür wirkt Akupunktur, auch wenn man die Nadeln neben den Meridian sticht. Aber fangen wir ganz praktisch an: mit meiner Knie-Odyssee.

Meine Knie-Odyssee

Was ist der Unterschied zwischen Gott und einem Chirurgen?
Gott hält sich nicht für einen Chirurgen!

Meine Perspektive auf die Medizin veränderte sich schlagartig, als ich selbst Patient wurde. Ich hatte Schmerzen im linken Knie, die kamen und gingen. Und dann gingen sie nicht mehr, sondern blieben, und ich dachte: Geh doch mal zum Arzt.

Der erste Orthopäde sagte: «Pffttt, was erwarten Sie, Herr Kollege? Ist 'ne Alterserscheinung.»

«Wie bitte? Ich höre wohl nicht richtig!»

«Das ist auch eine Alterserscheinung!»

Ich war auf 180: «So ein Quatsch, von wegen Alterserscheinung! Das rechte Knie tut nicht weh, und es ist genauso alt.»

Ich hätte ja akzeptiert, wenn er mir gesagt hätte: «Na ja, nach all den Jahren Leistungssport, die Sie vermutlich hinter sich haben, wenn ich Ihren perfekt geformten Körper sehe, muss man mit so etwas rechnen...» Aber nix davon.

Er spürte wohl meine Wut und ruderte zurück: «Tut mir leid. Ich dachte, Sie verstehen Humor.»

«Nicht privat.»

«Ja, Sie wissen ja selbst, das ist ein multifaktorielles Geschehen. Die Ätiologie ist die Summation von genetischer Prädisposition, biomechanischer Fehlbelastung, muskulärer Imbalance, dazu kommen multiple Traumata der Knorpeloberfläche sowie synoviale Reizzustände, die führen zu einer Hypersekretion, die wiederum ergibt eine Spannung in der Kapsel, und das erklärt einen Teil der Beschwerden.»

«Ja, das weiß ich auch. Aber jetzt mal ehrlich, unter uns: Was soll ich denn machen?»

Der Kollege sprach große Worte gelassen aus: «Meine ehrliche Meinung: Abnehmen, mehr bewegen.»

Ich bin dann direkt zu einem anderen Arzt gegangen. Klar, bevor man größere Eingriffe ins Leben plant, holt man sich eine zweite Meinung. Und außerdem: Was ist denn das für ein komischer Ratschlag? Abnehmen, mehr bewegen – hat der Orthopäde dafür studiert?

Ich fragte in meinem Bekanntenkreis herum und bekam die Empfehlung, zu einem alternativen Arzt zu gehen, der mit Kinesiologie und Bioresonanz arbeitete, allerdings in einer Privatpraxis. Er nahm sich Zeit, prüfte meine Muskelspannung und drückte überall herum. Ich fühlte mich in guten Händen – bis es etwas seltsam wurde, denn er nahm mir einen Tropfen Blut ab, gab ihn auf ein Stück Filterpapier und griff zu einer goldenen Kugel an einer Stange, um über meinem Blut zu pendeln. Ich denke mir das nicht aus! Ich stand daneben und biss mir auf die Zunge, weil ich mir nicht vorstellen konnte, dass er das wirklich ernst meinte. Doch, das tat er, und er sagte, er bekäme energetisch das klare Signal, dass ich Milchzucker nicht vertrage.

«Das muss ein Irrtum sein», erwiderte ich, «ich habe immer gerne Milch getrunken und nie ein Problem bemerkt.»

«Das zeigt nur, wie unsensibel Sie für Ihren Körper sind.»

Okay. Aber ich war ja wegen des Knies gekommen, wir erinnern uns. Ja, das hinge zusammen, meinte der pendelnde Kollege. Der Darm sei gereizt, weil ich permanent das Falsche essen würde.

«Der Darm entzündet sich und zieht sich zusammen. Da er im Bauchraum über ein Bindegewebe, das Mesenterium, befestigt ist, überträgt sich der Zug Richtung Bauchrückseite. Diese Irritation strahlt aus auf die benachbarten Rückenmuskeln, und die sind bekanntlich eng verbunden in einer myofaszialen Einheit mit den Hüftbeugern und den Kniestreckern. Und weil der Darm sich in der

Embryonalentwicklung nach links gedreht hat, tut es deswegen folgerichtig auch links weh.»

Ich war froh, eine vernünftige Erklärung bekommen zu haben. Vor allem war ich erleichtert darüber, dass er nichts vom Abnehmen, von mehr Bewegung und Eigenverantwortung sagte. Für seine Milchzuckerunverträglichkeit kann man ja schließlich nichts.

«Muss ich jetzt ein Leben lang Diät halten?»

Nein, er könne mir meine Allergie auch löschen. Zahle aber nicht die Kasse. Und ich dachte mir: Komm, jetzt sei nicht immer so skeptisch, probier's halt aus. Wer heilt, hat recht!

Bei der Bioresonanz sollen Informationen im Körper durch Schwingungen aus einer Kiste wieder in die natürliche Resonanz gebracht werden. Dazu setzte ich mich vor die Kiste, die mich an eine Spielkonsole aus den achtziger Jahren erinnerte, und bekam zwei Metallstäbe in die Hand. Die sollte ich festhalten, und dann würden die Ströme und Informationen schon durch meinen Körper fließen. Dazu zuckte eine Nadel auf einer Skala hin und her und täuschte irgendwie Geschäftigkeit vor. Ich saß da und merkte – nichts. Meine innere Stimme schrie mich an: Du hast bezahlt – spür was! Immer noch nix. 20 Minuten lang.

So hatte ich Zeit, um nachzudenken. Und das war nicht gut. Ich dachte: Alter Verwalter, geiler Heiler, was für ein wasserdichtes Geschäftsmodell! Du redest den Leuten 'ne Allergie ans Bein, die sie nicht haben. Dann «löschst» du sie, und danach ist sie «weg». Und dafür habe ich tausend Euro hingelegt.

Bioresonanz stammt aus Scientologenkreisen und ist, grob zusammengefasst, pseudowissenschaftlicher Bullshit. Jeder Fußpfleger kann sich mit Bioresonanz selbständig machen, es gibt keine aussagekräftigen Studien, und wenn man die Kisten auseinanderschraubt, finden sich Bauteile, die man im Elektronikmarkt deutlich günstiger bekommt. Solange es zur Wirksamkeit nur einzelne Fallberichte und energetisches Geschwurbel gibt, finde ich auch richtig, dass die Kassen das nicht zahlen. Gerade Allergiker werden mit diesen Pseudoverfahren oft beeindruckt und ausgenommen. Wenn ich eine chronische Erkrankung hätte, würde ich auch nach jedem Strohhalm greifen. Jeder mitfühlende Arzt hätte nichts dagegen, wenn man Allergien so einfach «löschen» könnte, aber dafür gibt es leider keinen Beleg, und das verhindert auch keine Pharmamafia. Aussagekräftige Studien könnten die Gerätehersteller längst geliefert haben, wenn sie von ihrer Methode überzeugt wären. Dass Menschen gute Erfahrungen damit machen, liegt an der Erwartungshaltung und nicht an der Kiste, und das ist auch nicht nur meine private Meinung, sondern es sind sich alle Autoritäten, die Alternativmedizin getestet haben, einig, von Professor Edzard Ernst bis zur Stiftung Warentest.

An meinem Knie änderte sich nichts. Und so zog ich weiter zum dritten Orthopäden. In Wirklichkeit war es der zehnte, aber ich kürze hier ab. Sie verstehen das Prinzip.

Der dritte Orthopäde war ein handfester und drehte den Unterschenkel in lauter Positionen, die von der Natur so nicht vorgesehen sind, um sich ein Bild vom Meniskus zu machen. Außerdem schickte er mich zum MRT. Das ergab, dass der Meniskus eingerissen war und sich jetzt im Gelenk nicht mehr so richtig an seine Aufgabe gebunden fühlte, den Druck zwischen oben und unten zu vermitteln. Er war dabei, sich selbständig zu machen. Und dann sprach der Orthopäde die goldenen Worte: «Ich schneide das weg – was weg ist, kann nicht mehr weh tun.»

Na, das war mal eine klare Aussage, mit der man arbeiten konnte. Ich willigte in eine ambulante Operation ein, und zehn Tage später war das Ding draußen. Ich mach's kurz: Danach tat es immer noch weh, aber anders. Ich will auch nicht undankbar sein. Es ist ein Knirschen dazugekommen, das ist so laut, dass es auch andere hören. Wahrscheinlich kommt es von der Kniescheibe, die nicht rundläuft und an der Innenseite abgerubbelt ist. Aber da kann man nicht operieren. Und so habe ich mir überlegt, Krankheit als Weg und mein

Schicksal als Chance zu begreifen. Ich könnte mich mit dem knir-
schenden Knie ja mal im Kino in die letzte Reihe setzen, wenn ein
Horrorfilm läuft. In den stillen Momenten, kurz bevor wieder etwas
Gruseliges passiert, könnte ich mit dem Knie knarzen. Das hört sich
an, als würde sich ein Sargdeckel öffnen – und dann hätten alle etwas
davon.

Im Nachhinein mache ich keinem der behandelnden Ärzte einen
Vorwurf, denn jeder tat das, was er persönlich für richtig hielt. Ich
mache unserem System aber den Vorwurf, dass genau das möglich
ist. Dank der «Therapiefreiheit» macht jeder, was er will. Es ist für die
meisten Patienten nicht ersichtlich, welche Optionen sie haben und
wie gut welches Verfahren belegt ist.

Den Vorwurf, den ich mir selbst mache: Ich hätte das mit dem
Abnehmen und der Bewegung mal ernsthaft probieren sollen. Fett
ab- und Muskeln rund um das angeschlagene Knie herum aufbauen
reicht in vielen Fällen aus. Und wenn es nicht reicht, kann man immer noch operieren. Die «konservative» Therapie dauert und er-
fordert mehr Einsatz und Disziplin. Ich habe ja noch ein Knie – das
rechte, das sich inzwischen auch schon meldet und zwickt. Noch
habe ich es nicht operieren lassen, mir aber ein Wackelbrett für die
bessere Koordination gekauft, ein elastisches Band für das Krafttraining, und manchmal lasse ich abends die Kohlehydrate weg.
Ich schaue mal, was passiert. Vorerst bleibe ich positiv, um nicht zu
sagen prospektiv, also nach vorne schauend. Mein größtes Problem:
Wie vermittele ich meinem rechten Knie, dass es durch Zufall in
der Kontrollgruppe gelandet ist, ohne dass es darüber eingeschnappt
ist?

NOCH BESSER ALS NICHTS.

von HIRSCHHAUSEN

PLAZEBO PLUS C

Brausetablette zum Auflösen in Wasser, heißer Milch mit Honig oder Hühnersuppe, enthält 50 mg Nichts und 2000 mg Ascorbinsäure

Hilft auch nicht gegen Erkältung und Fieber, aber doppelt so schnell. Bereits nach 30 Minuten im Urin nachweisbar

20 Brausetabletten

20

von HIRSCHHAUSEN

Überzogene Tabletten zu überzogenen Preisen. Wirkstoff: Glaube, Liebe, Hoffnung. Nur mit viel Zuwendung und positiver Erwartung einnehmen.

Wer inhaltsleere, aber wie die «echten» aussehende Medikamente in den Verkehr bringt, darf sich nicht wundern, wenn die so gut wirken wie die «echten». Bitte beachten Sie die gesteigerte Wirksamkeit bei Kindern und Tieren. Zu Risiken und Nebenwirkungen fragen Sie Ihren Arzt oder lesen Sie statt der Packungsbeilage den Text ab Seite 49.

Woher wissen Sie das?

«Was uns Ärger macht, sind nicht die Dinge, die wir
nicht wissen. Es ist das, was wir ganz sicher wissen,
was aber einfach nicht so ist.»
WILL ROGERS

Vitamin C ist gesund. So weit sind wir uns sicher einig. Spannend ist
die nächste Frage: Woher wissen Sie das? Weil Ihre Mutter es Ihnen
gesagt hat? Weil es schon die Oma wusste? Weil es ein Arzt oder
Apotheker meinte, als er Ihnen ein Schmerzmittel «Plus C» verkaufen wollte? Oder haben Sie selbst schon die Erfahrung gemacht, dass
eine Erkältung im Anflug war, Sie eine heiße Zitrone tranken und
dadurch die Krankheit verschwand? Dann muss es ja an der Zitrone
gelegen haben – und eine Zitrone enthält Vitamin C, das weiß ja nun
wirklich jedes Kind. Das steht auch im Internet!

Wir leben in einer Wissensgesellschaft. Aber über die zentrale
Frage, wie Wissen überhaupt zustande kommt, wann wir etwas «sicher» wissen und wann es nur «wahrscheinlich» ist, wird selten systematisch nachgedacht. Deshalb lade ich Sie ein zu einer Tour durch
unseren gesunden Menschenverstand. Meiner Meinung nach ist es
eine der genialsten Leistungen unseres Gehirnes, seine eigene Fehl-
barkeit einzusehen. Ein Beispiel:

Ein Mann geht durch die Straße und klatscht dabei in die Hände.
Eine Frau kommt dazu und fragt: «Warum tun Sie das?» Der Mann
antwortet: «Ich vertreibe die Elefanten.» Die Frau: «Aber hier gibt es
gar keine Elefanten!» Darauf sagt der Mann: «Sehen Sie!», dreht sich
um und läuft klatschend weiter.

Menschen sehen gerne, was sie sehen wollen. Und sie empfinden sich gerne als den Nabel der Welt, als diejenigen, die entscheidenden Einfluss auf den Lauf der Dinge nehmen können. Das kann so sein. Oft ist es aber nicht so. Doch wer dem Klatschenden seinen Irrtum vorhält, bekommt selten Applaus dafür. Eher eine geklatscht.

Wie könnte man den Mann davon überzeugen, dass er irrt? Aus therapeutischer Sicht müsste man sich natürlich erst einmal fragen: Wer genau hat das Problem? Besteht ein Leidensdruck, möchte er gerne seinen Klatschwahn loswerden, oder würde ihm dann etwas fehlen?

Mal angenommen, der Mann ist an der Wahrheit interessiert. Dann könnten wir ihn fragen: «Woher wissen Sie das?»

«Ich sehe doch, dass hier keine Elefanten sind. Und ich weiß, dass in Afrika, wo ich nicht klatsche, viele Elefanten herumlaufen. Die können wirklich gefährlich werden, deshalb sollten Sie dankbar sein, dass ich diese Aufgabe für Sie mit übernehme.»

Ups – das mit dem Überzeugen scheint nicht so leicht zu sein.

Wir könnten ihn auch fragen, ob denn die Umkehrung gilt, sprich: Wenn er eine Pause macht, kommen die nicht vorhandenen Elefanten dann wieder zurück? Das könnte ihn eventuell überzeugen. Aber wie lange müsste die Pause sein? Vielleicht hat er aus seiner Sicht die Elefanten ja sehr weit weggejagt, sodass er sich auch durch einen langen Beobachtungszeitraum nicht widerlegt fühlen würde.

Wir könnten mit ihm in den Zoo gehen und schauen, ob die Elefanten dort auf sein Klatschen reagieren. Oder am besten nach Afrika, weil sie sich da freier bewegen. Auf jeden Fall wäre es sehr aufwendig und würde vermutlich nicht dazu führen, dass der Mann seinen Irrtum einsieht.

Menschliche Sturheit zu überwinden, heißt, die dicken Bretter vor den Köpfen zu bohren. Und wenn man durch das Brett durch ist, kommt erst der richtig harte Betonschädel. Was hilft also, um der Wahrheit näher zu kommen?

Ein sauber durchgeführtes Experiment.

Wenn wir wissen wollen, ob Klatschen der entscheidende «Wirkstoff» zur Elefantenreduktion auf der Straße ist, lohnt es sich, erst einmal Elefanten zu zählen. Idealerweise finde ich zwei Straßen, die sich sehr ähnlich sind, vor allem sollten sie vor dem Experiment etwa gleich viele Elefanten aufweisen. Dann werfen wir eine Münze, die entscheidet, welche Straße mit Klatschen «behandelt» wird. Durch die andere Straße läuft der Mann auch, aber ohne zu klatschen, denn vielleicht hat das Vertreiben der Elefanten gar nichts mit dem Klatschen zu tun, sondern mit seinem strengen Körpergeruch. Deshalb darf man auch nicht einfach jemand anderen zur Kontrolle schicken oder in der zweiten Straße einfach nichts tun, sonst übersieht man eventuell die entscheidenden Hinweise.

Idealerweise führt man den Versuch nicht nur zweimal, sondern mindestens dreißigmal durch, weil so zufällige Schwankungen weniger ins Gewicht fallen. Und dann zählt man die Elefanten erneut. Das Zählen sollte man nicht dem Mann selbst überlassen, denn er hat ja ein eindeutiges Interesse, seine Wirksamkeit festzustellen. Erst recht sollte man dem Mann das Zählen nicht überlassen, wenn er ein ökonomisches Interesse an einem bestimmten Ergebnis hat. Wenn er, statt kostengünstig zu klatschen, eine Trillerpfeife für 199 Euro benutzt, die mit einer bestimmten Schwingung garantiert Elefanten reduziert und nur über ihn erhältlich ist, steigt sein Interesse, dass das Ergebnis der Studie zu seinen Gunsten ausfällt.

Ich hoffe, Sie konnten mir bis hierher folgen und halten mich nicht für noch verrückter als den Mann mit der Klatsche. Denn an diesem Beispiel versuche ich, plausibel zu machen, warum es ein streng definiertes Vorgehen braucht, um Ursache und Wirkung gut zu untersuchen. An jeder Ecke des Experimentes lauern Gefahren, die das Ergebnis verzerren.

Nicht anders als bei den Elefanten ist es bei Medikamenten, die am Menschen getestet werden sollen. Damit man ein möglichst objektives Bild ohne Verzerrungen für die zum Teil lebenswichtige

Frage nach der Wirkung einer Therapie bekommt, hat sich ein Goldstandard etabliert: die prospektive, randomisierte und kontrollierte Studie. Dieses Wortungetüm bedeutet im Klartext sehr vernünftige Forderungen an das Studiendesign.

Prospektiv

Hinterher ist man immer schlauer. Oder genauer gesagt: Im Rückblick kann man immer etwas finden, das schuld an irgendetwas gewesen sein kann. Deshalb sind prospektive Studien diejenigen, die zuerst eine These festlegen, zum Beispiel: Menschen, die zusätzlich Vitamin C einnehmen, bekommen weniger Erkältungen.

Das Gegenteil von prospektiv heißt retrospektiv – man fragt Menschen mit und ohne Erkältungen, ob sie in der Vergangenheit Vitamin C eingenommen haben. Retrospektive Untersuchungen sind sehr viel ungenauer, gehen aber schneller.

Viel präzisere Ergebnisse erzielt man mit sehr langen Beobachtungszeiträumen. Aber wer hat schon so viel Zeit? Wenn Firmen einen Wirkstoff testen, wollen sie schnell positive Resultate und schnell in den Verkauf. Erst wenn sehr viele Menschen über längere Zeit ein neues Medikament eingenommen haben, zeigen sich auch die selteneren Nebenwirkungen. Deshalb sind «alte» Medikamente oft sicherer als ganz neue. In Studien testet man auch fast ausschließlich jüngere Männer – aus Angst vor einer negativen Wirkung für Schwangere. Im wahren Leben werden Medikamente aber vor allem von älteren Menschen eingenommen und natürlich auch von vielen Frauen.

Randomisiert

Die Zufallsverteilung ist ein guter Schutz vor systematischen Fehlern. Wenn man Probanden für eine Studiengruppe auswählt, gleichen sich diese ja nicht völlig, oder, wie der Kölner sagt: Jede Jeck is anders. Mal angenommen, Sie pfeifen auf die Zufallsverteilung und nehmen die ersten zehn Leute, die sich für eine Studie anmelden, in die erste Gruppe, und alle weiteren in die zweite. Dann landen alle Jecken in der zweiten Gruppe, weil sie sich erst auf den letzten Drücker angemeldet haben. Und die haben vielleicht auch noch andere Wirkstoffe im Blut. Dann werden Sie durch das Ergebnis ganz jeck im Kopf, weil die Unterschiede zwischen den Gruppen nichts mit dem Experiment zu tun haben, sondern mit den Unterschieden zwischen den Probanden. Besser ist es, immer den Zufall mit ins Boot zu holen, sprich, beide Gruppen wild zusammenzuwürfeln, damit in jeder Gruppe etwa gleich viele Jecken landen.

Kontrolliert

Warum ist eine Kontrollgruppe wichtig? In unserem Beispiel vom klatschenden Mann könnte es auch sein, dass die Elefanten aus Langeweile von allein aus den Straßen verschwinden, egal ob jemand klatscht. Viele Krankheiten verschwinden ebenso von allein. Wenn in der Gruppe mit Medikament und in der Kontrollgruppe ohne Medikament gleich viele Menschen wieder gesund werden, dann weiß man schon mal, dass es nichts mit dem Medikament zu tun hat. Und weil man mittlerweile gelernt hat, dass allein das Ritual, ein Medikament einzunehmen, etwas bewirkt, setzt man in der Kontrollgruppe oft auf ein Placebo, eine Tablette gleichen Aussehens, gleichen Geschmacks, aber ohne Wirkstoff.

Doppelblind

Von Lehrern weiß man, dass sie Klassenarbeiten oft unterschiedlich benoten, je nachdem, welcher Name auf dem Papier steht. Egal ob die Ergebnisse objektiv identisch sind. Die Erwartungshaltung verändert das Ergebnis. Ein Arzt, der von seinem Medikament überzeugt ist, wird so lange auf den Patienten einreden, bis dieser sagt, dass er sich besser fühlt. Und ein Patient, der weiß, dass er nur Placebos einnimmt, wird weniger daran glauben, wieder gesund zu werden.

Damit weder Arzt noch Patient das Ergebnis verfälschen, «verblindet» man die Studie und lost für Patient X Y eine Medikamentenschachtel aus. Erst nachdem alle Beobachtungen abgeschlossen sind, entschlüsselt man anhand einer Liste, welcher Patient das echte Medikament und welcher das Placebo erhalten hat. Im Alltag können Sie den Effekt der Verblindung sehr einfach testen – mit Pepsi und Coca-Cola. Coca-Colas erfolgreiche Werbestrategie hat bewirkt, dass die meisten Menschen glauben, ihnen würde Coca-Cola besser schmecken. Und die meisten glauben auch, dass sie den Unterschied sicher herausschmecken können. Nehmen Sie zehn Pappbecher, schreiben Sie unten eine Nummer darauf, in die mit der geraden Nummer kommt Coca-Cola, in die mit der ungeraden Pepsi. Dann werden die Becher so gemischt, dass keiner mehr weiß, wo was drin ist. Und dann testen Sie mal, was wem am besten schmeckt und wie oft die richtige Marke erkannt wird. Noch trügerischer wird es übrigens, wenn man Pepsi in eine Coca-Cola-Flasche einfüllt und nicht verblindet ausschenkt. Sie merken schon, es braucht viel Aufwand, damit unsere Erwartungen nicht ständig in das Ergebnis reinfunken.

Wie wertvoll das Ergebnis einer Studie für das eigene Leben oder die eigene Erkrankung ist, hängt natürlich davon ab, wer untersucht wurde und wie die Gruppe zustande kam. Wenn Sie von einem großen Durchbruch in der Alzheimertherapie lesen, schauen Sie bitte im Kleingedruckten nach, ob das Präparat an Menschen, Mäusen oder gar an Zellen in einem Reagenzglas getestet wurde. In der Psychologie werden die meisten Experimente mit den Studenten durchgeführt, die sowieso an der Uni herumlaufen. Dass deren Verhalten aber nicht repräsentativ für die Allgemeinheit ist, wird oft vergessen zu erwähnen.

Für Telefonumfragen werden Nummern per Zufallsprinzip aus dem Telefonbuch ausgewählt. Wenn Sie nicht drinstehen, ruft Sie

Hilft Vitamin C, keine Erkältung zu bekommen?

Anekdote/Einzelfall

Bekannter: «Ich nehme seit vier Wochen Vitamin C und habe seither keine Erkältung.»

Ergebnis

Keine Aussagekraft, weil der Bekannte nicht wissen kann, ob er ohne Vitamin C auch gesund geblieben wäre.

Unsystematische Beobachtung an kleiner Gruppe

Heilpraktikerin: «Ich gebe all meinen Patienten Vitamine, und denen geht es sehr gut.»

Ergebnis

Keine Aussagekraft, weil die Erwartung der Heilpraktikerin und der Patienten das Ergebnis beeinflusst. Beide sehen eher, was sie sehen wollen. Es fehlt die Kontrollgruppe, und es fehlen klare Kriterien für die Beobachtung.

Gute Studie

Große Gruppe, Zufallsverteilung auf Behandlungs- und Kontrollgruppe, «Verblindung», klare Kriterien

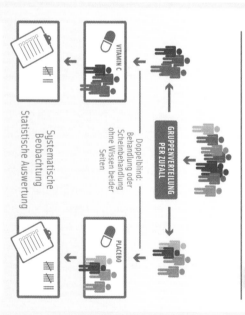

GRUPPENVERTEILUNG PER ZUFALL

Doppelblind: Behandlung oder Scheinbehandlung ohne Wissen beider Seiten

Systematische Beobachtung
Statistische Auswertung

VITAMIN C

PLACEBO

Ergebnis

Hohe Aussagekraft, international vergleichbar

Studienfazit: Vitamin C schützt nicht vor Erkältungen
(an über 10 000 Patienten getestet)

auch niemand an. Wenn bestimmte Bevölkerungsgruppen nicht erreicht werden, verzerrt das ein Ergebnis. Eine Umfrage unter drei Mitarbeitern in der Kantine ist weniger aussagekräftig als eine mit vielen tausend Teilnehmern. Deshalb ist ein weiteres Kriterium für die Güte einer Aussage die Größe der befragten Gruppe.

Studiengröße

Achten Sie auf die Teilnehmerzahl: Je mehr Leute untersucht werden, desto sicherer ist, dass man sich im Ergebnis nicht irrt. Viele Wundermittel berufen sich auf sehr beeindruckende Fallbeschreibungen, die aber meistens nicht gut dokumentiert sind. Und wie immer bei guten Geschichten wird ausgeschmückt und übertrieben. Mal angenommen, Sie wollen wissen, ob Vitamin C dazu beiträgt, Erkältungen zu verhindern. Sie nehmen eine Woche lang Vitamin C ein, und in dieser Woche erkälten Sie sich nicht. Was ist damit bewiesen? Nichts.

Wenn 1000 Menschen über ein Jahr Vitamin C einnehmen und ihre Erkältungsphasen notieren und weitere 1000 Menschen Vitamin P – also Placebo –, dann hat das Ergebnis Relevanz. Interessant wäre, wenn 1000 weitere Menschen einfach nichts einnähmen – denn vielleicht aktiviert allein schon die Tatsache, dass wir etwas einnehmen, unsere Selbstheilungskräfte.

Noch einige kleine Hinweise: Im Kleingedruckten einer Studie finden Sie einen wichtigen Begriff – *Interessenkonflikte*. Wenn die Hersteller von Cornflakes eine Studie in Auftrag geben, in der herausgefunden werden soll, ob Frühstück wichtig ist, sollten Sie sich nicht wundern, wenn genau dieses Ergebnis herauskommt. Wenn französische Forscher aus Bordeaux befinden, dass Rotwein die Arterien besser schützt als Bier – wen überrascht es? Viele «unerwünschte» Forschungsergebnisse werden aus diesem Grund nie veröffentlicht – denn Wissenschaft wird bei allem Anspruch immer wieder durch menschliche und oft auch wirtschaftliche Interessen verzerrt.

Ein großer Teil der Arzneimittelstudien wird von den Herstellern bezahlt. Eine wichtige Forderung der Ärzteschaft ist deshalb, dass es wieder mehr unabhängig finanzierte Forschung zu relevanten Fragen der Versorgung geben muss. Sinnvoll wäre auch, entscheidende Studien mit anderen Forschern zu wiederholen, denn häufig sind sehr positive Ergebnisse nicht reproduzierbar – obwohl man sich genau an das Protokoll hält, sind die Resultate nicht ganz so gut wie beim ersten Mal. Aber wer hat schon Lust, der Zweite zu sein? Preise und Veröffentlichungen gibt es immer nur für die Ersten. Ob stimmt, was sie herausgefunden haben, und ob es Bestand hat, kann nur mit viel Zeit und Geld überprüft werden und ist weniger heldenhaft. Eine Möglichkeit zur Qualitätssteigerung: multizentrische Studien, die an verschiedenen Orten parallel etwas untersuchen und damit automatisch sehr viel mehr Ergebnisse sammeln und Fehlerquellen ausschließen als nur eine Studie in nur einem Labor.

Gerd Antes vom Deutschen Cochrane-Zentrum spitzt es zu: «Was sauberes Wasser für die Medizin des 19. Jahrhunderts war, ist sauberes Wissen für die Medizin im 21. Jahrhundert.» Cochrane ist ein globales, unabhängiges Netzwerk von Wissenschaftlern, Gesundheitsfachleuten, Patienten und Angehörigen, die sich für eine Verbesserung der Entscheidungen in der Gesundheitsversorgung einsetzen, indem Forscher die besten wissenschaftlichen Studien sammeln und zusammenfassen, damit jeder die nötigen Informationen hat, um über eine Behandlung richtig befinden zu können. Die Arbeit von Cochrane ist heute sogar noch dringender nötig als vor 20 Jahren, als damit begonnen wurde. Die Verfügbarkeit von gesundheitsbezogener Information nimmt zu, gleichzeitig jedoch auch die Risiken, komplexe Inhalte falsch zu interpretieren. Es wird dabei immer unwahrscheinlicher, dass eine Person allein einen vollständigen und ausgewogenen Überblick zu einem Thema behält.

Laut Antes verschwinden rund die Hälfte aller Studien in der Schublade oder unter dem Teppich. Ich habe das bei meiner Dok-

> ## The donkey keeper's club welcomes you and informs you that the ascent into the cave is better by donkey
> ### Cost of ascent: 10 €
> ### Cost of ascent-descent: 15 €

Ein Beispiel für Interessenkonflikte: Bei genauem Lesen ist es nicht erstaunlich, dass die Betreiber der Eselvermietung empfehlen, einen Esel zu mieten. So wie Pharmahersteller selten von ihren Präparaten abraten.

torarbeit erlebt, die Hinweise auf eine potenziell gefährliche Nebenwirkung eines Medikamentes lieferte. Komischerweise hatte keiner am Institut Interesse daran, das zu veröffentlichen. Mein Professor bekam Geld vom Hersteller, ich nicht. So wurde ich nicht Forscher, sondern Komiker – es hatte alles sein Gutes. Aber damals hat es mich maßlos geärgert, weil ich fast vier Jahre lang sehr gründlich etwas für Titel und Tonne untersucht habe. Aber so läuft es oft in der Forschung.

Auch wenn nichts herauskommt, ist das ein bedeutendes Ergebnis. Und erst recht, wenn eine potenziell schädliche Wirkung sichtbar wird, ist es wichtig, dass diese Ergebnisse öffentlich werden, sonst kommen Patienten unnötig zu Schaden.

Wenn Ihnen mal wieder jemand sagt, dass eine Studie etwas bewiesen haben soll, fragen Sie einfach: «War sie denn prospektiv, randomisiert, doppelblind und placebokontrolliert?» Und freuen Sie sich über den Gesichtsausdruck.

Kleine Checkliste für die Bewertung der Quelle einer Information

Evidenz	«Eminenz»
Aus einer großen, multizentrischen kontrollierten Studie.	Oma.
Wurde an 10 000 Patienten prospektiv getestet.	Ich kenne jemand, dessen Bruder von seiner Schwägerin gehört hat, dass es toll wirken soll.
Beruht auf einem plausiblen wissenschaftlichen Modell, das zu anderen bereits etablierten soliden Erkenntnissen passt.	Das ist traditionelles Wissen eines ausgestorbenen Volkes, dessen letzter Häuptling auf dem Sterbebett einem japanischen Mönch dieses Geheimnis anvertraute, der wiederum mir das in der Schwitzhütte ins Ohr geflüstert hat. Aber die Hälfte habe ich nicht verstanden.
Steht in einer seit Jahrzehnten hoch angesehenen internationalen Fachzeitschrift, wo eine Gruppe von Fachleuten die Ergebnisse überprüft hat, bevor sie veröffentlicht werden durften.	Das steht irgendwo in einer Illustrierten, hat mir mein Friseur erzählt.
Die Menschen, die XY gemacht haben, lebten tatsächlich drei Jahre länger (klar definierter Endpunkt).	Also, in Hollywood macht das jetzt jeder, und die sehen auf den Fotos echt viel jünger aus! (Photoshop, weniger klar definierter Endpunkt.)

Nichts übers Knie brechen!

*Ein wichtiger Chirurg hielt einen Vortrag. Am Ende fragte
ein junger Student aus der hintersten Reihe schüchtern:
«Haben Sie irgendeine Kontrollgruppe?» Da richtete sich
der Chirurg zu seiner vollen Größe auf, schlug mit der
Faust auf den Tisch und sagte: «Meinen Sie, ich hätte nur
die Hälfte der Patienten operieren sollen? Das hätte die
Hälfte von ihnen zum Tode verurteilt.» Mein Gott, war es
still geworden, man hörte kaum die zarte Stimme fragen:
«Welche Hälfte?»*

Der amerikanische Unfallchirurg Bruce Mosley hatte 2002 eine geniale Idee. Schon lange war bei Medikamentenstudien der goldene Standard die Placebokontrolle. Mosley überlegte, ob man nicht auch den Erfolg von Knieoperationen im Vergleich zu einer Placebooperation testen könnte. Wie kann das gehen? Er weihte alle im OP-Team ein, bis auf den Patienten, logischerweise. Der konnte sein Knie nicht direkt sehen, verfolgte aber auf einem Monitor den Verlauf des Eingriffs. Der Witz an der Sache: Bei der Hälfte der Patienten wurde der Eingriff nur vorgetäuscht, ein kleiner Schnitt in die Haut, ein bisschen rumgeruckelt, aber weiter nichts getan. Auf dem Monitor liefen Bilder von Operationen an ganz anderen Knien. Und mal ehrlich – wer kennt sein Knie so gut von innen, dass einem das auffiele? Die Täuschung gelang, beide Gruppen wurden mit der Gewissheit entlassen, dass sie operiert wurden.

Die eigentliche Pointe kam aber zwei Jahre später bei der Nachuntersuchung. Wer konnte sein Knie besser bewegen? Schneller Treppen steigen? Wer hatte mehr Schmerzen? Es gab zwischen den wirklich und den nur zum Schein Operierten keinen relevanten Unterschied! Mit dieser Studie brachte Mosley Chirurgen und Orthopäden zum Kochen, aber einige auch zum Nachdenken. Menschen mit Pseudoeingriffen zu helfen, erinnert an die Wunderheiler auf den Philippinen. Und die Erwartung hat ja bei den Kniebeschwerden gewirkt, nicht besser und nicht schlechter als echte Chirurgie. Hat die Hochleistungschirurgie manchmal womöglich mehr mit Schamanismus gemeinsam, als ihr lieb ist?

Operationen stellen einen viel größeren und potenziell riskanteren Eingriff in den Körper dar als eine Tablette. Bei Medikamenten gibt es heute strenge Auflagen; bevor sie zugelassen werden, müssen ihre Wirksamkeit und Unbedenklichkeit belegt sein. Die Chirurgie kennt dieses Reglement nicht. Ein Chirurg definiert sich ja durch die Tatsache, dass er operiert. Reden und Abwarten sind nicht die Kernelemente seines Selbstbildes. Und eine goldene Regel lautet: Du brauchst zehn Jahre, um eine Operation richtig gut zu beherrschen. Du brauchst weitere zehn Jahre, um dich zu beherrschen, eine Operation auch sein lassen zu können.

In dem satirischen Arztroman *House of God* steht der großartige Satz: «Die Kunst der Medizin besteht darin, so viel wie möglich *nichts* zu tun.»

Als endlich die Forderung von kritischen Chirurgen aufkam, etablierte Verfahren ebenfalls gegen eine Scheinoperation zu testen, gab es einen Sturm der Entrüstung: Das sei doch «unethisch», weil man die Scheinoperierten dem Risiko der Narkose aussetze, ohne dass sie etwas davon hätten. Dieses Argument geht nur auf den Einzelnen ein, übersieht aber das viel wichtigere Gegenargument: Es kann doch nicht ethischer sein, Hunderte und Tausende von Patienten über Jahre mit Methoden zu operieren, von denen man nicht wissen kann, ob sie besser sind als Placebo!

Evidenzbasierte Chirurgie ist absolutes Neuland auf einem Terrain, wo es traditionell um Eminenzen geht. Wie der australische

Professor für orthopädische Chirurgie Ian Harris schreibt, ist das Skalpell wahrscheinlich das stärkste Placebo, das die Medizin kennt. Operationen entsprechen so sehr unserem Wunsch nach dramatischen Eingriffen, dass wir systematisch die Erfolge überbewerten. Selbst wenn 70 Prozent der Patienten sagen, dass ihnen ein Eingriff gutgetan hat, spricht das nicht gegen einen reinen Placeboeffekt, wie sich immer wieder in guten Studien belegen ließ.

In der Vergangenheit wurden schon viele Operationstechniken still und leise beerdigt, weil irgendwann klar war, dass sie Unsinn sind: So wurde lange zur Verbesserung der Herzdurchblutung ein Blutgefäß an der inneren Brustwand, die Arteria mamillaria, zugeknotet, damit das Blut vermehrt durch das Herz fließe. Das Blut dachte aber gar nicht daran, was man erst merkte, als die Patienten mit der Schein-OP genauso gut oder schlecht dran waren. Ein weiterer Irrweg war der Glaube, dass es bei einer Krebsbehandlung von Vorteil sei, radikal zu operieren – sprich die ganze Brust abzunehmen –, statt wie heute brusterhaltend zu arbeiten. Selbst bei einem so klaren Fall wie einem entzündeten Blinddarm ist man erst vor wenigen Jahren darauf gekommen, dass die unkomplizierten Fälle gut mit Antibiotika zu behandeln sind und, wenn sich die Entzündung damit legt, gar keine Operation notwendig ist.

Ian Harris schätzt, dass es für über die Hälfte aller heute üblichen Operationen keine aussagekräftigen Studien gibt, die ihren Wert sauber belegen. Und wenn man Verfahren kritisch beleuchtet, wirkt wiederum die Hälfte nicht besser als eine Schein-OP. Eingriffe an der Wirbelsäule sind aufwendig, langwierig und lukrativ – und deshalb häufig. Sowohl der Arzt als auch der Patient wollen eine schnelle Lösung für lang anhaltende Schmerzen. Dummerweise ist gar nicht klar, woher die Rückenschmerzen genau kommen. Macht man bei 100 Menschen über 50 Jahren, die munter auf der Straße ohne Schmerzen herumlaufen, eine Röntgenaufnahme der Wirbelsäule, zeigt die Hälfte von ihnen «Veränderungen». Sehen Orthopäden nur das Bild und nicht den Patienten, denken viele, dass dies ein typischer Schmerzpatient sein müsste. Andererseits gibt es Menschen, die glaubhaft lange leiden, ohne dass sich das in ihren Röntgenbildern zeigt. Es ist vertrackt.

Gerade die ausgedehnten Operationen an der Wirbelsäule zeugen davon, dass man ein so komplexes Gebilde nicht rein mechanisch behandeln sollte. Lange Zeit waren Versteifungen von mehreren Segmenten in Mode, was unter anderem dazu führte, dass die Segmente über und unter der Versteifung in der Folge überbelastet wurden. Wer sich mit gezielten Übungen beweglich und kräftig hält, fährt langfristig genauso gut, sofern es sich nicht um wirklich eingeklemmte Nerven mit Ausfallerscheinungen handelt.

Und was ist mit dem Knie? Orthopäden schauen gerne in die Röhre, genauer gesagt durch das Arthroskop. Gelenkspiegelungen finden pro Jahr um die 400 000-mal in Deutschland statt.

Spiegelung klingt so harmlos, als würde man nur gerade vorbeischauen. Dabei sind Knie nicht gerade dafür gemacht, dass dort ein starres Stück Metallrohr mal eben ganz untraumatisch herumfuhrwerkt. Jeder Eingriff birgt daher das Risiko für Verletzungen und in geringem Maß auch für Infekte. 2 von 1000 gespiegelten Knien entzünden sich, und 6 von 1000 Patienten bilden Blutgerinnsel als Venenthrombose oder Lungenembolie. Das klingt nach wenig, aber bei 400 000 Gelenkspiegelungen bedeutet das 800 Infizierte.

Die Bertelsmann Stiftung machte sich die Mühe, die Menge von Arthroskopien in Deutschland nach Orten herunterzubrechen. Und siehe da: Es gibt riesige regionale Unterschiede. In manchen Gegenden wird nicht dreimal und nicht zehnmal, sondern sage und schreibe 65-mal häufiger in den Gelenken herumgestochert als in anderen, ganz nach dem Motto: Viel hilft viel. Solche krassen regionalen Unterschiede gibt es auch bei Kaiserschnitten, Mandeloperationen oder Herzkatheteruntersuchungen, die man ebenfalls nicht übers Knie brechen sollte.

In einer Studie verglich man eine vorgetäuschte Arthroskopie mit einer richtigen, bei der auch «Lavage» gemacht wurde, also einmal feucht durchgewischt, um alle Krümel und Knorpelreste aus dem Gelenk zu spülen, eine Standardmaßnahme. Nach zwei Jahren zeigte die Nachuntersuchung: kein Vorteil für den Patienten. Gleiche Gehstrecke, gleiche Schmerzen. Nachteile wie Infekte oder Blutungen im Gelenk gab es logischerweise beim vorgetäuschten Eingriff nicht. Aktuelle medizinische Leitlinien empfehlen daher Gelenkspiegelungen nicht als Behandlung für eine Arthrose des Kniegelenks, es sei denn, die betreffende Person hat eine klare mechanische Blockade, das Knie gibt nicht nach, oder es fliegen im Röntgenbild lose Teile durchs Gelenk.

Verhindert denn die Spiegelung eine spätere Operation? Nein, leider auch das nicht. Im Gegenteil: In Regionen, in denen viele Arthroskopien durchgeführt werden, setzen die Ärzte auch viele künstliche Kniegelenke ein, 150 000-mal in Deutschland jedes Jahr. Ob man ein neues Kniegelenk bekommt, hängt kurioserweise nicht davon ab, wo es weh tut, sondern wo man wohnt, wenn es weh tut. Knie-OPs fallen nicht vom Himmel, aber stellen wir uns mal vor, es wäre so, dann zeigt die Knieprothesen-Wetterkarte: Der Niederschlag von künstlichen Kniegelenken konzentriert sich auf den Südosten und den Nordwesten der Republik. Frankfurt / Oder hat die wenigsten Knieprothesen, konkret 73 auf 100 000 Einwohner. Spitzenwerte dagegen erreicht man mit 214 Kniegelenken in Bayern, und zwar im Kreis Neustadt an der Aisch. Knapp dreimal so viel.

Warum das so ist? Man weiß es nicht genau. Sicher ist: Es hat nicht nur mit der Verteilung der Knieschmerzen zu tun. Schaffen sich die Ärzte ihren Bedarf selbst? Nach neuesten medizinischen Erkenntnissen hat der Bayer genauso viele Knie wie der Brandenburger.

Der Bändertanz um die goldene Mitte

*Das größte Wunder ist, dass in der Apotheke keine
Hühnersuppe als Lutschtablette angeboten wird.
Oder als Zäpfchen.*

Stellen Sie sich vor, ich stelle mich ans Meer, mache magische Bewegungen mit den Händen und erkläre Ihnen: «Das ganze Wasser hört auf mein Kommando. Ich kann mit einer Handumdrehung dafür sorgen, dass sich das Wasser um mehrere Meter dem Ufer nähert. Geben Sie mir sechs Stunden Zeit.» Sie würden mich auslachen. Es sei denn, Sie hätten noch nie etwas von Ebbe und Flut gehört. Dann wären sie wahrscheinlich schwer beeindruckt.

Wenn man abschätzen will, welchen Effekt eine Maßnahme auf ein Resultat hat, muss man den natürlichen Verlauf der Dinge kennen. Und oft stellt sich heraus: Der Erfolg hat viele Väter. Wenn etwas passiert, schreit gerne jemand: Ich war es! Aber das muss nicht stimmen.

In der Gesundheit gibt es viele Einflüsse auf den natürlichen Verlauf einer Erkrankung, was es im Einzelfall schwer bis unmöglich macht, den genauen Verlauf vorherzusagen. Leichter zu prognostizieren ist der Moment, in dem man sich Hilfe holt: dann, wenn es am schlimmsten ist!

Nehmen wir das Beispiel Schmerzen in den Gelenken durch Verschleiß, sprich Arthrose oder «Rücken». Wann geht man zum Arzt oder zum Apotheker oder ins Reformhaus? Dann, wenn es mal wie-

«Die Regression zur Mitte», dargeboten mit der Anmut eines Rehs, oder wie heißt das graue Tier mit dem Rüssel?

der schlechter geworden ist. Dann wird geruckelt oder geschmiert oder Kapsel XY genommen, und dann wird es besser. Warum? Weil es immer besser wird, wenn es mal richtig schlecht war. Wenn ich von den Schmerzen «überflutet» wurde und beim höchsten Pegel schließlich etwas unternehme, entsteht ganz schnell die Illusion, dass genau das hilft, weil der natürliche Verlauf einem in die Hände spielt.

Dieser Effekt heißt «Regression zur Mitte». Klingt nach einer Mischung aus Statistik und buddhistischer Weisheit, und genau das ist es auch, denn es heißt im Klartext: Wenn etwas nicht mehr viel schlimmer werden kann, warte etwas ab, dann kann es nur noch besser werden. Auf diesem Effekt beruhen viele Heilmethoden, die auch gar nicht behaupten, einen schnellen Effekt zu erzeugen, sondern elegant auf Zeit spielen. Die Chance, dass die Selbstheilungskräfte ihre Arbeit tun, steigt bei den Krankheiten, die von allein weggehen. Bei solchen, die nicht weggehen, ist es umgekehrt. Da bedeuten alle Verfahren, die nicht besonders wirksam sind, sondern auf Zeit spielen, eine echte Gefahr: bei Krebs, schweren Infektionskrankheiten oder psychiatrischen Erkrankungen.

Bei einer Erkältung aber ist die Regression zur Mitte die Erklärung für praktisch alle «Wundermittel», die es gibt. Denn die Erkältung geht so oder so weg, und so schwört jeder auf *sein* Mittel, die Apotheke bietet 100 verschiedene an, aber seltsamerweise wird die Menge an Erkälteten dadurch nicht weniger. Mal dauert das Krankheitsgefühl einen Tag, mal drei, mal zehn Tage, im Schnitt eine Woche. Aber kein Experte der Welt kann, wenn es im Hals kratzt, sofort sagen, wie lange diese konkrete Attacke auf das Immunsystem dauern wird. Wenn ich aber das letzte Mal zehn Tage gelitten habe, werfe ich bei beim nächsten Kratzen im Hals alles ein, um ein weiteres langes Martyrium zu verhindern. Und nach aller Wahrscheinlichkeit wird die nächste Erkältung auch kürzer sein, nicht aufgrund der Mittelchen, sondern wegen der Regression zur Mitte. Zehn Tage sind die Ausnahme, die nächste ist wahrscheinlich sieben Tage lang oder kürzer.

Ärzte sagen hinter vorgehaltener Hand: Montag ist der stressigste Tag, aber auch der effektivste. Viele Beschwerden verringern sich nach drei oder vier Tagen von selbst. Das heißt, gingen sie am Freitag los, wurde Samstag und Sonntag «vorgelitten», am Montag als Notfall zum Arzt gegangen, und am Dienstag ist es von allein besser geworden. Aber was denkt der Patient? Super Arzt, einen Tag später fühle ich mich schon wieder gut!

Und jetzt wissen Sie auch, warum die Praxen so gerne am Mittwoch geschlossen sind!

Wenn eine Nadel danebengeht

Erfahrung kann auch heißen, denselben Fehler mit immer größerer Überzeugung zu machen!

Die Akupunktur hat aus vielen Praxen eine Art Nadelstudio gemacht. Wir Deutschen lieben es, unsere Lebensenergie mit kleinen Stichen auf Trab bringen zu lassen, gerade wenn es so schön exotisch ist wie die jahrtausendealte Traditionelle Chinesische Medizin (TCM). Zur TCM gehören viele Elemente wie die Arzneitherapie, Tai-Chi, Qigong und Diagnosen anhand von Zunge und Puls. Und um das kurz klarzustellen: TCM kann auch die Abkürzung sein für Tchibo Certified Merchandise – von einer Kaffeerösterkette jede Woche neu für relevant erklärte Kaufartikel. Das hat nichts mit chinesischer Medizin zu tun, obwohl viele dieser TCM-Artikel vermutlich in China von Menschen hergestellt werden, die davon träumen, einmal westliche Medizin in Anspruch nehmen zu können.

Das in Deutschland beliebteste Element der TCM ist seit den Siebzigern die Akupunktur mit ihren geheimnisvollen Energiebahnen, den Meridianen. Als sie immer populärer wurde, spaltete sie die Gesellschaft. Für die einen handelte es sich um ein Wundermittel, für die anderen um die asiatische Version von Voodoo. Die Wahrheit liegt in der Mitte.

Oft wird behauptet, dass sich Alternativmedizin nicht wissenschaftlich untersuchen ließe. Das stimmt nicht. Jede Methode kann untersucht werden. Nur haben nicht alle Anbieter ein Interesse daran. Aber sind es die Medizin und die Krankenkassen, die sich weigern, Erfolge anzuerkennen? Bei der Akupunktur etwa war es genau andersherum. Vertreter der Wissenschaft und der großen

Krankenkassen starteten 2002 mit vielen Millionen Euro über vier Jahre die größte internationale Untersuchung zur Wirksamkeit, die GERAC-Studie. Die Frage lautete: Können die Nadeln mehr als die westliche Medizin? Mit 500 niedergelassenen Ärzten, die über eine große Akupunkturerfahrung verfügten, und mit 3500 Patienten mit chronischen Kopf- und Rückenschmerzen ging es in drei Gruppen los. Die erste Gruppe erhielt Akupunktur entlang der Meridiane, die zweite Gruppe Akupunktur ohne Rücksicht auf die Meridiane – auf gut Deutsch irgendwohin –, und die dritte Gruppe bekam Physiotherapie und Schmerzmittel nach Bedarf, die westliche Variante.

Bei der Auswertung gab es drei große Überraschungen. Erstens: Die westliche Therapie ist nicht besonders befriedigend. Zweitens: Akupunktur wirkt bei Rückenschmerzen und Knieproblemen besser als die Standardtherapie. Drittens: Die berühmten Meridiane zu treffen, ist nicht das Entscheidende. Setzt man die Nadeln neben die vermuteten Energiebahnen, wirken sie praktisch genauso. Am besten wirkt Akupunktur bei chronischem Knieschmerz. Sogar nachhaltig: Bei der Nachuntersuchung ein halbes Jahr später ging es denen, die über sechs Wochen akupunktiert wurden, immer noch besser als denen, die mit westlichen Mitteln behandelt worden waren, und zwar dreimal so gut. Das hatte niemand erwartet. Positive Effekte zeigten sich auch bei chronischem Kreuzschmerz und bei häufigem episodischem Spannungskopfschmerz und Migräne.

So ist das in der Wissenschaft – man weiß nie, was herauskommt. Das Ergebnis konnte weder den traditionellen Anhängern einer strengen Meridianlehre noch den Orthopäden gefallen, die Akupunktur für kompletten Humbug hielten. Die Studie ist heute noch die Grundlage dafür, dass die gesetzlichen Kassen inzwischen die Akupunkturbehandlung in der Schmerztherapie bezahlen.

Wenn nicht die Einstichstelle entscheidend ist, dann vielleicht der Einstich selbst? Dazu wurde eine neue Studie gestartet.

Kennen Sie die Messer, die im Theater verwendet werden, um

auf der Bühne einen Mord vorzutäuschen? Die Klinge ist stumpf, und in dem Moment, in dem man zusticht, verschwindet sie im Griff des Messers, was täuschend echt aussieht. Nach diesem Prinzip wurden Akupunkturnadeln gebastelt, die zwar der Haut vorgaukelten, dass ein Stich stattfindet, in Wahrheit aber nur eine Delle verursachten. Die Patienten konnten das nicht unterscheiden. Und siehe da: Die «Theaterakupunktur» hatte die gleiche Wirkung wie die richtige.

Fairerweise muss ich hinzufügen, dass es auch Akupunktur mit sehr langen und tiefen Nadeln gibt, bei denen die Behandler sagen, dass sie spüren, wenn sie bestimmte Punkte getroffen haben. Die kann man mit Schein-Akupunktur nicht untersuchen.

Offenbar aber ist das Drumherum, die Inszenierung wichtig. Die Erwartung an die Wirkung wird durch viele Elemente genährt und verstärkt: das fernöstliche Geheimnis, die leicht masochistische Masche, den Menschen zu seiner eigenen Voodoopuppe werden zu lassen und Nadeln an Orte zu stecken, die angeblich mit inneren Prozessen in enger Verbindung stehen. Und je mehr Leute schon positive Erfahrungen mit Akupunktur gemacht haben, desto bereiter spielen die Patienten ihren Part mit.

Dass Schmerzwahrnehmung viel mit der eigenen Stimmung und der Aufmerksamkeit zu tun hat, kennt wohl jeder aus Erfahrung. Stellen Sie sich vor, Sie haben einen chronisch entzündeten Zahn, der Sie nicht gut schlafen lässt. Nachts stehen Sie im Dunkeln auf und stoßen sich den kleinen Zeh fies am Bettpfosten. Was passiert? Für einen Moment ist Ihnen der Zahn völlig egal. Und so könnte auch Akupunktur funktionieren – sinngemäß. Ein lokaler neuer Schmerzreiz ist für das Rückenmark und das Gehirn viel interessanter als der chronische, der zwar eingefressen ist im Nervensystem, aber auch schon ein bisschen langweilig. Die berühmten Endorphine, die körpereigenen Schmerzmittel, könnten ebenfalls die Schmerzwahrnehmung mildern. Richtig bewiesen ist bislang kein Erklärungsmodell.

Patienten lieben die Akupunktur und Ärzte auch. Die Zuwendung durch den Therapeuten, die körperliche Berührung, das Gefühl einer intensiven individuellen Behandlung und nicht zuletzt das entspannte lange Liegen und Warten auf den Erfolg tragen sicher zum Erfolg bei. Dank der Erstattung durch die Kassen ist inzwischen ein Markt entstanden, der zuerst einmal für die Ausbilder lukrativ ist, die den Ärzten zusammen mit den Kenntnissen die Berechtigung vermitteln, dieses Verfahren abzurechnen, gerade bei chronischen Schmerzpatienten, denen die Medizin nicht besonders viel zu bieten hat. Auch gegen Übelkeit scheint Akupunktur gut zu wirken, leider wenig bis gar nicht bei Allergien, Heuschnupfen und Asthma. Bei der Raucherentwöhnung kommt es tatsächlich auf die Punkte an: Wer zehn Nadeln für sechs Wochen durch Ober- und Unterlippe gesetzt bekommt, hat hohe Chancen auf Erfolg. Angeblich hilft es als Nebenwirkung auch beim Abnehmen …

Hätten Sie gewusst, dass die Idee, mit Nadeln auf die Gesundheit einzuwirken, schon vor Tausenden von Jahren in Europa praktiziert wurde, also gar nicht exklusiv aus Asien stammt? Sehr früh schon gab es Behandlungen, die Aderlass, also Einstiche entlang der Blutbahnen, magische Tätowierungen und Stiche in die Haut vermischten. Der berühmteste Patient ist Ötzi, nicht der DJ, sondern der mehr als 5000 Jahre alte Mann aus dem Eis der Alpen. Als man seine Haut millimetergenau untersuchte, fand man 61 Tattoos an typischen Schmerz- und Akupunkturpunkten, zum Beispiel am Knie und an der Achillessehne. Die Forscher vermuten, dass diese von einer frühen Form der Schmerzbehandlung im Sinne der Akupunktur herrühren könnten. Wenn Ötzi sprechen könnte, würde er vielleicht zum Thema TCM nur antworten: «Wer hat's erfunden?»

Dass eine Idee oder ein Verfahren schon viele Jahre auf dem Buckel hat, sagt natürlich nichts über dessen Wirksamkeit oder Risiken aus, vor allem, weil es über Tausende von Jahren gar keine Alternative zur Alternativmedizin gab.

Die Akupunktur, wie wir sie heute kennen, bildete sich erst heraus, als die Methodik in den dreißiger Jahren systematisiert wurde. Auf den Karten, die man von den Wänden der Praxen kennt, wirken die Energiebahnen immer sehr konkret. Das täuscht, denn historisch betrachtet gab es sehr unterschiedliche Systeme, die sich mal aus den Sternbildern, mal aus den Blutbahnen ableiteten oder schlicht aus den Fingern gesogen wurden. Vielleicht auch Strickmuster. Trotz intensivster Suche ist es bisher nicht gelungen, unter dem Mikroskop die Meridiane wirklich zu finden. Umso erstaunlicher ist es, wie viel Energie immer noch in der Ausbildung zum Akupunkteur in das Pauken dieser Energiebahnen gesteckt wird. Aber wer sich darüber aufregt, weiß zumindest, welche Punkte dann beruhigend wirken, zum Beispiel «Dickdarm vier» in der Grube zwischen Daumen und Zeigefinger.

In China selbst war die Heilmittellehre immer viel wichtiger als die Nadeln. Manche dieser Arzneimittel mit Tiger- oder Bärengalle werden in der westlichen TCM abgelehnt, tragen weltweit aber leider zum Aussterben seltener Tiere bei. Und auch bei den Kräutermischungen eine kleine Warnung: Sie enthalten oft Schwermetalle und undeklarierte Steroide, sprich Kortison. Und dazu braucht man ja die TCM nun wirklich nicht, Kortison können wir selbst!

Eigentlich ist das doch sehr lustig: In den letzten 50 Jahren wurde aus der von Mao geförderten kostengünstigen Medizin aus der chinesischen Provinz in Deutschland ein Kassenschlager für Gutbetuchte. Und die Kassen bezahlen, damit die Patienten das bekommen, was gute westliche Medizin auch immer schon ausgemacht hat: Zuwendung, Berührung, hier und da ein kleiner Piks und viel Hoffnung, damit ein Patient wieder in die Gänge kommt oder, besser gesagt, das *Chi* wieder richtig fließt.

Und das fließt wirklich! Das habe ich schon oft gespürt. Bei aller kritischen Beleuchtung des Nadel-Hypes möchte ich mich jetzt als Fan von Qigong und Tai-Chi outen, besser bekannt als «Schattenboxen». Eine Kampfkunst für alle, denen Karate zu schnell ist und auf einem Kissen sitzen zu langweilig. Es geht um den inneren Kampf, darum, Bewegungen sehr langsam, präzise und fließend auszuführen, bis einen die Seelenruhe durchströmt. Denn beim Schattenboxen gibt es nur einen Gegner: die Ungeduld! Und mit der kämpfe ich noch heute gerne. Ich habe einen Tai-Chi-Kurs zu Studienzeiten gemacht und kenne die wohltuende Wirkung. Ich kann das ehrlich jedem empfehlen, der für sich einen Ausgleich jenseits von Joggen und Fitnessstudio sucht. Die langsamen und ästhetischen Bewegungen tragen poetische Namen wie «der Kranich», der bei mir zwar schon mal zur verwackelten Krähe wird, aber wenn ich Lampenfieber habe, gibt es nichts, was mich so schnell erdet wie ein paar Runden Schattenboxen. Tai-Chi trainiert Körpergefühl, Beweglichkeit, Stabilität und Koordination und ist spannender als jede Krankengymnastik. Und es hilft, Rückenschmerzen vorzubeugen. Warum zahlt die Kasse, wenn man sich mit «Rücken» auf den Bauch legt, um eine Behandlung über sich ergehen zu lassen? Und warum investiert man nicht viel mehr in den Teil der chinesischen Medizin, der uns Westlern, die wir alle zu viel sitzen, zeigt, wie man gesund bleibt und – *Pardon* – den eigenen Arsch hochbekommt. Und sei es in Zeitlupe!

Erzeugen Zahnspangen Pubertät?

«Ein Gehirn kennt keine Pausenfunktion.
Entweder es assoziiert – oder es ist tot.»
STEVE AYAN

Haben Sie schon einmal bei einem Online-Buchhändler bestellt? Ich hoffe im Namen aller redlichen lokalen Buchhändler: natürlich nur in Notfällen. Aber wenn ja, dann kennen Sie das Phänomen, dass etwas aufgrund einer früheren Bestellung empfohlen wird. Mal passt es, mal wundert man sich. Die Online-Händler kennen uns ja nicht, aber sie sammeln große Datenmengen und stellen daraus Korrelationen her, und da ist immer Vorsicht geboten.

«Erzeugen Zahnspangen Pubertät?» Mit dieser Frage weist mein Freund Vince Ebert auf einen der Grundirrtümer menschlichen Denkens hin, der darin besteht, zwei Dinge in eine Ursache-Wirkung-Logik zu bringen, die nicht ursächlich miteinander zusammenhängen. Wenn B immer passiert, wenn A vorher passiert ist, passiert dann B *aufgrund* von A? Wenn die Pubertät häufig auf die Zahnspange folgt, sieht es schnell danach aus. Das liegt nah, aber manchmal auch daneben. Denn gerne sehen wir Ursache und Wirkung, sprich Kausalität, wo keine ist. Oder andere Gründe. Warum sehen die Leute im Bioladen oft nicht besonders gesund aus? Liegt es am Essen oder daran, dass man sich erst für gesunde Ernährung interessiert, wenn man einen gesundheitlichen Grund dafür hat?

Immer wenn es heißt: «XY schützt vor Z», lautet die wichtigste Frage: Ist das aktiv getestet worden oder nur eine Korrelation? «Vitamin D schützt vor Krebs» ist so eine Schlagzeile. Aber um das herauszufinden, wurde nicht etwa vielen Menschen Vitamin D gege-

Scheinkorrelationen

SCHWEINISCHE FILME

Können Dokumentarfilme schuld sein am Tod von Schweinen?
Korrelationskoeffizient: 0,974

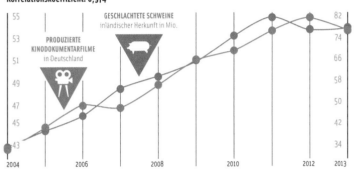

EINSCHLAGENDER ERFOLG

Was hat die Punktzahl des Siegers beim Eurovision Song Contest mit Toten durch Blitzschlag zu tun?
Korrelationskoeffizient: 0,571

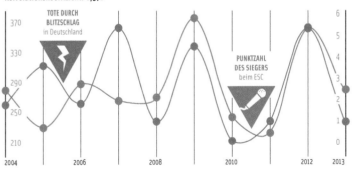

ben und der Kontrollgruppe nichts und die Krebshäufigkeit 20 Jahre gemessen. Diese Geduld haben Forscher oft nicht. Deshalb messen sie lieber zu einem Zeitpunkt und merken dann: Personen mit niedrigem Vitamin-D-Spiegel haben eher Krebs als solche mit hohem Vitamin-D-Spiegel. Aber ob das ursächlich am Vitamin D liegt, ist damit nicht geklärt. Niedrige Spiegel sind eventuell auch Folge einer sich anbahnenden Erkrankung.

Um uns auf heitere Art vor statistischen Schnellschüssen zu warnen, hat der Mathematiker und Wissenschaftsjournalist Christoph Drösser mit der Darstellungsform von Studien herumexperimentiert. Die x-Achse, die von links nach rechts den Zeitverlauf darstellt, ist immer dieselbe. Aber schauen wir uns die y-Achse, die von unten nach oben verläuft, mal genauer an! Die y-Achse hat bei solchen Korrelationen häufig unterschiedliche Einheiten, wie zum Beispiel «Anzahl Tote» und «Punkte im Wettbewerb». Es werden tatsächlich Äpfel mit Birnen oder eben Blitzopfer mit ESC-Erfolg verglichen. Es ist beim Korrelieren erlaubt, diese y-Werte zu stauchen und rauf- und runterzuschieben. Man muss einfach nur lange genug suchen, um zwei Größen zu finden, bei denen dieser Verlauf zufällig denselben Trend hat. Kann das Zufall sein? Ja! Sehen und urteilen Sie selbst. Aber Vorsicht vor Blitzschlag.

Erste Hilfe: Sie haben heilende Hände!

1. Prüfen

Keine Reaktion?
Keine oder keine normale Atmung?

2. Rufen

Wählen Sie **112**.

3. Drücken

Drücken Sie fest und schnell in der Mitte
des Brustkorbs: **mind. 100x pro Minute.**
Hören Sie nicht auf, bis Hilfe eintrifft.

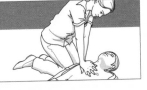

Mehr dazu auf **www.einlebenretten.de**

Theorie & Praxis:

Willkommen zurück! Dieser Mann wäre tot, wenn seine Frau ihn nicht beherzt
reanimiert hätte. Die einfachen Handgriffe hatte sie zuvor in der Sendung
«Quiz des Menschen» gesehen. 10 000 Menschen könnten jedes Jahr gerettet
werden, wenn alle wüssten, was zu tun ist, und anpacken.

Deutschland und die Globulisierung

Wenn ein Bauer über das Feld geht und einen
fahren lässt – hat er dann schon gedüngt?

Die Chancen stehen gut, dass Sie schon einmal ein homöopathisches Mittel genommen haben. Denn das hat die Mehrheit der Deutschen. Ich auch. Wie war Ihre Erfahrung? Hat es Ihnen geholfen? Dann bleiben Sie dabei und lesen Sie nicht weiter. Und wir bleiben Freunde. Viele meiner Freunde sind Fans der Homöopathie, und ich habe aufgehört, mit ihnen zu diskutieren. Es bringt nur schlechte Laune. Und die bringt keinem etwas.

Jetzt lesen Sie ja doch weiter!

Worüber reden wir? Die Homöopathie wurde von Samuel Hahnemann begründet. Dieser visionäre Arzt hatte zu seiner Zeit eine völlig richtige Beobachtung gemacht: Die Mediziner taten den Patienten nichts Gutes, oft schadeten sie ihnen regelrecht. Es wurden Dinge wie Blei, Quecksilber und Aderlass verschrieben und Menschen damit reihenweise umgebracht. Bis vor 200 Jahren war man tatsächlich ohne Arzt besser dran als mit. Hahnemann verdünnte potenzielle Gifte bis zur Unkenntlichkeit, «potenzierte» sie, bis sie garantiert ungiftig wurden. So hat er sicher vielen Menschen das Leben gerettet, indem er sie vor der damaligen «Giftmedizin» bewahrte.

Praktisch alles, was man zu der Zeit getan hat, wurde seitdem aus guten Gründen über den Haufen geworfen und durch bessere Verfahren ersetzt. Die Widersprüche im homöopathischen Gedankengebäude jedoch sind seit 200 Jahren unverändert. Aber vielleicht macht das seinen Reiz aus: Man darf hier auch als aufgeklärter Großstädter, der schon lange aus der Kirche ausgetreten ist, wieder an etwas glauben: daran, dass es einen Geist in der Materie gibt, der sich nicht an die Naturgesetze hält. Dass dieser Geist einer Ursubstanz sich auf Wasser übertragen lässt, dieses Wasser sich merkt, mit wem es Kontakt hatte, und dass sogar diese Erinnerung übrig bleibt, wenn das Wasser auf Zuckerkugeln geträufelt wird und verdunstet – ich spreche von den berühmten Globuli. Homöopathie ist Glaubenssache, und deshalb sind die Diskussionen darüber so schnell von einer humorlosen Aggressivität geprägt, als hätte man mit Hahnemann auch den Propheten beleidigt. Dass Glauben jedoch wirkt und etwas in Körper und Geist verändert, steht außer Frage und ist heute sehr viel besser untersucht als früher. Was macht diese alte Kunst so immun gegen Kritik und gleichzeitig so kommerziell erfolgreich?

Natalie Grams arbeitete als Ärztin jahrelang mit Homöopathie. Je tiefer sie in die Materie der materielosen Substanzen eintauchte, desto mehr Fragen tauchten für sie auf. Heute ist sie eine der glaubwürdigsten Kritikerinnen, weil sie selbst erlebt hat, wie sie eine positive Wirkung auf die Globuli schob, aber eigentlich etwas ganz anderes wirkte: ihr Zuhören, ihre Zuwendung und die Zeit für die Selbstheilung. Das ist Grundlage jeder guten Medizin, und damit füllen die Homöopathen eine Lücke, weil es woanders viel angewandte, aber keine zugewandte Medizin gibt. Wer sich als Arzt mehr Zeit für die Patienten wünscht, bekommt dazu im herkömmlichen Kassensystem kaum eine Chance, es sei denn, er absolviert die Zusatzqualifikation «Homöopathie». Dann kann er plötzlich eine ganze Stunde abrechnen, so wie in der Psychotherapie auch.

Es ist extrem fruchtlos und frustrierend, sich ewig über Studiendesigns, Verdünnungsstufen und die fehlerhafte Eigenbeobachtung von Hahnemann zu streiten, wenn es schon in den letzten 200 Jahren zahlreiche Studien gab, die immer wieder zeigten: Wenn man wissenschaftlich korrekt vorgeht, beruht die Wirkung der Homöopathie nicht auf spezifischen Eigenschaften der Globuli, sondern auf dem Drumherum. Deshalb ist meiner Meinung nach die eigentlich spannende Frage, was man vom unbestreitbaren Erfolg der Homöopathen lernen kann. Verstehen Sie mich nicht falsch: Ich bin völlig damit einverstanden, dass diese Welt weniger Medikamente braucht, weniger Antibiotika gegen Bagatellerkrankungen und weniger Pillen gegen Beschwerden, die ein veränderter Lebensstil besser lindern kann. Aber ich habe noch nie gehört, dass jemand zum Homöopathen ging und *ohne* ein Mittel nach Hause kam.

Neugierig, wie ich bin, fragte ich eine Studienfreundin, die früher selbst als Homöopathin gearbeitet hatte. Das Interesse an den Globuli verlor sie irgendwann, als sie merkte, dass sie den gleichen Effekt entspannter mit Psychotherapie erreichen konnte. Sie empfahl mir einen Arzt, der die genaue Gegenbewegung durchlaufen hat. Er war Intensivmediziner und wandte sich der Homöopathie zu, weil er sich intensiver mit seinen Patienten beschäftigen wollte, als das zwischen den piepsenden Geräten möglich war.

Ich war vor dem Termin etwas aufgeregt, denn ich wollte wirklich wissen, was an dem Verfahren dran ist. Im Wartezimmer war ich allein. Das ist normalerweise kein gutes Zeichen, zumindest bei einem Kassenarzt würde ich Ihnen immer raten, dann sofort umzudrehen. Bei meinem Homöopathen war es hingegen ein Zeichen dafür, dass er nur so viele Termine am Tag macht, wie er auch in Ruhe bewältigen kann. Wir saßen uns gegenüber, ein warmherziger, leiser Mann, der sich wirklich für mich und meine Beschwerden interessierte. Ein paar seiner Fragen erinnere ich noch: Wo erholen Sie sich? Wie lassen Sie Dampf ab? Und er wollte wissen, wann ich mich in einem Korsett gefangen fühle und wann frei. Im besten Sinne einer guten Anamnese brachte er mich zum Beobachten meiner Muster, meiner Alltagsstrategien und der Möglichkeiten, etwas für meinen Stressabbau zu tun. Zusätzlich legte er mich auf seine Behandlungsliege und rückte mein Becken zurecht, was nicht Teil der klassischen Homöopathie ist, aber seine spezielle Art. Auch das tat mir gut. Innerlich und iliosakral neu ausgerichtet, verließ ich die Praxis. Der Arzt ging in sich und schickte mir in einem kleinen Umschlag mit einem Brief ein Mittel. Was er mir herausgesucht hatte, wollte er mir nicht verraten. «Wenn ich das sage, suchen die Patienten im Internet und fangen dann an, mit mir zu diskutieren, dass sie gar nicht so sind, wie es dort steht.» Offenbar geht die digitale Revolution auch an den Homöopathen nicht spurlos vorbei. Nur dürfen sie sich erlauben zu verschweigen, womit sie einen behandeln.

Ob sich meine Beschwerden oder gar meine Konstitution geändert hat, kann ich Ihnen momentan noch nicht sagen. Ich habe den Umschlag mit den Globuli auf den Stapel mit den wichtigen Dingen gelegt, und da liegt er hoffentlich noch, bis ich ihn wiederfinde. Den Stapel. Dass ich kein besonders ordentlicher Mensch, sondern eher ein kreativer Chaot bin, hatte ich aber in dem Anamnesegespräch mehrfach betont. Ich hoffe, er ist nicht sauer, wenn er das liest. Und wenn ich die Kügelchen finde, nehme ich sie ein, versprochen! Aber geholfen hat mir das aufrichtige Gespräch auf jeden Fall, und ich würde auch wieder zu ihm gehen, wenn es mir nicht gutginge. Momentan weiß ich aber zu genau, was meinen Stress auslöst – dieses Buch zu Ende zu schreiben. Und dann lasse ich erst mal so was von Dampf ab ...

Wer geht eigentlich sonst so zum Homöopathen? Die meisten Patienten kommen, weil sie chronisch krank sind. Sie haben Schmerzen, Allergien oder psychische Probleme und waren fast alle schon vorher beim «Schulmediziner», sind aber mit dem Behandlungserfolg unzufrieden. Sowohl aus Sicht der Ärzte als auch der Patienten reduzierten sich in einer Studie die Beschwerden über zwei Jahre hinweg deutlich. Die Lebensqualität stieg, und Patienten nahmen weniger konventionelle Medikamente ein. Nach acht Jahren war ein Drittel weiterhin in homöopathischer Behandlung, meistens bei dem gleichen Arzt. Bei einem zweiten Drittel hatten sich die Symptome verbessert, sodass sie nichts mehr brauchten. Ein Viertel hatte allerdings die Behandlung aus der Überzeugung abgebrochen, dass die Homöopathie ihnen nicht helfen könne. Von dieser Fraktion hört man selten. Von den Begeisterten dafür sehr viel mehr.

Wenn auf dem Spielplatz ein Kind von der Schaukel auf den Kopf fällt, sich kurz umguckt, ob es sich lohnt zu heulen, und dann loslegt, rennen bereits fünf Mütter hin und bieten Arnika-Globuli an. Das beruhigt sofort. Die Mütter. Wird die Homöopathie hier ernst genommen? Eigentlich besteht ihre Kunst ja gerade darin, nach langem Gespräch und Suche in den großen Nachschlagewerken – dem Repertorisieren – unter vielen tausend Mitteln genau das *eine* zu finden, das einem ganz persönlich auf den Leib geschneidert ist. Und was ist dann mit dem Kindskopf? Ist der denn nicht auch höchst individuell? Warum soll einem Kind das Gleiche helfen wie einem anderen, wenn das eine Kind aus Träumerei und das andere Kind aus Waghalsigkeit von der Schaukel fällt, zwei grundsätzlich verschiedene Konstitutionen?

Das zweite Versprechen der Homöopathen lautet, den Körper in seiner Selbstheilung zu unterstützen. Das ist ja sehr löblich, aber braucht der Körper das denn immer? Wenn ich als Kind gefallen bin, gab es keine Globuli, und meine Selbstheilung hat sich dennoch so gut entfaltet, dass bis heute kein einziger blauer Fleck und keine Beule aus der Zeit mehr übrig ist! Hätte ich als Kind jedes Mal bei mildem Fieber, Husten, Schnupfen oder einem blauen Fleck eine kleine weiße Pille geschluckt, hätte ich in meiner kindlichen Neugier daraus womöglich etwas ganz anderes gelernt: mich gerade nicht auf die Selbstheilung meines Körpers zu verlassen und ständig etwas einzuwerfen.

Auf eine kuriose Art und Weise ist eine Nebenwirkung überflüssiger Medizin, dass sich immer weniger Menschen einfach ihres Lebens freuen. Stattdessen greift auf Seiten der wissenschaftsbasierten Medizin die «Medikalisierung» und auf Seiten der Homöopathie die «Globulisierung» um sich, für alles und für jeden braucht es ein Mittelchen. Und auch wenn ein MRT oder die Kügelchen selbst nicht schaden, finde ich die ständige Sorge um die eigene Gesundheit tatsächlich schädlich.

Ist die Homöopathie eigentlich ein Naturheilverfahren? Nein. Das Wirkprinzip hat nichts mit der klassischen Naturheilkunde zu tun. Wenn man in der Homöopathie Pflanzen nutzt, dann in einer Verdünnung, die nichts mehr mit der Pflanze zu tun hat. Bei der echten Pflanzenheilkunde ist dagegen der Gehalt an realen Substanzen wichtig. In der Werbung für homöopathische Mittel sieht man immer Blümchen und Wiesen. Doch homöopathische Verdünnungen kommen in der Natur nicht vor. Die irreführende Werbung, für die Millionenbudgets zur Verfügung stehen, geht noch weiter. Sie behauptet wörtlich im Falle eines Mittels: «Heuschnupfen – lindert alle typischen Symptome, hilft Augen und Nase.» Eine derart spezifische Wirkung ist aber für keines dieser Mittel nachgewiesen, auch nicht «bei Bindegewebsschwäche», sosehr man sich das wünscht. Auf Männertoiletten an Autobahnraststätten wird sogar für ein homöopathisches Potenzmittel geworben. Andere Medikamente aus der Apotheke werden sehr genau im Hinblick darauf geprüft, was sie tun und was nicht und was über sie behauptet werden darf. Warum diese Ausnahmeregeln?

Die Homöopathen haben es in der Vergangenheit geschafft, sich als die sanften, aber einzig Aufrechten am Rande eines bösen Systems darzustellen. Beides ist falsch. Die Lobbyarbeit der Homöopathen ist nicht sanft und steht der von anderen Arzneimittelherstellern in nichts nach. Das Gleiche gilt für ihre Renditen bei einem Umsatz von geschätzten 500 Millionen Euro pro Jahr. Das ist keine Randerscheinung, sondern ein Zeichen dafür, dass die Homöopathie in der Mitte der Gesellschaft angekommen ist. Durch eine Sonderregelung für «besondere Therapierichtungen» gibt es eine Nische im Arzneimittelrecht. Weil es die Homöopathie schon so lange gibt, muss sie nicht belegen, wozu sie gut ist. Eine seltsame Logik, die auf das Wohlwollen der Politik in den siebziger Jahren zurückzuführen ist, und die seitdem kein Gesundheitsminister in Frage zu stellen wagt. Im Gegenteil: Die Krankenkassen spielen das Spiel mit und zahlen per Sonderverträge die Behandlung. Die Apotheker sind auch dabei und verdienen mit. Ich erkenne keine Benachteiligung. Dieses Land leidet nicht an Globuli-Mangel. Jeder, der meint, welche zu brauchen, bekommt sie.

Warum eigentlich nur in der Apotheke? Das liegt an einer juristischen Finte: dem lateinischen Namen! Weil auf der Packung nicht Bergdotterblume, sondern Arnika steht, darf nur eine Fachkraft verkaufen, was zum Mythos beiträgt. Eine Forderung des Informationsnetzwerkes Homöopathie lautet deshalb: Schreibt doch einfach auf Deutsch drauf, was drin ist, genauer gesagt nicht mehr drin ist. Und dann wird das automatisch frei verkäuflich. Oder befürchtet da jemand Rabattpreise beim Discounter, beworben mit dem Slogan: «Bei uns ist auch nichts drin, aber für weniger Geld»?

Für mich hört der Spaß auf, wenn es um ernsthafte Erkrankungen geht. Wenn die Frage lautet, ob man mit Homöopathie Krebs heilen kann, gibt es nur eine ärztliche Antwort: Nein. Komplementärmedizin kann sehr wohl die Lebensqualität steigern, aber an den Ursachen von Krebs können Globuli nichts ändern. Ebenso sträuben sich mir die Haare, wenn ich von «Homöopathen ohne Grenzen» höre, die in Afrika Globuli verteilen wollen. Die klare Empfehlung der Weltgesundheitsorganisation: In der Behandlung von HIV, Tuberkulose, Malaria und lebensbedrohlichem Durchfall gibt es keinen Platz für Experimente mit Streukügelchen. Auch wer verspricht, es gäbe eine «homöopathische Impfung», begeht Etikettenschwindel, weil es hierfür keine plausiblen kontrollierten Studien gibt.

Und wirkt Homöopathie bei Kindern? Ja, reine Psychologie. Kinder sind so eng mit ihren Eltern verbunden, dass sich die positive Erwartung einer Mutter überträgt. Ist die Mutter ängstlich oder sicher? Freut sie sich, etwas tun zu können, und wartet deshalb, bis das Aua oder das Fieber von allein vorbei ist?

ZOO PFAFF

Fachhandel rund ums Tier
Hundesalon
Homöopathie für Tiere

◄─────

Die Homöopathie ist das Chamäleon unter den Therapien. Immer fein auf die Umgebung abgestimmt.

Und was ist mit den Tieren? Darf ich Ihnen eins vom Pferd erzählen? Von einem ganz besonders schlauen Gaul, dem «klugen Hans»? Hans war ein toller Hengst, denn er konnte Rechenaufgaben lösen. Weil ein Pferd nicht genug Finger hat, scharrte Hans mit den Hufen, so oft, bis das richtige Ergebnis gescharrt war. Sein Lehrer und er sorgten 1904 für Furore und wurden sogar dem preußischen Kultusminister vorgeführt. Schließlich wurde eine 13-köpfige wissenschaftliche Kommission eingesetzt, aber den Trick durchschaute kein Professor, sondern ein Student: Hans beherrschte keine Mathematik, sondern die Mimik der Menschen! Zunächst bei seinem Lehrer, später auch bei anderen Fragestellern war Hans der Zusammenhang klar geworden: Für eine richtige Antwort gab es eine Belohnung. Und woher wusste er, wie lange er scharren musste? Er beobachtete, dass sich die angespannten Gesichter immer dann entspannten, wenn er lange genug «blind» geklopft und dabei automatisch die richtige Zahl erreicht hatte. Damit lag er bei 9 von 10 Fällen richtig.

Tiere können auf die Erwartung von Menschen so präzise reagieren, dass diese meinen, das Tier zu beobachten, während das Tier die Menschen beobachtet. Eine wahre Geschichte! Hans ist bis heute ein wertvolles Zugpferd zum Verständnis dafür, wie wichtig klare Testbedingungen sind, damit man nicht ständig auf das hereinfällt, was man sehen möchte. So gesehen hat er uns allen die Scheuklappen genommen und den Blick für den Wert von Doppelblindstudien geöffnet. Aber wer rechnet denn bei einem Pferdefuß mit so was!

Anekdoten und einzelne Erfahrungen reichen eben nicht, um einen Beweis zu führen. Das hat Hans mit den Homöopathen gemeinsam.

Wägt man Nutzen und Schaden ab, bleibt das Ganze natürlich Ihre ganz persönliche Entscheidung. Tun Sie, was Ihnen guttut, und nehmen Sie, was Ihnen nicht schadet und Zeit gewinnt für den natürlichen Heilungsverlauf, sofern Sie nichts Ernstes verpassen.

Na gut, zum Schluss doch noch eine Anekdote aus der Notfallambulanz einer Kinderklinik. Eine sehr aufgeregte Mutter kommt mit ihrem dreijährigen Sohn. Der Junge hatte, neugierig, wie Kinder in dem Alter sind, im Badezimmer einen Kulturbeutel mit lauter Globuli entdeckt und die vielen kleinen Zuckerkugeln alle auf ex heruntergeschluckt. Die Mutter drängte: «Herr Doktor, was soll ich tun?»

Und der Arzt sagte ruhig: «Heute nichts Süßes mehr.»

Wundermittel Aspirin

Der Unterschied zwischen natürlich und künstlich
ist natürlich künstlich.

Als Kind habe ich mich immer gefragt: Woher weiß die Kopf-schmerztablette, wo der Kopf ist? Wenn man sie herunterschluckt, geht es ja erst einmal in die völlig falsche Richtung. Von Zäpfchen ganz abgesehen. Im Studium lernte ich, dass die Tabletten gar nicht wissen müssen, wo der Kopf ist, um wirken zu können, und mein Respekt wuchs.

Wenn es in der Medizin ein Wundermittel gibt, dann ist es Aspirin. Es wirkt gegen Herzinfarkt, Schlaganfall und Darmkrebs. Eine positive Nebenwirkung besteht darin, dass Kopfschmerzen und Fieber weggehen. Sie können das auch als Hauptwirkung empfinden; das ist eine Frage der Situation und der Dosis. Aber bevor Sie jetzt Kopfschmerzen bekommen – eins nach dem anderen.

Ich sollte ASS oder Acetylsalicylsäure sagen, denn Aspirin ist ein Markenname. Fragt man Menschen, wo Aspirin herkommt, sagen sie: «Von Bayer.» Das Pharmaunternehmen war tatsächlich der erste offizielle Hersteller, aber die Idee ist uralt. Die Ursubstanz stammt aus der Weidenrinde, lateinisch *salix*, deshalb Salicylsäure. Das Acetyl davor weist auf eine kleine Veränderung im Labor hin, damit es nicht mehr so auf den Magen schlägt. Früher kochten weise Frauen aus der Weidenrinde einen Sud, der gegen Fieber half, aber leider schwer verträglich war. Das ist vor gut 100 Jahren angenehmer geworden. Viele Menschen lehnen Medikamente ab, weil das Chemie ist und die Pharmaindustrie per se nur Gewinne machen will. Beides stimmt, und trotzdem bin ich heilfroh, dass ich in einem Jahrhundert lebe, in dem ich mir nicht jede Arznei selbst aus Pflanzen herauskochen muss. Es gibt noch weitere natürliche Quellen von Salicylsäure, unter anderem das Naturprodukt Bibergeil (Castoreum), ein Sekret der Analdrüse des Bibers, das bis ins 19. Jahrhundert gegen Krämpfe, hysterische Anfälle und Nervosität eingesetzt wurde. Nennen Sie mich spießig, aber wenn ich die Wahl habe zwischen einem frisch gewonnenen Analsekret und einem abgepackten Produkt aus der Apotheke, finde ich: So schlecht haben wir es heute nicht. ASS gibt es von vielen Herstellern, und sobald man die Tablette genommen hat, ist es dem Körper komplett egal, welche Firma auf der Packung steht. Das ist allerdings nur schwer in die Köpfe zu bekommen, deshalb greift man, wenn man auf Nummer sicher gehen will, doch zum Markenprodukt. Manchmal leiste ich mir auch das Brausepulver, dann kann man bei Kopfschmerzen mit dem weißen Zeugs eine kleine Linie auf der Hand bauen, bevor man es nimmt – sozusagen das Koks des kleinen Mannes.

Ich bin ASS-Fan – und damit nicht allein: Seit 1977 steht ASS auf der Liste der unentbehrlichen Arzneimittel der Weltgesundheitsorganisation, und lang ist diese Liste nicht. Es gibt deutlich mehr entbehrliche.

Nur weil etwas aus der Natur kommt, ist es nicht automatisch gut. Die giftigsten Substanzen, die der Menschheit bekannt sind, sind das Aflatoxin aus Schimmelpilzen oder das Botox aus Bakterien. Ein Löffel voll davon, und Sie sterben eines «natürlichen» Todes. Natürlich ist es sinnvoll, einen Apfel zu essen und so eine ganze Mischung aus guten Wirkstoffen in den Körper zu holen. Aber vorher entfernen wir die Kerne, weil die bitter sind und Blausäure enthalten. Denn die Kerne hatten evolutionär nicht das Ziel, für Menschen bekömmlich zu sein. Ihnen war wichtiger, eben nicht verdaut zu werden. Deshalb ist es schlau, nicht immer die ganze Pflanze zu essen, sondern zu schauen, welches Molekül in einer Pflanze die gewünschte Wirkung verursacht, und dies dann gezielt herauszulösen oder nachzubasteln, in konstanter Menge und Qualität.

Ab wann ist denn etwas Natürliches nicht mehr Natur? Etwas zu kochen, erscheint inzwischen manchen Leuten schon als Frevel, weil dadurch die Natur verändert wird. Dabei war es wahrscheinlich eine der besten Ideen der frühen Menschen, Dinge durch Hitze verdaulicher zu machen. Seit sie Fleisch essen und Hülsenfrüchte öffnen konnten, wuchs das Gehirn, und die Blähungen ließen nach. Auch bei Tomaten werden durch das Kochen zahlreiche ihrer guten Nährstoffe erst für den Körper nutzbar. Viele meinen ja, Tomaten, die nicht genmanipuliert sind, würden gar keine Gene enthalten. Woher wissen die Tomaten dann, wie sich ihre Zellen teilen sollen und dass sie nicht eine Gurke oder ein Kürbis sind? Jede Zelle trägt Erbinformation in sich, und ein bisschen Informiertheit tut auch der Diskussion um die Natürlichkeit gut.

Verstopfung ist für viele Menschen ein Problem. Zwei der wichtigsten Ursachen sind Bewegungsmangel und falsche Ernährung. Die Gegenmittel Wasser, Ballaststoffe und Sport findet man im Leben, aber nicht in der Apotheke. Dort gibt es nur Abführmittel, und auch da wollen viele etwas «Pflanzliches», keine Chemie. Der Klassiker sind Produkte aus der indischen Pflanze Senna. Weil es ja pflanzlich und damit in der Vorstellung vieler auch harmlos ist, nehmen einige Patienten leider so viel davon ein, bis der Darm sich selbst lahmlegt und die Salze im Blut, die Elektrolyte, durcheinandergeraten.

Ein befreundeter Gastroenterologe verriet mir jedoch, dass nicht alle Patienten so große Naturfreunde sind: «Manche sind richtig beleidigt, wenn man ihnen etwas Pflanzliches aufschreibt. Sie fühlen sich in ihrem Leiden nicht ernst genommen und wollen ein ‹richtiges›, verschreibungspflichtiges Präparat. Die pflanzlichen Mittel sind fast immer frei verkäuflich, und wer zahlt schon gerne selbst?»

Mein Vorschlag: Nicht die Herkunft einer Substanz sollte für die Verschreibung entscheidend sein, sondern ob sie wirksam oder unwirksam ist. Ob eine Substanz «pflanzlich», «natürlich», «chemisch» oder «biologisch» ist, sagt absolut nichts darüber aus, wie gefährlich oder nützlich sie ist.

Aspirin ist ein gutes Beispiel, das auch zeigt, dass die Unterscheidung zwischen Haupt- und Nebenwirkungen Unsinn ist. In niedriger Dosis hindert ASS die Blutplättchen daran aneinanderzukleben. Das hilft, wenn man vermeiden möchte, einen zweiten Herzinfarkt oder Schlaganfall zu erleiden; man nennt das Sekundärprävention, es werden also nach einem primären Ereignis weitere verhindert. Ob Sie ASS als Prophylaxe auch vor dem ersten Herzinfarkt / Schlaganfall einnehmen sollten, besprechen Sie am besten mit Ihrem Hausarzt, weil es bei Menschen mit empfindsamen Mägen vermehrt zu Blutungen führt und man wie immer Nutzen und Risiko gegeneinander abwägen muss.

In höheren Dosen hemmt ASS die Bildung von Botenstoffen, die «Achtung, Entzündung!» schreien. Deshalb senkt ASS das Fieber und den Schmerz, der mit diesen Signalen verbunden ist. Und was hat das mit dem Auftauchen von Darmkrebs zu tun? Das war ein Zufallsbefund im Zuge einer Studie: Bei den regelmäßigen Anwendern von ASS fanden sich weniger Polypen und weniger Darmkrebs, was ebenfalls auf die Rolle von Entzündungsvorgängen bei der Entstehung hindeutet. Aber hier kann momentan noch keine Empfehlung für alle ausgesprochen werden, weil es auch im Darm zu gefährlichen Blutungen kommen kann. Keine erwünschte Wirkung ohne unerwünschte Wirkungen.

Bei ASS wusste man übrigens 70 Jahre lang nicht, *warum* es wirkte; nur dass es wirkte, stand fest. Inzwischen ist der Mechanismus klarer geworden. Und da er in ein Regelwerk von körpereigenen Botenstoffen eingreift, wird man vielleicht in Zukunft noch weitere Anwendungsgebiete finden.

Bei vielen Substanzen, die zur Narkose eingesetzt werden, weiß man ebenfalls nicht, wie sie wirken. Das mag den einen oder anderen beunruhigen, aber wenn sie operiert werden müssen, sind die meisten dann doch sehr froh, dass sie das nicht bei vollem Bewusstsein erleben müssen, auch wenn nicht klar ist, was Bewusstsein eigentlich ist und warum man es mit ein paar Mitteln so effektiv ausknipsen kann. Ich weiß, da gibt es auch was Pflanzliches. Sie können mit Hopfen und Malz versuchen, Schmerzfreiheit zu erreichen. Ist «natürlich» möglich, hat aber Nebenwirkungen.

Übrigens: Bei Spannungskopfschmerzen gibt es tatsächlich etwas wirksames Natürliches: das Öl der echten Minze, Mentha piperita. «Chinaöl» oder japanische Öle riechen sehr ähnlich, enthalten aber andere Sorten Minze. Auch zwischen zwei Naturprodukten lohnt sich die Unterscheidung nach Wirksamkeit.

Das Wunder wird nicht kleiner, je mehr wir über unseren Körper und die Natur wissen, oder?

Dagegen ist ein Kraut gewachsen

Was soll an Tabak schädlich sein?
Ist doch rein pflanzlich.

Jetzt gestehe ich Ihnen etwas: Als Student habe ich mich für Menschenversuche hergegeben. Ich habe meinen Körper an die Forschung verkauft. Immerhin nicht an die böse Pharmaindustrie, sondern für ein naturheilkundliches Präparat. Und auch nicht den ganzen Körper, sondern nur meinen linken Unterarm. Ich war jung und brauchte das Geld.

Mit einem Ätzmittel wurden darauf drei große Blasen erzeugt, fünfmarkstückgroß, so als hätte ich mich verbrannt. Die klare Lymphflüssigkeit in den Blasen enthielt jede Menge Abwehrzellen, und so trug ich praktisch drei lebende Reagenzgläser mit mir herum. In jede dieser kleinen Halbkugeln wurde Echinacin in verschiedenen Dosen gespritzt. Nach ein paar Tagen wurde die Flüssigkeit abgesaugt, und mir blieben zur Erinnerung über Monate kreisrunde Narben. Die wissenschaftliche Ausbeute war enttäuschend, denn der Extrakt aus dem Sonnenhut, der eines der beliebtesten Mittel zur Stärkung des Immunsystems ist, hatte keine messbare Wirkung auf meine Abwehrzellen und die der anderen Probanden.

Eine aktuelle Übersichtsarbeit von 2015 konnte auch keine Wirkung bei der Therapie einer Erkältung nachweisen; sie dauerte mit und ohne Echinacin gleich lang. In der Vorbeugung zeigten sich sehr kleine mögliche Effekte. Wie so oft bei Pflanzen hängt die Wirkung von der Art der Zubereitung ab, davon, welche Teile verarbeitet werden; es gibt unterschiedliche botanische Arten, und die Substanzen kommen auch in sehr unterschiedlichen Konzentrationen vor.

Den medizinischen Nutzen von Pflanzen zu untersuchen, ist eine uralte Kunst, denn über Jahrtausende gab es gar keine andere Quelle hilfreicher Substanzen als ihr Vorkommen in der Natur. Das Wissen um die Wirkung von Blättern, Stängeln und Rinden auf unseren Körper reicht sogar über die menschliche Gattung hinaus. Affenforscher haben beobachtet, dass sich auch unsere tierischen Verwandten in der Apotheke der Natur auskennen. So beobachtete die Tierärztin Sabrina Krief im Regenwald Ugandas eine Gruppe von 50 Affen, identifizierte kranke Tiere, schrieb genau auf, was diese fraßen, und sammelte im Morgengrauen Urin- und Stuhlproben. Schimpanse Yogi zum Beispiel brachte die Forscher auf die heilende Wirkung der Rinde des Red-Nongo-Baums, die er kaute, als er unter Darmwürmern litt. Tatsächlich zeigte sich auch im Labor, dass Substanzen dieser Rinde Parasiten abtöten können. Ähnlich lief es mit dem Affen Makokou. Der Primat hatte Fieber und stopfte den ganzen Tag Blätter des Baums Trichilia rubescens in sich hinein. Nach wenigen Tagen ging es dem Schimpansen wesentlich besser. Als man die Blätter genauer unter die Lupe nahm, fanden sich zwei neue Wirkstoffe gegen Malaria, die vielleicht auch in Zukunft beim Menschen helfen können – sozusagen aus dem Tier-Selbstversuch.

Was können Pflanzen zur Heilung eines Menschen beitragen?

Viele enthalten wirksame Inhaltsstoffe und sind in ihrem Einsatz gegen Krankheiten gut belegt und erforscht. So hilft Kamille gegen Entzündungen, Pfefferminze bei der Verdauung und bei Spannungskopfschmerz, und die Teufelskralle tut trotz ihres furchteinflößenden Namens nachweislich gut bei Schmerzen. Honig hilft gegen Lippenherpes und wirkt bei manchen sogar besser als jede Salbe aus der Apotheke. Auch viele pharmazeutische Präparate haben pflanzliche Vorbilder, vom Fingerhut bis zur Weidenrinde.

Die Pflanze Kava-Kava, auch Rauschpfeffer genannt, wird in einem traditionellen Getränk des westpazifischen Raumes bei religiösen und kulturellen Anlässen konsumiert und wurde als natürliches

Entspannungsmittel in Deutschland auf den Markt gebracht. Als bei mehreren Patienten Leberschäden auftraten, nahmen die Zulassungsbehörden das Produkt vom Markt, da nicht genau geklärt werden konnte, was die Schädigung auslöste. In anderen Ländern ist es weiter erlaubt. Zur Stimmungsaufhellung sind auch Johanniskrautpräparate beliebt, die allerdings bei einer schweren Depression nicht ausreichen. Wer sich pflanzliche Mittel kauft, sollte unbedingt seinem Arzt davon erzählen, denn dem Körper ist es ziemlich egal, ob eine Substanz verschreibungspflichtig ist oder nicht. Und die Leber kennt auch keinen Unterschied zwischen natürlichen und künstlich hergestellten Wirkstoffen, die sich beim Abbau möglicherweise gegenseitig beeinflussen. Kommt die Leber auf Hochtouren, weil sie Johanniskraut abbauen möchte und dafür extra Enzyme bildet, kann das auch Konsequenzen für die Wirksamkeit von anderen Mitteln haben. Bekannt ist, dass die Antibabypille dann weniger verlässlich wirkt, und eine ungewollte Schwangerschaft könnte die Stimmungsförderung von Johanniskraut wiederum beeinträchtigen.

Eine ähnliche Diskussion gibt es auch um ein beliebtes Mittel aus der Apotheke, das bei Erkältungen mit uralter afrikanischer Weisheit und der Wirkung eines Antibiotikums wirbt. Teile der Versprechungen, die in der Werbung gemacht wurden, mussten nach einem Rechtsstreit zurückgezogen werden, aber ein bisschen Mythos steigert die positive Erwartungshaltung der Patienten möglicherweise. Ich bin damit etwas vorsichtig, weil nach Meinung des pharmaunabhängigen *Arznei-Telegramms* das Pelargonium-Extrakt die Leber einiger Patienten schädigt.

Es ist eine sehr verbreitete, aber naive Annahme, dass Pflanzen uns immer nur Gutes wollen. Pflanzen waren bereits Millionen Jahre vor uns Menschen auf diesem Planeten und hatten in ihrer Evolution sicher andere Ziele, als in einem Teebeutel oder einer Tinktur zur Linderung irgendwelcher Beschwerden beizutragen. Ihr größtes Interesse galt seit jeher ihrem eigenen Überleben, doch sie haben einen klaren Nachteil: Sie können nicht weglaufen. Zum Schutz vor Käfern, Parasiten und hungrigen Tieren blieb ihnen nur eine Möglichkeit: Substanzen zu entwickeln, die allen, die sie fressen wollen, Bauchschmerzen verursachen. Wenn nach einer Mahlzeit Übelkeit auftritt, bleibt häufig eine lebenslange Abscheu gegen die entsprechende Speise zurück. Das kennen Sie vielleicht auch – wenn Sie einmal schlechte Erfahrungen mit einem Lebensmittel gemacht haben, sitzt dieser Ekel tief. Tieren geht es genauso: Wölfe, denen man vergälltes Schafsfleisch verfüttert hatte, flohen fortan vor ihrer Lieblingsbeute. Und diesen Trick machen sich viele Pflanzen zunutze: Sie bilden Bitterstoffe, um nicht gefressen zu werden. Diese Stoffe sind milde giftig, töten Käfer zwar nicht, aber halten sie auf Abstand. Nicht umsonst bekommen wir, wenn wir beim Survivaltraining mal versuchen, wie eine Kuh nur von Gräsern zu leben, von dem meisten Grünzeug Bauchweh, Kopfschmerzen und Übelkeit.

Kurioserweise sind es offenbar genau diese Bitterstoffe, von denen wir aber profitieren, wenn wir sie in geringen Mengen zu uns nehmen. Hier gilt das weise Wort von Paracelsus: Die Dosis macht das Gift! Und der alte verhasste Sportlehrerspruch: Was nicht tötet, härtet ab.

Das Prinzip nennt sich *Hormesis*, vom griechischen Wort für Anregen, und findet sich in vielen Bereichen. Ein Muskel lässt sich besonders effektiv durch kurze Intervalle von hoher Intensität trainieren, die auf Dauer keiner durchhalten könnte. Kurzfristiger Stress macht für spätere Belastungen belastbarer. Und: Radioaktivität. Sie ist gefürchtet und tötet in hohen Dosen zuverlässig Zellen und ganze Menschen. Warum aber gehen Rheumakranke zur Linderung ihrer Beschwerden seit Jahrhunderten in Radonstollen, setzen sich also freiwillig schwach radioaktiver Strahlung aus? Weil es ihnen danach deutlich besser geht! Man vermutet, dass kleine Schäden an der Erbsubstanz, die durch die Strahlung in niedrigen Dosen entstehen, Reparaturvorgänge anregen.

Ein Vordenker in dieser Sache war der Greifswalder Pharmakologe Hugo Schulz, der schon 1888 bemerkte, dass Hefe nach Behandlung mit einem stark verdünnten Desinfektionsmittel besonders gut gedeiht. Bei anderen Giften sah Schulz seinen Befund bestätigt: Unterhalb einer Schwellendosis schlägt die Wirkung um – das Schädliche wird nützlich. Mit Koffein kann man sich in hohen Dosen töten, in milden anregen. Auch das Gift Arsen, das durch den Film *Arsen und Spitzenhäubchen* berühmt wurde, kann in kleinen Mengen das Leben verlängern – zumindest bei Fadenwürmern. Mit dem Zellgift Ethanol, besser bekannt als Alkohol, können Menschen sich kurz- und langfristig «abschießen», aber wer es in Maßen zu sich nimmt, senkt sein Risiko für Herzinfarkte, Diabetes und Alzheimer. Und das Gift des Fingerhutes, das im schlechtesten Fall tödlich ist, wurde jahrelang in kleinen Dosen als wirksames Herzmedikament eingesetzt.

Zellen reagieren auf jegliche Art von Stress, indem sie ihre Energiereserven mobilisieren. Die entstehenden Sauerstoffradikale galten lange als schädlich; heute weiß man, wie wichtig sie für die Reparatursysteme der Zellen sind. Alzheimerforscher haben lange versucht, mit hohen Dosen von Vitaminen die Krankheit zu stoppen – vergeblich. Eine spannende Substanz verbirgt sich im Curry – das Curcumin. Studien zeigen, dass es gegen Schlaganfallsymptome hilft und deutlich stimmungsaufhellend wirkt. Aber auch hier gilt: Zu viel davon kann schaden. Bei Knoblauch und scharfem Pfeffer konnte man ebenfalls eine spezifische Wirkung an Nervenzellen nachweisen. Die Studien zu Ginkgo als großer Gedächtnisstütze stützen leider nicht seinen Einsatz: Ginkgo schützt nicht vor Alzheimer.

Essen Sie möglichst bunt, mehr Pflanzen als Tiere und mehr Kräuter als Salz. Greifen Sie zum Apfel mit Schale, Walnüssen und Blaubeeren. «An apple a day keeps the doctor away» trifft sicher eher zu als «Eine Multivitamintablette am Tag ...», oder um mit Hippokrates zu sprechen, der kein Englisch konnte: «Lass deine Nahrung deine Medizin sein.»

Kleiner Piks, große Wirkung

Jeder hat das Recht auf eine eigene Meinung.
Aber nicht auf eigene Fakten.

Falls Sie diesen Text, aus welchen Gründen auch immer, nicht bis zum Ende lesen wollen, verrate ich Ihnen schon mal, was drinsteht: *Impfen ist sicher, sinnvoll und solidarisch.* Die Frage, ob man sein Kind impfen lassen sollte, zieht viele weitere Fragen und Unsicherheiten nach sich. Welche Impfung ist sinnvoll und wann? Kann man dem Kind diese Prozedur nicht ersparen? Braucht das Immunsystem diese Infekte nicht? Was ist mit Impfschäden? Da war doch mal was mit Autismus … Man googelt sich durchs Internet, fragt Nachbarn, Ärzte, andere Eltern und wird immer verwirrter.

Die Kommunikationspsychologin Cornelia Betsch forscht an der Universität Erfurt darüber, was passiert, wenn besorgte Eltern im Netz zum Thema Impfen recherchieren. Bereits nach fünf Minuten hat man automatisch jede Menge impfkritischer Informationen zusammen. Jeder kann im Netz alles herausposaunen, und eine absurde These ist immer interessanter als ihre mühsame wissenschaftliche Widerlegung. Auf die offiziellen Internetseiten wie die der Bundeszentrale für gesundheitliche Aufklärung oder die des Robert Koch-Instituts schauen viele nicht. Cornelia Betsch hat auch untersucht, wie unterschiedlich Informationen aufgenommen werden, je nachdem, was man vorher schon für eine Meinung hatte. Gerade Menschen mit vielen Ängsten und Vorurteilen gegenüber einer Impfung werden häufig durch «Aufklärung» noch ablehnender! Wie kann das sein?

Impfen ist sicher

Das schlimmste Beispiel für gezielte Fehlinformation, das ich kenne, stammt von Andrew Wakefield. Er veröffentlichte 1998 eine «Studie», die behauptete, es gäbe einen Zusammenhang zwischen Masernimpfung und Autismus. Als Beleg sollten zwölf Kinder herhalten. Was Wakefield verschwieg: Er hatte 55 000 Pfund bekommen, um genau diese These in die Öffentlichkeit zu tragen. Die Bestechung kam von Eltern, die hofften, auf diesem Wege von der Versicherung für ihr autistisches Kind Geld zu bekommen. Nicht nur die Pharmaindustrie bescheißt gerne bei Studien, manchmal ist es auch andersherum.

Von der Tatsache, dass die Arbeit von Wakefield im Jahr 2010 als Fälschung entlarvt wurde und das schwarze Schaf zu Recht ein Berufsverbot erhielt, weiß kaum jemand. Fragt man heute Menschen auf der Straße, spukt der Autismus-Fake nach wie vor in vielen Köpfen herum.

Warum kann man sich ganz sicher sein, dass es keinen Zusammenhang zwischen der Impfung und Autismus gibt? Weil es erstens in mühevoller Kleinarbeit an über 500 000 Kindern belegt wurde. Weil zweitens unter den nicht geimpften Kindern der Anteil von autistischen Kindern identisch ist. Und weil drittens die Veranlagung zum Autismus bereits im Mutterleib erfolgt.

Ich sprach mit Jan Oude-Aost, der als Arzt in der Autismus-Ambulanz der Uniklinik Dresden arbeitet. Wenn Eltern zu ihm kommen, die sich Sorgen machen, ob sie mit einer Impfung die autistische Störung ihres Kindes erst verursacht haben könnten, bittet er sie, Videomaterial aus dem ersten Lebensjahr mitzubringen. Es gibt fast immer Anzeichen einer autistischen Störung, selbst im ersten Lebensjahr, also lange vor der ersten Masernimpfung. Die Kinder nehmen kaum spontan Blickkontakt auf, verwenden wenig «Babysprache» und sind ängstlich, wenn sich in ihrem Umfeld etwas verändert. Gesunde Kinder ahmen normalerweise Mimik nach, lächeln zurück und freuen sich, wenn auf ihr Lächeln reagiert wird. Beim Füttern öffnen sie den Mund, wenn der Erwachsene den Mund öffnet. Eltern, die nicht gezielt darauf achten, übersehen diese Hinweise oder meinen, ihr Kind sei einfach nur ein Spätentwickler.

Die Idee des Impfens, einen geschwächten Erreger oder tote Teile davon einzusetzen, damit das Immunsystem vorbereitet ist, wenn der fiese Erreger kommt, ist schon ziemlich alt. Die Vorlage lieferte die Natur! Der britische Arzt Edward Jenner hatte beobachtet, dass bei Ausbrüchen von Pocken einige Menschen verschont blieben: die Melkerinnen, die Kontakt mit Kuhpocken gehabt hatten. Offenbar übertrug sich etwas von den Kuhpocken auf den Menschen, was gegen die richtigen Pocken schützte. Er experimentierte und überprüfte, ob das auch für Kinder galt. Tatsächlich: Ein Junge mit Kuhpocken war gegen die richtigen Pocken immun. Damit legte er 1770 den Grundstein dafür, dass 200 Jahre später die Pocken als erste und bislang einzige Infektionskrankheit zum Verschwinden gebracht werden konnten. Eine unglaubliche Erfolgsgeschichte der Medizin.

Was sind die relevanten Nebenwirkungen des Impfens?

Es gibt einen Piks, und die Kinder weinen vielleicht kurz. Später wird die Einstichstelle möglicherweise rot, ein Lymphknoten schwillt an, und das Kind hat erhöhte Temperatur. Das sind keine schlimmen Nebenwirkungen, das ist der Erfolg der Hauptwirkung! Das Immunsystem reagiert bereits und lernt dazu. Genau das ist es, was man will. Und meistens lacht das Kind nach fünf Minuten auch schon wieder, und es hat von dieser Prozedur etwas für Jahrzehnte oder das ganze Leben. Eine gute Bilanz.

Impfen ist sinnvoll

Wie sicher Impfungen das verhindern, was sie sollen, zeigt der drastische Rückgang der Maserntoten weltweit in den sechziger Jahren.

Wenn wir online gewarnt werden, dass der Virenschutz unseres Rechners nicht auf dem aktuellen Stand ist, werden wir nervös, re-

IMPFEN IST SINNVOLL

Die Erfolge der Schutzimpfungen sind unübersehbar. Die Abnahme der Todesfälle allein bei diesen vier Infektionskrankheiten in Europa ist dramatisch und segensreich.

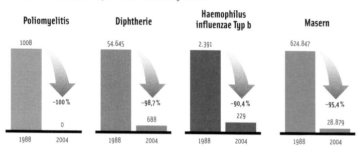

| Poliomyelitis | Diphtherie | Haemophilus influenzae Typ b | Masern |

IMPFEN IST SOLIDARISCH

Wenn 95 Prozent einer Gemeinschaft durch eine Impfung geschützt sind, können sich in ihrem Schutz auch die 5 Prozent sicher fühlen, die sich nicht selbst schützen können, wie Säuglinge oder Menschen mit Abwehrschwäche oder nach einer Organtransplantation. Diese «Herdenimmunität» ist der wichtigste Grund für Impfungen, gleichzeitig das beklopteste Wort, um diese Idee zu transportieren. Wer möchte Teil einer Herde sein? «Gemeinschaftsschutz» trifft es viel besser.

Gemeinschaftsschutz ist vorhanden.

Einzelne Ungeimpfte werden durch die Gemeinschaft geschützt.

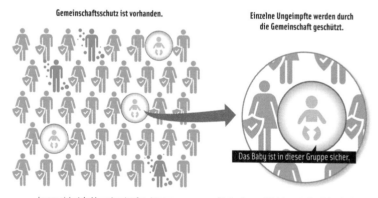

Das Baby ist in dieser Gruppe sicher.

Lassen sich viele Menschen impfen, können sich die Erreger nur begrenzt ausbreiten.

Die Impfung schützt doppelt: Der Geimpfte kann nicht krank werden und niemand anderen anstecken.

cherchieren den besten Schutz und aktualisieren diesen rasch. Aber offline wird die Impflücke immer größer, und Kinder erkranken ohne Not wieder an Masern wie zuletzt in Berlin. Dort gab es bleibende Schäden und sogar Tote. Alles vermeidbar. Weil ich früher in der Kinderneurologie gearbeitet habe, weiß ich, wie hilflos man ist, wenn eine virale Entzündung des Nervensystems nicht ursächlich zu behandeln ist. Und ich weiß, was es für ein Segen es ist, dass wir alle vor Polio, Pocken und Masern, Mumps und Röteln keine Angst mehr haben müssten.

Sind die denn nicht harmlos?

Fragen Sie mal ältere Kinderärzte, die noch Kinder mit Polio erlebt haben. Manche Erwachsene tragen heute noch die Spätschäden. Aber weil viele Erkrankungen durch den Erfolg der Impfung stark zurückgedrängt werden konnten, fehlen uns hierzulande die Erfahrung und der Respekt vor dem, was Bakterien und Viren immer noch bei Ungeschützten anrichten können. Eine Mehrfachimpfung klingt nach einem Schrotschuss, in Wahrheit braucht man dabei viel weniger Wirkstoff als in den Einzelimpfungen, um eine Reaktion zu erzielen. Und Aluminium ist auch schon lange aus den Impfungen verschwunden, wird aber immer wieder als warnendes Argument aus der Kiste geholt.

Impfen ist solidarisch

Wer glaubt, wir impfen nur für uns selbst, irrt. Impfen ist eine Solidaritätserklärung, ein Bekenntnis zur Gemeinschaft, in der wir leben. Wir schützen andere und werden von anderen geschützt. Wir schützen die Schwachen, die nicht geimpft werden können: die im Mutterleib, die Frühchen und Säuglinge, die Kranken. Und wir schützen auch die, die sich oder ihre Kinder nicht impfen lassen wollen. Sogar die Impfgegner, die von der Immunität der anderen profitieren. Es sind zum Glück nicht so viele, und da die sogenannte Herdenimmunität eintritt, wenn 95 Prozent der Bevölkerung geimpft sind, kann eine Demokratie sich auch ein paar Ungeimpfte leisten, ohne Zwang. Nur der Begriff «Herdenimmunität» ist bekloppt, denn wer ist schon gerne Teil einer Herde? Doch nur Tiere. Treffender ist «Gruppenschutz» oder «Gemeinschaftsschutz». Oder haben Sie noch einen besseren Begriff? Her damit!

Wer aber mit infizierten Lollis oder Masernpartys aktiv dafür sorgt, dass möglichst viele Kinder aus der Nachbarschaft in den Genuss einer «natürlichen» Ansteckung kommen, begeht aktiv Körperverletzung. Lernt das Immunsystem durch Krankheiten? Ja, aber es gibt genug harmlosere Viren, an denen Kinder ihre Abwehr trainieren können. Wir leben ja nicht mehr nach darwinistischer Selektion, in der nur die Starken weiterleben dürfen. Die «Natur» kennt kein Mitgefühl mit Schwächeren, Menschen schon.

Denen, die willens sind zu impfen, sollte es so leicht gemacht werden wie möglich. Viele Eltern sind alleinerziehend, kümmern sich um Job und Geschwisterkinder, irgendwer hustet immer, und die Impfung, die kann auch noch bis zum nächsten Monat warten. Es war ein historischer Irrtum, den öffentlichen Gesundheitsdienst zu schrumpfen, indem man die Prävention allein in die Hände der niedergelassenen Kinderärzte legte und viel weniger Ärzte als früher dorthin gehen ließ, wo die Kinder sowieso schon sind: in die Schulen und die Kindergärten.

Heidrun Thaiss ist selbst Kinderärztin und neue Chefin der Bundeszentrale für gesundheitliche Aufklärung. Sie sagt: «Jeder Arztbesuch wäre eine Gelegenheit, über Impfungen zu sprechen, nicht nur bei den Kindern. Für manche macht Grippeimpfung Sinn und die Impfung gegen Lungenentzündung und Gürtelrose (Varizellen) für die Großeltern. Wir sehen heute, wie gut der Gruppenschutz funktioniert. Seit die Enkel gegen Haemophilus influenzae geimpft werden, sterben auch weniger Senioren an einer Lungenentzündung mit diesem Keim. Das sollte uns allen doch die Sache wert sein!»

Zusammen mit der Weltgesundheitsorganisation gibt es einen

nationalen Aktionsplan, um bis 2020 ein Deutschland ohne Masern und Röteln zu erreichen. Ist das wider die Natur?

Einer meiner Lieblingswitze ist ein Cartoon, in dem zwei Höhlenmenschen sich am Feuer gegenübersitzen und ins Grübeln kommen: «Mensch, wir leben im Einklang mit der Natur, die Luft ist sauber, wir essen nur organische Sachen und Fleisch von frei laufenden Tieren – und trotzdem wird keiner von uns älter als 30.»

Ein Impfmärchen
mit Happy End

In dem brandenburgischen Dorf Stikow wohnen 100 Leute. Von denen haben sich alle impfen lassen. So wie früher. War ja nicht alles schlecht.

Nichts ist perfekt. Auch eine wirksame Impfung erreicht nicht bei allen das gleiche Ergebnis. Angenommen, eine Impfung schlägt bei 5 Prozent nicht an, dann bleiben von den 100 Geimpften trotzdem 5 übrig, die sich noch anstecken könnten, allerdings nicht in Stikow, weil die 95, bei denen die Impfung angeschlagen hat, weder die Krankheit bekommen noch sie weitergeben können.

Es kommen 5 aus dem Nachbardorf Mumpitz zum Kaffee nach Stikow. In Mumpitz leben alle sehr gesundheitsbewusst und meinen, keine Impfung zu brauchen. Scheinbar zu Recht, denn momentan ist auch keiner krank.

Aber was passiert, wenn in diese heile Welt eine Infektionsquelle von außen einbricht? Dummerweise hat der nette Briefträger Peter Ziege, den alle nur den Ziegenpeter nennen, sich auf der Arbeit irgendwo Mumps eingefangen. Er hat heute für jeden in Stikow eine Postwurfsendung dabei und liefert gleichzeitig mit seinem Auswurf hustend die Erreger ganz frisch in jeden Haushalt. Zack werden tatsächlich, obwohl doch alle geimpft sind, 5 Leute aus Stikow krank und auch die 5 ungeimpften Besucher aus Mumpitz.

Von den 10 Erkrankten sind also die Hälfte Geimpfte. Spricht das jetzt gegen die Impfung? Nein! Natürlich nicht.

Denn die absoluten Zahlen 5 zu 5 müssen ins Verhältnis gesetzt werden zu der Grundgesamtheit, und dann liest sich die Geschichte ganz anders: Von 100 Geimpften wurden 5 Prozent krank, aber alle von den 5 Ungeimpften, also 100 Prozent. 95 Menschen von 100 wurden durch die Impfung geschützt.

Aber was passiert, wenn die Mumpitzer von ihrem infektiösen Ausflug nach Hause zurückkommen? Sie stecken auch noch die 95 anderen Daheimgebliebenen an. Und jetzt steht es zwischen den Dörfern und Überzeugungen 100 zu 5. 100 Kranke in Mumpitz. Nur 5 in Stikow.

Und wenn sie nicht gestorben sind, wissen jetzt alle in Mumpitz, dass sie von nun an gerne alle empfohlenen Impfungen wahrnehmen.

Wenn es Ausbrüche einer Infektion gibt, werden unter den Erkrankten immer auch ein paar sein, die geimpft waren. Das ist normal und spricht nicht gegen Impfungen, sondern gerade dafür. Keine Impfung ist zu 100 Prozent effektiv. Aber die Klassiker wie die Impfungen gegen Masern, Mumps und Röteln sind zu 95 Prozent und mehr wirksam.

Happy End!

Und wie kann das Happy End noch getoppt werden? Nicht nur ganz Mumpitz ist überzeugt, sondern auch der Briefträger überzeugt seine Kollegen, dass besonders für Menschen, die viel Kontakt mit anderen haben, gilt: Ich möchte andere Menschen nur mit meiner guten Laune anstecken – mit nichts sonst.

Haben wir Angst vor den falschen Dingen?

Drei Kühe auf der Weide.
Die erste sagt: «Muh.»
Die zweite: «Muhmuhmuhmuhmuh.»
Die dritte erschießt die zweite.
Die erste fragt: «Warum?»
Die dritte lapidar: «Sie wusste zu viel!»

Kaum etwas interessiert die Menschen so sehr wie das Wetter. Auch wenn die wenigsten in der Landwirtschaft tätig sind und daher Regenfälle keine Konsequenzen für ihre Ernte oder ihre sonstige Tagesplanung haben: Wir wollen es am liebsten ganz genau wissen, und zwar in Zahlen. «Die Regenwahrscheinlichkeit beträgt morgen 30 Prozent.» Aber was heißt das jetzt? Wird es morgen an 30 Prozent des Tages regnen oder an 30 Prozent der Orte, oder glauben drei von zehn Meteorologen, dass es morgen regnet?

Ich wusste es auch nicht und habe es nachgeschlagen: Es heißt nur, dass es an 30 Prozent der Tage mit vergleichbaren Wetterdaten wie dem morgigen geregnet hat. Gut zu wissen. Dann fahre ich eben mit Regenjacke Fahrrad.

Mit kühlem Kopf Nutzen und Risiken gegeneinander abzuwägen, ist ein wichtiger Schritt zur guten Entscheidung, vor allem in der Medizin, denn hier geht es um viel. Dummerweise jedoch ist Risikokompetenz weder ein Teil der Schulmathematik noch der ärztlichen Ausbildung. Das lässt sich ändern. Ich verrate Ihnen gerne ein paar grundsätzliche Tricks. Was ist konkret unter einem Risiko zu verstehen?

Stellen Sie sich vor, Sie wären der Arzt, ein Pharmavertreter sucht

Sie auf und will Ihnen sein neustes Medikament verkaufen: «Mit diesem Wundermittel können Sie das Herzinfarktrisiko Ihrer Patienten um 50 Prozent senken.» Klingt zunächst toll, aber wo ist der Haken? Immer wenn es um Prozente geht, lautet die entscheidende Frage: Auf wie viele Patienten bezieht sich das? Denn in absoluten Zahlen hört sich das Ganze anders an: Wenn von 1000 Patienten, die kein Mittel nehmen, zwei im nächsten Jahr einen Herzinfarkt haben, und von 1000 Patienten, die das Mittel nehmen, nur einer, ist das schön für den einen, der dank Medikament weiterlebt. Das Risiko ist so um 50 Prozent gesenkt, aber Fakt ist auch, dass 999 das Mittel umsonst genommen haben. Also nicht umsonst, denn es kostet ja etwas, und Nebenwirkungen hat es auch. Wägt man Nutzen und Risiko in absoluten Zahlen ab, kommt man zu dem Schluss: Dieses Wundermittel brauche ich nicht.

Nächstes Beispiel: das Mammographie-Screening, die Früherkennungsuntersuchungen für Brustkrebs. Eine Freundin ruft Sie an und sagt aufgelöst: «Ich habe einen auffälligen Befund, ich mache mir große Sorgen.» Sie können sie ein wenig beruhigen, da es sich in neun von zehn Fällen um einen Fehlalarm handelt, weil Röntgenbilder selten eindeutig sind. Wenn man sich die absoluten Zahlen anschaut, ist das Mammographie-Screening leider nicht so wirksam, wie man sich bei seiner Einführung erhofft hat. Mit Screening sterben vier von 1000 Frauen an Brustkrebs, ohne sind es fünf. Das Risiko wird gerne in Prozenten ausgedrückt, denn das liest sich beeindruckender: Ihr Risiko wird durch die Mammographie um 20 Prozent gesenkt! Eine ganz andere Relation erhält man durch die konkreten Zahlen: Eine von 1000 Frauen profitiert vom Screening. Und 100 Frauen ohne Krebs werden verängstigt oder unnötig biopsiert, das heißt, ihnen wird Gewebe entnommen.

Wenn Sie jedoch ein erhöhtes Grundrisiko haben, sieht die Nutzen-Risiko-Bilanz anders aus: Eine Frau, deren Mutter und Tante schon in jungen Jahren Brustkrebs hatten oder bei der eine be-

WIE VIELE MÄNNER SIND INNERHALB VON ELF JAHREN INSGESAMT GESTORBEN UND WIE VIELE DAVON AN PROSTATAKREBS?

Mit PSA-Test:

210 von **1000 Männern** sind gestorben. **7** von **210 Männern** sind an Prostatakrebs gestorben.

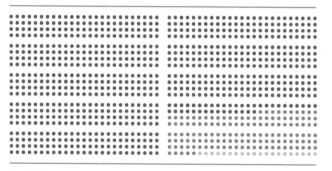

160 Männer wurden aufgrund des Bluttests fehlalarmiert und mussten sich einer Gewebeentnahme unterziehen. **20 Männer** erhielten fälschlicherweise die Diagnose Prostatakrebs, wurden operiert oder bekamen Strahlentherapie-Behandlungen, die zu Inkontinenz oder Impotenz führen können.

WIE VIELE MÄNNER SIND INNERHALB VON ELF JAHREN INSGESAMT GESTORBEN UND WIE VIELE DAVON AN PROSTATAKREBS?

Kein Nutzen

Ohne PSA-Test:

210 von **1000 Männern** sind gestorben. **7** von **210 Männern** sind an Prostatakrebs gestorben.

Kein Schaden:
kein unnötig operierter
Patient.

Fazit: Was nicht nutzt,
kann trotzdem schaden!

stimmte Genvariante bekannt ist, hat ein viel höheres persönliches Risiko und profitiert deshalb auch eher von einer Untersuchung als jemand mit normalem Risiko.

Und wie ist es bei den Männern? Das Paradebeispiel dafür ist die Bestimmung des «PSA», das Prostata-spezifische Antigen. Ich bin männlich, Ende 40, also empfiehlt mir der Urologe den Test, «nur zur Sicherheit, zahlt aber nicht die Kasse». Das PSA kann bei Prostatakrebs erhöht sein. Aber auch bei Entzündungen, beim Sex oder sogar bereits, wenn man sich beim Radfahren unfreiwillig die Prostata massiert hat. 30 Euro sollte einem die Gesundheit doch wert sein, oder? Weil ich keine Beschwerden habe und auch keine familiäre Vorbelastung, lese ich auf Igel-Monitor.de, warum die Kasse das nicht zahlt. Was stimmt: Mit dem Test werden mehr Krebserkrankungen erkannt als ohne.

Aber die viel spannendere Frage lautet ja: Heißt mehr erkennen auch länger leben? Dazu muss man in großen Studien bei Hunderttausenden beschwerdefreien Männern zusammentragen, was es bringt, den Test zu machen oder nicht.

Das zeigt die Grafik. Links die Männer, die den PSA-Test machen, rechts die, die ihn nicht machen. Sind nach 11 Jahren durch den PSA-Test weniger Männer an Prostatakrebs gestorben? Nein! Auf beiden Seiten sind es sieben. Sieben zu sieben – unentschieden. Kein Nutzen. Viele Männer sterben mit, aber nicht an Prostatakrebs. Kann eine Blutabnahme schaden? Ja, weil man durch den Test viel behandelt, was nie ein Problem geworden wäre. Es wird operiert, bestrahlt, und ganz konkret werden 20 von den 1000 PSA-Fans dem Risiko von Impotenz und Inkontinenz ausgesetzt. Ein hoher Preis dafür, dass kein Leben gerettet wurde. Das ist die bittere Bilanz. Ich hoffe sehr, dass es bald bessere Methoden gibt oder gute Kenntnisse darüber, für welche Untergruppen der PSA-Test wertvolle Informationen liefern kann. Aber so lange gilt es, die Kunst wiederzuentdecken, so viel wie möglich nichts zu tun, auch wenn man daran nichts verdient. Und der

Patient muss sich trauen, auch mal nichts wissen zu wollen. Jungs, die Statistik ist auf eurer Seite! Sie muss nur einmal in solchen Faktenboxen aufgearbeitet werden, dann versteht auch jeder Laie, worum es geht.

Jede Untersuchung hat jedoch für den Patienten eine individuelle Nutzen-Risiko-Bilanz, gerade wenn eine erbliche Vorbelastung besteht. Und Darmkrebsvorsorge ergibt Sinn. Ein Bekannter erzählte mir, dass er mit Anfang 30 zu einem Gastroenterologen ging, um seinen Darm spiegeln zu lassen. Der Arzt schickte ihn leider ohne Untersuchung wieder weg, mit den Worten: «Sie haben ja noch Zeit, die Kasse empfiehlt die Untersuchung erst ab 55.» Was er leider unterlassen hatte, war, die entscheidende Frage zu stellen: «Gab es schon Fälle von Darmkrebs in Ihrer Familie?» Die hatte es gegeben, bereits mehrere Angehörige waren daran verstorben. Und inzwischen ist leider auch bei meinem Bekannten mit Mitte 30 ein großer Tumor entdeckt worden, den man sehr wahrscheinlich ein paar Jahre zuvor noch leicht hätte entfernen können.

Warum haben wir so viel mehr Angst vor Krebs als vor einem Herzinfarkt oder Schlaganfall? In absoluten Zahlen sterben deutlich mehr Menschen an einer Herz-Kreislauf-Erkrankung als an allen Krebsarten zusammen. Aber warum liest und hört man so viel mehr von Menschen mit Krebs? Weil man mehr davon mitbekommt. Je besser die Behandlungsmöglichkeiten sind, desto länger leben Menschen mit der Diagnose, oft noch viele Jahre und sogar Jahrzehnte. Und deshalb kennt man so viele Menschen, die schon einmal von Krebs betroffen waren, gerade wenn man älter wird. Ich möchte nichts verharmlosen, es gibt viele furchtbare Verläufe, bei denen Ärzte, Patienten und Angehörige wenig ausrichten können. Aber für viele Formen von Krebserkrankungen lautet die frohe Botschaft: Wir können nach den ersten Momenten des Schocks oft behandeln, verlangsamen und begleiten, sodass bei allem «Kampf» der Krebs weiter ein Begleiter unserer Leben bleiben wird, aber deutlich an

Schrecken verloren hat und in Zukunft noch mehr Macht über uns verlieren wird.

Zahlen können uns beruhigen. Auch die Sterblichkeit aufgrund von Herz-Kreislauf-Erkrankungen ist rückläufig. Und die größten Faktoren dafür sind bekannt und liegen zum Teil in unserer Hand – ein gesunder Lebensstil sowie ein normaler Blutdruck und bei manchen Menschen die Senkung eines erhöhten Cholesterinwertes können viel bewirken. Und was gut ist fürs Herz, ist auch gut fürs Hirn. Sogar Demenz nimmt weiter ab. Ja, heute sind weniger 70-Jährige dement als früher, unter anderem, weil das Bildungsniveau gestiegen ist und viel aktive Hirnmasse vor Abbau schützt. Nur in der Summe haben wir mehr demenziell Erkrankte, weil wir älter werden. Hinter vielen Horrormeldungen stecken frohe Botschaften, wenn man weiß, wie man die Zahlen lesen muss. Wird die Welt immer gefährlicher? Nein, wir haben weltweit in den letzten 20 Jahren sechs gesunde Lebensjahre dazugeschenkt bekommen. Eine tolle Nachricht, aber eben keine Titelstory. Dort stehen die Einzelschicksale.

Es braucht dringend feste Richtlinien, wie über Risiken aufgeklärt wird. In absoluten Zahlen wie 5 von 1000 statt in obskuren Prozentangaben ohne Bezugsgröße. Sie kennen jetzt die Tricks: Fragen Sie nach, wie viele Menschen es braucht, damit einer etwas davon hat. Und dann überlegen Sie, wie viel Ihnen die Chance wert ist, dieser eine zu sein. Holen Sie sich risikokompetente Hilfe. Schlafen Sie nicht nur über wichtige Entscheidungen, sondern machen Sie die Augen auch auf nach brauchbaren Informationen der evidenzbasierten Medizin.

1. Ist mehr Diagnostik immer besser? Nein.
2. Sind teure Medikamente immer besser als billige? Nein.
3. Ist behandeln immer besser als nicht behandeln? Nein.
4. Ist wissen immer besser als nicht wissen? Nein.
5. Kann heute falsch sein, was früher als richtig galt? JA!

Wahre Wunder

Ich bin meinem Mann begegnet, und er hat mich erkannt.

Im Urlaub in Portugal haben wir am Strand Yoga gemacht. Aus Spaß haben wir anstelle eines «Sonnengrußes» einen «Meeresgruß» gemacht, und plötzlich kam ein Delfin zum Strand.

Meine Tochter Anna ist ein Wunder. Sie kam 4 Monate zu früh und ist ein gesundes und glückliches Kind geworden.

Meine Frau bekam die Diagnose, keine Kinder bekommen zu können.

Wir bekamen 8 Kinder und feiern jetzt unsere Silberhochzeit.

Mit 6 Jahren habe ich den ersten Kuss von einem Jungen aus der Nachbarschaft bekommen, der dann wegzog. Wir sahen uns nie wieder. Nach 30 Jahren trafen wir uns zufällig und sind seither zusammen. Mein Seelenverwandter. Auch wenn wir getrennt sind, sehen wir einander.

Nach knapp 30 Jahren traf ich die Frau wieder, der ich mit 6 den ersten Kuss gab.

Heute sind wir ein Paar.

Ich war in der Ferienbetreuung (1 Woche), und als ich wieder nach Hause kam, war mein Wellensittlich blau statt grün. Ein Wunder!

Selbstheilung und Selbstverantwortung

Meine innere Stimme ist gerade heiser.

Wenn Sie einmal vergessen sollten, was für ein Wunderwerk der menschliche Körper ist, können Sie sich mit einer Büroklammer daran erinnern. Biegen Sie den Draht auf und machen Sie damit einen kleinen Kratzer in Ihre Haut. Nicht tief, liebevoll, nur so, dass man ihn sieht. Ich wette mit Ihnen, drei Tage später ist er verheilt. Sie werden nicht mehr sehen, wo er war.

Da es zu jedem Experiment besser eine Kontrollgruppe gibt, machen Sie jetzt mit der Büroklammer den gleichen Kratzer ins Auto Ihres Nachbarn. Sie können jeden Tag nachschauen, ob er schon verheilt ist. Da wächst aber nichts zusammen.

Jede Wundheilung ist eine Wunderheilung. In den ersten Semestern Medizin lernte ich die Kettenreaktion von Substanzen, die ineinandergreifen müssen, damit das Blut an einer Wunde zum Stillstand kommt und gerinnt. Das «trocknet» nicht einfach ein, daran sind Tausende von Reaktionen gekoppelt, bis sich ein Pfropf bildet und die Wundheilung beginnt. Sekret schwemmt die Keime aus und bildet ein Gerüst aus Eiweißfasern, damit sich die Zellen daran festhalten und orientieren können. Nach der Blutstillung, dem Reinigen und Verkleben beginnt unter dem Schutzschild das Aufräumen. Entzündungszellen wandern ein, fressen das überflüssige Gewebe weg. Bei kleinen Verletzungen wie einem Nadelstich beginnt schon nach Minuten der Wiederaufbau, bei größeren dauert es entsprechend ein paar Tage. Es entstehen neue Blutgefäße, der Substanzschaden wird ausgeglichen und aufgefüllt. Für jeden dieser Schritte sprechen sich Zellen untereinander genau ab, holen Hilfe über Botenstoffe heran, geben Wachstumsfaktoren ab und kooperieren, bis alles steht. Perfekt! Alles, ohne dass wir irgendetwas dazu tun oder «Steuerungsgruppen» bilden müssen. Als Berliner finde ich es schade, dass Körperzellen mit ihrer Intelligenz nicht auch Flughäfen bauen.

Wenn ich lese, dass ein Verfahren «die Selbstheilungskräfte aktiviert» oder «das Immunsystem stimuliert», frage ich mich oft, für wie beschränkt arbeitswillig wir diese Kräfte eigentlich halten. Machen die, wenn wir sie nicht ständig aktivieren und stimulieren, nur Dienst nach Vorschrift? Natürlich nicht. Daher rate ich auch eher zum Gegenteil: Lasst sie doch einfach in Ruhe, die wissen besser, was zu tun ist, als wir!

Viele Erkrankungen entstehen durch eine Überstimulation des Immunsystems, vor allem solche, bei denen sich mit chronischen Entzündungen die Abwehrzellen gegen den eigenen Körper wenden, die sogenannten Autoimmunerkrankungen. Allergien, Rheuma, Darmentzündungen oder Hautausschläge zeigen: Das Immunsystem macht zu viel, nicht zu wenig. Was das im Einzelfall ausgelöst hat, ist momentan noch unklar, aber was hilft, ist ein Beruhigen der Situation.

In der Krebsforschung gibt es einen sich rasant entwickelnden Bereich, der neben Operation, Chemo und Bestrahlung endlich eine vierte Behandlungsoption bietet: der gezielte Eingriff ins Immunsystem. Die ersten Erfolge sind sehr ermutigend, wie zum Beispiel beim schwarzen Hautkrebs, dem Melanom, oder bei bestimmten Nierentumoren. Durch molekulare Tricks gelingt es, das Immunsystem in die Lage zu versetzen, die Krebszellen zu fressen und unschädlich zu machen. Grandios. Durch diese Forschung ist klarer geworden: Wir überschätzen auch die Möglichkeiten, rein mental oder mit sanfter Stimulation der Abwehr wesentliche Dinge zur Genesung beizutragen. Diesen Stress muss sich keiner machen. Weder haben wir etwas verpasst, noch müssen wir ständig etwas für unsere Selbstheilung tun.

Bei Brustkrebs sind weniger als 5 Prozent der Erkrankungen vom Verhalten abhängig, bei Lungenkrebs sind es dagegen 80 Prozent. Insgesamt sind rund die Hälfte aller krebsbedingten Todesfälle durch vier sehr einfache Maßnahmen zu verhindern: Wenn Sie nicht stark übergewichtig sind (unter BMI 30), wenn Sie nicht rauchen, wenn Sie sich 150 Minuten die Woche sanft oder 75 Minuten die Woche heftig bewegen und wenn Sie nicht mehr als ein oder zwei Gläser Alkohol pro Tag trinken, haben Sie Ihr Risiko schon so weit gesenkt, dass alle weiteren gesundheitsfördernden Dinge nur noch wenige Prozent bringen. Das ist zwar alles nicht neu, aber eigentlich sehr entspannend: Wenn man sich an diese vier einfachen Regeln hält, muss man nicht jede andere Mode mitmachen. Das Gleiche gilt über den Daumen gepeilt auch für den Herzinfarkt. Es gibt immer noch genug Risikofaktoren, an denen wir eh nix ändern können, wie unsere Gene und unser Alter. Wozu also sich ständig aufregen und optimieren?

Selbstverantwortung ist wichtig, Selbstkasteiung braucht niemand. Jeder Mensch hat das Recht, so ungesund zu leben, wie er will. Und selbst wenn jemand um drei Uhr morgens ohne Anschnallgurt betrunken Auto fährt, nichts sieht, weil er dabei eine Schachtel Zigaretten raucht, und aus einem spontanen Impuls mit Karacho in einen Bioladen fährt und sich am Regal mit dem Sauerkrautsaft eine schwere Kopfverletzung zuzieht, ist unser solidarisches Gesundheitswesen für ihn da. Vielleicht dämmert ihm dann von allein, dass es nicht die beste Idee war, da muss ihn keiner drauf bringen.

Ich weiß auch, dass ich besser lange sitzen kann, als schnell zu rennen. Warum ist das so? Weil ich das eine sehr viel öfter mache als das andere. Es ist Übungssache, aber ich bin kein schlechterer Mensch, wenn ich andere Prioritäten habe. Gesundheit und Moral gehören nicht zusammen. Einer der großen Fortschritte seit dem Mittelalter besteht darin, dass man krank sein darf, ohne dass alle um einen herum das für eine Strafe halten. Aber wenn wir ständig betonen, wie wichtig die Selbstheilung und der Lebensstil sind, dann ist im Umkehrschluss schnell auch jemand «schuld» an seiner Krankheit. Sehr viele Forscher versuchten in den achtziger Jahren zu belegen, dass es krank macht, wenn man beispielsweise Gefühle nicht rauslassen kann – so sollte sich die «Krebspersönlichkeit» von der «Herzinfarktpersönlichkeit» unterscheiden. Nach vielen Jahren der Erhebung und Auswertung ist klar: Es gibt diesen Zusammenhang schlichtweg nicht! Es gibt weder eine Krebs- noch eine Herzinfarktpersönlichkeit. Diese Kategorien entsprechen eher dem Weltbild der Psychotherapeuten als der Realität. Der Einfluss der Psyche wurde überschätzt, und das ist eine große Erleichterung, die sich herumsprechen sollte. Es gab, salopp gesagt, immer schon viele Arschlöcher, die sich gestresst und nie über ihre Gefühle geredet haben, die wurden nicht krank, aber sehr alt! Weder führt allein Stress uns ins Verderben, noch kann eine reine Änderung der Gedanken uns bei einer Krebserkrankung sofort wieder gesund machen.

Die ganze «Krankheit als Weg»-These hat eine Welle von psychologischen Allerweltsweisheiten hervorgebracht, sodass heute keiner mehr einen Schnupfen haben darf, ohne dass er sich fragen lassen muss, wovon er denn gerade die Nase voll hat und welche Selbstheilung er unterdrückt. Ich habe Schnupfen, weil mich jemand in der U-Bahn angerotzt hat, der besser zu Hause geblieben wäre, ist eine vernünftige Erklärung. Wer eine Brille braucht, will irgendetwas nicht sehen. Wie bitte? Ich brauche inzwischen auch zum Lesen eine Brille. Aber nicht, weil ich etwas nicht sehen will, sondern damit ich wieder schärfer sehen kann!

Es ist sehr zu begrüßen, dass Ärzte und Patienten beim Kranksein auch an die Seele denken. Bei einer der häufigsten Erkrankungen, den unspezifischen Rückenschmerzen, spielt in den allermeisten Fällen die Psyche eine große Rolle. Es braucht keine teuren Untersuchungen, oft ist mit einfachen Ratschlägen und Zeit vielen schon ge-

Es gibt nie nur einen Weg.

holfen. Aber die Deutungswellen schlagen hoch. Eine Bekannte erzählte von ihrem Sohn, der neuerdings Migräne hat – «weil da in der Vergangenheit ein paar Sachen nicht aufgearbeitet wurden». Ich habe ihr empfohlen, vor weiteren Spekulationen über die Ursachen doch erst einmal einen guten Neurologen aufzusuchen, der sich mit den verschiedensten Formen des Kopfschmerzes auskennt. Es ist nicht alles «psycho», noch nicht einmal in der Psychosomatik.

Müssen wir denn ständig an uns arbeiten? Seit wann ist «spirituell» sein zu einer Wettbewerbsdisziplin geworden? Je schwerer die Erkrankung, desto tiefer geht die Selbstzerfleischung, und Betroffene werden zu Verursachern, nach dem Motto: Selbst schuld. Verdrängen alle Krebskranken Konflikte, die diesen Aufschrei des Körpers zwingend notwendig gemacht haben? Nein, die haben meistens einfach nur Pech. Das Leben ist manchmal ungerecht und unergründlich. Deshalb mein Wunsch: Lassen Sie sich bitte von nichts, von niemandem und auch nicht von Ihnen selbst einreden, Sie wären schuld an Ihrer Krankheit!

Wenn jemand schwer erkrankt, suchen wir nach einem Sinn. Das ergibt Sinn. Aber *wir* geben der Situation einen Sinn. Der Sinn steckt nicht in der Krankheit. Wenn jemand Krebs hat, bekommt er oft ungebetene Deutungen zu hören. Und wohlmeinende Esoteriker sagen: «Überleg doch mal, hast du diese Krankheit nicht irgendwie auch gewollt, hast du sie nicht unterbewusst angezogen?» Was tut man in so einem Fall? Mein Tipp: Hören Sie geduldig zu und schlagen Sie dem Karmakenner mitten ins Gesicht. Wichtig: Dabei weiter lächeln. Und unschuldig gucken. Und gerade dann, wenn er sich langsam von seiner Überraschung erholt, noch verbal eins hinterhergeben: «Du, ich weiß auch nicht, wie das gerade passieren konnte. Aber überleg doch mal, vielleicht hast du es ja irgendwie so vom Karma her auch gewollt und unbewusst angezogen.»

Oder um es etwas versöhnlicher mit Franz Kafka zu sagen: «Verbringe die Zeit nicht mit der Suche nach einem Hindernis, vielleicht ist gar keins da!»

Am Strand von Goa in Indien bietet ein Wunderheiler seine Dienste an: «Wem kann ich Gutes tun, kostenfrei, ich habe heilende Hände!» Ein Engländer meldet sich wegen seiner entzündeten Haut. Der Heiler legt nur kurz die Hände auf – und *zack* ist die Haut wieder wie neu. Ein Franzose bittet um Hilfe gegen seine Bauchschmerzen. Der Heiler legt kurz die Hände auf ihn – und *zack* sind die Schmerzen verschwunden. Ein Deutscher sieht, was dem Engländer und Franzosen geschehen ist, und schreit den Heiler an: «Hau bloß ab mit deinen Händen – ich bin noch sechs Wochen krankgeschrieben!»

Hinter diesem Witz steckt eine ernste Frage. Wir beschäftigen uns ständig mit Gesundheit, aber mal ganz ehrlich: Wollen wir denn auch alle gesund sein?

Das klingt bitter, aber ich kenne eine Reihe von Menschen, die gerne krank sind. Wenn sie keine Arzttermine haben, fehlt ihnen etwas. Was ihnen aber in Wirklichkeit oft fehlt, ist eine Leidenschaft ohne Leid, eine Beschäftigung außer der Beschäftigung mit sich selbst, ein Sinn, der sie erfüllt und wachsen lässt. Ein bis heute für mich ungelöstes Rätsel: Wenn wir alle angeblich so große Selbstheilungskräfte durch die Aktivierung positiver Gedanken haben, warum nutzen nicht sehr viel mehr Menschen diese Verbindung vom Geist zum Körper für sich statt gegen sich?

Ein Hypochonder ist jemand, dem es nicht gutgeht, wenn es ihm gutgeht. Dieses Paradox steckt in vielen psychosomatischen Erkrankungen: Aus seelischer Not entstehen körperliche Beschwerden, die sich bisweilen verselbständigen und zum Lebensinhalt werden.

Warum sind so viele Menschen heute ausgebrannt, obwohl unsere Generation deutlich weniger arbeitet als die unserer Großeltern? Vielleicht, weil wir viele Stunden am Tag dafür arbeiten, etwas zu sein, etwas darzustellen, Anerkennung zu bekommen – und das ist so verdammt anstrengend. Wenn Zuwendung und Liebe nicht kommen, werden wir krank, weil wir als Kinder schon gelernt haben, dass man sich dann um uns sorgt und kümmert.

Wenn unser Körper uns nicht zwingt, uns mit ihm zu beschäftigen, dann sind wir gesund. Immanuel Kant meinte: Die Freiheit, etwas nicht tun zu müssen, macht uns zu Menschen. Von dieser Freiheit sollten Sie Gebrauch machen, sooft es Ihr Körper zulässt.

Ein echtes Wunder wäre es, wenn wir aufhören würden, unseren Körper als Feind zu betrachten und ständig gegen etwas zu kämpfen. Gegen Falten, gegen graue Haare, gegen Kilos. Sobald wir mit der Selbstzerstörung aufhören, beginnt die Selbstheilung.

Heilen Sie mit Ihrem Blick!

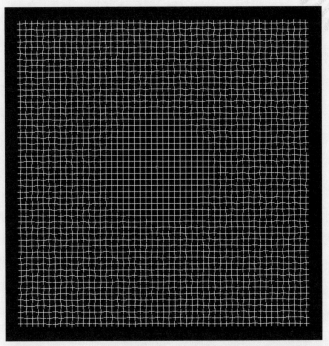

Der Versuch: Schauen Sie für 20 Sekunden auf die Gitterabbildung und fixieren Sie das Zentrum. Es wird etwas Verblüffendes passieren: Die verrückten Teile und Striche am Rand rücken sich gerade, und Sie sehen ein Gitter vor sich, das «heil» ist.

Die Erklärung: Wenn das Gehirn gelernt hat, dass es sich hier um ein einfaches Karomuster handelt, sieht es nicht ein, warum das am Rand anders sein sollte, und «korrigiert» ihn. Das zeigt: Unsere Wahrnehmung ist nie besonders wahr, sondern immer ein Produkt dessen, was wir sehen wollen und was wir an Mustern schon kennen. Diese Korrektur passiert völlig automatisch, eine «Autokorrektur».

Das Fazit: Also sollten wir immer wach sein, wenn scheinbar alles seine Ordnung hat, es könnte an uns liegen. Und die spannenden Phänomene am Rand bekommt man nicht mit, wenn man nur in die Mitte schaut.

° Klippen der Abzocke °

Kapitel 4

DIE
WUNDERINDUSTRIE

Wie funktionieren Diäten? Gar nicht. Aber wieso gibt es
dann ständig neue Pulver und andere angebliche Wundermittel, die niemandem etwas bringen außer dem Hersteller?
Der Markt der falschen Versprechungen wird durchleuchtet:
von Potenz, Verjüngung und Entgiftung. Auch das Gesundheitswesen erhält einen Realitätscheck: Warum redet keiner
mit einem? Warum werden so viele Medikamente durchein-
ander verordnet und genommen? Ich erzähle von meinen
Erfahrungen mit Engeln. Und warum Steve Jobs es bedauert
hat, dass er sich nicht früher operieren ließ. Sanfte Medizin
hat auch harte Seiten. Sie lernen jetzt viele Dinge kennen,
die Sie alle nicht brauchen.

Out ↓	In ↑
Bachblüten	Schüsslersalze
Vitamin C	Vitamin D
Trennkost	Säure/Base
Aerobic	Yoga
Hefe im Darm	Laktoseintoleranz
Knoblauch	Ingwer
Leinsamen	Chiasamen
Lebertran	Grüne Smoothies
Eigenurin	Eigenblut
Transzendentale Meditation	Achtsamkeitstraining
Honig	Stevia
Öko-Test	Landlust
Kneippkur	Wellness-Wochenende
Grüner Tee	Heißes Wasser
Lavalampe	Lichtdusche
Wärmflasche	Kirschkernkissen
Waldlehrpfad	Bäume verstehen
Vorturnerin Jane Fonda	Vorkoster Attila Hildmann

Abnehmen oder Annehmen?

Ich habe meine Ernährung umgestellt.
Die Kekse stehen jetzt rechts vom Computer.

Gäbe es die *eine* Pille zum Abnehmen, ich würde sie kaufen. Ich wäre gerne zehn Kilo leichter. Ich hab mal drei Kilo gewogen und seitdem praktisch nur zugenommen. Das ist normal; aber mein Kopf weiß, ein bisschen weniger Bauchumfang wäre besser für mein Herz, und meine Knie hätten auch nichts dagegen. Das Dumme: Alles Wissen reicht nicht, wenn man nicht konsequent etwas tut. Und noch blöder: Die eine wirksame Pille gegen Übergewicht gibt es nicht und wird es nach meiner Einschätzung auch nie geben können, dazu ist unser Körper viel zu komplex.

Einer der absurdesten Trends: Schlanker durch Schwangerschaftshormone! Und die auch noch in homöopathischer Dosis, also genau genommen: Schlanker durch nichts. Als mir eine Freundin davon erzählte, musste ich lachen und dachte: Warum habe ich nie so eine Geschäftsidee? Ich weiß, warum: Ich könnte nicht ernst bleiben, wenn ich behaupten müsste, dass ausgerechnet ein Hormon, das bei gesunden Frauen einen schönen runden Bauch erzeugt, irgendetwas dazu beitragen kann, einen krankhaft runden Bauch zu reduzieren. Und das Ganze als 21-Tage-Kur für nur 159,95 Euro! Aber da sind schließlich auch noch eine Anleitung, Molkepulver, Messlöffel und kalorienfreie Aromatropfen in den Geschmacksrichtungen Banane, Erdbeere, Schoko und Vanille mit dabei.

Die HCG-Diät – HCG steht für humanes Choriongonadotropin, ein Hormon, welches der Mutterkuchen während der Schwangerschaft produziert – ist gar nicht so neu, auch wenn sie so angepriesen

wird und angeblich bei den Schönen und Reichen in Hollywood sehr beliebt ist. Erfunden hat sie vor 60 Jahren ein Engländer, und seitdem taucht diese Methode immer wieder auf und dann wieder ab, weil sie nichts bringt. Ein bislang vernachlässigtes Phänomen: Auch Diätmoden haben einen Jo-Jo-Effekt – es kommt alles wieder zurück, nur schlimmer.

Was ist der Grund für die Wirksamkeit von HCG? Halten Sie sich bitte fest: Man verliert Gewicht, weil man nur 500 Kilokalorien am Tag zu sich nimmt! Eine wissenschaftliche Sensation! Der ganze Hype ist also nichts weiter als: hungern. Mit 500 Kilokalorien am Tag nimmt jeder ab, völlig egal, ob man dazu Hormonkügelchen einwirft, das Hormon in der Luxusvariante sogar gespritzt bekommt oder nichts tut. Kein Wunder.

Der Markt für Diätunsinn ist unüberschaubar. Wir können es sehr kurz machen: Es gibt keine Diät, die langfristig wirkt. Diäten machen nicht schlank, sondern dick. Punkt.

Ich weiß, das hilft uns allen, die wir abnehmen wollen, nicht so richtig weiter, aber ich kann auch nichts dafür. Ich tröste mich damit, dass es gar nicht bewiesen ist, dass Schlanksein so viel gesünder ist. Viel spricht heute dafür, dass man mit ein paar Pölsterchen sogar geschützter durchs Leben kommt. Die höchste Lebenserwartung haben Menschen, die nicht bei einem fiktiven «Idealgewicht» liegen, sondern sich in meiner Gewichtsklasse aufhalten, mit einem BMI zwischen 25 und 30. Über 30 spricht man von Fettleibigkeit, Adipositas. Da sich der Body-Mass-Index über die Körpergröße berechnet, käme ich erst über einen BMI von 30, wenn ich noch zehn Kilo zunähme, was ich nicht vorhabe. Und wäre ich zehn Zentimeter größer, hätte ich «Normalgewicht». Täten es vielleicht auch Plateauschuhe? Frauen können da optisch einiges anstellen, aber ich fürchte, Stöckelschuhe machen bei mir keinen schlanken Fuß, zumal ich mich damit sofort auf die Nase legen würde.

Wie kann man dann mit Würde und sinnvoll mit seinem Körpergewicht umgehen? Den ersten Tipp kennen Sie schon: Befreien Sie sich von der fixen Idee, es gäbe ein Idealgewicht. Menschen sind völlig verschieden. Das ist gut so. Etwas an der Körperlänge ändern zu wollen, ist nicht die Lösung; aber wenn man schon das Maßband in der Hand hat, kann man es einmal um den Bauch legen, denn das Fett, das sich um die inneren Organe und Blutgefäße herum ansiedelt, das sogenannte viszerale Fett, liegt tiefer und ist schädlich. Fett unter der Haut an Oberschenkeln oder Oberarmen bringt keinen um. Ob wir ein Problem haben, sagen also weder Spiegel, Kneifzange noch Waage allein – es ist ein Puzzle. Ein Baustein ist der Bauchumfang: Das Risiko für koronare Herzkrankheit, Schlaganfall und Diabetes mellitus Typ 2 steigt mit mehr Zentimetern an. Bei Frauen über 80 Zentimetern, bei Männern über 94 und noch deutlich stärker ab 88 Zentimetern bei Frauen und 102 bei Männern. Was all diese Kennzahlen und Korrelationen nicht beinhalten: wie viel ich mich bewege. «Ich bewege mich regelmäßig» ist gut, kann aber auch heißen: Ich gehe zu Fuß zur Tankstelle, um Zigaretten zu kaufen.

Der andere unterschätzte Faktor ist die Seele. Was wenig bekannt ist: Wer mit Gewalt abnimmt, wird während des Abnehmens oft schon übellaunig und auch mit dem Resultat dann nicht glücklich. Ärzte waren froh, als sie mit der operativen Magenverkleinerung endlich eine Maßnahme gefunden hatten, die stark Übergewichtigen helfen konnte, massiv Gewicht zu verlieren. Eine Nebenwirkung dieses Eingriffes, die erst in den letzten Jahren deutlich wurde: Die Menschen nehmen ab, werden aber darüber mitunter depressiv und sogar suizidal. Von 8800 Operierten kamen innerhalb von drei Jahren 111 in die Notaufnahme, weil sie sich selbst verletzt hatten. Es ist unklar, ob seelische Erkrankungen schon vor der Operation existierten und nicht erkannt wurden oder ob es weitere Faktoren wie Hormone gibt, die im Magen vorkommen und nach seiner Verkleinerung nicht mehr ausreichend vorhanden sind. Sich annehmen ist wichtiger als abnehmen.

Was haben wir in den letzten 20 Jahren nicht alles gelesen, gehört und gekauft, um abzunehmen? Sind wir dadurch in der Summe schlanker geworden? Nein, die Deutschen sind so dick wie noch nie, und das könnte am Jo-Jo-Effekt liegen, dem Auf und Ab des Gewichts. Also eher dem Auf. Abnehmen ist gar nicht so schwer; viel schwerer ist es, das Gewicht zu halten, wenn jede Körperzelle schreit: Her mit dem Essen, wir haben genug gehungert!

Der Low-Fat-Wahnsinn war ein historischer Irrtum. Dadurch, dass Butter durch synthetische und mit Wasser gestreckte Margarine ersetzt wurde, ging es niemandem besser. Gerade die gehärteten Fette in Margarine, Backwaren und Fertigprodukten machen uns fertig, weil sie die Blutgefäße verhärten. Totaler Murks. Weder Light-Produkte noch Süßstoffe haben irgendetwas Brauchbares zum Gewichtsverlust beigetragen.

Low Carb ist gerade angesagt, macht aber auch einigen schlechte Laune. Die einen sagen, dass man in der Steinzeit nur Pflanzen aß, die anderen meinen, ganz viel Fleisch und kein Brot wäre zeitgemäßer, und die allerwenigsten haben für ihre Theorien gute wissenschaftliche Belege. Aufzuzählen, was alles nicht stimmt, würde ein eigenes Buch füllen. Jeder Jeck ist anders und jeder Stoffwechsel auch. Selbst die Darmbakterien, die unser Essen aufschlüsseln, sind bei jedem Menschen höchst unterschiedlich. Essen zwei genau dasselbe, landet trotzdem im Körper des einen etwas anderes als im Körper des anderen. Auch wenn es optisch für den Laien nicht zu unterscheiden ist, ist selbst das, was am Ende wieder herauskommt, unterschiedlich. Wir müssen uns von der Gleichmacherei verabschieden und die Vielfalt loben, bei Menschen wie Mikroorganismen.

Die Wissenschaft steht hier ganz am Anfang, und es bleibt spannend. Naturjoghurt mit vielen verschiedenen lebendigen Bakterien zu essen, gerade wenn die inneren Mitbewohner durch Antibiotika durcheinandergekommen sind, ergibt wahrscheinlich Sinn. Die Besiedlung in uns ist nach den ersten Lebensjahren erstaunlich stabil und lässt sich im Positiven wie Negativen gar nicht so leicht verändern. Und welche Menge und Mischung positiv oder negativ wirkt, lässt sich für jedes dieser Billionen Bakterien auch noch nicht sagen.

Die einzige Idee, die ich für brauchbar und plausibel halte, hat mehrere Namen: «Intervallfasten», «Fünf plus zwei» oder «16 zu 8». Gemeint sind damit längere Essenspausen, die unserer Lebensweise über die ersten 10 000 Jahre Menschheitsgeschichte ähneln. In der Steinzeit stand nicht immer um 12 Uhr 30 das Essen auf dem Tisch, sondern rannte vielleicht noch einen halben Tag vor einem her, und es gab erst dann etwas, wenn die Jagd erfolgreich war. Seit die Nahrungssuche nicht mehr viel Bewegung in Anspruch nimmt, sondern online, per Telefon oder mit drei Schritten zum Kühlschrank erledigt wird, schaltet unser Körper ins Depotprogramm. Längere Essenspausen ohne Zwischensnacks und Süßes lassen auch die Bauchspeicheldrüse mal durchatmen, sie braucht kein Insulin auszustoßen, die Zellen erholen sich, und auch der Seele tut es gut zu fasten. Früher gab es die Empfehlung, lieber viele kleine Zwischenmahlzeiten einzunehmen, heute gilt: Drei Mahlzeiten am Tag sind leichter im Überblick zu behalten als 14-mal «praktisch nichts». Teilzeitaskese lohnt sich. Und Mahlzeiten wegzulassen, hält unser Körper überraschend gut aus. Daran kann man sich gewöhnen; dem einen fällt es leichter, mal auf das Frühstück zu verzichten, der andere lässt mal ein Abendessen weg, was auch als «Dinner Cancelling» bekannt wurde. Es ist egal, ob man morgens, mittags oder abends weniger isst, Hauptsache, man nimmt in der Summe weniger zu sich. Die Energiebilanz kann und muss nicht jeden Tag aufgehen. Auch nicht jede Nacht. Schlank wird man nicht nur im Schlaf.

Und das ist ein weiterer Vorteil des Intervallfastens: Statt sich ständig zu quälen und dann wieder rückfällig zu werden, konzentriert man seine Willenskraft auf ein paar Stunden, die man pausiert. Ein oder zwei Fastentage in der Woche geben einem für alle anderen Tage einen Diät-Freifahrtschein. Dann kann jeder essen, was er will.

Es laufen eine Reihe von Studien zum Thema Fasten im Alltag, aber jeder ist frei, damit zu experimentieren. Mache ich auch. Und verblüffenderweise ist mein Körper nach einem weggelassenen Abendessen am nächsten Morgen nicht wahnsinnig hungrig, sondern stolz, was er alles geregelt bekommt, wenn man ihn mal ein bisschen fordert.

Die Rolle von Sport überschätzt der, der nach 20 Minuten strammem Gehen meint, sich jetzt einen strammen Max verdient zu haben. Durch mehr Bewegung allein abzunehmen, ist wenig erfolgversprechend, weil der Grundumsatz zwar mit der Muskelmasse ein wenig steigt, aber gleichzeitig mit jeder Mangeldiät heruntergefahren wird. Also hilft langfristig, sich ein bisschen mehr zu bewegen und ein bisschen weniger zu essen, und das nicht als Mode, sondern als Lebensstil, sodass der Körper sich sicher fühlt und nicht aus lauter Panik dagegenregelt.

Hier sind sieben ganz einfache Regeln, die ich für sinnvoll halte:

1. Jeder kann so sein, wie er will.
2. Wer abnehmen will, spart besser beim freien Zucker.
3. Gute Fette machen nicht fett, sondern satt.
4. Eiweiß macht auch satt, nicht nur Brot.
5. Mach längere Essenspausen. Finde deinen Rhythmus. Iss erst wieder, wenn du hungrig bist.
6. Hör auf zu essen, bevor du ganz satt bist. 80 Prozent reichen dicke.
7. Essen darf Freude machen. Entspann dich. Genieße.

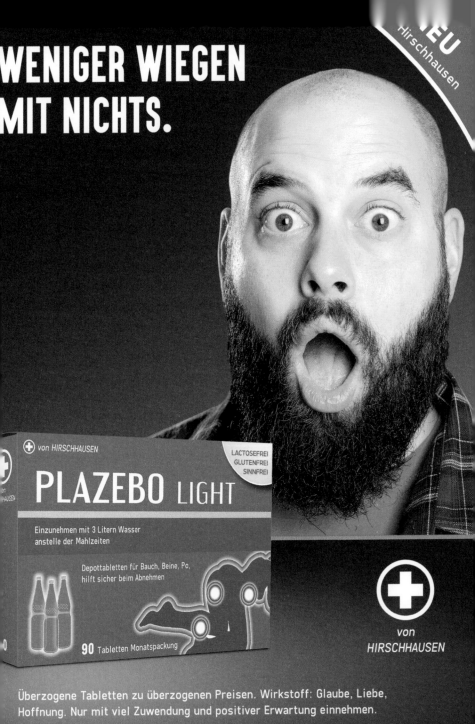

Das erste Buch mit Vitamin A!

Es macht etwas aus, was ich esse: mich.

Ist einer Ihrer Angehörigen in den letzten 100 Jahren an Skorbut gestorben? Keiner? Was für eine Überraschung! In Deutschland leidet so gut wie niemand unter Vitamin-C-Mangel. Aber jeder Vierte kauft sich Vitamine und Nahrungsergänzungsmittel, in denen immer Vitamin C steckt und je nach Präparat auch noch Vitamin E, A, Selen, Calcium und bis zu 30 andere Stoffe. In den USA nimmt sogar jeder Zweite irgendwelche Zusätze. Alle Welt liebt Vitamine, egal ob in «reiner» Form als Kapsel oder in Bonbons, Säften, Gummibärchen, Kopfschmerztabletten, Kinderjoghurt oder – halten Sie sich fest: Toilettenpapier. Alles, was nicht bei drei auf dem Baum ist, bekommt Vitamine zugesetzt. Weil es so gesund ist? Ein Trugschluss! Nein, weil es billig in der Herstellung ist, aber im Verkauf einen höheren Preis rechtfertigt.

Vitamine sind Stoffe, die der Körper nicht selbst herstellen kann. Er ist also auf die Zufuhr von außen angewiesen. In verschiedenen Zellabläufen spielen Vitamine eine wichtige Rolle. Als man noch nichts über sie wusste, traten ernsthafte Mangelerkrankungen häufig auf, wie zum Beispiel Skorbut. Denn Vitamin C ist wichtig für das Bindegewebe und das Zahnfleisch, deshalb fielen den Matrosen früher oft die Zähne aus, als sie monatelang ohne frisches Obst und Gemüse auf See waren. 1747 hat James Lind, Schiffsarzt der britischen Marine, die erste Studie durchgeführt: Er suchte sich 12 erkrankte Seeleute und teilte sie in 6 Behandlungsgruppen: Gruppe 1 wurde mit Seewasser behandelt, Gruppe 2 mit Apfelwein, Gruppe 3 mit Essig, Gruppe 4 und 5 wurden Mischungen aus Abführmitteln und Vitriol verabreicht. Verbessert hat sich nur der Gesundheitszustand bei Gruppe 6. Die erhielt Zitrusfrüchte! Lind hat mit dieser Entdeckung weltweit Millionen Seeleuten geholfen und vor allem ein für alle Mal vorgeführt, wie eine klinische Studie aufgebaut sein muss: mit klaren Gruppen und Kontrollen.

Der ganze moderne Vitaminwahn lässt sich auf einen anderen Mann zurückführen, den Amerikaner Linus Pauling. Er wurde 1901 geboren, galt schon in jungen Jahren als Genie und erhielt den Nobelpreis für Chemie. In den vierziger Jahren erhob er seine Stimme gegen den Krieg, verweigerte seine Mitarbeit an der Atombombe und wurde zu einem der bekanntesten Friedensaktivisten seiner Zeit. Dafür bekam er als erster Mensch 1962 einen zweiten Nobelpreis, den Friedensnobelpreis.

In einem Alter, in dem sich andere zur Ruhe setzen, fing Linus Pauling an, mit Vitamin C zu experimentieren. Er suchte nach einem magischen Lebenselixier und nahm von der bis dato empfohlenen Dosis die 300fache Menge ein nach dem Motto: Wenn etwas gut ist, muss mehr davon besser sein. Sehr unwissenschaftlich, aber einen Versuch wert. Er schluckte täglich 18 Gramm Vitamin C. Und als das Genie versprach, dass damit auch alle Erkältungskrankheiten der Welt verschwinden würden, gab es kein Halten mehr. Denn das hatte ja schließlich ein zweifacher Nobelpreisträger empfohlen! Pauling verstieg sich immer weiter in seine «Neuentdeckung» und behauptete schließlich sogar, Vitamin C würde vor Krebs schützen und man könne damit 110 Jahre alt werden. Ironie des Schicksals: Pauling starb mit 93 Jahren an Prostatakrebs. Einer seiner damaligen Mitarbeiter, Matthias Rath, brachte die Idee, dass man mit Vitaminen Krebs heilen könne, dennoch nach Deutschland – mit verheerenden Resultaten. Ein Junge, der angeblich von ihm geheilt und durch die Medien gereicht wurde, verstarb 2004, weil der Krebs sich nicht an die abstrusen Theorien hielt.

Heute glauben immer noch sehr viele Menschen, dass Vitamin C gegen Erkältungen wirke. In einer Übersichtsarbeit der Cochrane Library werden die Ergebnisse von Studien mit mehr als 10 000 Teilnehmern zusammengefasst: 1. Wer Vitamin C einnimmt, bekommt genauso häufig Erkältungen. Zweitens: Vitamin C zu nehmen, wenn die Erkältung losgeht, bringt auch nichts. Drittens: Vitamin C kann eventuell die Dauer der Erkältung um einen halben Tag verkürzen – aber von einem Wundermittel keine Spur!

All das konnte dem Mythos Vitamine nichts anhaben. Der Markt ist allein in den USA in den letzten 20 Jahren von 8 auf 32 Milliarden Dollar gewachsen. Die Hersteller von Vitaminen sind zu Konzernen mit gigantischen Gewinnen geworden und einer sehr mächtigen Lobby. Es darf behauptet und verkauft werden, was geschluckt wird, und diese Welle hat durch Bestellungen im Internet auch Deutschland voll erwischt. Bei Stichproben von Präparaten aus dem Versandhandel enthielt ein Drittel der Mittel nicht das, was draufstand! Vielleicht ist das das Beste, was einem passieren kann.

Schaut man auf die Werbung oder die Verpackungen, könnte man auf die Idee verfallen, dass für die Gewinnung von Vitaminen jemand auf der Obstwiese tanzt und die schönsten Vitalstoffe per Hand aus der Natur herauskitzelt. Die Wirklichkeit sieht anders aus: Es gibt Multi-Vitamin-Pharma-Multis, die in China ganze Städte in Vitamin-Produktionshöllen verwandelt haben. Unser sauberes Gewissen erkaufen wir mit weißen Pillen aus den dreckigsten Städten der Welt. Die Produktion hat so gar nichts mit Natürlichkeit zu tun, wie die Slogans «Für das Immunsystem» oder «Für die Abwehrkräfte» uns weismachen wollen. Foodwatch konstatierte bei über 200 Produkten: Die Vitaminwerbung soll darüber hinwegtäuschen, dass die Waren in Wahrheit zu süß, zu salzig oder zu fett sind. Jedes Stück Paprika enthält mehr Vitamin C als solche «gesunden» Bonbons, selbst wenn man zwei nimmt. Die Vitaminherstellung ist nicht besonders teuer, manche sind sogar richtige «Abfallprodukte», entsprechend hoch sind die Margen und das Marketingbudget.

Alles harmloser Quatsch? Schön wäre es. Nahrungsergänzungsmittel gelten rechtlich als Lebensmittel, nicht als Medikamente, deshalb werden sie nicht auf mögliche Nebenwirkungen getestet. Die Logik klingt so einleuchtend: Obst ist gesund. Obst enthält Vitamine. Also müssen Vitamine ohne Obst immer noch gesund sein. Doch das ist einfach nicht der Fall. Es wird auch nicht besser, wenn man von «Radikalenfängern», «Antioxidantien» oder «orthomolekularer Medizin» redet. Was ist das eigentlich alles?

Wann immer Körperzellen Stoffe verarbeiten, entstehen sogenannte freie Radikale. Diese aggressiven Moleküle wurden vor 20 Jahren für alle möglichen Übel verantwortlich gemacht, wie etwa Schäden im Erbgut oder Zelltod. Und viel schlimmer: Sie ließen angeblich die Haut schrumpeln. Flugs wurden alle möglichen Substanzen, die freie Radikale fangen und damit «oxidativen Stress» verhindern, pauschal für gut erklärt, und seitdem steht auf jedem Fruchtsaft etwas von Antioxidantien! Inzwischen ist die Wissenschaft aber schlauer: Der Körper braucht die Radikale! Sie sind für ihn wichtige Kampfwerkzeuge gegen Bakterien und Krebszellen. Und deshalb tut man sich nichts Gutes, wenn man mit Übermengen Antioxidantien dieses ausgeklügelte System lahmlegt – im Gegenteil: Es kann schaden und das Krebsrisiko steigern. Genau das ergaben systematische Studien mit diesen vermeintlichen Wundermitteln.

Beispiel Lungenkrebs: Forscher (und Raucher) hatten gehofft, mit der Vorstufe von Vitamin A helfen zu können, dem Carotin. Doch in der CARET-Studie stieg die Lungenkrebsrate bei Rauchern, die Betacarotin als Tablette eingenommen hatten, statt wie vermutet zu sinken. Um die Teilnehmer nicht zu gefährden, musste die Studie abgebrochen werden. «Rauchervitamine» sind für den Raucher so sinnvoll wie ein Schluck Wasser für einen Ertrinkenden. Die allerwirksamste Maßnahme, keinen Krebs zu bekommen, ist und bleibt, nicht zu rauchen!

Was bringen das Spurenelement Selen und Vitamin E? Auch

hier hoffte man auf eine schützende Wirkung gegen Krebs. Die SELECT-Untersuchung zeigte an mehr als 35 000 Männern: Weder Vitamin E noch Selen allein noch die Kombination beider Stoffe senkte das Risiko für Prostatakrebs. Die Langzeitauswertung ergab: Von den Männern, die Vitamin E eingenommen hatten, erkrankten *mehr* an einem Prostatakarzinom als in der Kontrollgruppe. Selen allein hatte ebenfalls das Risiko für Prostatakrebs gesteigert! Eine schwere Enttäuschung. «Wundermittel» bieten böse Überraschungen, wenn man sich die Mühe macht, sie gründlich und über längere Zeit zu untersuchen. Aber wer hat daran ein Interesse? Zu vielen Kombinationen und Dosierungen gibt es solche hochwertigen und teuren Studien nicht. Die Hersteller unterlaufen mit Hilfe der Deklarierung als Lebensmittel den Aufwand, der bei Arzneimitteln betrieben werden muss, und sie wollen sich den mythischen Markt auch nicht durch systematisches Wissen kaputtmachen.

Wenn schon mit hochdosierten Vitaminen kein Krebs verhindert, sondern verursacht wird, bringen die Nahrungsergänzungsmittel etwas für das Herz-Kreislauf-System? Lange Zeit wurde Kalzium für starke Knochen empfohlen. Wenn man die Wirkung jedoch systematisch untersucht, erhöhen Kalziumpräparate zwar die Knochendichte – im Gegenzug steigt allerdings das Risiko von Herzinfarkten deutlich an, um 30 Prozent unabhängig von Geschlecht, Alter und Art des Präparats. Das hätte man sich eigentlich auch denken können, dass sich der Kalk, den wir zusätzlich schlucken, nicht nach unseren Wünschen verteilt, sondern auch die Arterien verkalkt.

Gut, dass die meisten Vitamine aus den Brausetabletten wasserlöslich sind. Denn dadurch verlassen sie den Körper mit dem nächsten Schwung Pipi so gelöst, wie sie gekommen sind. Alles, was man mit dem Zeug erreicht: Lebensmittelrechtlich handelt es sich dann beim eigenen Urin um ein Multivitaminprodukt! Das gilt aber nicht für die fettlöslichen Vitamine, zu denen A, D, E und K gehören. Die reichern sich im Körper an und können deshalb schneller schaden.

Ein Lichtblick ist Vitamin D! Es ist der neue Star unter den Vitaminen. Vitamin D ist eigentlich kein Vitamin. Es wirkt wie ein Hormon und kann vom Körper selbst produziert werden. 90 Prozent davon bildet der menschliche Organismus in der Haut infolge der UV-Strahlung des Sonnenlichts. Daher wird es manchmal als Sonnenhormon bezeichnet. Rachitis, die Knochenerweichung durch echten Vitamin-D-Mangel, ist als «englische Krankheit» bekannt geworden. Die Kinder, die unter Tag arbeiten mussten, sahen buchstäblich keine Sonne und bekamen weiche Knochen und krumme Beine. Seit man die Zusammenhänge besser versteht und weiß, dass Säuglinge sich mit der Bildung von Vitamin D schwertun, gibt es die Prophylaxe im ersten Lebensjahr. In den letzten Jahren wurde zudem herausgefunden, dass Vitamin D auch für das Immunsystem eine wichtige Schlüsselfunktion spielt, indem es die Killerzellen aktiviert.

Lange wurde direktes Sonnenlicht verteufelt, weil es das Risiko für Hautkrebs steigere. In den letzten Jahren wertete man viele Langzeitdaten aus und war überrascht: Zu *wenig* Sonne gefährdet auch die Gesundheit! Wer sich regelmäßig unter freiem Himmel bewegte oder sogar draußen arbeitete, erkrankte nicht etwa automatisch öfter an schwarzem Hautkrebs. Die kleine Sensation: Unter den Patienten, die viel Sonne in ihrem Leben abbekommen haben, hatten deutlich weniger Herzprobleme oder Knochenschwund. In Ländern mit viel Sonnenlicht kommen Bluthochdruck, aber auch Autoimmunerkrankungen wie multiple Sklerose oder Diabetes Typ 1 seltener vor. Zweimal die Woche eine Viertelstunde an der Sonne reicht schon. Um ein Vitamin-D-Konto anzulegen, braucht es keine Sonnenbank.

Was mich an dem ganzen Vitaminhype so aufregt: Es gibt viele Menschen, die dringend Vitamine bräuchten – aber die leben mehrheitlich nicht in Europa. Wenn Sie schwanger sind, Säugling oder bettlägerig, gelten andere Regeln, aber ich rede von den Mangelernährten dieser Welt, denen man den Mangel nicht automatisch an-

Die besten Multivitamine kommen nicht aus Tabletten, sondern aus dem Boden.

sieht. Eine einseitige Ernährung aus Mais und Reis beispielsweise deckt den Vitaminbedarf nicht. Deshalb nennen die Fachleute dieses Phänomen den «hidden hunger», den versteckten Hunger, der weltweit 2 Milliarden Menschen betrifft. Jedes Jahr erblinden geschätzte 500 000 Kinder aufgrund von Vitaminmangel, oft in Kombination mit Infekten und erweichter Hornhaut. Diese Blindheit ist endgültig, und viele Kinder sterben innerhalb von zwei Jahren, weil sich keiner um sie kümmert. Laut der Ärzte von Cap Anamur würde es ungefähr einen Euro pro Kind und Jahr kosten, um die Sehkraft durch ausreichend Vitamin A zu erhalten. Es macht mich wütend, zu wissen, dass 500 000 Euro weltweit reichen würden, damit eine Million Kinderaugen weiterhin sehen könnten. Und wir geben in Deutschland für Nahrungsergänzungsschrott das Zweitausendfache aus: über 1 Milliarde Euro allein 2014. Hier schadet es, woanders fehlt es.

Ich möchte den Anfang machen und helfen, Kinderaugen zu retten. Mit einem Teil meines Buchhonorars unterstütze ich die Welthungerhilfe. In Gesprächen mit Experten wurde schnell klar, dass es wenig Sinn macht, mit Tabletten dem Mangel entgegenzuwirken. Der Anbau von Gemüse und die Entwicklung von gesünderen Ernährungsstilen stellen eine nachhaltigere Hilfe dar.

Till Wahnbaeck, Chef der Welthungerhilfe, sagt: «Ein magisches Gemüse ist die orangefleischige Süßkartoffel, sie ist relativ anspruchslos beim Wachsen und ein super Vitamin-A- und Kalorienlieferant.» In Simbabwe wird in dem Ort Gokwe die Süßkartoffel bald vermehrt blühen und gegessen werden. Wenn Sie jemand fragt, warum Sie gerade dieses Buch lesen, sagen Sie einfach: Weil es das erste Buch mit Vitamin A ist und die Augen offen hält.

Wir müssen reden!

Es gibt Dinge, über die spreche ich noch nicht mal
mit mir selbst.

Jürgen Domian ist einer der ungewöhnlichsten Nachtarbeiter der Republik. Mit 20 000 Menschen hat er gesprochen, und Millionen haben ihm dabei im Radio zugehört. Ein Bundesverdienstkreuz hat er schon, meiner Meinung nach sollte er noch einen Ehrendoktor-Titel bekommen oder Ehrenpsychotherapeut-Titel, aber den gibt es, glaube ich, nicht. Was mich jedes Mal, wenn ich seine Sendung verfolgt habe, bewegt hat, war das Gefühl, wie viel unausgesprochenes Leid und wie viel Einsamkeit hinter verschlossenen Türen und verschlossenen Menschen stecken. Und wie gut es den allermeisten offenbar tut, einfach über ihre Probleme, Abgründe und Sehnsüchte zu sprechen.

Als kürzlich ein junger Mann mit einem Hirntumor bei ihm anrief, war Jürgen Domian spürbar gerührt von dessen Schicksal. Ich ziehe meinen Hut vor ihm, dass er in all den Jahren und angesichts all der an ihn herangetragenen Geheimnisse und Probleme nicht abgestumpft ist, sondern sich seine Sensibilität bewahrt hat. Seine Hilfe findet nicht nur in seinen Worten statt, sondern in einer Haltung: Hier ist jemand, der dich hört. Außerdem hat er ein Team professioneller Psychotherapeuten im Hintergrund, das ihn unterstützt.

Wenn Jürgen aufhört, an wen sollen sich die einsamen Seelen wenden? Es gibt die Telefonseelsorge und andere sehr gute und wichtige Angebote. Aber was müsste eigentlich passieren, damit jemand, der mit einem anderen sprechen möchte, das nicht nur nachts am Telefon, sondern auch tagsüber in der realen Welt tun kann?

Sind eher Männer oder Frauen einsam? Frauen gehen doppelt so häufig mit psychosomatischen Beschwerden zum Arzt. Aber das heißt nicht, dass Männer weniger leiden. Es heißt wohl eher, dass es Frauen leichter fällt, Hilfe zu suchen und über ihre Probleme zu sprechen. Männer schweigen lieber. Und trinken. Oder bringen sich um. Und meinen, alles mit sich allein ausmachen zu müssen.

Einsamkeit macht krank. Und Bitterkeit obendrein. In einer großen Langzeitstudie mit 100 000 Frauen hatten diejenigen, die anderen Menschen gegenüber zynisch oder feindselig eingestellt waren, ein deutlich höheres Risiko für Herz-Kreislauf-Erkrankungen.

Der erste Schritt, auf Menschen zuzugehen, fällt vielen sehr schwer. Was war der ungewöhnlichste Ort, an dem Sie schon einmal angesprochen wurden? Seilbahn, Sauna, Sofa? Wo lesen Sie dieses Buch gerade? Unterwegs oder zu Hause? Mal angenommen, es sitzt jemand Unbekanntes neben Ihnen (was unterwegs wahrscheinlicher ist als daheim): Was hielten Sie davon, die Lektüre zu unterbrechen und einen Smalltalk zu beginnen? Nach neuesten wissenschaftlichen Erkenntnissen muss ich Ihnen in jedem Fall dazu raten.

Ach, Sie lesen doch weiter? Anscheinend versprechen Sie sich davon mehr als von einem kleinen Plausch! Das geht vielen so. Warum sollten wir es sonst in der Öffentlichkeit systematisch verhindern, mit anderen in Kontakt zu kommen? Wir verschanzen uns hinter Büchern, Zeitschriften oder Smartphones. Ist das wirklich smart? Menschen sind soziale Wesen, erkannte bereits Aristoteles. Was er nicht vorhersah: Wenn wir heute unterwegs sind, sitzen wir meist stumm nebeneinander. Und tun virtuell das, was uns in der Realität offenbar schwerfällt: einen Dialog anzustupsen.

Wenn es stimmt, dass Menschen im Miteinander am glücklichsten sind, warum tun wir dann alles dafür, im Zug, im Flugzeug oder im Bus ein Gespräch mit anderen zu vermeiden? Ist es so viel befriedigender, zu lesen oder zu surfen, als sich auf eine Unterhaltung mit einem Fremden einzulassen – oder denken wir das bloß?

Psychologen baten Hunderte von Menschen, die gerade einen Zug, einen Bus oder ein Taxi bestiegen hatten, auf der Fahrt einen Mitreisenden anzusprechen. Die Kontrollgruppe sollte dagegen Distanz wahren oder sich «wie üblich» verhalten. Nach den Fahrten wurden mittels eines Fragebogens die Befindlichkeit und die Persönlichkeit der Teilnehmer vermessen. Die große Überraschung: Wir können offenbar schlecht vorhersagen, was uns glücklich macht. Denn fragte man die Probanden vorher, ob sie sich nach stiller Lektüre oder nach einem kleinen Plausch wohler fühlen würden, wollten die meisten lieber ihre Ruhe haben. Tatsächlich empfanden aber jene, die reden «mussten», ihre Fahrt als am angenehmsten – und zwar sowohl intro- als auch extrovertierte Zeitgenossen. Viele waren überrascht, wie viel Spaß ihnen die Unterhaltung mit einem Fremden gemacht hatte!

Warum tun wir dann das Offensichtliche so selten? Auch das erfragten die Forscher. Viele Teilnehmer hatten Angst, der Angesprochene könnte sich belästigt fühlen. Doch weiterführende Studien zeigten eindeutig: Je mehr soziale Interaktionen wir haben, umso glücklicher sind wir!

Das ist natürlich kein Freifahrtschein für aufdringliche Flirts. Aber ein Beleg dafür, dass sich die soziale Kultur, die uns zum Menschen macht, auch unter großen Kopfhörern, hinter dunklen Sonnenbrillen und im fahlen Licht der Displays erhalten hat. Einen guten Gesprächseinstieg liefere ich Ihnen gleich hier: «Haben Sie das auch schon gelesen? Fremde anzusprechen, macht glücklich. Kann ich mir nicht vorstellen – glauben Sie das?» Probieren Sie es aus!

Die Erkenntnisse der Neurowissenschaft bestätigen die Wirkung von Worten. Sie wirken sich positiv auf den gesamten menschlichen Organismus aus. Umso wichtiger erscheint es, dass Ärzte reden. Schon Sokrates schrieb von «heilenden Worten» als wichtigem Anteil der Behandlung. «Sprechende Medizin» ist das Schlagwort der aktuellen Gesundheitspolitik, und alle, mit denen man darüber redet, sind von deren Wert überzeugt. Statistische Untersuchungen haben ergeben, dass ein gutes Gespräch zwischen Arzt und Patient Heilungsverläufe deutlich beschleunigen kann. Doch warum spricht mein Arzt dann so selten länger mit mir?

Ein Kassenarzt hat im Schnitt sechs Minuten pro Patient. Wäre ich Kassenarzt, wäre das Buch nach drei Seiten zu Ende. Da wären Sie enttäuscht, aber ich doch auch! Der allergrößte Teil der Diagnosen lässt sich allein über Fragen, Zuhören, Abhören und Abtasten stellen. Warum lohnt es sich für einen Arzt dann eher, den ganzen Körper zu röntgen, als mit Fachwissen und Empathie ein Problem verbal zu «durchleuchten»?

Die Mehrheit der Bevölkerung in Deutschland ist gesetzlich versichert. Bei Kassenpatienten bekommt der Arzt für seine Leistungen Geld nach einem einheitlichen Bewertungsmaßstab. Pro Quartal gibt es eine Pauschale, egal wie oft der Patient kommt. Ein «problemorientiertes ärztliches Gespräch, das aufgrund von Art und Schwere der Erkrankung erforderlich ist», bringt je vollendete zehn Minuten 9,39 Euro. Da kostet jede Massage durch eine unqualifizierte Hilfskraft im Wellnesshotel mehr.

Nur zu reden, lohnt sich finanziell nicht. Auch nicht bei den 10 Prozent Privatversicherten, weshalb diese oft noch mehr unnötige Diagnostik und Behandlungen aufgedrückt bekommen als Kassenpatienten. Professor Tobias Esch, ein Experte für die «Mind-Body-Medizin» an der Universität Witten/Herdecke, hat wenig Verständnis für die voranschreitende Trennung von Körper und Seele. «Das ganze System krankt daran, dass nie der Wert eines Gespräches anständig definiert wurde. Ein Röntgengerät kann ich in der Anschaffung genau beziffern, und wenn ein Arzt es sich in die Praxis stellt, kann er ausrechnen, wie oft er es einsetzen muss, damit es sich gelohnt hat. Aber was ‹bringt› ein Gespräch? Ein Gespräch kann ich nicht an meine Röntgenassistentin delegieren, ich kann mich als Gegenüber auch nicht teilen, es braucht einfach Zeit.»

Ein Grund, warum sich viele Menschen der Homöopathie zuwenden, könnte daher weniger mit der Behandlung *nach* dem Arztbesuch als viel mehr mit der Behandlung *während* des Arztbesuchs zusammenhängen. Homöopathie wird von Heilpraktikern und Ärzten angeboten, und viele Kassen zahlen inzwischen den Besuch bei Ärzten mit der Zusatzbezeichnung Homöopathie. Davon gibt es ungefähr 7000 – die Zahl hat sich in den letzten 20 Jahren verdoppelt. Diese Zusatzbezeichnung bietet für den Arzt eine inhaltlich und finanziell interessante Alternative. Denn plötzlich erstatten die gesetzlichen Kassen eine ganze Stunde Gespräch mit 90 Euro, was sich bei Privatversicherten noch um den 3,5fachen Satz steigern lässt.

Wie der *Gesundheitsmonitor* der Bertelsmann Stiftung von 2014 belegt, spielen dabei die homöopathischen Medikamente eher eine untergeordnete Rolle. Positiv wurden vor allem die Unterschiede im Arzt-Patienten-Gespräch bewertet. In der homöopathischen Behandlung hören die Ärzte besser zu, berücksichtigen häufiger Sorgen und Ängste der Patienten, gehen auf ihre Fragen ein und sprechen mit ihnen intensiver über die Therapie.

Doch sechs Minuten und Schmerzmittel beim Kassenarzt sollte man nicht vergleichen mit 60 bis 90 Minuten Gespräch und Globuli beim Homöopathen. Dass die Homöopathen dabei besser abschneiden, ist keine große Überraschung. Spannender finde ich die Frage, wie viele Menschen noch so begeistert von der Alternativmedizin wären, wenn die Medizin sich wieder daran erinnerte, dass ein Gespräch die Urform der ärztlichen Kunst ist, zu der es eigentlich keine Alternative gibt. Wenn es um wichtige Entscheidungen geht, etwa, ob eine Operation, ein Pflegeheim oder ein Klinikaufenthalt notwendig ist, braucht es Vertrauen und vor allem Zeit. Sechs Minuten mögen beim Smalltalk im Zug ausreichend für ein gutes Gefühl sein, doch um lebenswichtige Entscheidungen zu treffen, reichen sie nicht aus. Und ich möchte dazu nicht immer zu einem Homöopathen gehen müssen.

Reden lohnt sich und könnte auch im Gesundheitswesen helfen, viele unnötige Ausgaben zu sparen.

Es gibt natürlich auch die medizinischen Experten fürs Reden und für die Seele, die Psychotherapeuten, Psychiater und Psychosomatiker. Ein Psychotherapeut redet keine ganze Stunde, sein Rhythmus sind 50 Minuten. In den 10 Minuten zwischen den Patienten muss er nachdenken, aufschreiben und rauchen. Oder sonst wie Dampf ablassen, um wieder offen zu sein für die Probleme des nächsten Klienten. Dafür bekommt er von der Kasse zwischen 80 und 90 Euro, privat bis zu 150 Euro pro Sitzung. Die Wartezeiten für Termine und erst recht für einen Therapieplatz sind lang und können sich über Wochen und Monate ziehen. Wer wirklich krank ist, kann so lange nicht warten.

Aber viele wollen ja auch gar nicht einen Spezialisten nur zum Reden, sie wünschen sich einfach, dass der Hausarzt oder Facharzt

sie mit Leib und Seele versteht, untersucht und behandelt. Und dazu gehört auch, sich mal den Körper anzuschauen und im wahrsten Sinne den Patienten zu «begreifen». Die körperliche Untersuchung, die zusammen mit der Vorgeschichte (Anamnese) die Königsdisziplin der Medizin darstellt, bringt jedoch ebenfalls herzlich wenig Ruhm und Reichtum. Dafür, einmal richtig den ganzen Körper anzuschauen, gibt es pro Patient 15,15 Euro inklusive Dokumentation. Und auch hier gibt es andere Gewerbe, bei denen für vergleichbare körperliche Zuwendung ohne Beurteilung und Dokumentation deutlich mehr in der Stunde herausspringt.

Wundert sich jetzt noch jemand, warum es in einigen Praxen Praxis ist, dass sich der Patient schon halbnackt zu machen hat, bevor der Arzt den Behandlungsraum betritt, damit nicht wertvolle Minuten durch das An- und Ausziehen vergeudet werden? Nennen Sie mich altmodisch, aber ich finde, ein Gespräch, bei dem beide Partner sich bereits zu Beginn unterschiedlich weit entkleidet haben, nimmt meist einen unguten Verlauf. Und anschließend ist Augenhöhe schwer wiederherzustellen. Vielleicht noch beim Augenarzt.

Was weiß der Hausarzt noch von zu Hause?

«Was bringt den Doktor um sein Brot?
a) Die Gesundheit, b) der Tod.
Drum hält der Arzt, auf dass er lebe,
uns zwischen beiden in der Schwebe.»
EUGEN ROTH

Haben Sie einen Hausarzt? Einen, der Sie «ganzheitlich» sieht? Der auch schon mal bei Ihnen zu Hause war? Dann dürfen Sie sich glücklich schätzen, denn Hausärzte werden langsam rar. Deutschland hat ein in der Welt einzigartiges Versorgungsmodell, in dem inzwischen fast 90 Prozent aller ambulanten Ärzte spezialisierte Fachärzte sind. Alles Spezialisten auf ihrem Gebiet. Aber eben nur da. Die Spezialisten für den Überblick, die Allgemeinmediziner, Internisten und klassischen Hausärzte, sind dagegen in der Minderzahl. Doch wer berät den Patienten dabei, welcher von all seinen Befunden in der Gesamtschau der wichtigste ist und welche Konsequenzen sich daraus ergeben?

Früher waren Allgemeinmediziner der Stolz der Zunft, die Zehnkämpfer der Medizin. Sie verstanden von vielen Fachgebieten etwas und kannten oft die ganze Familie und die Hintergründe zu den Patientengeschichten. Heute drohen sie innerhalb der ärztlichen Zunft – überspitzt gesagt – zu den Deppen zu werden, denn Fachärzte gelten und verdienen deutlich mehr. Es klingt erst einmal wie eine große Errungenschaft, direkt zum Gastroenterologen, Orthopäden, Urologen oder Frauenarzt gehen zu können, ohne sich überweisen lassen zu müssen. Nur leider führt es dazu, dass sich Patienten häufig mit Beschwerden, die sich nicht auf ein Gebiet begrenzen, auf eine lange Odyssee begeben, an deren Ende sie mit lauter Einzelbefunden dastehen, die ihnen keiner erklärt. Da jeder Arzt in seinem Fach nicht nur an die häufigen Erkrankungen denkt, sondern für alle Fälle auch die seltenen mit umfangreichen Untersuchungen ausschließen möchte, findet sehr viel mehr Diagnostik statt als notwendig. So schafft das Angebot an Ärzten die Nachfrage nach ihren Leistungen zum Teil selbst. Mehr Ärzte heißt leider nicht automatisch mehr Gesundheit, sondern auch zu viel Unsinn.

Ein Beispiel: das Chaos bei der Medikamentenverschreibung. Der Charme der Homöopathie besteht für die Patienten darin, dass sie genau befragt werden, alle Symptome des ganzen Körpers eine Rolle spielen und am Ende ein Mittel steht. In der Medizin passiert das genaue Gegenteil. Für jeden Körperteil und jedes Symptom verschreibt ein anderer Facharzt «seine» Medikamente, ohne dass der Patient immer genau weiß, was er schon von anderer Stelle verordnet bekommen hat. Vielleicht haben der Orthopäde und der Gynäkologe sogar denselben Schmerzwirkstoff rezeptiert – nur unter einem anderen Namen.

In einer sehr einfachen, aber klugen Studie verglichen die Forscher am Institut für Allgemeinmedizin in Frankfurt am Main zwei Aspekte: Welche Medikamente wurden dem Patienten laut Akte vom behandelnden Arzt verordnet, und welche nahm der Patient zu Hause tatsächlich? Das Resultat ist haarsträubend: Von 169 älteren Patienten hielten sich nur 6 an die Verordnung. Bei 96 Prozent gab es mindestens eine Abweichung, bei einem Patienten sogar 25! Eine Patientin brachte es so auf den Punkt: «Wenn ich alle Pillen genommen habe, bin ich satt!»

Rund 40 Prozent der Patienten hatten eigenmächtig die Dosis gesenkt, ebenso viele hatten die Dosierung selbst erhöht – nach dem Motto: «Viel hilft viel.» Auch die zeitlichen Abstände der Einnahme wurden frei Schnauze variiert. Fast die Hälfte der Befragten nahm Medikamente ohne Wissen des Hausarztes ein, zum Beispiel Knoblauchpillen statt Herztabletten, selbst gekaufte Wundermittel, Präparate, die eigentlich der Ehefrau verschrieben worden waren (wenn die eigenen ausgingen), oder die des Nachbarn, weil sie dem ja auch so gut geholfen haben.

Wenn es nicht so traurig wäre, wäre es sehr komisch. Da geben sich Wissenschaftler unter strengen Testbedingungen Mühe, einen Wirkstoff zu isolieren und all seine Effekte möglichst genau zu verstehen und zu beschreiben. Daraufhin wird klinische Forschung betrieben, die Ergebnisse werden publiziert, über Leitlinien beraten und Medikamente hergestellt, verordnet, von der Gemeinschaft der Versicherten bezahlt (bis auf die Zuzahlungen) und mit nach Hause genommen. Und ab diesem Moment interessiert sich kaum jemand mehr dafür, wo das Zeug landet. Was zu Hause beim Patienten geschieht, würde ein Arzt womöglich bei einem Hausbesuch erleben, aber diese alte Kunst ist vom Aussterben bedroht. Und wenn kein ambulanter Pflegedienst kommt, fühlen sich viele Patienten mit all den Befunden und Verordnungen überfordert.

Der Körper unterscheidet nicht, wo welche Substanz herkommt, ob aus dem Supermarkt, dem Reformhaus oder der Apotheke. Wer zum Beispiel wegen zu hoher Cholesterinwerte einen Lipidsenker nimmt, darf keine Grapefruits mehr essen, auch nicht die aus dem Bioladen. Das Medikament wird in der Leber von demselben Enzym abgebaut wie die Grapefruit. Wenn die beiden sich streiten, wer zuerst an das Enzym darf, bleibt mehr Medikament im Blut, als gut ist, und die Nebenwirkungen steigen – durch etwas ganz Natürliches. Wer ASS zur Blutverdünnung nimmt, kann die Wirkung mit einer Kopfschmerztablette (Ibuprofen) aufheben.

Und das sind nur ein paar der vielen tausend bekannten Wechselwirkungen. Ab einem «Cocktail» mit mehr als vier Zutaten, sprich mehr als vier Wirkstoffen, hat kein Arzt und kein Patient mehr eine Chance, im Vorfeld abzusehen, wie das «reinhaut». Computerprogramme können Ärzte bei der Verordnung zumindest vor bekannten Wechselwirkungen warnen. Dazu müssten die Patienten aber alle, also auch die frei verkäuflichen Medikamente, die sie nehmen, angeben und umfassend beraten werden. Ab Herbst 2016 soll es einen bundeseinheitlichen Medikationsplan in Papierform geben, der diesen Wildwuchs etwas sortieren helfen soll. Wie das in der Praxis gelingt, bleibt abzuwarten, aber es ist höchste Zeit: Medikamente mit all ihren Nebenwirkungen und Interaktionen verursachen zwischen 5 und 10 Prozent aller Krankenhauseinweisungen, von denen 2 Prozent tödlich enden. Ungefähr die Hälfte dieser Todesfälle wäre vermeidbar. Mein Tipp: Schreiben Sie alle Medikamente auf, die Sie einnehmen, mit Namen, Anwendungsdauer, Dosis und Wirkstoff. Legen Sie diesen Zettel bei jedem Arztbesuch vor.

Je älter Patienten sind, desto häufiger entstehen Überdosierungen, weil die Leber die Stoffe langsamer abbaut oder die Niere sie nicht schnell genug wieder loswird. Gerade Beruhigungsmittel der Benzodiazepine, also die Nachkömmlinge von Valium und Konsorten, werden millionenfach verschrieben, weil sie erst einmal so schön beruhigen und schläfrig machen. Der Schlaf wird dadurch zwar erzwungen, aber nicht erholsamer. Schlimmer noch: Die Koordination leidet. Und plötzlich wird die Teppichkante zur Lebensgefahr. Weil der Herzspezialist auch noch die Wassertabletten verordnet hat, müssen die alten Menschen nachts raus, und – zack – ist mit dem Sturz auf die Hüfte das Alleinleben vorbei: Schenkelhalsbruch, Krankenhaus, Krankenhauskeim, Pflegeheim.

Sind alle Medikamente überflüssig? Nein – ich bin ein großer Fan von guten und wirksamen Medikamenten, wenn man sie braucht. Weil Antibiotika allerdings für den großen Fortschritt stehen, nehmen Ärzte gerne das neueste und «breiteste», das es gibt. Sogenannte Breitbandantibiotika putzen alles weg, sie machen es den Ärzten einfach – aber sie helfen auch den resistenten Erregern. Wenn Antibiotika nicht mehr wirken, steht uns eine mittelalterliche Zukunft bevor, in der Menschen an Zahninfektionen und Blasenentzündung sterben. Jedes Jahr verlieren in Deutschland bereits 15 000 Menschen durch Keime ihr Leben, gegen die kein Mittel mehr hilft. Wo beginnt der Teufelskreis? An der Stelle, an der wir alle im Alltag zu viel von dem Zeug schlucken. Antibiotika bekämpfen nur Bakterien. Husten, Schnupfen, Heiserkeit werden aber in aller Regel von Viren ausgelöst. Und da helfen abwarten, Tee trinken und Hühnersuppe essen. Und zu Hause bleiben, damit nicht alle anderen auch angesteckt werden. Der Nutzen von Antibiotika ist nur dann gegeben, wenn bei schweren bakteriellen Infekten unser Immunsystem allein mit einem Erreger überfordert ist. 40 Millionen Mal wird das Zeug verordnet, jedes Jahr 500 Tonnen – als wären das Lutschbonbons! Wenn man ständig mit Kanonen auf Spatzen schießt, geht einem bald das Pulver aus.

Gibt es Medikamente, die zu wenig gegeben werden? Ja, vor allem in der Behandlung von Schmerzen, von Bluthochdruck und von Depressionen gibt es echte Unterversorgung. Und mindestens genauso problematisch ist die ärztliche Unterversorgung der Patienten in all den Fragen, die gar nichts mit Medikamenten zu tun haben, die aber helfen, den Lebensstil zu ändern. Denn das ist der entscheidende Faktor für langfristige Gesundheit. Aber wer soll auf den Lebensstil eingehen, wenn keiner mehr den Patienten über eine längere Lebenszeit kennt und begleitet?

Der oberste Allgemeinmediziner und Vorsitzende des Sachverständigenrates Prof. Ferdinand Gerlach fasst die Situation so zusammen: «Ganz entscheidend für Patienten ist, dass es einen Arzt gibt, bei dem alle Informationen zusammenlaufen und der den Überblick behält. Da dies bislang systematisch nicht vorgesehen ist, leidet unser Gesundheitssystem unter einer teuren Form von organisierter Verantwortungslosigkeit!»

Erdung für Engel

Warum ein Engel sein? Mensch sein ist
schon schwer genug!

Man sucht sich seine Psychoseminare nicht – sie finden einen. Ich hatte keine Krise, aber ich haderte mit den nächsten beruflichen und privaten Schritten. Über einen Freund hatte ich einen Psychologen kennengelernt und meldete mich direkt zu seinem Seminar in Mecklenburg-Vorpommern an. Warum das mitten in der Pampa stattfand, wurde mir rasch klar, als ich dort eintraf. Es gab keinen Handyempfang, was mir sehr half, mich bei der Suche nach einer Vision und dem eigenen Ich auf andere «Kanäle» zu konzentrieren. Die Übernachtung war günstig, das Essen lecker, und die Natur um einen herum wartete darauf, entdeckt zu werden. Wir waren eine Gruppe von ungefähr zehn Leuten, die sich untereinander nicht kannten, die meisten zwischen 25 und 40 Jahren und alle mit irgendetwas beschäftigt, äußerlich und innerlich.

Was mir gleich sehr gefiel, waren die gemeinsamen morgendlichen und abendlichen Meditationsrunden mit Stille und vielen Kerzen. Das gemeinsame Singen tat mir gut, das kannte ich schon aus der Gemeinde. Jeder Teilnehmer hatte eingangs einen Persönlichkeitstest gemacht: Die Extrovertierten waren die Roten, die kreativen Spinner die Gelben, und dann gab es noch Blaue und Bunte. Wir redeten viel in der Runde, jeder kam dran, und dadurch, dass vereinbart war, alle Dinge vertraulich zu behandeln, entstand schnell eine große Nähe. Niemand kannte mich, und ich fand es sehr befreiend, keine Rolle spielen zu müssen. Wir sprachen über die großen Themen – Liebe und Alltag, Beruf und Berufung, Angst und Hoffnung.

Aber es wurden nicht nur Themen berührt, sondern auch einander in den Arm genommen, zusammen geweint und getröstet. Wir waren «Spiegel» füreinander und gaben uns wohlwollend Feedback.

Eine andere Übung bestand darin, mit sich allein zu sein und auf langen Ausflügen in der Natur «Zeichen» zu suchen. Abends erzählte jeder von seinen Fundstücken, und gemeinsam deuteten wir diese. So kann ein umgefallener Baum einen erinnern, dass Wurzeln wichtig sind. Oder hoppelnde Hasen werden zu Vorboten vom Familienglück. Und so wie man frisch verliebt die Welt wie verzaubert wahrnimmt, so wurde mir auch von Tag zu Tag die Pampa um mich herum zu einer Seelenlandschaft.

So weit, so gut. Dann wurde es aber ein bisschen schräger. An Tag 4 erzählte der Gruppenleiter, dass er zu Ostern immer so Schmerzen in den Händen bekomme. Für ihn sei das ein ziemlich sicheres Zeichen, dass er eigentlich Jesus sei. Also nicht in Person, mehr so energetisch. Und dann sagte «Jesus» jedem Teilnehmer, welches geistige Wesen in ihm steckte. Ich staunte nicht schlecht, dass der Meister in mir eine Reinkarnation des Erzengels Raphael sah. Kurz dachte ich: Der hat sie wohl nicht mehr alle, der kennt mich aber schlecht. Bis ich erfuhr, dass Raphael der «Engel der Heilung» ist und als Erzengel in der himmlischen Hierarchie mehr gilt als ein einfacher Botschaften-Überbringer-Engel, also eher der spirituelle Oberarzt als der Postbote ist. Und ganz ehrlich: Ich wuchs innerlich ein kleines Stück und dachte in aller Bescheidenheit: Wer bin ich, Jesus zu widersprechen!

Beschwingt fuhr ich wieder nach Hause. Auf dem Rückweg überlegte ich, wie ich meiner damaligen Freundin möglichst schonend beibringen könnte, mit wem sie es eigentlich hier zu tun hatte. Um es kurz zu machen – es endete nicht gut. Ich war völlig überdreht und verstrahlt, sie erkannte mich nicht wieder, und ich war in dem Gefühl von der Gruppe weggefahren, dass mich die Menschen dort nach einer Woche tiefer und besser kannten als meine besten

Freunde, meine Familie und meine Freundin. Sie verstand die Welt
nicht mehr und weigerte sich, in mir den Engel zu sehen, bevor ich
nicht vor ihren Augen zum Müllruntertragen das Fenster nahm.

Diese Geschichte ist lange her, keine Ahnung, wie das Leben
ohne dieses Seminar weitergegangen wäre, aber aus heutiger Sicht
bin ich vorsichtiger, wenn Menschen mir etwas sagen, das ich sehr
gerne höre. Und ich bin dankbarer für kritische Stimmen: Die wahren Engel im Leben sind manchmal genau die, die einem Dinge sagen, die man nicht hören will.

Ich erzähle Ihnen diese Geschichte, weil ich mit meinem heuti-
gen Wissen an ihr mehrere generelle Dynamiken erkenne, die überall eine Rolle spielen: bei Heilern, bei Sekten, aber auch bei der berühmten «Familienaufstellung» und in der Psychotherapie. Alles hat
Nutzen und Risiken, aber über die Risiken wird man selten offen
aufgeklärt.

Auf einem Beipackzettel zu den Psychokursen müsste stehen:
Häufige Nebenwirkung ist eine Trennung von Beruf, Partner und Familie. Und statt über den Wolken enden solche «Prozesse» oft vor einem Scherbenhaufen. Es ist einfach, Menschen auseinanderzuneh-
men. Schwieriger ist, sie wieder zusammenzusetzen.

Es gehören mindestens zwei zu diesem «Spiel», in Gruppen noch
mehr. Und die Dynamik ist für beide Seiten verführerisch: Der eine
sucht Orientierung und Bedeutsamkeit. Der andere stellt sich hin
und sagt: Ich habe Orientierung und kann dir helfen. Und je mehr
sich um ihn scharen, desto bedeutsamer fühlt sich auch er.

Deshalb dauert die Ausbildung zu einem verantwortlichen Psychotherapeuten auch Jahre, damit diese Objektivität und Distanz
lernen. Denn das Verführungspotenzial ist groß bei so einer intensiven Arbeit am Innersten. Analytiker lernen, mit Übertragungen und
Übersprungshandlungen reflektiert umzugehen, auf gut Deutsch:
sich nicht mit auf die Couch zu legen. Wenn diese Ebene der Refle-
xion fehlt, kann es in diesen Lehrer-Schüler-, Therapeut-Klient- oder

Guru-Suchender-Situationen sehr leicht zu seelischem und körperlichem Missbrauch kommen.

Der ehemalige Priester Bert Hellinger entwickelte die «Familienaufstellung», ein höchst umstrittenes Verfahren, das mit einer Psychotherapie wie einer Verhaltenstherapie nichts zu tun hat. Hellinger geht davon aus, dass es in einer Familie eine natürliche Ordnung gibt: Der Mann hat Vorrang vor der Frau, der Erstgeborene vor den nachfolgenden Geschwistern. Wer gegen diese Ordnung aus Macht und Unterwerfung verstößt, wird krank. In Systemen statt in einzelnen Symptomen zu denken, klingt erst einmal sehr plausibel, aber was sich daraus an Deutungen ergibt, ist haarsträubend. So schildert ein Teilnehmer: «Einer Frau wurde eingeredet, ihr Krebs sei entstanden, weil sie ihren Vater nicht genug verehrt hätte. Sie musste sich vor 1000 Zuschauern bei einem Kongress auf der Bühne vor Hellinger niederwerfen.» Gruselig und höchst manipulativ. Hellingers Erfolg lässt sich nur so erklären: Er füllte ein Deutungsvakuum, da die klassische Psychoanalyse zwar Verständnis liefert und lange Sitzungen, aber keine Vergebung und keine Rituale für Abschluss und Neuanfang. Diese Ideen brachte der ehemalige Priester aus der Religion in seine Methode ein. Die Kritik an seinen Bühnenshows ist groß, die Fachwelt distanzierte sich. Dort treten Zuschauer als Laienschauspieler auf, die die Familienmitglieder eines Klienten nachstellen. Hellinger führt die Klienten zurück in die Vergangenheit ihrer Ahnen, fördert Gedanken zutage, erzeugt Bilder, die zu einer höheren Wahrheit erklärt werden und die die Betroffenen nicht mehr loswerden.

Einerseits ist es ein großer aufklärerischer Fortschritt, dass Kirche und Staat, Beichte und Psychotherapie sauber voneinander getrennt sind. Aber so richtig sind sie es eben doch nicht, weil immer, wenn die Psychotherapie sich zurücknimmt und sehr nüchtern daherkommt, neue Verfahren aus dem Boden der magischen Vorstellungen sprießen. Das ist für viele attraktiver und dramatischer, als je-

mandem professionell distanziert gegenüberzusitzen, der das Wort «Liebe» nicht benutzen darf, weil es in seinem Therapiemanual nicht vorkommt.

Verschenkt die Psychotherapie als Erbin der Wunderheiler einen Teil ihrer möglichen Wirkung, weil sie sich nicht traut, zu ihren magischen Wurzeln zu stehen und entsprechend auch Rituale und «Alltagszauber» einzusetzen?

Wozu brauchen Menschen einen «Guru»?

Eins der genialsten Sozialexperimente, die ich kenne, ist in dem Dokumentarfilm *Kumaré* festgehalten. Der in den USA geborene Vikram Gandhi erlebte, wie nicht nur in der Heimat seiner Eltern in Indien, sondern auch in Amerika durch den Yogahype plötzlich lauter selbsternannte Gurus auftauchten. Wie bei vielen modernen Menschen passte die Religion seiner Vorfahren nicht mehr so richtig zu seinem Leben als Pubertierender in New Jersey und noch weniger als Student der Film- und Religionswissenschaft. So kam ihm die Idee, selbst Guru zu werden und zu schauen, wie weit man mit einer handgestrickten Religion mit indischen Elementen in Amerika kommt. Er ließ sich den Bart wachsen, nähte sich ein oranges Gewand, übte den Akzent seiner Großmutter und sprach große Weisheiten auf Sanskrit. Dazu übersetzte er frech einfach die Sprüche für amerikanische Konsumartikel. Aus dem Nike-Slogan «Just do it» wurde «Karam Yaivah Dikaarastha», was gleich sehr viel profunder klingt. Dazu dachte er sich ein paar Meditationsübungen und yogaähnliche Gymnastik aus und machte zwei Freundinnen zu «Missionarinnen» – fertig war die Religion und er ihr einziger Guru namens Kumaré.

Über Internet und lokale Vorträge verbreitete sich sein Ruf, Menschen aus allen gesellschaftlichen Schichten und Generationen strömten zu ihm, unter ihnen eine Anwältin, eine alleinerziehende Mutter und ein ehemaliger Verkäufer, jeder mit seinem Päckchen, das er zu tragen hatte. Kumaré gewann schnell das Vertrauen der

Menschen, indem er zuhörte, ihnen in die Augen schaute und einfache Weisheiten und Reflexionen anbot. Und es wirkte! Eine deutlich übergewichtige Frau nahm ab und behielt ihr Gewicht bei. Ein ehemaliger Drogenabhängiger blieb clean und führte eine glückliche Beziehung. Eine junge und sehr unentschlossene Studentin nahm ihr Leben in die Hand. Viele waren absolut von ihm überzeugt und begeistert: «Ich fühle mich viel wärmer als sonst, ich bin sicher, das ist deine Energie!» Oder: «Er ist so echt.» Während er von sich sagte: «Ein falscher Prophet zu sein, ist viel anstrengender als ein echter, weil ich mir klare Spielregeln auferlegt hatte, um jeder Versuchung standzuhalten. In meiner Rolle sah ich nur das Beste in den anderen und wollte, dass sie glücklich sind.»

Die spannenden Fragen lauten: Hätten es diese Menschen auch ohne Kumaré so weit geschafft? Wonach will man hier «falsch» und «richtig» unterscheiden? Darf man Menschen etwas vorspielen – muss man das vielleicht sogar manchmal zu ihrem Besten?

Kumaré wirkt wie ein spirituelles Placebo. Wir sind offenbar nicht besonders gut darin, durch unseren Verstand die eigenen Selbstheilungskräfte zu aktivieren oder den inneren Schweinehund zu überwinden. So wie die Einnahme eines Scheinmedikamentes echte Veränderungen anstoßen kann, scheint ein Scheinguru ebenfalls vieles aktivieren zu können, was im Menschen angelegt ist, aber brachliegt. Wir strengen uns eher an, wenn jemand sieht, dass wir unser Bestes geben. Das ist auch das Geheimnis von Selbsthilfegruppen wie den Anonymen Alkoholikern, die sehr segensreiche und erfolgreiche Arbeit machen. Eine Atmosphäre der Offenheit und des gegenseitigen Vertrauens lässt Gemeinschaft entstehen. Menschen blühen auf, wenn sie das Gefühl bekommen, nicht der Einzige zu sein, der mit dem Leben so seine Schwierigkeiten hat. Dazu braucht es manchmal Führungspersonen, die nicht auf Verführung aus sind.

Kumaré hat sich wieder zurückverwandelt. Am Ende seines Experimentes kam die Entzauberung. Gandhi rasierte sich den Bart ab,

Wer in der Natur nach Zeichen sucht, findet sogar Bäume, die gut zuhören können.

zog sich Jeans und Turnschuhe an und redete wieder ganz normal. Die Menschen, die ihn schon sehr liebgewonnen hatten, waren erst einmal vor den Kopf gestoßen, einige wenige wandten sich ab. Die meisten fingen aber laut und befreit an zu lachen, fielen Gandhi um den Hals und waren dankbar für ihre Erlebnisse. Denn «Kumaré» hatte ihnen Zugang zu ihrem inneren Guru verschafft, sodass sie ihn jetzt nicht mehr brauchten. Was haben alle religiösen Anführer gemeinsam? Dass andere glauben, dass sie die Antworten haben! Und die guten machen nicht abhängig, sondern frei. So wie jeder gute Psychotherapeut auch irgendwann die Beziehung beendet und sagt: «Du schaffst das jetzt ohne mich.» Das kann uns halt nur ein Mensch sagen und kein Turnschuh. «Just do it» beziehungsweise «Karam Yaivah Dikaarastha».

Wer einen Crashkurs für die Seele bucht, darf sich nicht wundern, wenn die Seele dabei crasht. Die entscheidende Qualität der Entwicklung liegt in der Begleitung über einen längeren Zeitraum, über Krisen und Tiefpunkte hinweg, mit einem konstanten Ansprechpartner, dem man vertraut und der einem weder ständig den Kopf wäscht noch einen überhöht, sondern realistisches Feedback gibt und hilft, sich selbst zu erkennen, anzunehmen und das Leben frei und fröhlich zu genießen.

Ich habe mich mit den Experten von Sekteninfo NRW unterhalten, die mir erzählten, wie viele Menschen sich nach Psychokursen bei ihnen melden und welche schwarzen Schafe es in der Szene gibt. Ihre Checkliste «Gemeinschaft kann gefährlich werden» bietet Warnsignale, denn der Markt ist praktisch völlig unreguliert. Das Bedürfnis nach «Führungspersönlichkeiten» ist groß und ebenso die Gefahr, mehr oder minder blind einer Idee, einer Ideologie und einem Idioten hinterherzulaufen.

Gleichzeitig bin ich nicht der Meinung, dass jeder nur allein vor sich hin werkeln sollte, weil Gruppen ein Missbrauchspotenzial haben. Wir sind soziale Wesen, und viele großartige Dinge gäbe es nicht ohne Menschen, die das Beste aus uns herauskitzeln.

Ich hatte Glück: Mir hat keines der Angebote geschadet, ich habe viel über mich und andere Menschen gelernt, ich bin auch nie an Lehrer geraten, die schlechte Absichten hatten, aber aus heutiger Sicht wäre ich sehr viel vorsichtiger.

Habe ich eigentlich erwähnt, dass es zu diesem Buch auch ein Seminar gibt? Für Sie sogar zum Vorzugspreis! Und wenn Sie gleich die ganze Woche buchen, bekommen Sie noch ein Mixgerät, Vitamintabletten zum Abnehmen und die Erleuchtung obendrauf. Mit Geld-zurück-Garantie – im nächsten Leben!

Was kann ein Heilpraktiker ganz praktisch?

«Ich rate, lieber mehr zu können, als man macht,
als mehr zu machen, als man kann.»
BERTOLT BRECHT

Einen guten Heilpraktiker zu kennen, gehört inzwischen zum Lifestyle, so wie man auch jemanden braucht, der sich mit Jura oder mit Computern auskennt, einen Coach und einen Friseur des Vertrauens. Was kaum einer weiß: Man kann in Deutschland Heilpraktiker ohne praktische Ausbildung werden. Ohne Übung an realen Fällen.

Das ist schon ein Ding! Das meiste ist in Deutschland bis ins Detail geregelt. Aber ausgerechnet beim höchsten Gut, der Gesundheit, gibt es niemanden, der Patienten vor absurder bis schädlicher Pseudomedizin schützt. «Heiler» oder «Therapeut» kann sich nennen, wer will, solange er nur ein Gewerbe anmeldet und seine Steuern zahlt. Diese Begriffe sind nicht geschützt, erfordern weder eine Qualifikation noch irgendeine Art von Wirksamkeitsnachweis.

Als «Heilpraktiker» darf man sich nur bezeichnen, wenn man eine staatliche Prüfung beim Gesundheitsamt abgelegt hat. Das klingt nach mehr, als es ist. Denn es gibt nur eine Theorieprüfung – das ist so, als ob man beim Führerschein nur die Ankreuzbögen ausfüllt und dann den Freifahrtschein für die Autobahn hat. Es spielt für die Prüfung keine Rolle, ob man vorher auf einer Heilpraktikerschule war, einen Online-Crashkurs für 149 Euro gemacht oder sich das Wissen selbst angeeignet hat. Wer die Kreuzchen beim Multiple-Choice-Test an die richtige Stelle setzt und die mündliche Prüfung besteht, darf heilen. Geprüft werden lediglich Grundkenntnisse in Anatomie, der Hygiene und den Infektionskrankheiten, damit ein Heilpraktiker erkennen kann, wofür er besser nicht zuständig ist, und keine «Gefahr für die Volksgesundheit» darstellt.

Patientenkontakt oder Praxiserfahrung? Pustekuchen. Es reichen ein Mindestalter von 25 Jahren, ein Attest, ein Führungszeugnis und ein Hauptschulabschluss. Die Regelung stammt aus dem Jahre 1939, als aus bekannten Gründen gerade viele jüdische Ärzte fehlten, und existiert so weltweit nur in Deutschland und der Schweiz. In Österreich ist der Berufsstand verboten. Wer hierzulande einmal die Prüfung geschafft hat, kann in der Praxis machen, was er will, von sinnvollen Dingen wie Naturheilkunde, Akupunktur oder manueller Therapie bis zu Dingen, die schlicht Nonsens sind und bei jeder Überprüfung nach ihren eigenen Regeln versagen, wie Kinesiologie oder Bioresonanz. Heilpraktiker dürfen Spritzen setzen, Aderlass und Eigenbluttherapien durchführen, offene Wunden und sogar schwerwiegende Krankheiten wie Krebs behandeln, so ziemlich alles außer Zahnersatz und Geburtshilfe – niemand prüft oder kontrolliert, was wer kann.

Seit 1993 ist es Heilpraktikern erlaubt, sich auf Psychotherapie oder Physiotherapie zu spezialisieren, sprich: Seele oder Knochen einzurenken. Ein Heilpraktiker ist aber nie Psychotherapeut, denn so darf sich nur ein studierter Psychologe oder ein Arzt nach jahrelanger Ausbildung und klaren Standards nennen. Diese Unterscheidung überfordert aber bereits viele Patienten. 1998 stellte eine Enquetekommission fest, «dass Patienten versehentlich oder durch Heilschwindler falsch behandelt werden und Schaden erleiden. Der Staat hat eine Pflicht, den derzeit unübersichtlichen Markt der Heilmethoden zum Schutz der Kunden transparent zu gestalten.» Geschehen ist seitdem nichts. Warum gibt es keine Pflichtpraktika in Praxen und Krankenhäusern? Warum gibt es keinen verbindlichen Lehrplan? Und warum werden Methoden nicht nach wirksam und unwirksam unterschieden? Es ist ja sehr romantisch, Irisdiagnostik zu betreiben nach dem Motto: Schau mir in die Augen, und ich sage, was in dir los

ist. Die Augen sind der Spiegel der Seele. Aber um einen Cholesterinspiegel zu bestimmen, lohnt sich immer noch die Blutentnahme. An Irisdiagnostik ist objektiv nichts dran. Zeit, dieser Wahrheit einmal ins Auge zu schauen!

Ich weiß, dass es tolle Heilpraktiker gibt, die auch gut mit Ärzten zusammenarbeiten. Aber ich bleibe dabei: Es gibt gute Gründe, warum man in einem Notfall ruft: «Ist hier ein Arzt?» Nennen Sie mich verbohrt, aber sollte ich jemals – was ich, liebes Universum, nicht hoffe – einmal blutend auf der Straße liegen, möchte ich nicht, dass es erst einmal jemand «sanft» und «ganzheitlich» mit «Bachblüten-Rescue-Tropfen» versucht. Ich möchte gerne auf Atmung und Kreislauf reduziert werden und statt der Bachblüten auf die Zunge lieber Elektrolyte in die Vene. Und wenn einer aus der Menge «Lassen Sie mich durch, ich bin Heilpraktiker» ruft, wählen Sie bitte trotzdem die 112, versprochen?

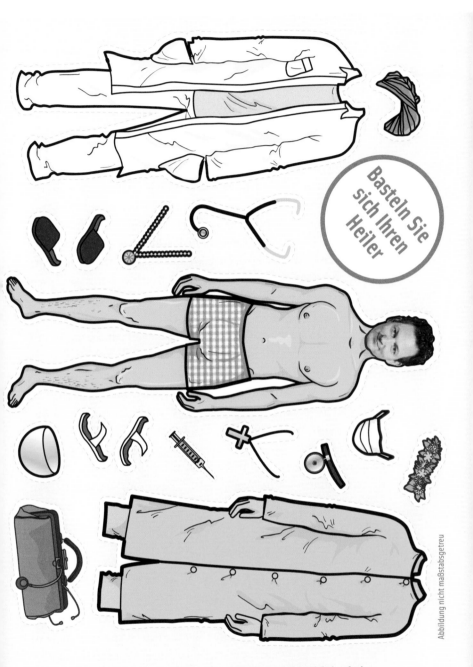

Basteln Sie sich Ihren Heiler

Entscheidend für den Behandlungserfolg ist nicht, was Patient und Behandelnder glauben, sondern, dass beide in ihren Überzeugungen übereinstimmen. Stellen Sie sich erst Ihren Wunschheiler zusammen und suchen Sie sich dann jemanden, der Ihrem Bild entspricht.

Heilpraktiker für Autos

Stellen Sie sich vor, Ihr Körper wäre ein Gebrauchtwagen. Würden Sie ihn kaufen?

Ist 'ne gute Frage, oder? Ist auch eine fiese Frage, weil man doch ins Grübeln kommt. Nach meiner Beobachtung grübeln aber Männer und Frauen unterschiedlich. Die Frauen denken tendenziell eher an äußerliche Mängel und Problemzonen. Und die Männer sind ganz pragmatisch: «Was würde ich beim Verkaufen von mir aus nicht erwähnen?»

Warum gehen wir mit unseren Autos oft sorgfältiger um als mit unserem Körper? Das ist doch eigentlich Quatsch. Und andersherum gefragt: Warum gibt es keine Heilpraktiker für Autos?

Mein Freund Paul hat mir erzählt, es gäbe jetzt den ersten, eine Werkstatt in Berlin-Kreuzberg habe umgesattelt. Da arbeitet ein Automechaniker mit einem antimechanistischen Weltbild. Der Mann heißt Hope. Also, eigentlich heißt er Matthias, aber er hat sich umbenannt. Hope ist sein spiritueller Name. Seine Eltern wussten ja damals, als sie ihn taufen ließen, nicht, was einmal aus ihm werden würde. Das kann man ihnen auch nicht vorwerfen. Hope ist wirklich ein Meister seines Fachs. Und er gibt sich große Mühe. Er guckt bei jeder Zündkerze nach Zeichen für Burnout. Er macht Ölwechsel mit Aromaöl, damit der Motor nicht das Gefühl hat, es gehe nur um Leistung. Und er findet auch immer etwas. Zum Beispiel ganz oft Zeichen für Rost am Auspuff. Ja, da denkt jetzt der Laie: Rost am Auspuff, ist das so schlimm? Aber hallo! Rost am Auspuff ist beim Auto das, was beim Menschen Hefe im Darm ist. Und wenn Sie schon mal Hefe im Darm hatten, wissen Sie, da haste lieber Rost am Auspuff.

Neulich hatte ich einen platten Reifen. Ich dachte: Komm, jetzt gib dem Hope mal 'ne Chance. Ich habe den Wagen zur Werkstatt geschoben, und er hat sich viel Zeit genommen. Er hat das Auto angeguckt, und dann sagte er: «Klar, ich könnte jetzt den platten Reifen auswechseln. Aber damit würde ich nur die Symptome beheben.» Er würde spüren, der Wagen sei so nicht im Gleichgewicht. Ich dachte, irre, wie sensibel der Mann ist. Und ich sagte, er solle doch mal auf seine Art behandeln. Hat er dann auch. Dafür hat er erst mal die drei anderen Reifen behandelt – mit Akupunktur. So lange, bis der Wagen wieder ganz im Gleichgewicht war. Das hat mich schon ein bisschen irritiert. Aber Hope hat mir das gleich erklärt: Die chinesische Medizin unterscheidet fünf verschiedene Elemente. Meinem Auto würde eins davon fehlen: Luft! Was die damals schon gewusst haben!

Nach dem Wochenende bin ich wieder in die Werkstatt. Ich sagte: «Wann ist es denn so weit?» Daraufhin sagte Hope: «Eckart» – wir waren da schon beim Du –, «schau doch erst mal bei dir selbst, woher diese Ungeduld in dir kommt.» Nach zwei Wochen war ich aber richtig sauer. Schließlich sagte ich: «Verdammt, wann ist das Auto endlich fertig?» Und er erwiderte: «Konfuzius sagt, das Gras wächst nicht schneller, wenn man daran zieht.»

Und ich sagte gar nichts mehr. Ich dachte mir nur: «Alter, an wie viel Gras hast du schon gezogen?»

Dann, eines Tages, legte mir Hope die Hand auf die Schulter, nahm mich beiseite und sagte, jetzt sei ich wohl so weit, dass er mit mir noch eine tiefere Ebene anschauen könne. Es sei schließlich kein Zufall, welches Teil bei einem kaputtgehe. Da stecke ja auch immer eine Botschaft drin, die Krankheit als Weg, eine persönliche Aufgabe für mich. Ich solle doch mal überlegen, warum dieses Teil, das mir kaputtging, so doppeldeutig heißt: *Reifen.*

Das hab ich als Aufgabe für mich angenommen, und tatsächlich: Nach einem halben Jahr war ich geheilt. Das Auto war immer noch nicht fahrtüchtig, aber ich merkte, es geht auch ohne. Und dann nahm er mich zur Seite und fragte, ob ich nicht ein neues Auto kaufen wolle. Ich sagte: «Wie bitte?» Ja, er hätte da Zugang zu einem Top-De-luxe-Modell eines deutschen Herstellers für den esoterischen Markt. Der neue Opel Mantra. In Pyramidenform. Die Sitze sind im Kreis angeordnet. Das heißt, alle, die mitfahren, bestimmen die Richtung gemeinsam. Serienmäßig mit Räucherstäbchenanzünder. Keine Hupe, aber eine Klangschale. Und die Spitzengeschwindigkeit liegt bei zwölf Stundenkilometern, denn das ist im Einklang mit der Philosophie, die hinter dem Auto steht. Und die lautet: Der Weg ist das Ziel.

PS: Wo so viel von traditionellen Heilmethoden die Rede ist, hoffe ich auf das Verständnis aller Leser meines Frühwerkes, wenn für diesen Text ausnahmsweise auch traditionelle Pointen aus *Die Leber wächst mit ihren Aufgaben* eingeflossen sind.

Die Unheiler und Steve Jobs

Ein Mann stürzt in den Bergen einen Abhang hinunter.
Aber er hat Glück und bleibt an einem dünnen Ast hängen.
Unter ihm der Abgrund, über ihm nur ein kleines Stück
Himmel. Der Ast ist dünn, und seine Kräfte lassen nach.
Er ruft: «Ist dort oben jemand?»
Und tatsächlich teilen sich die Wolken, und eine Stimme
spricht: «Ich bin es, der Herr. Lass die Wurzel los, und
ich werde dich retten.»
Der Mann überlegt kurz und ruft dann: «Ist noch jemand
anderes da oben?»

Bei aller Sympathie für sanfte Medizin ist es Zeit, über ihre harten
Seiten zu sprechen. Das berühmteste Beispiel ist Steve Jobs, der
Gründer von Apple. Er starb an einer seltenen Form von Bauchspeicheldrüsenkrebs. Als er die Diagnose bekam, rieten die Ärzte ihm,
sich sofort operieren zu lassen, solange der Tumor noch klein ist.
Er lehnte ab, weil er es mit Alternativmedizin versuchen wollte. Er
stellte seine Ernährung um, trank Smoothies und lebte gesund. Aber
der Tumor war davon nicht beeindruckt. Der Krebs wuchs weiter,
streute, und als Steve Jobs acht Monate später in die OP einwilligte,
war einer der genialsten Erfinder dieses Jahrhunderts mit allem Geld
der Welt, den besten Ärzten und sogar einer Transplantation nicht
mehr zu retten. Er schrieb in seiner Autobiographie, wie bitter er
diese Entscheidung bereute.

Egal ob Heiler, Heilpraktiker oder approbierte Ärzte behandeln,
es kann Schaden entstehen, und zwar nicht nur durch das, was gemacht wird, sondern auch durch das, was nicht gemacht wird! Nicht

nur das Tun, sondern auch das Unterlassen kann gefährlich sein. Smoothies, Aprikosenkerne, Ozon und energetisiertes Wasser schaden niemandem direkt. Gefährlich wird es, wenn durch das ideologische Entweder-oder eine wenig wirksame Methode für alleinseligmachend gehalten wird und etwas besser Wirksames unterbleibt. Und es wird gefährlich, wenn man durch Herumprobieren wertvolle Zeit verliert. Die Fachwelt sagt, Steve Jobs hätte höchstwahrscheinlich länger leben können, hätte er sich erst operieren lassen und dann zusätzlich, komplementär, alles getan, was Leib und Seele guttut. Krebs verschwindet nicht allein durch Aprikosenkerne. Wenn das so einfach wäre, hätte es sich längst herumgesprochen. Und wer das behauptet, soll Beweise liefern oder die Klappe halten, denn er gefährdet Menschenleben. Es ist ein Spiel mit der Hoffnung und der Angst, das selten ein gutes Ende nimmt. Patienten fallen in ihrer Not oft auf die falschen Methoden herein und treffen auf ihrer Suche häufig genug auch auf approbierte Ärzte, die den Pfad der wissenschaftlichen Medizin verlassen und ihre eigenen dubiosen Methoden entwickelt haben. Wer irgendwann einmal Medizin studiert hat und an einer Uniklinik ausgebildet wurde, vertritt noch lange nicht immer den aktuellen Stand der Wissenschaft. Diese Menschen sind für mich die gefährlichsten, weil sie es eigentlich besser wissen müssten. Und weil man ihnen mehr zutraut als einem Heilpraktiker oder Handaufleger.

Je ernster die Erkrankung, desto wichtiger ist es zu wissen, aus welcher Quelle die Informationen stammen, nach denen man sich für einen Weg entscheidet. Selbstüberschätzung ist gefährlich und kommt leider überall vor: bei Ärzten, Wunderheilern und Patienten. Schlechte Medizin ist gefährlicher als schlechte Alternativmedizin, weil man es mit sehr viel wirksameren Mitteln zu tun hat. Jemandem unnötig die Hand aufzulegen, ist weniger dramatisch, als jemanden unnötig zu operieren. Das falsche homöopathische Mittel zu geben, hat weniger Auswirkungen als eine falsche Bluttransfusion, die tödlich sein kann. Aber es kann auch tödlich sein, jemandem Informationen vorzuenthalten, etwas auszureden oder sich für etwas Falsches zu entscheiden.

Steve Jobs ist kein Einzelfall. Schätzungen gehen davon aus, dass jeder zweite Krebspatient von komplementären Angeboten Gebrauch macht. Die meisten in Kombination mit wissenschaftsbasierter Medizin, also im besten Sinne zusätzlich. Dennoch wissen Behörden und Ärzte erstaunlich wenig darüber, was abseits der Krankenhäuser passiert. Wer den Pfad der wissenschaftsbasierten Behandlung verlässt, landet rasch in einer gruseligen Grauzone.

Der Arzt und *Stern*-Journalist Bernhard Albrecht wollte wissen: Was konkret wird Krebspatienten in Deutschland empfohlen, wenn sie zu Heilpraktikern und Ärzten gehen, die sich selbst als «biologische» oder «alternative» Krebsspezialisten bezeichnen? Zusammen mit der Schauspielerin Katja Danowski gab er sich als Paar aus. Sie spielte eine Brustkrebspatientin und hatte einen echten Befund von einer anderen Patientin dabei, bei der ein kleiner, jedoch sehr aggressiver Tumor in der Brust entdeckt worden war. Die Antwort der wissenschaftlichen Medizin in diesem Fall ist eindeutig: Diese Frau muss sofort operiert werden, sonst riskiert sie ihren baldigen Tod. Und: Mit optimaler Therapie liegen ihre Chancen bei mehr als 95 Prozent, auch nach zehn Jahren noch krebsfrei zu sein, auch ohne Chemo- oder Strahlentherapien.

Was die beiden von den selbsternannten «Spezialisten» zu hören bekamen, ist haarsträubend und reichte von einer Ayurvedakur in einem Hotel, Smoothies aus Wildkräutern bis zu Homöopathie und Nahrungsergänzungsmitteln aus den USA, die praktischerweise gleich in der Praxis käuflich zu erwerben waren. Albrecht und Danowski fragten nach: Können Sie uns Patienten nennen, denen das schon geholfen hat? Fehlanzeige.

Das Fazit nach 20 Besuchen bei Ärzten und Heilpraktikern zeigt das Ausmaß des Dilemmas: Zwölf der 20 rieten von der eindeutig lebensrettenden Operation ab und hätten damit eine echte Patientin mit diesem Befund in den Tod geschickt – sowohl Heilpraktiker als auch Ärzte. Albrecht fasst zusammen: «Über die OP als vordringlichste Maßnahme bei dieser Krebserkrankung muss es Einigkeit geben unter allen, die Patienten behandeln dürfen. Dass auch Ärzte sie für überflüssig halten, macht einen fassungslos.»

Die Wissenschaftsjournalistin Claudia Ruby zeigt in ihrem Film *Das Geschäft mit der Angst* einige der abstrusesten Empfehlungen. Ihr Testpatient war kein Schauspieler, sondern ein Journalist. Auch er hatte einen echten Befund in der Tasche und besuchte die vermeintlichen Spezialisten der Szene. Seine Krankengeschichte: Er hatte ein Hodgkin-Lymphom, einen Tumor, der die Lymphknoten befällt. Vor einem Jahr habe er eine Chemotherapie gemacht. Der Krebs verschwand, doch nun sei er zurückgekehrt. Zu der Geschichte gab es einen Diagnosebrief und CT-Bilder, die zeigten, dass der Tumor jetzt auch die Milz befallen hat. Auch für ihn kennt die wissenschaftsbasierte Medizin eine wirksame Behandlung mit hoher Heilungschance. Aber was raten die «Alternativen»?

Wieder bekommt dieser Patient verwirrende, unsinnige bis tödliche Ratschläge. Einer rät zur «Biologischen Krebsmedizin» und zu einer «Diagnosereihe» in seiner Klinik, am besten über fünf Tage, mit dem Vorabprogramm für rund 10 000 Euro, da seien «elektromagnetische Messungen» für den «Energiehaushalt einzelner Organe» gleich mit inbegriffen. Erst dann könne er bestimmen, welche Vitamin-B17-Infusionen angezeigt seien. Das sogenannte Vitamin B17 ist in Wahrheit überhaupt kein Vitamin, sondern ein giftiger Stoff, verwandt mit Blausäure. Er erlebt unter dem Pseudonym «Lätril» oder «Amygdalin» in der alternativen Szene gerade einen Boom und hat keinen nachgewiesenen Nutzen bei Krebs, wohl aber schwere Nebenwirkungen.

Ein anderer schwärmt, manche seiner Patienten seien in kurzer Zeit zu unglaublichen Erkenntnissen gelangt und hätten «bei der nächsten Inkarnation» ein total anderes Leben führen können. «Wir dürfen unser Leben nicht so kurz sehen.» In einem «Energiezentrum» wird erklärt, Krebs sei «unterdrückte Wut und unterdrückter Ärger», der alte Hokuspokus von Schuld und Sühne eben. Darauf folgt die Empfehlung einer «Hochfrequenztherapie»: Mit einer beeindruckenden Maschine würde den Zellen elektrische Energie zugeführt, fünf Wochen lang für den Preis von 13 670 Euro. Inklusive «Öl-Eiweiß-Kost» aus Quark und Nüssen, die den Tumor bekämpfen soll.

Richtig übel wird es bei einer Heilpraktikerin, die sich auf die «Germanische Neue Medizin» spezialisiert hat. Sie weiß sofort, was den Krebs ausgelöst hat: eine Abwertung im Beruf, ein misslungener Vortrag und die folgende Kritik des Chefs. Ihr Rat, den Krebs zu besiegen: Der Patient solle wieder zu seinen Eltern ziehen und lernen, sich selbst zu lieben. Auf die Rückfrage, ob es nicht gefährlich sei, auf die Chemotherapie zu verzichten, antwortet sie: «Der Mensch hält viel aus.»

Eine weitere, sehr gefährliche Heilmethode kursiert in der Szene unter dem Kürzel MMS. Miracle Mineral Supplement ist eine giftige, 28-prozentige Natriumchloritlösung, also eine Art Rohrreiniger für den Menschen. Als Erfinder gilt der amerikanische Ingenieur Jim Humble, der früher mit Scientology in Verbindung gebracht wurde. MMS wird als Nahrungsergänzungsmittel angepriesen, als alternatives Antibiotikum, bei Malaria, Krebs, Aids, Autismus und Demenz. Bei der Anwendung entsteht hochreaktives giftiges Chlorgas, welches die Speiseröhre verätzt. Die Theorie dahinter ist so wirr und verschwörerisch, dass man sich wundert, wie viele Menschen davon überzeugt werden konnten, sich selbst mit einem Bleichmittel den Teufel aus dem Leib zu brennen.

Die Geschichte von MMS ist auch ein weiterer Beleg dafür, dass sich in Deutschland keiner für diesen Markt zuständig hält. In den USA hat die Arzneimittelbehörde bereits 2010 nach zahlreichen Meldungen über Gesundheitsschäden eine klare Empfehlung ausgesprochen: «Stop using MMS immediately and throw it away.» Also: Hau weg den Scheiß, aber nicht in den Hals, sondern in den Müll. Die Schweizer warnten ebenfalls schon 2010. Und in Deutschland? Aufgrund der Werbung im Netz sah sich das Bundesinstitut für Arzneimittel und Medizinprodukte (BfArM) Ende Mai 2014 veranlasst, auf die fehlende Zulassung als Arzneimittel und die damit verbundenen Gefahren hinzuweisen. Ein Jahr später stufte es MMS-Präparate als zulassungspflichtig ein, damit wurde jeder weitere Verkauf illegal. Dennoch liefen der Vertrieb im Internet und die Werbung auf Esoterikmessen munter weiter.

Deshalb ist der einzig wirksame und langfristige Schutz, Patienten aufzuklären und immer wieder auf die schwarzen Schafe der Branche hinzuweisen. Aber das Geschäft mit der Angst und der Hoffnung floriert und wird immer wieder neue Blüten hervorbringen. Alles ungestraft?

In Deutschland ist die «Therapiefreiheit» ein hohes Gut, das heißt, jeder Arzt wird wie ein freier Künstler betrachtet. Wenn einmal von einer Stelle die Befunderhebung und Diagnostik nach aktuellen onkologischen Standards erfolgt ist, kann jeder andere Arzt oder Heilpraktiker behandeln, wie er es für richtig hält. Die einzige Auflage besteht darin, dass er auf die Chancen und Risiken hinweist. Laut Maia Steinert, Fachanwältin für Medizinrecht in Köln, ist es sehr schwer, vor Gericht eine Strafe bei Behandlungsfehlern durchzusetzen. Sie hat oft die Hinterbliebenen von Kranken vertreten, die sich in ihrer Not an Alternativmediziner gewandt hatten und gestorben waren – obwohl sie durch die wissenschaftlich fundierte Medizin hätten gerettet werden können. Die Behandler sichern sich inzwischen juristisch ab. Sie lassen den Patienten Verträge unterzeichnen, in denen steht, dass er aufgeklärt wurde und andere medizinische Maßnahmen aus freiem Willen ablehne. Ein wasserdichtes Prinzip.

Und das passiert nicht nur bei Recherchen, sondern jeden Tag in deutschen Praxen, wie mir eine echte Krebspatientin bestätigte: «Ich habe seit sieben Jahren Brustkrebs. Dank der Medizin lebe ich noch – im Gegensatz zu Freundinnen, die es mit Tees, Aprikosenkernen etc. versucht haben. Sie sind gestorben – eine mit 40 Jahren und zwei kleinen Kindern. Völlig unnötig. Krebs ist nun mal mit solchen Methoden nicht heilbar. Vielleicht Wehwehchen wie Hautausschlag oder Durchfall. Darum geht es hier aber nicht.»

Jutta Hübner, Vorsitzende der Arbeitsgruppe «Prävention und Integrative Medizin in der Onkologie» der Deutschen Krebsgesellschaft, versteht, dass Patienten sich jemanden wünschen, der sich Zeit nimmt und sie sanft behandelt. In anderen Ländern gibt es dafür spezialisierte Arzthelferinnen, die die Kranken und ihre Angehörigen bei Krebs beraten und begleiten. Krebspatienten haben andererseits das große Bedürfnis, selbst tätig zu werden, wollen nicht alles über sich ergehen lassen, sondern aktiv etwas zu ihrer Heilung beitragen. Die Medizin hat dieses naheliegende menschliche Bedürfnis lange ignoriert: Solange es nicht genügend kompetente Ansprechpartner gibt, die sich Zeit für eine ausführliche Beratung nehmen und eine empathische Beziehung zum Patienten aufbauen, werden charismatische Heiler ihr Publikum finden – und weiterhin monatelang im Voraus ausgebucht sein.

Bernhard Albrecht fasste seine Erfahrung in der Parallelwelt der Alternativmedizin so zusammen: «Katja und ich hatten nach unseren Besuchen immer lebhafte Diskussionen. Ich hatte die Fakten im Kopf, sie aber reagierte zuallererst auf den Menschen, der vor ihr saß. Die meisten Therapeuten fanden wir beide sympathisch. Es sind, daran glaube ich fest, größtenteils keine Betrüger, sondern verblendete Überzeugungstäter. Und genau das macht sie aus meiner Sicht so gefährlich. Denn wer an das glaubt, was er sagt, vermag auch sein Gegenüber von der Richtigkeit des Gesagten zu überzeugen.»

Das große
Heilmethoden-Orakel
Sag mir, zu wem du gehst, und ich sage dir, was du zu hören bekommst!

Angenommen, Sie fühlen sich schlapp, haben Kopfschmerzen und schlafen schlecht. Dann sagt ...

ANLEITUNG ▶ Welche Antwort gehört zu wem? Verbinden Sie die Empfehlungen mit den verschiedenen Anbietern, und dabei wird ein intuitives Muster entstehen, das keine tiefere Bedeutung hat.

A «Die Amalgamplomben müssen alle raus, Sie sind ja ganz vergiftet. Da machen wir überall Kronen drauf, die kosten zwar mehr, aber die halten auch länger, sonst haben Sie ja nie Ruhe.»

B «Was macht Sie denn so müde? Sie müssen hinschauen, sich dem Problem stellen. Sie müssen damit umgehen, sich selbst liebevoll annehmen lernen. Sie sind ja gar nicht Sie selbst!»

C «In dir sind das Weibliche und das Männliche noch nicht vereint. Sei öfter mal GANZ Mann, dann wieder ganz Frau. Bau dir einen kleinen Altar für Shakti und Shiva.»

D «Ganz klar: Hefe im Darm. Jetzt dürfen Sie die nächsten sechs Monate keinen Zucker mehr essen. Am besten machen wir gleich eine Hydro-Colon-Darmspülung, damit wir das Problem von beiden Seiten ganzheitlich angehen.»

1. Internist

2. Zahnarzt

3. Heilpraktiker

4. Ernährungsberaterin

5. Wünschelrutengänger

E «Kein Fleisch, kein Mehl, keine Milchprodukte, keine Eier, nichts Gekochtes, kein Zucker, kein Salz, kein Pfeffer, kein Fett, kein Tee, kein Kaffee, kein Alkohol, kein Nikotin, viel Vollkorn – ach nee, besser nicht wegen Gluten. Also: Wasser und Chiasamen. Fünf Liter am Tag.»

F «Jetzt machen wir mal ein Blutbild, ein Röntgenbild, eine Computertomographie, eine Magnetresonanztomographie, eine Harnprobe, eine Stuhlprobe, einen Allergietest, ein EKG, eine Magenspiegelung – ach so, dieser spezielle Allergietest, den zahlt die Kasse nicht, sind Sie zusatzversichert?»

G «Ich kriege da so eine Botschaft aus dem Jenseits, dass Sie in Wirklichkeit jemand ganz anderes sind. Sie sind zu Höherem berufen. Solange Sie sich dagegen wehren, gibt Ihnen das Universum Lernaufgaben. Wissen Sie, ich sag das nur zu Ihnen: Nächsten Monat beginnt eine Ausbildungsgruppe bei mir, in der Sie endlich Ihr ganzes Potenzial entfalten können.»

H «Gibt es da irgendwelche ‹schwarzen Schafe›, uneheliche Kinder, verstoßene Enkel, enterbte Nichten und Neffen, Studienabbrecher? Bitte alles aufstellen, auch den Urgroßvater! Sonst lösen Sie nie Ihre Schuldverstrickungen!»

I «Um Gottes willen, Wasseradern, Erdstrahlen, Störzonen, Elektrosmog! Bett umstellen, Isomatte und Kupferspiralen unters Bett, sofort eine Energetisierungsanlage ins Hauswassersystem einbauen lassen! Sie haben Glück, ich habe gerade eine im Angebot.»

J «Besorg dir eine Putzfrau und geh mal über das lange Wochenende ins Wellnesshotel!»

6. Psychotherapeut
7. Medium
8. Beste Freundin
9. Tantra-Lehrer
10. Familienaufsteller

7 gute Tipps

zur Vorbereitung jeder «alternativen» Behandlung

1. Eine professionelle Therapeut-Klient-Beziehung bedeutet: klare Spielregeln, keine finanzielle oder psychische Ausnutzung der Abhängigkeit.

2. Vorsicht bei unrealistischen Versprechungen wie Heilung von Krebs oder Aids!

3. Für die meisten alternativen Heilmethoden gibt es keine festen Ausbildungs-richtlinien. Fragen Sie nach, welchen beruflichen Hintergrund der Anbieter mitbringt.

4. Seien Sie skeptisch, wenn die Zusammenarbeit mit Ärzten abgelehnt wird.

5. Irisdiagnostik, Kinesiologie, Pendeln und Bioresonanz können nachweislich keine Diagnose liefern.

6. Finger weg von «Heilern», die keine Kritik oder keinen Widerspruch erlauben.

7. Lassen Sie sich von niemandem einreden, Sie wären «schuld» an Ihrer Krankheit.

> **PS: ANSONSTEN GELTEN DIE GLEICHEN HINWEISE WIE BEI ÄRZTEN!**
> (Siehe Seite 344.)

Sind wir so giftig, wie wir glauben?

Manche tun so viel für ihre Gesundheit,
dass sie davon krank werden.

Ohrenkerzen haben schon die Hopi-Indianer verwendet und damit ihren Körper von Giften gereinigt. Die Nachfahren der Hopi haben sich in Amerika zwar gegen die Nutzung ihres Namens in Zusammenhang mit dieser obskuren Methode ausgesprochen, aber ich möchte die Stimmung nicht gleich zu Beginn des Kapitels über das Entgiften vergiften. Denn Kerzen sollen entspannen. Inzwischen heißen die Dinger auch Azteken-Ohrkerzen, und die Azteken können sich nicht mehr wehren. Laut Hersteller werden 50 Millionen davon aus Deutschland in alle Welt exportiert, damit noch mehr Menschen, die gefühlt an allen Enden brennen, ein Licht aufgeht.

Ich wüsste gerne, wer als Erster auf den Gedanken kam, sich in Seitenlage eine brennende Kerze ins Ohr zu stecken. Waren es höhere Beweggründe, oder könnten es auch leichtsinnige Jugendliche am Ende eines langen Trinkgelages gewesen sein, als einer mit dem Kopf auf dem Tisch lag und ein anderer keinen Kerzenständer fand? Man kann froh sein, dass die erste Testperson nicht auf dem Bauch lag. Pardon.

Aber es fällt mir tatsächlich schwer, beim Thema Detox ernst zu bleiben, denn auch dafür werden die Kerzen verkauft, weil angeblich der Luftstrom Gift und Dreck aus dem Gehörgang eliminiert. Sozusagen der Q-Tipp für Esoteriker. Ich habe ja schon viel ausprobiert, aber ich kann nicht entspannen, wenn ich Angst habe, dass mir heißes Wachs auf ein sehr empfindliches Körperteil tropft. Und ich komme mit dem kleinen Finger beim Entrümpeln des äußeren Gehörgangs eigentlich gut zurecht. Wenn ich dort mit offenem Feuer hantieren würde, dann, um die Haare abzufackeln, die sich da lustig hervortun – aber Gift kommt eher über das Ohr in den Körper hinein als heraus.

Für die Entgiftung macht man den Kamineffekt verantwortlich; durch die Wärme des brennenden Dochtes soll angeblich Unterdruck im Ohr entstehen. Wer es ernst meint mit der Entgiftung, kann vielleicht auch im Kopf mitarbeiten und innerlich auf Durchzug schalten, dann reinigt sich das andere Ohr gleich mit. Zum Beweis der Wirksamkeit werden gerne schwarze Rückstände an der Kerze herangezogen, die bei genauerer Betrachtung aber nicht aus dem Körper stammen, sondern schlicht von der Kerze. Hals-Nasen-Ohren-Ärzte warnen zudem, das heiße Wachs habe schon vielfach zu Verbrennungen und in Einzelfällen auch zu Verletzungen des Trommelfells geführt. Aber wer weiß, vielleicht dringen durch das Loch erst die tiefer im Mittelohr residierenden Gifte so richtig nach draußen. Immerhin haben sich bereits in der Steinzeit Menschen Löcher in den Schädel gebohrt, damit böse Geister aus ihnen entfleuchen konnten. Da ist ein Loch im Trommelfell doch die mildere Variante.

Die Jagd nach Giften in jeder nur erdenklichen Körperöffnung hat in den letzten Jahren bedrohliche Formen angenommen. Das ist paradox, denn objektiv gibt es diese Gifte nicht. Aber je mehr sich gesunde Menschen mit Gesundheit beschäftigen, desto mehr macht sie die Sorge um eine tiefere Bedeutung jeder Befindlichkeitsstörung krank. Der Wissenschaftsjournalist Sebastian Herrmann vergleicht das Phänomen treffend mit der Prinzessin auf der Erbse. Weil die Prinzessin viel Zeit und keine echten Probleme hat, fühlt sie durch alle Matratzen hindurch so lange in sich hinein, bis sie nicht mehr schlafen kann. Die moderne Version dieses Märchens heißt: Die Prinzessin spürt auch noch, dass die Erbse nicht biologisch angebaut war und Gift enthält.

Es werden Tees und Tabletten geschluckt, und auch am anderen Ende wird alles gegeben, um vermeintliche Gifte auszuleiten: Der letzte Schrei sind Kaffee-Einläufe. Um die Darmzotten von ihrer belastenden Aufgabe zu befreien, sich immer nur mit Verdauungsendprodukten zu beschäftigen, werden sie mit lauwarmem Kaffee umspült, damit sie sich nicht länger so fühlen, als wären sie das Letzte. Ob sie dann die ganze Nacht wach liegen, wird nicht untersucht. Gelegentlich reißt die Prozedur ein Loch in die Darmwand, was für die Bauchhöhle ein ernsthaftes Problem darstellt – um nicht zu sagen: Das ist echt Scheiße.

Auch wenn wir heute viel mehr wissen über den Wert der Darmflora und den Charme des Darmes, fehlt für die Einläufe jede Form wissenschaftlicher Begründung. Aber das tut der Detox-Bewegung keinen Abbruch, denn Gifte lauern schließlich überall, auch wenn man sie nicht benennen oder nachweisen kann: Genau das macht sie ja so gefährlich!

Früher befand sich in Thermometern noch Quecksilber, und ich erinnere mich, wie das Ding einmal auf den Steinfliesen unseres Badezimmers zerbrach. Mein Vater versuchte, die silbrigen kleinen Kugeln zusammenzukehren, um sie zu entsorgen, aber das flüssige Metall entwischte ihm immer wieder. Quecksilber ist sehr giftig; das musste auch eine Hamburger Patientin erfahren, die ausgerechnet zum Entgiften eine Ayurvedakur machte. Nach dieser alten indischen Gesundheitslehre gibt es beim Menschen verschiedene Energietypen, und mit Hilfe von Ernährung, Massagen, Stirngüssen mit Ölen und eben auch Einläufen und Kräuterpräparaten sollen Gifte entfernt werden und die Energien wieder ins Lot kommen. An so einer «ganzheitlichen» Behandlung wäre die Patientin nach ihrer Rückkehr aus Indien fast gestorben. Sie hatte mehr als 15 Kilogramm Gewicht verloren, war völlig verwirrt und hatte unkontrollierbare Zuckungen an den Augenlidern und am Fuß – Symptome einer schweren Vergiftung. In den Körnern, die ihr in der

Kur verordnet worden waren, waren Unmengen von Quecksilber enthalten, so viel, dass zunächst sogar das Analysegerät im Labor streikte. Die 426 Kügelchen, die die Patientin geschluckt hatte, ergaben eine Quecksilberbelastung von 213 Gramm in ihrem Körper. Mehr als genug, um einen Menschen umzubringen. In Deutschland gelten ayurvedische Präparate als Nahrungsergänzungsmittel und sind daher schwer zu kontrollieren. In einer Untersuchung fand man in jedem fünften pflanzlichen Präparat, das über das Internet bestellt wurde, Mengen von Arsen, Blei oder Quecksilber, die deutlich über den Grenzwerten lagen. Wer macht die da rein? Die Natur. Das Blei zum Beispiel stammt aus Vulkanasche, die als Bestandteil in die Präparate gemischt wird.

Aus Angst vor einer schleichenden Quecksilbervergiftung ließen auch viele ihre Amalgamfüllungen herausbohren. Amalgam besteht zur Hälfte aus Quecksilber, aber nicht in metallischer Form, sondern als Verbindung. An den Oberflächen oxidiert es, sodass die Belastung für den Körper ausgerechnet dann am höchsten ist, wenn man versucht, das Amalgam zu entfernen. Lässt man es drin, passiert praktisch nichts. In einer Studie wurden Patienten verglichen, die eine «Sanierung» erhielten, und solche, die stattdessen mit Psychotherapie behandelt wurden. Beiden Gruppen ging es anschließend gleich gut. Für die Befürchtung, dass die quecksilberhaltigen Zahnfüllungen ernste Gesundheitsprobleme auslösen, konnte eine unabhängige Expertenkommission 2014 in einer umfangreichen Metastudie nur wenige Belege finden. Außer in seltenen Fällen von allergischen Reaktionen auf das Material gibt es kaum Nachweise für einen solchen Zusammenhang. Es gibt vor allem keine belastbaren Hinweise auf einen Zusammenhang mit Alzheimer, multipler Sklerose oder Autismus. Amalgam ist also das Gegenteil von einem Placebo – ein Nocebo. Die Angst, sich ständig mit etwas im eigenen Mund zu vergiften, macht einen krank.

Bei echten Schwermetallvergiftungen werden per Infusion Sub-

stanzen gegeben, die Metalle binden und ausleiten können, sogenannte Chelate. Aus diesem richtigen Vorgehen im Notfall machten Heilpraktiker und naturheilkundliche Ärzte die «Ausleitung»;
ohne Not werden diese Infusionen gegeben, um eingebildete Kranke
von Kalziumionen zu befreien. Auch autistische Kinder wurden so
malträtiert, weil angeblich auch hinter dieser Krankheit Kadmium,
Quecksilber und Aluminium stecken sollten. Weil Chelate tatsächlich Metalle binden, wurden die natürlichen Spuren, die im Körper
vorhanden sind, auch im Urin gefunden, was als Beweis für die Wirkung deklariert wurde. Den Kindern hat es leider überhaupt nichts
gebracht, und so raten alle Fachgesellschaften dringend von der Che-
lat-Therapie ab, weil es durch Verschiebung der Elektrolyte bereits
zu Todesfällen kam.

Eine noch viel größere und lukrative Gruppe für Pseudomedizin
sind Herz-Kreislauf-Patienten. Eine Zeitlang wurde behauptet, die
Chelat-Bildner könnten nicht nur entgiften, sondern auch den Kalk
aus den Ablagerungen der Gefäßwände wieder herauslösen, als seien
sie eine Art WC-Ente. Aber auch diese Hoffnung ließ sich in vielen
Studien nicht erhärten, die Plaques blieben hartnäckiger als die Che-
lat-Freunde. Aber so schnell gibt man eine Humbug-Methode nicht
auf, lieber wird die Theorie angepasst. Und so soll heute nicht mehr
der Kalk gelöst, sondern über die Antioxidantien die Alterung generell verlangsamt werden. Irgendwas ist immer.

Unser Körper kann eigentlich auch ganz gut ohne fremde Hilfe
mit Giften umgehen, und er kennt viele geniale Tricks. Die größte
Quelle für potenziell giftige Substanzen ist unser Essen. Gerade Bakterien können fiese Eiweißstoffe bauen, die manchmal auch durchs
Kochen nicht zerstört werden. Das berühmteste Nervengift aus Bakterien ist Botox! Der Botulismus war früher eine gefürchtete Todesursache; unbemerkt sammelte sich in Konserven das Gift und legte
die Kommunikation von Nerv zu Muskel im ganzen Körper lahm,
was in hohen Dosen am Zwerchfell zum Atemstillstand führt. In

winzigen Dosen im Stirnmuskel hilft es gegen die Denkerstirn – wenn man das braucht. Die Dosis macht das Gift; das gilt auch für Gedanken und ihren mimischen Ausdruck.

Wenn wir uns einmal mit etwas vergiftet oder auch nur gehörig den Magen verdorben haben, merkt sich unser Körper das für immer. Wenn wir es wagen, dieselbe Speise noch einmal auch nur anzuschauen, wehrt sich alles in uns mit einem der stärksten Gefühle, zu denen wir fähig sind: Ekel! Das gelingt allerdings nur, wenn zwischen Essensaufnahme und Reaktion wenig Zeit liegt, damit wir diesen Ursache-Wirkungs-Zusammenhang herstellen können.

Damit nicht alles, was über den Darm in den Körper gelangt, uns gleich überschwemmt, fließt das Blut aus dem Darm zum allergrößten Teil direkt in die Leber, die viele Gifte filtern und neutralisieren kann, indem sie das, was nicht zu uns gehören soll, mit der Galle in den Darm zurückgibt, damit wir es ausscheiden.

Die Niere hat noch einen genialeren Trick, um auch Giftstoffe zu eliminieren, die sie gar nicht kennen oder erkennen kann: Sie dreht die Beweislast einfach um. Alle Substanzen, die im Blut gelöst sind, schmeißt sie erst einmal raus in ihre vielen kleinen Nierenkörperchen, den Glomeruli (nein, das hat nichts mit Homöopathie zu tun, es klingt nur so ähnlich wie Globuli). Anschließend wird nur das wieder zurück in den Körper geholt, was seinen Wert über die Jahre der Evolution schon bewiesen hat, sprich Zucker und Elektrolyte.

Wer meint, mit viel Wasser oder anderen Flüssigkeiten die Entgiftung wesentlich beschleunigen zu können, sei daran erinnert, dass die Salze im Blut nicht unendlich verdünnt werden dürfen, sonst gerät das Herz aus dem Takt. Dieser Trugschluss wurde schon so manchem Marathonläufer zum Verhängnis, der sich mit Wasser zu Tode gesoffen hat. Die Dosis macht das Gift – ach ja, sagte ich bereits. Stimmt aber auch bei so etwas Harmlosem wie Wasser.

Ein weiterer Weg, unliebsame Substanzen loszuwerden, führt über die Haut oder die Atemluft. Wer den Selbstversuch liebt, kann mit einer Knoblauchzehe oder auch einer Kapsel mit ätherischem Öl die Zeit stoppen, die die Substanz braucht, um über Darm, Leber, Blut und Lunge wieder aus der Tiefe des Raumes aufzutauchen und für einen selbst spürbar zu werden – meistens lange nachdem es die anderen gerochen haben.

Was passiert beim Fasten? Da gibt es ein großes Spektrum an Möglichkeiten. Je nach Methode und Anbieter können Gesunde das zu Hause mit Sauerkrautsaft und Glaubersalz im Alleingang tun, was im Luxushotel viele hundert Euro am Tag kostet – aber da ist im Preis auch eine trockene Semmel mit drin! Medizinisch ist Fasten gut untersucht und sinnvoll, um sich auf seinen Körper zu besinnen, die Erfahrung zu machen, mit wie wenig man gut auskommt, wenn erst einmal die ersten drei Tage durchgestanden sind, und anschließend bewusster zu essen. Bei rheumatischen Erkrankungen zeigen sich durch das Fasten Verbesserungen. Zum Abnehmen ist es ungeeignet, weil wie bei jeder Radikaldiät die Kunst nicht im Verlieren des Gewichts, sondern im Halten desselben liegt. Aber die «Schlacken» hat man beim Fasten nie zu fassen bekommen; dennoch hat dieses Ritual für viele eine spirituelle Komponente. Alle großen Religionen kennen Phasen des willentlichen Nahrungsverzichts. Wie lange das sinnvoll ist, darüber streiten sich die Gelehrten. Dass uns einzelne Fastentage sicher guttun können, liegt in der Regel nicht daran, dass unser Essen zu giftig war – es war einfach nur zu viel des Guten.

Ein Weg der Entgiftung, auf den weder die Natur noch ich selbst gekommen wäre: die Füße! Ausgerechnet dort, wo die Haut am dicksten ist, soll Gift perfundieren. Beim Flug in den Urlaub wurde mir im Bordshop einer großen deutschen Fluglinie angeboten, Wattepads mit Detoxeffekt zu kaufen. Aus Neugier – ein medizinischer Kabarettist hat ja eigentlich nie Urlaub – kaufte ich eine Packung und las mir die Instruktionen genau durch. Ich sollte mir die Pads unter die Fußsohle kleben, und über Nacht würden alle Gifte meines Körpers durch die Haut in die Watte wandern. Was in der Packungs-

NEU!!!!!

Gluten-Freie
Hostien

Bei Wunsch bitte
vor der Messe in
der Sakristei
melden!

Gott und Gluten sind Glaubenssachen. Es gibt weit mehr Menschen, die glauben, etwas nicht zu vertragen, als echte Atheisten und echte Allergien.

beilage nicht stand: Um welche Gifte handelte es sich? Wie genau würde diese Wanderung incentiviert? Genauer gesagt: Warum sollte der kalte Wattebausch auf der Haut für das Gift attraktiver sein als mein behagliches Unterhautfettgewebe? Und mal angenommen, das Ding hielte tatsächlich, was es verspricht: Wäre das Wattepad dann am nächsten Morgen nicht so voller Gift und Schlacken, dass ich es streng genommen in den Sondermüll werfen müsste?

Ein krasses Beispiel von haarsträubendem Unsinn – aber wenn man in die Lebensmittelregale im Supermarkt schaut, findet man zahlreiche Säfte und Zubereitungen, die versprechen, den Körper zu entgiften.

Als Protestant habe ich immer die Katholiken um ihre Rituale beneidet. Heute scheint es, als sei der Exorzismus aus den dunklen

Kellern in die Mitte der Gesellschaft gerückt. Die Idee, dass etwas Böses aus uns ausgetrieben werden muss, hat auch außerhalb der Kirche die Gemeinden der Besseresser ergriffen. Detox ist Exorzismus auf weltlich. Der Feind wurde nie dingfest gemacht, aber alle sind von seiner Existenz überzeugt. Die Maßnahmen, um ihn zu vertreiben, müssen drastisch sein, früher durch physische Schmerzen, heute nur noch durch schmerzhaft überhöhte Preise. Und der Erfolg der Maßnahme besteht darin, dass man sich anschließend irgendwie besser fühlt, gereinigt, befreit und bereit zum Neubeginn.

Simon Singh und Edzard Ernst fassen in ihrem klugen Buch *Gesund ohne Pillen* die Faktenlage zum Detoxen so zusammen: «Die einzige Substanz, die einem Patienten durch Detox nachweislich entzogen wird, ist Geld!»

Teufelszeug Zucker

Wenn du nicht weißt, wie du deine Kinder erziehen sollst,
frag Leute, die keine haben, die wissen das!

Warum findet man eigentlich in einer Minibar nie Gemüsesticks mit einem leichten, fettarmen Kräuterdip? Weil darauf nachts keiner Bock hat! So einfach ist das.

Wer wissen will, worauf unser Gehirn seit tausend Generationen getrimmt ist, braucht nur die Tür zu diesen verfluchten kleinen Kühlschränken aufzumachen, in jedem Hotel der Welt. Da liegt alles, worauf man nachts hereinfällt, weil es belohnt, tröstet, kickt oder entspannt: Alkohol, Erdnüsse und jede Menge Süßes. Ich kenne das sehr genau, denn tagsüber ernähre ich mich ziemlich gesund. Aber eben nur tagsüber. Wenn ich von einer Show ins Hotel komme, nehme ich mir fast immer vor, nichts mehr zu essen. Wenn ich noch eine halbe Stunde warte, ist es ja auch schon nach Mitternacht und ein anderer Tag. Und ich denke, mein Körper merkt das nicht. Tut er aber. Dann esse ich erst salzig und danach süß. Erst das Studentenfutter, das klingt so, als mache es einen schlauer – sozusagen Bildung im Schlaf. Und dann doch die Schokolade, die dunkle, bis es hell wird. Obwohl ich weiß, dass es mir nicht besonders guttut, nachts noch so viele Kalorien zu mir zu nehmen – aber irgendetwas in mir scheint das zu brauchen. Wer ist das? Mein Hirn? Und wie gefährlich ist Süßes wirklich, wenn es so sehr verteufelt wird, dass wir davon zwar nicht weniger essen, dafür aber mit schlechtem Gewissen?

Immerhin braucht unser Gehirn jeden Tag 100 Gramm Zucker und wird schnell ungnädig, wenn der nicht vom Blut angeliefert wird. 100 Gramm – genau eine Tafel Schokolade. Aber das ist ja nicht nur Zucker, sondern auch Fett! Dem Hirn ist es erst einmal egal, aus welcher Quelle der Zucker stammt, und es belohnt uns seit Tausenden von Jahren mit Glücksgefühlen, wenn die Süße auf unsere Geschmacksknospen trifft. Gegen diesen sehr alten und sehr mächtigen Mechanismus muss man erst einmal gewinnen.

Der Zuckerkonsum hat sich weltweit in den letzten 50 Jahren verdreifacht, und es gibt mittlerweile sechs Millionen Zuckerkranke in Deutschland. Schuld daran ist auch unser Hang zum Süßen, was aber erst in den letzten Jahren richtig klar wurde.

Zucker ist der Baustein aller Kohlenhydrate, die Kohle, die unseren Körper befeuert. Die Pflanze baut sie aus Sonnenenergie, Kohlendioxid und Wasser. Und wir verbrennen sie dann im Körper, wobei die Energie nicht als Sonne frei wird, sonst würde sie uns permanent aus allen Poren scheinen. Die Energie wird in Muskelkraft, in Wärme oder Hirnschmalz umgesetzt. Dabei entsteht wieder Wasser, das ja sowieso reichlich im Körper vorkommt, und Kohlendioxid, das wir ausatmen. Ein genialer Kreislauf. In der Theorie.

Es ist eine einfache Rechnung: In der Praxis nehmen wir oft mehr Energie zu uns, als wir verbrennen. Und das ist das Problem, denn der Überschuss macht uns dick. Wir bauen aus dem Zucker fette Energiedepots für harte Zeiten, die aber einfach nicht kommen wollen. Und weil wir so dick sind, bewegen wir uns weniger, sind noch besser gegen Wärmeverluste isoliert und brauchen immer weniger Energie von außen, essen aber munter weiter.

Nicht jeder, der übergewichtig ist, entwickelt eine Zuckerkrankheit. Und es gibt auch schlanke Diabetiker, bei denen die Zuckerkrankheit gar nichts mit dem Essen zu tun hat, sondern mit einer von vornherein defekten Bauchspeicheldrüse.

Eine Scheibe Vollkornbrot und eine Scheibe weißer Toast, mit exakt der gleichen Menge Kalorien, sorgen im Körper für völlig unterschiedliche Reaktionen. Die Kohlenhydrate in einem weißen Toast gelangen schneller ins Blut und brauchen viel Insulin. Die Koh-

lenhydrate des Vollkornbrots gehen langsamer ins Blut und brauchen wenig Insulin. Insulin wird von der Bauchspeicheldrüse ausgeschüttet und sorgt dafür, dass der Zucker in die Zelle gelassen wird. Man kann sich den Insulinrezeptor an der Zelle wie eine Klingel vorstellen. Dauernd essen heißt hoher Pegel an Insulin, und die Muskelzelle ist irgendwann von diesem Dauerklingeln so genervt, dass sie es ignoriert und einfach nicht mehr aufmacht. Das nennt sich auf schlau «Insulinresistenz» und ist ein Baustein in der Entstehung der Zuckerkrankheit Diabetes Typ 2.

Wenn das eine Weile so geht, hat die Bauchspeicheldrüse auch keine Lust mehr und stellt die Arbeit komplett ein. Dann ist man zuckerkrank, mit fatalen Folgen: Nierenschäden, Schlaganfälle, Nervenschädigungen. Wir steuern in Deutschland auf ein riesiges gesundheitliches Problem zu, das noch immer unterschätzt wird. Unsere süße Droge für zwischendrin ist leider nicht so süß, sondern hat es in sich. Wir glauben, das Zeug macht uns glücklich, aber in Wahrheit macht es uns unglücklich und schwer krank.

Auch die Leber spielt eine Rolle, die man lange unterschätzt hat. Sie kann auch ohne Insulin Zucker in die Zellen aufnehmen, weiß dann aber nicht, wohin damit, und baut Fettspeicher daraus. Die Leber wird dicker, entzündet sich und wird immer funktionsuntüchtiger – so ein bisschen wie der Mensch drum herum auch. Die Franzosen machen es vor und pumpen ihre Gänse mit hochkalorischem Essen voll, damit die *Foie gras*, die Fettleber, als Delikatesse gewonnen werden kann. Überraschung: Das funktioniert auch beim Menschen! Wir haben allerdings zwei entscheidende Vorteile. Wir werden zum Essen nicht gezwungen – und wenn Diabetiker acht Wochen lang eine strenge Diät durchhielten, hatten sie danach plötzlich wieder gute Blutzuckerwerte, und Bauchspeicheldrüse und Leber erholten sich und spielten wieder mit. Diese Chance bekommen Gänse nie. Es lohnt sich also mit der Mast an sich aufzuhören, lieber jetzt als später.

REUDE, LIEBE, FREUNDSCHAFT:
NUR HIER ERHÄLTLICH.
7,99 €

Mit 0,5 l Coca-Cola gratis.

7,99 Euro, gar nicht teuer für Dinge, die man sich nicht kaufen kann.

Diabetes Typ 2, den 95 Prozent aller Diabetiker haben, hieß mal «Altersdiabetes», aber seit die Patienten immer jünger werden und zum Teil schon im Kindesalter erkranken, trifft dieser Begriff nicht mehr ganz zu. Als Kinder lernen wir die Droge kennen und lieben. Es ist uns angeboren, weil wir den Geschmack schon von der Muttermilch kennen. Und überall ist Zucker drin. Wir denken, wir ernähren uns gesund, essen Cornflakes mit Erdbeerjoghurt, trinken Obstsaft, naschen Fruchtriegel. Der Geschmackssinn wird «verklebt», weil der Zuckerzusatz alles übertüncht. Zucker ist billig und wird 2017 noch billiger werden, weil die EU-Zuckermarktordnung ausläuft.

Die Weltgesundheitsorganisation WHO hat 2015 neue Empfehlungen für Zucker herausgegeben: Von der Gesamtenergiemenge,

die man zu sich nimmt, sollten weniger als 10 Prozent aus Zucker stammen, noch besser wären weniger als 5 Prozent. Das sind für einen Erwachsenen 50 Gramm pro Tag, also gut 16 Zuckerwürfel, für einen Erstklässler die Hälfte. Momentan nehmen Männer im Schnitt 123 Gramm Zucker zu sich, Frauen 113 Gramm, also mehr als doppelt so viel, wie wir sollten. Jungs trinken mehr süße Plörre als Mädchen. Und es gibt leider ein klares soziales Gefälle: Niedrige Bildung geht mit hohem Zuckerkonsum und mehr Übergewicht einher. Am schlimmsten scheinen Limonaden zu sein, weil in ihnen viel freier Zucker im Wasser gelöst ist, der, ohne zu kauen oder zu verdauen, ins Blut geht. Viel trinken, heißt es immer. Aber doch nicht drei Liter Cola am Tag! Zum Schutz der Bürger hat die englische Supermarktkette Tesco allen Zulieferern vorgeschrieben, Getränken für Kinder keinen Zucker mehr zuzusetzen. Warum geht so etwas nicht auch hierzulande?

Über Jahre hielt sich der Mythos, Fruchtzucker sei besser als «Industriezucker». Ist er aber nicht. Fructose ist keineswegs gesünder oder natürlicher, nur weil es Zucker aus Obst ist. Auch Zuckeraustauschstoffe, egal ob natürliche wie Stevia oder künstliche wie Aspartam oder Saccharin, machen die Sache keinen Deut besser. Die Zunge lässt sich vielleicht noch täuschen, aber ein Abnehmnutzen konnte nie belegt werden, und mögliche Schäden sind nicht ausgeschlossen.

Der Bundesrat empfiehlt schon seit Jahren, Zucker in Lebensmitteln stärker zu reduzieren, aber die Lobbyisten der «Wirtschaftlichen Vereinigung Zucker» verschickten im November 2015 an alle Abgeordneten noch einen Brief, in dem behauptet wurde, Zucker mache nicht dick. Auf beschämende Weise erinnert das an die Tabaklobby, die sich in den sechziger Jahren auch lange sträubte, die Erkenntnisse der Wissenschaft zur Kenntnis zu nehmen. Momentan ist offen, wie die politische Diskussion weitergeht. Es gibt keine Wunderpille gegen Diabetes, nur Wissen könnte Wunder wirken.

Aber reicht Aufklärung, um von diesem Teufelszeug wieder loszukommen? Schaffen wir das allein jeder für sich? Oder brauchen wir radikalere Maßnahmen? Sollte es eine Besteuerung zuckerhaltiger Getränke geben? Sollte Werbung für stark zuckerhaltige Produkte für Kinder verboten werden? Sollte man Hersteller stärker in die Pflicht nehmen, bei der Kennzeichnung nicht zu tricksen?

Ich weiß, ich lasse die Tür zur Minibar am besten zu. Theoretisch. Und wenn, dann sollte ich die Nüsse nehmen, sie einzeln essen und ganz bewusst kauen. Meine Bauchspeicheldrüse würde sich freuen, weil sie schon schlafen gehen könnte. Ich sollte eine dünne Schorle trinken. Aber ich fühle mich selbst manchmal wie ausgeliefert. Als Kind habe ich sehr viel Süßes gegessen, und bis jetzt tröstet mich Schokolade mehr als Karotten. Dass Zucker schlecht ist, wussten meine Eltern auch, für die Zähne. Heute sind Eltern schlauer. Der nächsten Generation wünsche ich daher, dass sie sich nicht von klein auf an dieses Zuckerrauschen gewöhnt. Nur weil etwas frei verkäuflich ist, muss man es ja nicht kaufen. Und viele Kinder lernen schon im Kindergarten einfache Regeln zum Zuckerkonsum: Lieber Naturjoghurt mit Früchten statt fertige gezuckerte Fruchtjoghurts, Haferflocken statt Cornflakes, Kräutertee statt Saft.

Letztens hat mir ein Kind Gummibärchen angeboten: «Aber am Tag nur so viele Süßigkeiten, wie in eine Hand passen, Eckart.» Die Regel hat mich überzeugt, und ich war froh, dass ich schon so große Hände habe.

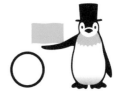

Das blaue Wunder

Viele Männer denken: Mein Penis ist zu klein.
Und viele Frauen denken: Das macht mir nichts aus –
solange es nicht mein Mann ist.

Fast drei Viertel aller Spam-Mails werben für Gesundheits- und Schönheitsprodukte: Abnehmpillen, Faltencremes, Potenzmittel und andere Wundertinkturen. Und es scheint genug Leute zu geben, die auf gefälschtes Viagra und Operationsangebote für untenrum reinfallen, dass sich das Geschäft lohnt. Ich habe mal alle Penisverlängerungsangebote eines einzigen Tages zusammengerechnet und kam locker auf über zwei Meter. Wie unpraktisch.

Was den Männern ihr Viagra, ist den Frauen ihr Botox – mit beiden Mitteln lässt sich eine nicht mehr im Originalzustand vorhandene Jugendlichkeit vortäuschen. Als der Hersteller von Viagra, Pfizer, und die Firma Allergan, die durch Botox milliardenschwer wurde, fusionieren wollten, schritt das amerikanische Finanzministerium ein. Ein solcher 160-Milliarden-Euro-Deal hätte das größte Pharmaunternehmen der Welt begründet. Es ist viel Geld im Spiel, wenn es um Schönheit und Potenz geht. Oder um die Wurst. Oder beides.

Die «Wurstvergiftung» bezeichnet den Ursprung der Bekanntschaft von Mensch und Bakteriengift. Denn die magische Substanz Botox ist eine der giftigsten Substanzen der Welt und hat schon viele Menschen auf dem Gewissen. Botulinumtoxin stammt aus Bakterien, die nur gedeihen, wenn keine Luft an sie herankommt, zum Beispiel bei Fleisch in Konservendosen. Wer davon isst, kann an den Lähmungen, die infolge der Vergiftung auftreten, sterben. Weil die

Lähmungserscheinungen zuerst bei den kleinen Augenmuskeln zu beobachten sind, kam man auf die Idee, mit Botulinumtoxin in stark verdünnten Dosen das muskuläre Ungleichgewicht beim Schielen zu behandeln – und siehe da: Als Nebenwirkung glätteten sich die Hautfalten um die Augen herum.

Seit Botox 2002 in den USA und 2006 in Deutschland zur Faltenbehandlung zugelassen wurde, hat sich das Gift schleichend ausgebreitet. Heute ist es ein Massenphänomen mit einer Million Anwendern hierzulande – eine Verdopplung in den letzten drei Jahren. Rund 90 Prozent aller Hautärzte bieten Botulinumtoxin inzwischen an. Die Preise für eine Faltenbehandlung sinken, werden also für immer mehr Menschen erschwinglich, und die Kunden werden immer jünger. Eine Umfrage unter 10 000 Europäern ergab, dass deutsche Frauen im Schnitt 4,5 Jahre jünger aussehen wollen, als sie sind, italienische sogar 9,5 Jahre.

Und auch die Liste der sinnvollen medizinischen Einsatzgebiete wächst: vom krankhaften Schwitzen über chronische Migräne und Blasenschwäche bis hin zu – halten Sie sich fest – Depressionen. Denn auch das bemerkte man eher zufällig beim Eingriff gegen Zornes- und Sorgenfalte: Als Nebenwirkung hob sich die Stimmung!

Ein deutsch-amerikanisches Forscherteam untersuchte daraufhin 30 schwer depressive Patienten. Alle bekamen zwei kleine Spritzen in die Stirn: eine Gruppe zuerst Botox, nach zwölf Wochen dann ein Placebo; die andere zuerst das Scheinmedikament, dann Botox. Die Wirkung überraschte Wissenschaftler und Patienten gleichermaßen: Sowohl in der Selbsteinschätzung als auch bei klinischen Befragungen zeigte sich nach der Botoxspritze eine deutliche Stimmungsaufhellung. Wie kann das sein? Sind etwa nicht die Augen der Spiegel der Seele, sondern die Stirn? Es gibt diesen Spruch von Quasselstrippen: Woher soll ich wissen, was ich denke, bevor ich gehört habe, was ich sage? Für unsere Gefühle gilt wohl: Woher soll ich wissen, wie es mir geht, bevor ich weiß, was ich für ein Gesicht

mache? Über unsere Mimik kommunizieren wir ständig – offenbar nicht nur nach außen, sondern auch nach innen. Unser eigener Gesichtsausdruck macht auch auf uns Eindruck!

Genau das besagt die «Facial Feedback»-Hypothese. Grob gesagt fragt unser Hirn wie ein Arzt auf Visite bei den Gesichtsmuskeln nach: «Na, wie geht es uns denn?» Sind die Augenbrauen zusammengekniffen, dann ärgern wir uns. Meldet die Stirn dagegen Entspannung, ist das Hirn zufrieden – egal woher die Lockerheit kommt.

Natürlich lassen sich Sinnkrisen, Serotoninmangel und Antriebslosigkeit nicht einfach wegspritzen. Aber wenn man die Endlosschleife zwischen dem Grübeln im Stirnhirn und den Gruben auf der Stirn unterbrechen kann, ist offenbar schon viel gewonnen. Der Gedanke, dass unsere Gedanken ausschließlich durch andere Gedanken zu beeinflussen sind, ist falsch. Das Gefühl folgt der Form. Und jetzt hören Sie auf, über diese Erkenntnis die Stirn zu runzeln – das tut Ihnen nicht gut!

Auch die zweite große Wunderdroge, Viagra, war ein Zufallsfund. Der Wirkstoff Sildenafil befand sich in der klinischen Testung als Herz-Kreislauf-Medikament, denn er sollte die Herzkranzgefäße erweitern. Das tut er auch. Aber eben nicht nur die. Wie kam das heraus? Einem Arzt fiel auf, dass die herzkranken Männer etwas taten, was sonst nie in einer Studie passiert: Sie klauten die Tabletten! Irgendwas musste da im Busch sein. Kein Mensch hatte jemals Cholesterinsenker aus der Klinik mitgehen lassen, aber bei Sildenafil war den Männern klar geworden – gegen diese Nebenwirkung hatten sie nichts, im Gegenteil war jeder froh, nicht in der Placebogruppe gelandet zu sein.

So kam 1998 Sildenafil unter dem Markennamen Viagra auf den Markt und wurde in kurzer Zeit zum globalen Erfolg. Sildenafil wirkt, indem es Muskeln entspannt, die die Blutzufuhr in die Schwellkörper blockieren. Es ist somit kein Aphrodisiakum, sondern reduziert hydraulische Blockaden, die körperliche oder seeli-

Der Wunsch, jünger zu werden, ist schon älter.

sche Ursachen haben können. Es braucht das Begehren, aber dann kann der Mann sich darauf verlassen, dass sein Körper mitspielt. Vor allem der Schwellkörper. Mit Viagra wurde ein Wunschtraum vieler Männer wahr, heute ist es neben Aspirin der bekannteste Markenname eines Medikaments. Weil die Wirkung am Herzen immer noch eintritt, auch wenn man es auf die Nebenwirkung abgesehen hat, gibt es allerdings immer wieder Todesfälle, wenn herzkranke Männer es mit der Männlichkeit übertreiben. Angeblich nutzen auch Frauen Viagra, weil es Schnittblumen länger frisch aussehen und gerade stehen lässt. Kein Scherz.

Wer sich ebenfalls über Viagra freut, sind die Nashörner. Historisch betrachtet wurden sie gejagt, weil die Bestandteile ihres Horns als Potenzmittel galten. Jetzt dürfen sie sich entspannen, weil Viagra sehr viel besser funktioniert als Nashornpulver, das über die psychologische hinaus ja nie eine pharmakologische Wirkung hatte. Wie

auch, denn das Horn besteht aus dem gleichen Baumaterial wie unsere Haare oder Fingernägel, nur eben kompakter. Also hätten die ganzen Rhinozerosse noch leben können, wenn man weniger Magie und ein bisschen mehr Biochemie in der Welt verbreitet hätte: «Männer, wenn ihr meint, dass ihr Nashornpulver braucht, kaut an euren Fingernägeln – da ist das Gleiche drin!»

Meine Lieblingsgeschichte zum Thema Schönheitsoperationen:

Eine Frau denkt, ihr Unglück hinge an ihrer Nase, und lässt sie operativ begradigen. Während der Narkose ein Zwischenfall, selten, aber *Shit happens.* Sie ist klinisch tot, tritt vor Gott und meckert: «Warum muss ich sterben? Ich bin erst 20!»

Gott sagt: «Ich dachte, dir geht es nur um äußerliche Schönheit. Und weil die sowieso nicht von Dauer sein kann, dachte ich, ich erspare es dir, älter zu werden!»

«Nein, so war das nicht gemeint. Bitte lass mich noch ein bisschen leben!»

«In Ordnung. Tot ist man noch lang genug. Du bekommst noch mal 50 Jahre!»

Die Ärzte haben die Frau unterdessen die ganze Zeit reanimiert. Sie kommt wieder zu sich. Lebt. Denkt: Super, jetzt lohnt es sich ja erst recht, mich operieren zu lassen. Verschuldet sich, lässt das ganze Paket machen, Gesicht, Ohren, Bauch, Beine, Po. Drei Wochen später kommt sie endlich aus der Klinik, vollkommen bandagiert, geht über die Straße und wird – *zack* – vom Laster überfahren.

Kaum im Himmel, meckert sie gleich wieder los: «Hey, Gott, du hast gesagt, ich lebe noch 50 Jahre!» Gott schaut sie lange an und spricht: «Tut mir leid – ich habe dich nicht erkannt!»

Alles psycho oder was?

*Könnte man sich nicht viele Sprachtherapeuten sparen,
wenn man grundsätzlich alle s-Laute aus der deutchen
Prache verchwinden laen würde?*

Psychoanalyse auf den Punkt gebracht: «Wenn jemand eine Schraube
locker hat, liegt es an der Mutter.»

Verdränge ich da was? Ich habe in meiner Zeit als Assistenzarzt
in der Kinderpsychosomatik einen Jungen erlebt, der mein Denken
über Sinn und Unsinn psychotherapeutischer Behandlung bis heute
prägt. Ich weiß, dass ein Einzelfall nicht zu Verallgemeinerungen
taugt. Und dennoch: Der Junge wurde im Alter von acht Jahren zu
uns in die Universitätsklinik überwiesen, denn er nässte ein, und
die ambulante Therapie hatte zu keinem Erfolg geführt. Über Jahre
schon war er in psychotherapeutischer Behandlung gewesen, und
zuerst bekam er, klassisch verhaltenstherapeutisch, eine Klingel-
hose verordnet. Mit der sollen Kinder lernen, mit Hilfe des akusti-
schen Signals richtig aufzuwachen, sobald die Hose nass wird. Das
Prinzip erinnert an den Pawlow'schen Hund, der auf den Klang der
Glocke mit Speichelfluss reagierte. Aber es funktioniert tatsächlich
auch andersherum, bei drei von vier Kindern sogar sehr gut. Nicht
aber bei diesem Jungen, er wurde und wurde nicht trocken. Deshalb
arbeitete er anschließend mit einem Therapeuten mit Schwerpunkt
Tiefenpsychologie. Wie ich dessen Bericht entnahm, wurde einmal
die Woche geredet, gespielt, eine Beziehung aufgebaut und die Fami-
liendynamik beobachtet. Neben einer überforderten Mutter erlebte
der Experte den Jungen als zurückhaltend, leicht depressiv und wenig interaktiv. Aber auch viele Sitzungen konnten an der Symptoma-

tik nichts ändern: Tags und nachts lief weiter der Urin in die Hose oder ins Bett.

Vor mir stand ein auf den ersten Blick lebenslustiger Junge, der mich nach einer ziemlichen Odyssee erwartungsvoll ansah. Was sollte ich, ein absoluter Berufsanfänger, für ihn tun? Ich tat, was ich gelernt hatte: den kleinen Patienten gründlich körperlich zu untersuchen und alle irgendwie verfügbaren Informationen für die Chefvisite zusammenzutragen. Mir fiel auf, dass er mehrere Narben am Unterbauch hatte. Sollten die mit den Narben auf seiner Seele in Zusammenhang stehen? Ein völlig anderes Licht auf das Verdrängte warf der angeforderte Geburtsbericht: Der Junge war mit Fehlbildungen an Blase und Harnleiter geboren worden und bereits in den ersten Lebensjahren mehrmals operiert worden. Wie mir der Operateur auf Nachfrage erklärte, war die anatomische Situation schwierig gewesen, und eine uneingeschränkte Funktion der Blase mit dem komplizierten Zusammenspiel der Schließmuskeln und der Nerven der Blasenwand konnte damals nicht hergestellt werden. Auf gut Deutsch: Der Junge hatte all die Jahre kein primär psychisches Problem gehabt, sondern ein körperliches. Er war kein ängstlicher Bettnässer, er war schlicht inkontinent und litt deshalb. Wie dieses Wissen um seine körperliche Situation auf dem Weg durch die Praxen und Institutionen verlorengegangen war, ließ sich nicht mehr herausfinden. Leider gibt es heute nur noch selten einen Arzt, der ganze Familien über Jahrzehnte betreut und den Überblick hat. So sieht oft jeder nur, was er sehen kann oder will – oder abgerechnet bekommt. Sicher war auch die Mutter überfordert, was ich aber eher auf ihre Schwierigkeiten mit der deutschen Sprache, geringe medizinische Kenntnisse und die für jede Mutter belastende Situation mit einem chronisch kranken Kind zurückführte.

Von der Station aus organisierten wir eine erneute chirurgische Begutachtung. Er konnte jetzt, wo er deutlich gewachsen war, wieder operiert werden, und wir berieten die Eltern und den Jungen ausführlich. Leider wechselte ich dann die Station und kann nicht sagen, was aus ihm wurde – hoffentlich ein selbstbewusster junger Mann, der heute weder Therapeuten noch Chirurgen braucht.

Es gibt die Geschichte von dem alten Fisch, der zwei junge Fische trifft und fragt: Wie ist das Wasser? Wortlos schwimmen die beiden weiter. Nach einer Weile fragt einer der beiden den anderen: Was ist Wasser?

Diesen Witz erzähle ich nicht, weil es ums Wasserlassen ging, sondern weil es menschlich ist, das Offensichtliche zu übersehen. Oder wie Paul Watzlawick allen therapeutisch Tätigen mitgegeben hat: «Wenn etwas nicht funktioniert, mach mal was anderes.»

Und so darf bei aller berechtigten Kritik an der seelenlosen «Schulmedizin» ihre Blindheit nicht dafür herhalten, im Gegenzug alles für «psycho» zu erklären. Henne und Ei sind selten ganz klar, Leib und Seele ohnehin nicht zu trennen. Dennoch hat man jahrzehntelang Müttern von Kindern mit Neurodermitis oder Autismus ein schlechtes Gewissen vermittelt und ihnen gesagt, ihre neurotische Beziehungsunfähigkeit wäre schuld am Zustand ihres Nachwuchses. Erst als man Familien über lange Zeiträume systematisch begleitete, wurde wissenschaftlich klar: Die Mütter waren gestresst, weil sie ihren Kindern so wenig helfen konnten. Vor der Geburt waren sie wie andere Mütter auch. Das zu wissen, tut gut. Und so wie jeder Eingriff Wirkungen und Nebenwirkungen hat, so sollte auch für psychotherapeutische Interventionen und Deutungen verlangt werden, dass sie ihre Wirksamkeit so sauber belegen können, wie es in diesem Bereich möglich ist, und dass jeder Leidende das bekommt, was er braucht. Nicht weniger – aber auch nicht mehr.

Du musst mehr trinken

Das menschliche Gehirn besteht zu 80 Prozent aus Wasser.
Manchen merkt man das an.

Den Grad der Esoterik und Hygiene eines Wellness-Anbieters erkennt man daran, was zusätzlich in der Wasserkaraffe schwimmt: Quarzkristall, Pyramide oder Fliege. Gewiss – ohne Wasser gäbe es kein Leben, aber auch Brunnen und Bäder kochen nur mit Wasser. Die alten Kurbäder waren immer Orte der Heilung. In Wiesbaden steht neben jeder Quelle eine lange Liste, wogegen die Kuren alles helfen sollen. Neben den erwartbaren Leiden wie Rheuma und Arthrose fand ich da auch «Unfruchtbarkeit». Ob der Kinderwunsch sich durch das Wasser allein oder eventuell auch dank desjenigen, den man beim Baden näher kennenlernt, erfüllt, ist wahrscheinlich wieder zu skeptisch gedacht.

Da Wasser ein so wichtiger und großer Bestandteil unseres Körpers ist, gibt es kaum ein Lebensmittel, um das sich so viele Gesundheitsmythen ranken. Wasser muss energetisiert, gefiltert und in Behältern mit Kristallen aufbewahrt werden. Am besten ist es natürlich, Wasser über Tausende von Kilometern durch ganz Europa auf Lastwagen zu verschicken, damit Menschen an der Nordsee Wasser aus den Pyrenäen oder aus Italien trinken können. So rein kann dieses Wasser gar nicht sein, als dass der Dreck, der durch den Transport entsteht, das in der Bilanz nicht zu einem ökologisch völlig unsinnigen Projekt macht. Aber nicht nur der Prophet gilt nichts im eigenen Lande – der Brunnen auch nicht. Dabei hat Deutschland einen unglaublichen Reichtum an frischem und gutem Wasser, der uns immer erst dann bewusst wird, wenn wir im 17. Bundesland, Mallorca, im Sommerurlaub die Nachrichten von der Wasserknappheit vernehmen.

In einem der besten Sketche des amerikanischen Duos Penn & Teller, meiner Helden der aufklärerischen Komik und Zauberei, sind die beiden «Wasser-Sommeliers» in einem feinen Restaurant. Während der eine als absoluter Experte für exquisite Wässerchen auftritt und den ahnungslosen Möchtegern-Gourmets am Tisch aus der großen Wasserkarte edle Tropfen zu horrenden Preisen aufschwatzt, füllt sein Komplize im Hinterhof in alle Gläser genau das gleiche Wasser ein. Immer aus demselben Gartenschlauch. Und keiner merkt es, alle finden den Geschmack abwechselnd «interessant» oder «mal was ganz anderes». Die Karte reicht von japanischem Gletscherwasser vom Mount Fuji – zum Fisch und zum Entgiften – bis zu einer Delikatesse, dem französischen Wasser L'eau de robinet, was nichts anderes heißt als: direkt aus dem Wasserhahn.

Einer der populärsten Ratschläge von Heilpraktikern wie Schwiegermüttern lautet: Du musst mehr trinken! Aus diesem Grund laufen erwachsene Menschen mit einer Wasserflasche unter dem Arm durch die Stadt, damit sie überall daran nuckeln können, weil es ja sonst nirgendwo in einer deutschen Stadt sauberes Wasser gibt.

Tatsächlich gibt es kaum ein besser kontrolliertes Lebensmittel als Wasser aus dem Wasserhahn. Wer nicht gerade in einem Altbau mit Bleirohren wohnt – was sich leicht testen lässt –, hat nichts zu befürchten. Erst recht nicht, wenn er das Wasser morgens einen Moment laufen lässt. Wasser, das seit Monaten in einer Plastikflasche steht, kann dagegen viel eher Verunreinigungen aufweisen, von Weichmachern bis zu Bakterien. Die Kontrollen bei Flaschenwasser sind lediglich stichprobenartig. Und Stiftung Warentest kommt immer wieder zu dem gleichen Ergebnis: Es gibt keinen vernünftigen Grund, für abgefülltes Wasser 140-mal mehr zu bezahlen als für Leitungswasser. Aber die Deutschen schleppen lieber Kisten aus dem Getränkemarkt, als dem zu vertrauen, was sie zu Hause haben.

Auch ob man zu wenig trinkt, zeigt einem der Körper: an der Farbe des Urins. Haben wir tatsächlich zu wenig Flüssigkeit in uns, halten die Nieren diese zurück. Das Pipi wird dunkler. Der zweite geniale Trick des Körpers zur Wasserregulierung heißt: Durst! So einfach. Nur Babys und alte Menschen tun sich mit der natürlichen Regulation schwer. Die einen, weil sie noch nicht an den Wasserhahn kommen, die anderen, weil ihnen mit den Jahren das Durstempfinden verlorengegangen ist. Aber dass sich junge, gesunde Menschen morgens drei Liter Wasser in Flaschen auf den Tisch stellen, damit sie daran denken, genug zu trinken und über den Tag nicht austrocknen, ist Humbug. Sie bestehen schon zu über 70 Prozent aus Wasser – mehr macht es nicht besser!

Die Werbung verbreitet gerne Unsinn mit wissenschaftlichem Anstrich. Neulich hielt ich das erste Mal eine Wasserflasche in der Hand, die mir ein Extra an Sauerstoff versprach! Ich staunte, weil ich bislang immer Kohlendioxid für das vorherrschende Gas im Wasser gehalten hatte. Nein, da stand «Sauerstoff». Ich kam ins Grübeln, mit welchem Organ noch mal dieses lebenswichtige Element in unseren Körper gelangt. War es der Darm? Es gibt da zwar auch Gase, aber die werden aus guten Gründen wieder aus dem Körper entfernt. Auf dem Etikett stand nichts Genaueres zur Funktion, nur zur Menge: Sauerstoff 0,004 Prozent. Na ja, Sauerstoff fühlt sich in der Luft wohler als im Wasser, da macht er 21 Prozent der Atmosphäre aus. Brauche ich also «Extra»-Sauerstoff beim Trinken? Nein – es ergibt einfach überhaupt keinen Sinn. Auf der Skeptiker-Seite Psiram.com steht: «Um die gleiche Sauerstoffmenge aufzunehmen, die innerhalb einer Stunde eingeatmet wird, müsste man mehr als 1000 Liter Sauerstoffwasser trinken.» Oder anders ausgedrückt: Selbst wenn ich mich in einen Tank voll Sauerstoffwasser stürzte, würde ich noch ertrinken! Damit ich etwas von dem Extra-Sauerstoff hätte, müsste ich evolutionär ein paar Millionen Jahre zurück sein bei den Fischen – mit Kiemen ginge es!

Wahre Wunder

Ich habe mich selbst geheilt, indem ich meine Warze am Zeh bei Mondschein besprochen habe. Sie ging weg! Vorgeschichte: Mein Vater ist Arzt und hat alles an mir ausprobiert – ohne Wirkung!

Ich habe meinen Handyvertrag gekündigt. Meine Nummer war ungültig, stand aber noch im Telefonbuch. Monate später hat mein Mann einen neuen Handyvertrag abgeschlossen und meine alte Nummer erhalten.

In der Schule haben wir einmal mit Pendeln etc. gearbeitet, und plötzlich flackerte das Licht, ging schließlich aus, und ein kalter Luftzug zog durch den Raum.

Als Kind vom Blitz getroffen ohne bleibende Schäden.

Eine gute Freundin meiner Tochter, 16 Jahre alt, die mit unserer Tochter groß geworden ist, ist an Krebs gestorben. Auf dem Sterbebett, in dem Moment, als sie starb, sagte sie: «Mama, ich kann Oma und Opa sehen.»

Ich habe von Lottozahlen geträumt, konnte mir drei merken, und die sind dann auch wirklich gezogen worden.

Dass meine Frau mit ihren Pfennigabsätzen nicht in der Tribüne stecken geblieben ist.

Eiland der Evidenz

Kapitel 5

WISSEN WIRKT WUNDER

Wie kommen Sie halbwegs gesund durch ein krankes
Gesundheitssystem? In diesem Kapitel gibt es das «Gegengift» zu den Fehlentwicklungen. Sie bekommen Tipps an
die Hand, wie Sie das Beste aus beiden Welten für sich
verbinden und wo Sie verlässliche Informationen finden
können. Weiterhin erfahren Sie, warum man mit Schokolade
nicht abnimmt – aber viele Medien auf diese Meldung
hereingefallen sind. Und wie Sie mit fünf einfachen Fragen
für sich bessere Entscheidungen treffen. Darf man noch
Wurst essen? Und was haben Fakire mit dem Blutdruck zu
tun? Viele «Volkskrankheiten» verlieren etwas von ihrem
Schrecken, wenn man ihnen einmal ins Auge schaut.
Denn erstaunlich viel können wir selbst in die Hand
nehmen. Sogar das Händewaschen.

Schlanker durch Schokolade!

«Ham s' zu euch früher auch immer g'sagt: ‹Iss schön
auf, damit morgen die Sonne scheint›? Und was hamma
jetzt davon? Klimawandel und lauter Übergewichtige!»
ZWOASTOA

Wie schafft man es mit einer Wundermeldung auf die Titelseiten?
Indem man etwas sagt, das jeder gerne hören will, und dann behauptet: «Wissenschaftlich bewiesen!»

Wie leicht man mit einer unsinnigen Nachricht für öffentliche
Aufmerksamkeit sorgen kann, dafür hatte ein Team aus engagier-
ten Journalisten und Ärzten einen lustigen Plan. Ein Mitglied des
Teams ist der Heidelberger Arzt Gunter Frank, der sich schon seit
langem über die Fehlentwicklungen in der Medizin und die entsprechende Berichterstattung ärgert. Gerade rund um das Thema Ernährung geistert so viel Unsinn durch Medien, Köpfe und Bäuche wie
in kaum einem anderen Gebiet. Aber was bringt es, sich ständig auf-
zuregen? Gunter und seine Gang wollten den Spieß umdrehen und
das System mit seinen eigenen Mitteln schlagen – mit einer absurden
Studie, ohne zu fälschen, ohne zu lügen, um einfach mal zu sehen,
wie weit man damit kommt.

Zunächst gründeten sie das «Institute of Diet and Health» in
Mainz. Das klingt schon mal gut, aber dieses hochtrabende internationale Forschungsinstitut bestand aus nichts weiter als einer Homepage. Welches Thema interessiert immer? Abnehmen. Also suchten
die Wissenschaftler via Facebook Versuchspersonen, fünf Männer
und elf Frauen zwischen 19 und 67 Jahren, und bildeten drei Gruppen: eine Kontrollgruppe, die nichts tat, und zwei weitere, die sich

drei Wochen lang an eine strenge Lowcarb-Diät halten mussten. Eine der beiden Diätgruppen bekam zusätzlich täglich exakt 42 Gramm Schokolade. Alles wurde genau protokolliert.

Menschen nehmen ab, wenn sie deutlich weniger essen als sonst, und genau das passierte in den beiden Diätgruppen – wie zu erwarten. Bei den Mitgliedern der Kontrollgruppe blieb das Gewicht konstant. Wie entsteht daraus eine Sensationsmeldung? Der Trick der Forscher: Sie erhoben alle möglichen Messwerte und schauten, bei welchem sich allein schon per Zufall ein Unterschied zwischen Diät *mit* Schokolade und *ohne* Schokolade herausrechnen ließ.

Die Fake-Forscher hatten Glück: Die «Schokoladengruppe» verlor zehn Prozent mehr Gewicht als die Vergleichsgruppe. Daraus strickten sie flugs einen Artikel, den sie in einem windigen Fachjournal platzierten. Die Datenerhebung und die Schlussfolgerungen prüfte dort keiner nach. Der Titel klang sehr verheißungsvoll: «Chocolate with high cocoa content as a weight-loss accelerator.» Jetzt noch eine Pressemitteilung, und die Meldung machte blitzschnell die Runde: Schoko statt Jojo! Schokolade hilft beim Abnehmen! Große Nachrichtenportale, Frauenzeitschriften, Boulevardzeitungen, Talkshows – alle berichteten. Über Onlinemedien erreichte die wissenschaftliche Nullnummer in null Komma nix Australien, die USA, Indien, Russland und Nigeria – überall wurde der Durchbruch in der Ernährungswissenschaft gefeiert, und Millionen «User» freuten sich, endlich mit gutem Gewissen ihrer süßen Leidenschaft frönen zu dürfen.

Dann ließen die Autoren die Kalorienbombe platzen, woraufhin die Portale und Zeitungen, die berichtet hatten, schnell die Meldung von ihren Seiten verschwinden ließen. Dafür berichteten nun die anderen, wie der *Spiegel* oder die *Süddeutsche Zeitung*. Und auf Arte und im ZDF wurde daraus die Doku *Eine Wissenschaftslüge geht um die Welt*, ein Lehrstück über die Naivität der Newsmaschinerie. Kein einziger Journalist, der die Nachricht brachte, hatte offenbar profes-

sionelle Zweifel an der Aussagekraft angemeldet oder nachgehakt. Jeder war froh, dass er «News» hatte, von denen er sicher sein konnte, dass sie geklickt werden.

Wie hätte man, auch ohne vom Fach zu sein, diesen Schwindel auffliegen lassen können? Mit ein bisschen gesundem Menschenverstand und minimalem Faktencheck. Eine kurze Internetsuche hätte ergeben, dass dieses Institut nie vorher in Erscheinung getreten ist. Dann hätte man die Namen der Autoren überprüfen können – wer sind diese Leute, was haben sie wo veröffentlicht? Und man hätte direkt mit den Forschern in Kontakt treten können und dabei schnell gemerkt, wie solide deren Antworten sind. Anschließend hätte man jemanden, der bereits Experte auf dem Gebiet ist, um eine zweite Meinung bitten können.

Und warum war die Studie Unsinn und dennoch nicht gefälscht?

Sich das herauszupicken, was einem in den Kram passt, heißt im Fachjargon «Rosinenpicken». Man misst 30 Messgrößen, berichtet aber nur über zwei, an denen sich ein erwünschtes Ergebnis gezeigt hat. Weglassen hat ja noch nichts mit Lügen zu tun.

Der Wissenschaftsjournalist John Bohannon, der sich für die Publikation einfach Dr. Johannes Bohannon nannte, verrät: «Wäre bei unserer Messung die Schlafqualität der messbare Unterschied gewesen, hätten wir halt geschrieben, dass Schokoladendiät den Schlaf verbessert. Auch gut.»

Je weniger Probanden es gibt, desto anfälliger ist die statistische Auswertung. Einen Versuch mit weniger als 10 Personen pro Gruppe darf niemand ernst nehmen. Seriös werden Aussagen langfristig dann, wenn sie an vielen Menschen, an unterschiedlichen Orten von unterschiedlichen Teams bestätigt wurden. Und genau daran hapert es leider oft.

Das Traurige: So viel weniger wissenschaftlich als viele andere Ernährungsstudien war die «Chocolate Transformation» gar nicht. Sie hielt sich formal an die Spielregeln als randomisierte, kontrollierte Interventionsstudie, bestätigte aber die alte Regel: Vertraue nie einer Statistik, die du nicht selbst gefälscht hast.

Die große Hoffnung, dass sich im Internetzeitalter die Menschen besser informieren und sich das helle Licht der Aufklärung über den Bildschirm in die letzten dunklen Ecken der Republik tragen lässt, ist 20 Jahre später in ihr Gegenteil verkehrt. Was früher an ungeprüften Behauptungen an Stammtischen ventiliert wurde und in der Dunstabzugshaube verschwand oder durch die reinigende Wirkung des Alkohols auf das Gedächtnis am nächsten Tag einfach vergessen war, wird heute ins Netz gestellt, geteilt und verbreitet. Wenn etwas «im Internet stand», wird es überraschend kritiklos für wahr gehalten. Aber Wahrheit hat nichts damit zu tun, wie viele Leute daran glauben. Was geklickt wird, weil es laut und reißerisch daherkommt, verbreitet sich leichter als eine nüchterne Abwägung. Und so entsteht kein Wissen, sondern Angst und Verwirrung, und wir werden ständig von Irrelevantem abgelenkt. Wir wissen alles über die letzten 24 Stunden, die sexuellen Vorlieben von Schauspielern und Popstars, vergessen aber darüber, in Ruhe nachzudenken, was echte Probleme sind. Oder wie die eigenen aussehen. Neil Postman, ein amerikanischer Medienwissenschaftler, prophezeite schon vor 25 Jahren: Wir amüsieren uns zu Tode!

Das ist ein ernstes Problem, für das es einen neueren, sehr prägnanten Begriff gibt: *Bullshit!* Der Begriff wurde 2004 von Harry Frankfurt geprägt, einem Professor der Philosophie an der Princeton University. Das Prinzip gilt in der Politik genauso. Weil den Bullshitter der Unterschied zwischen wahr und falsch überhaupt nicht interessiert, stellte Frankfurt fest, sei nicht die Lüge der größte Feind der Wahrheit, sondern Bullshit. Einfach etwas ohne Sorgfalt, ohne Achtsamkeit für Details behaupten, ohne gedankliche Disziplin, ohne Bemühung um Objektivität, ohne Rücksicht auf Standards: Bullshit folgt ungehindert Impulsen und Launen. Auf Deutsch klingt Bockmist oder Bullenscheiße nicht so elegant, also können

Sie, wenn Ihnen das nicht über die Lippen geht, auch Hohlsprech, Humbug, Mumpitz oder Geschwurbel sagen. Sicher, in einer Demokratie darf jeder sagen, was er denkt, egal wie lange er darüber nachgedacht hat. Aber keiner muss!

In der Psychologie ist heute leider längst klar, dass wir uns Meinungen nicht aus Tatsachen ableiten, sondern uns erst eine diffuse Meinung bilden und dann die Argumente zusammensammeln, die dazu passen. Und je wackliger eine Argumentation, desto vehementer und humorloser wird sie vertreten.

Die akademische Welt trägt an dieser Entwicklung zum Teil mit Schuld: durch eine Wissenschaftsgläubigkeit, die unkritisch übernahm, was Forscher von sich gaben. Dabei wurde jede Menge Bullshit produziert: Studien, finanziert von der Zigarettenindustrie, zeigten angeblich, dass Rauchen nicht schädlich sei. Physiker versprachen, Atomkraftwerke seien sicher. Und Ernährungswissenschaftler erzählten uns jedes Jahr, wie man schlanker wird, und jedes Jahr wurden die Leute dicker.

Da sind mir Produkte lieber, die von vornherein so absurd daherkommen, dass sie niemand ernst nehmen kann: «Sprechperlen» – ein Klassiker der Zoohandlung und auch in jedem besseren Supermarkt zu finden. Auf der Packung hat ein Sittich offenbar eine wundersame Wandlung durchgemacht. «Pucki ist lieb!» steht in einer großen Sprechblase auf der Packung. Gibt es eine Substanz, die so spezifisch auf den Spracherwerb in Spatzenhirnen wirkt? Enthalten sind Vitamine und Getreide. Ich habe schon immer vermutet, dass die Sprechperlen ihren größten Umsatz nicht mit Hobbyornithologen machen, sondern mit verzweifelten Ehefrauen, die die Körnchen morgens heimlich ihrem stummen Gatten ins Müsli mischen und denken: Wenn das Zeug Sittiche zum Plaudern bringt, warum nicht auch Karl-Heinz?

Mein absoluter Favorit in Sachen Lebensmittelmarketing ist und bleibt aber das Teepulver aus dem Hause Krüger. Als Teetrinker sträubt sich in mir alles, wenn ich etwas aus einem Plastikbehälter entnehmen soll, das die Konsistenz von klebriger Katzenstreu hat. Aber das Etikett offenbarte eine Sensation: Es gab zwei Versionen, Original und «50 Prozent kalorienreduziert». Wie kommt diese wundersame Nährwertvermeidung zustande? Ist in der einen Packung mehr Zuckeraustauschstoff? Nein, bei beiden steht Zucker an erster Stelle der Inhaltsangabe, weil es offenbar auch den größten Volumenanteil stellt. Das Rätsel löst sich erst im Kleingedruckten. Vom Original soll man sechs Teelöffel nehmen, und – halten Sie sich bitte fest – von der 50 Prozent kalorienreduzierten Variante einfach die Hälfte! Überraschung: Wenn man von dem Zuckerzeug nur halb so viel benutzt, sind auch nur die Hälfte der Kalorien drin! Sagt mal, für wie bescheuert haltet ihr eigentlich eure Kunden? Und es steht auch noch als besonderes Bonbon auf der Packung drauf: *Doppelt so ergiebig.*

Was hilft gegen Meinungsmache, Verkaufe und Verarsche?

Nicht alles glauben, was Sie lesen. Und nicht alles lesen. Lieber gezielt und dann selbst denken. Aber auch nicht alles glauben, was Sie denken. Oder, etwas einfacher ausgedrückt: Wenn etwas zu schön klingt, um wahr zu sein, dann ist es meistens auch nicht wahr.

Bullshit-Bingo mit Werbepost

Ein typischer Wundermittelprospekt aus dem Briefkasten im Faktencheck

Dr. Earl Mindell R.Ph., Ph. D

Optimale Gesundheit durch HEILENDE NÄHRSTOFFE

Es wirkt !

Ein Durchbruch in der Ernährungs-Wissenschaft an der Amerikanischen Penn State University - so berichten anerkannte Zeitschriften und Medizin-Journalisten.

Es ist DIE verblüffendste Entdeckung, die es jemals für Ihre Gesundheit gab!

"DAS HEILPILZ-WUNDER"

Durchdringt Ihre Zellen mit 400 mal mehr Heilkraft – JA, HEILKRAFT ! ...Seite 4

- Organe verjüngen sich ● Das Herz wird gestärkt
- Verkalkte Adern freigeputzt

Bewiesen: Dieser 2000 Jahre alte Wundernährstoff überbietet alle bekannten Antioxidantien, wie z.B. Q10, Vitamin A, C & E... und Alpha-Liponsäure.

Erleben Sie ERSTAUNLICHE Ergebnisse:
Eine glänzende Gesundheit zu erlangen, sich dabei um 20, 30 Jahre oder sogar noch jünger zu fühlen, mit neuer Energie – und zwar schon innerhalb von nur 72 Stunden!

Denn nichts HEILT und SCHÜTZT SIE BESSER bei ...

- Bluthochdruck
- Blutzuckerschwankungen
- schlechten Cholesterin-werten
- Vergesslichkeit und Konzentrationsstörungen
- Allergien
- Atemproblemen
- Energie- und Lustlosigkeit
- Herz- und Kreislauf-beschwerden
- nachlassener Libido
- und vieles, VIELES mehr!

...re GARANTIE: Entweder es wirkt – oder der Test ist für Sie vollkommen KOSTENLOS!

Es wirkt!?
Wo ist der Beweis?

Der Experte
Von Earl Mindell finden wir keine Fachliteratur, dafür viele zweifelhafte Ratgeber-Bücher.

2000 Jahre alt
Seltsam – wo Earl Mindell e... kürzlich «die ... blüffendste E... deckung» ger... haben will.

Heilkraft?
Äpfel oder Birnen? Wir brauchen Einheiten!

Wundernährstoffe
gibt es nicht! Antioxidantien zu überbieten, ist kein Kunststück, weil sie in hohen Dosen schaden.

Heilt und schützt bei ...
Krankheitsbezogene Werbeaussagen sind für Nahrungsergänzungs-mittel strikt verboten.

Mit freundlicher Genehmigung von «Gute Pillen – Schlechte Pillen. Gemeinnützige Gesellschaft für unabhängige Gesundheitsinformation mbH»

Für eine Handvoll guter Fragen

«Es gibt Leute, die glauben, alles wäre vernünftig,
was man mit einem ernsthaften Gesicht tut.»

GEORG CHRISTOPH LICHTENBERG

Alle reden vom Charme der «sprechenden Medizin». Ich möchte Ihnen fünf gute Fragen an die Hand geben, für jeden Finger eine, und Sie ermuntern, diese im Arzt-Patienten-Gespräch zu stellen, wenn es um große Entscheidungen geht. Ich möchte Sie gerne fit machen für eine Herausforderung, die uns allen früher oder später blüht: Nach welchen Kriterien treffe ich wichtige Behandlungsentscheidungen?

Die größte Gruppe im Gesundheitswesen sind Sie, die Angehörigen und Patienten! Sie sind nur nicht so gut organisiert wie andere Lobbygruppen. Und daher setze ich auf jeden Einzelnen von Ihnen. Eine große subversive Kraft besteht darin, Patienten mehr Einsicht, mehr Verständnis und mehr Mitsprache zu ermöglichen. Das heißt auf Neudeutsch *Patient Empowerment* – was auf alle Fälle cooler klingt als «Leidenden-Ertüchtigung».

Die erste Frage: Was ist der Nutzen?

Früher war es üblich, dass der Arzt sagte: «Das müssen Sie jetzt nehmen!» Ende der Diskussion und des Gesprächs. Die Patienten haben meist brav dazu genickt, gingen aus der Tür und dachten sich: «Das wollen wir doch mal sehen.» Das Rezept wurde in der Apotheke noch eingelöst, und dann? Schätzungen zufolge wird die Hälfte aller verordneten Medikamente nicht genommen, wie sie verordnet wurden. Doch wenn das Medikament sowieso nicht gebraucht wurde, hätte man es auch weder verordnen noch bezahlen müssen!

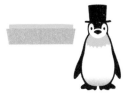

5 gute Fragen
vor jeder Behandlung

---

1. Was ist der Nutzen?

2. Welche Risiken bestehen?

3. Wo ist der Beweis?

4. Was passiert, wenn wir abwarten und beobachten?

5. Würden Sie das, was Sie mir empfehlen, selbst auch machen?

PS: ANSONSTEN GELTEN DIE GLEICHEN HINWEISE WIE BEI WUNDERHEILERN! (Siehe Seite 306.)

Lassen Sie sich erklären, wozu etwas gut ist, was es bringt und woran Sie das merken. Blutdruckmedikation etwa wird unterschätzt, weil man davon nicht viel spürt. Antibiotika werden überschätzt, was an Ärzten und Patienten liegt. Es werden viel zu viele verordnet und geschluckt, obwohl sie oft gar nichts nützen können, wenn Viren das Problem darstellen.

Ein guter Arzt sollte in der Lage sein, Ihnen zu erklären, warum ein Medikament notwendig ist. Das Gleiche gilt für jede Spiegelung oder Operation. Wenn er herumeiert, konkretisieren Sie vielleicht die Frage: Wo liegt der Nutzen für mich als Patient?

Für eine sinnvolle Abwägung brauchen Sie aber noch das Gegengewicht – den möglichen Schaden.

Die zweite Frage: Welche Risiken bestehen?

«Zu Risiken und Nebenwirkungen lesen Sie die Packungsbeilage und fragen Sie Ihren Arzt oder Apotheker.» Diesen Satz kennt jeder theoretisch aus der Werbung, aber praktisch? Interessant ist das zweite «und», das heißt, der Gesetzgeber geht davon aus, dass man spricht *und* liest. Weil in der Arztpraxis oft keine Zeit ist, ein verordnetes Medikament ausführlich zu erklären, bleibt dem Patienten nur das Lesen. Und *zack* hat man das Gefühl, ein extrem gefährliches Präparat in den Händen zu halten.

Die Packungsbeilage dient Juristen mehr als Patienten. Der Text ist so klein gedruckt, dass man, bevor man die Wörter «häufig Kopfschmerzen» entziffert hat, vom Lesen schon Kopfschmerzen bekommt. In einer Umfrage im *Deutschen Ärzteblatt* wurden Ärzte, Apotheker und Juristen gefragt, was sie eigentlich unter Wörtern wie «häufig» oder «selten» verstehen. Und siehe da, selbst die «Profis» definieren das im echten Leben völlig anders als in der Packungsbeilage! «Häufig» wurde europaweit festgelegt als «1 bis 10 Prozent». Auf gut Deutsch: Wenn 100 Leute das Mittel nehmen, haben maximal zehn diese Nebenwirkung zu erwarten, vielleicht auch nur ei-

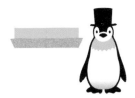

ner. Im allgemeinen Sprachgebrauch ist «häufig» aber viel häufiger! Alle drei Fachgruppen verstanden darunter, dass die Mehrheit, also über 50 von 100 Menschen, eine Nebenwirkung zu erwarten hätte. «Selten» ist in «Beilagisch» einer von 1000 bis 10 000, also maximal 0,1 Prozent. In der Umgangssprache hingegen um die 5 Prozent!

Wären die Beipackzettelkriterien bei der Bundestagswahl angewendet worden, wäre die FDP «häufig» gewählt worden! So weit klaffen gefühlte (über 50 Prozent) und reale Häufigkeit (unter 5 Prozent) auseinander. Die Kodierung der Risiken, die europaweit für Klarheit sorgen sollte, verstehen also weder Fachleute noch Patienten!

Mein Tipp: Bevor Sie aus Angst vor Nebenwirkungen ein Medikament einfach nicht nehmen, sprechen Sie tatsächlich mit Ihrem Arzt und Apotheker. Denn wenn Sie das Mittel sinnvollerweise verordnet bekommen haben, überwiegt der Nutzen. Dann schaden Sie sich, wenn Sie es nicht einnehmen. Alles, was wirkt, hat erwünschte und unerwünschte Effekte. Nur wer Nutzen und Risiko richtig einschätzen kann, trifft gesunde Entscheidungen. Und wenn manche Verfahren immer betonen, etwas hätte «überhaupt keine Nebenwirkungen», kann es auch daran liegen, dass es keine Hauptwirkung gibt.

Die dritte Frage: Wo ist der Beweis?

Eine der wichtigsten Errungenschaften der letzten 50 Jahre im Gesundheitsbereich war es, das Wissen über die Wirkung von Medikamenten, Operationen und anderen Maßnahmen systematisch zu erfassen und nach klaren Kriterien in wirksam und unwirksam zu unterscheiden. Gute Studien bündeln die Beobachtung von vielen und schließen die allzu menschlichen Fehler aus. Diese Wissensbündelung steht also nicht im Widerspruch zur «Erfahrungsmedizin», sondern geht darüber hinaus, denn wenn etwas bei hundert Menschen gewirkt hat, ist die Chance höher, dass es auch bei mir wirkt, als wenn es bisher nur bei einem geholfen hat, weil es so eine

Art Hobby des Behandelnden ist. Für viele Krankheitsbilder gibt es Leitlinien der Fachgesellschaften, aber in der Praxis hat jeder Niedergelassene «seine» Lieblingsmethoden, die gut sein können, aber zum Teil eben auch seit 20 Jahren nicht auf den aktuellen Stand gebracht wurden. Deshalb trauen Sie sich zu fragen, auf welcher Grundlage eine Verordnung oder Empfehlung beruht. «Ich kenne einen, bei dem hat das super geholfen» ist nicht so aussagekräftig wie: «Der Vorteil wurde an einer großen Anzahl von Menschen in einer unabhängigen Studie belegt, und Sie können das gerne nachlesen.»

Das gilt genauso für Ratschläge. Ein besonders tragisches Beispiel für falschen Rat war die Empfehlung von amerikanischen Kinderärzten, Säuglinge auf dem Bauch schlafen zu legen. Seit den fünfziger Jahren galt, dass die Rückenlage den Kopf des Babys abflache und beim Spucken ungünstig sei. Wie kam man darauf? Es gab keine Evidenz, aber «Eminenz» – denn ein berühmter Kinderarzt hat dies einfach behauptet, ohne Studie, ohne Beweis.

Heute wissen wir, dass dies zu vielen vermeidbaren Fällen von plötzlichem Kindstod führte. Als in den achtziger Jahren der Schlaf von Babys endlich systematisch beobachtet wurde, begannen Ärzte und Medien, vor der Bauchlage zu warnen, was vielen Babys das Leben gerettet hat. Heute ist es selbstverständlich, dass Mütter ihre Babys zum Schlafen auf den Rücken legen. Und am besten im Schlafsack und nicht umgeben von lauter Kissen und Kuscheltieren. In der Medizin sollte es nicht um das Befolgen von blinder Autorität gehen. Und die wichtigste Frage, die man zu jeder empfohlenen Maßnahme stellen kann, ist ganz einfach: «Woher wissen Sie das?»

Die vierte Frage: Was passiert, wenn wir abwarten und beobachten?

Die Kunst der Medizin besteht nicht darin, alles Mögliche zu tun – sondern darin, in das wunderbare Spiel der Selbstheilungskräfte so wenig wie möglich einzugreifen. Vieles wird von allein besser, und wenn es nicht besser wird, kann man immer noch reagieren. Sie

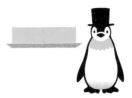

kennen das vielleicht auch als Kassenpatient: Sie müssen lange auf einen Termin warten – und am Ende ist die eigentliche Beschwerde schon wieder weg! Manchmal sogar erst im Wartezimmer.

Es gibt eilige Dinge, aber das meiste gehört nicht dazu. Sie können im Gespräch zum Beispiel auch fragen: Bei welchen Anzeichen sollte ich unbedingt wiederkommen? Was sind die Warnzeichen für eine Verschlechterung? Viele Erfolge der Alternativmedizin beruhen wie gesagt auf der Tatsache, dass man dort im Allgemeinen die Dinge mit mehr Zeit und Gelassenheit angeht als in der 6-Minuten-Allgemeinmedizin. Das wusste schon Voltaire: «Medizin ist die Kunst, dem Patienten die Zeit zu vertreiben, die der Körper braucht, um sich selbst zu helfen.»

Die fünfte Frage: Würden Sie das, was Sie mir empfehlen, selbst auch machen?

Warum ist diese Frage vor einer großen Entscheidung im Arzt-Patienten-Gespräch so wichtig? Die meisten Ärzte haben einmal aus guten Gründen beschlossen, Medizin zu studieren. Und viele sind nebenberuflich auch Mensch geblieben. Im Beruf verändert man sich oft, ohne es zu merken. Man übernimmt Dinge, macht Erfahrungen, es muss oft schnell gehen, und es soll sich rechnen. Die Niedergelassenen schimpfen über die Kassen und verkaufen unnötige «IGEL-Leistungen», also Individuelle Gesundheitsleistungen für Selbstzahler. Auch im Krankenhaus herrscht ökonomischer Druck, und es werden Fehlanreize geschaffen, wenn der Verwaltungsdirektor mahnt, doch mehr von den lukrativen Eingriffen durchzuführen.

So entsteht für Patienten der unschöne Eindruck, dass Entscheidungen nicht nur aus Sicht des Patienten fallen, sondern das «System» mitentscheidet. Aber wer hat das letzte Wort? Der Patient, also *Sie!* Die Frage «Würden Sie das auch machen?» dreht die Perspektive um. Aus dem «Verkäufer» einer Leistung wird wieder ein mitfühlender Mensch. Und wenn der Arzt sich überlegt, würde ich diese

Behandlung auch an meiner Mutter, an meinem Partner, an meinen Kindern vornehmen lassen, steht nicht mehr das eigene Kalkül im Vordergrund, sondern das Wohl der Menschen, die ihm am Herzen liegen.

Vor 30 Jahren war es noch Lehrmeinung, dass man sich mit Rückenschmerzen ins Bett legen soll. Heute wird das Gegenteil empfohlen, sprich: Nicht hinlegen, sondern möglichst in Bewegung bleiben! Laut einer Umfrage damals hatten 60 Prozent der Ärzte Rückenschmerzen. Aber nur zwei von den 130 Befragten hielten sich an ihre eigenen Ratschläge! Absurd?

Wie ist es bei schwereren Eingriffen? Der Schweizer Sozialmediziner Gianfranco Domenighetti fand immer wieder die gleiche Schieflage: Ärzte und ihre Angehörigen werden seltener operiert als «normale» Patienten. Diese Schonung gilt kurioserweise auch für die Ehefrauen von Juristen. Von wegen «Ich kann nicht klagen!». Der Unterschied zeigte sich besonders drastisch bei der Entfernung der Gebärmutter: Diese Operation wurde bei Anwaltsfrauen und Ärztinnen nur halb so oft durchgeführt wie beim Durchschnitt der weiblichen Bevölkerung. Auch bei Operationen wegen Leistenbruch, Gallensteinen oder Hüftgelenken existieren diese Unterschiede zwischen dem, was Ärzte anderen empfehlen, und dem, was sie selbst tun.

Der Wegweiser muss offenbar nicht den Weg gehen, den er anderen weist – vor allem nicht, wenn es bei dem Weg nicht um eine einfache Gabelung geht, sondern um die Frage, ob man sich unters Messer begibt. Chirurgen sind keine Metzger. «Darf es ein bisschen mehr sein?» Danke, nein, lieber etwas weniger.

Du sollst nicht googeln

*Ich hatte eine Lösung, sie passte aber nicht
zu meinem Problem.*

Suchmaschinen wissen viel über uns. Aber was wissen wir über eine sinnvolle Suche im Netz?

Wer nach den Gründen für einen geschwollenen Lymphknoten googelt, wird schnell davon überzeugt sein, dass er an einer unheilbaren, schweren Krankheit leidet. Eine der tiefen Wahrheiten der Medizin lautet auch im Internetzeitalter: Häufiges ist häufiger als Seltenes. Und genau diese Unterscheidung trifft eine Suchmaschine nicht. Das Internet ist Fluch und Segen zugleich: Patienten können sich besser informieren – oder sich in einem Eldorado der Einzelmeinungen, Ideologien und Verkaufsinteressen verlieren. Es ist grundsätzlich immer leichter, Unsinn in die Welt zu setzen, als ihn zu entlarven oder zu entfernen.

Leider gehen die wenigsten Patienten und Angehörigen bei der Internetrecherche gezielt auf bestimmte Seiten, aber genau das würde ich Ihnen sehr ans Herz legen. Denn oft ist es einer Seite überhaupt nicht anzusehen, wer und welche Absichten dahinterstecken. Da Pharmafirmen sich mit ihrer Werbung nicht direkt an Patienten wenden dürfen, gibt es viele Seiten, die scheinbar harmlose Informationsportale, aber in Wahrheit gesponsert sind und nicht von einer unabhängigen Redaktion betreut werden, sondern von einer Agentur, die Geld dafür bekommt, eine bestimmte Sichtweise und Meinung populärer zu machen.

Woran erkennen Sie vertrauenswürdige Seiten?

Es gibt Qualitätsmerkmale: Wer schreibt da? Wie sind die Auto-

Nein, niemand hat
das Bedienfeld
gestohlen.
Sie stehen vor
der Rückseite.

NOB

Willkommen im Norden!

Auch für Suchmaschinen gilt: Wer den Kampf zwischen künstlicher Intelligenz und natürlicher Dummheit gewinnt, entscheidet der Nutzer.

ren qualifiziert? Macht die Website deutlich, dass sie das Arzt-Patient-Verhältnis nicht ersetzt? Werden die Quellen der Informationen genannt und wann sie zuletzt aktualisiert wurden? Sind Vor- und Nachteile von bestimmten Behandlungsmethoden stichhaltig begründet? Und: Ist klar, wer die Seite finanziert? Denn auch Ärzte können auf Such- und Bewertungsportalen Anzeigen schalten, das heißt, wer Geld bezahlt, wird größer und schöner dargestellt.

Weil es schwer ist, sich im Alleingang im Dschungel des Internets zurechtzufinden, gebe ich Ihnen hier ein paar Empfehlungen, eine ausführlichere Liste finden Sie auf meiner Homepage.

weisse-liste.de

Ein gemeinsames Projekt der Bertelsmann Stiftung und der Dachverbände der größten Patienten- und Verbraucherorganisationen. Die *Weiße Liste* ist kostenlos und vor allem werbefrei. Sie hilft Ihnen bei der Suche nach einem passenden Arzt oder Krankenhaus und bei der Auswahl der geeigneten Pflegeleistung – unabhängig und leicht verständlich. Es gibt sogar einen Befund-Dolmetscher für das Fachchinesisch, genauer gesagt, das Ärztelatein.

gesundheitsinformation.de

Eine sehr objektive Seite. Denn sie wird allein von Ihnen finanziert! Dahinter steckt das Institut für Qualität und Wirtschaftlichkeit im Gesundheitswesen, welches Geld von den gesetzlichen Krankenversicherungen erhält. Nutzen und Schaden medizinischer Maßnahmen werden hier systematisch abgewogen.

bzga.de

Eine ebenfalls öffentlich finanzierte und verständliche Seite der Bundeszentrale für gesundheitliche Aufklärung. Sie hat nicht gerade den attraktivsten Namen, dafür aber sehr hilfreiche Angebote zu den großen Themen der Gesundheitsförderung, der Volkskrankheiten und Wissenswertes zu Impfungen, Alkohol, Sex und Drogen – aber nichts über Rock 'n' Roll.

wissenwaswirkt.org

Eine Seite der Cochrane Library, die sich für bessere Gesundheit durch bessere Informationsmöglichkeiten einsetzt. Ist das «nur Schulmedizin»? Nein, es ist wirksame Medizin. Die Startseite informiert aktuell darüber, dass Akupunktur bei Spannungskopfschmerzen hilft, Paracetamol dagegen bei Rückenschmerzen wirkungslos bleibt.

krankheitserfahrung.de
Eine Seite voller authentischer Patientenerfahrungen. Wie erleben sie eine Erkrankung? Was hat ihnen geholfen? Brauchbarer als jedes unübersichtliche Forum.

gutepillen-schlechtepillen.de und arzneimittel-telegramm.de
Hier finden Sie unabhängige Informationen zu Medikamenten.

igel-monitor.de
Falls Sie wissen wollen, ob eine Leistung Ihres Arztes, die die Kasse nicht zahlt, sich lohnt.

krebsinformationsdienst.de und infonetz-krebs.de
Informationsportale des Deutschen Krebsforschungszentrums und der Deutschen Krebshilfe. Hier finden Sie auch Telefondienste.

Gute Informationen im Netz zu finden, ist möglich. Abschließend drei kleine Tipps:

1. Bevor Sie den Computer einschalten: Überlegen Sie sich genau, wonach Sie suchen möchten. Es kann helfen, ein paar Stichworte auf einem Blatt Papier zu notieren, um sich im Netz nicht zu verlieren.
2. Werden Sie misstrauisch, wenn Ihnen Angst gemacht wird, andere schlechtgemacht oder utopische Dinge behauptet werden. Seiten mit «hundertprozentiger Wirkungsgarantie» sind zu hundert Prozent unglaubwürdig.
3. Gute Seiten helfen Ihnen weiter, zum Beispiel durch Verweise zu Leitlinien, Selbsthilfegruppen, Verbraucherzentralen und anderen Organisationen.

10 Dinge, mit denen Sie sich als Patient innerhalb von 10 Sekunden unbeliebt machen können

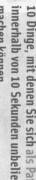

1. In der Notaufnahme sagen: «Ach, die Beschwerden hab ich schon drei Wochen.»

2. Vor der Untersuchung schon die Diagnose verraten.

3. Unaufgefordert, aber umso unüberhörbarer betonen, dass Sie privat versichert sind.

4. Das Gespräch eröffnen mit: «Wahrscheinlich können Sie mir ja auch nicht helfen, aber ...»

5. Einen 20-seitigen Ausdruck von dubiosen Internetseiten mitbringen und sagen: «Vielleicht sind Sie ja gar nicht auf dem neuesten Stand.»

6. Eine Zeitschrift aus dem Wartezimmer klauen oder eine Seite herausreißen.

7. Mit der Sprechstundenhilfe «flirten», um schneller einen Folgetermin zu bekommen.

8. Bei einer Knöchelverletzung links den rechten Fuß nicht gewaschen haben.

9. Den Arzt nach einem Bieröffner fragen.

10. Nach einem langen Gespräch beim Hinausgehen sagen: «Eigentlich bin ich ja wegen was ganz anderem gekommen ...»

10 Dinge, mit denen Sie sich als Arzt innerhalb von 10 Sekunden unbeliebt machen können

1. In der Notaufnahme Menschen sagen: «Da kommen Sie aber spät.»

2. Vor der Untersuchung schon die Diagnose verraten.

3. Unaufgefordert, aber umso unüberhörbarer betonen, dass es sich ja überhaupt nicht lohnt, Kassenpatienten zu behandeln.

4. Das Gespräch eröffnen mit: «Ich glaube nicht, dass ich Ihnen helfen kann ...»

5. Vor der Behandlung ein 20-seitiges Formular ausfüllen lassen.

6. Zeitschriften ins Wartezimmer legen, die offensichtlich nichts kosten und ein halbes Jahr alt sind.

7. Die Patienten mit einem Termin um 7 Uhr 30 drei Stunden warten lassen.

8. Mit dem falschen Fuß aufstehen.

9. Den Patienten nach einem Bieröffner fragen.

10. Nach einem langen Gespräch beim Hinausgehen sagen: «Eigentlich wäre ich ja lieber Pilot geworden.»

Augenwürste schauen dich an

Warum zerbrechen sich die Menschen den Kopf darüber, was sie zwischen Weihnachten und Neujahr essen? Es ist viel wichtiger, was sie zwischen Neujahr und Weihnachten essen!

Wer kennt nicht die Plakate, auf denen Partnerbörsen damit werben, dass sich alle elf Minuten ein Single dank ihrer Internetplattform verliebt. Wir seufzen und fühlen uns mit allen verbunden, die mal verliebt waren. Und wer im Netz auf Partnersuche ist, denkt: Jetzt bleibe ich mal noch elf Minuten online, nicht, dass ich den Traumpartner um einen Klick verpasse.

Auf der sehr erhellenden Internetseite «Unstatistik des Monats» des Harding-Zentrums für Risikokompetenz verguckt man sich eher in die Zahlen. Tragik entsteht, wenn man sich verliebt und es nicht auf Gegenseitigkeit beruht. Nehmen wir also zugunsten der Verliebten an, dass aus zwei verliebten Singles ein Paar wird. Das sind dann sechs Paare in der Stunde, also 52 560 im Jahr. Wenn ich einer von geschätzten fünf Millionen registrierten Mitsuchenden bin, dann kann ich mir ausrechnen, dass meine Chance in den nächsten zehn Minuten zwei zu fünf Millionen beträgt und über das Jahr die Wahrscheinlichkeit für eine neue Liebe bei 2 Prozent liegt. Statistik ernüchtert. Also, bei 2 Prozent gehe ich lieber mit Freunden in die Kneipe. Bier hat schon 5 Prozent. Und wenn jeder jemand Nettes mitbringt, lernt man auch wen kennen, und der Abend kann besser laufen als vor einem Bildschirm. Es sei denn, einer ist Veganer. Dann wird es schnell anstrengend. Ist das ein Klischee? Nein, das ist meine Überleitung. Denn ich möchte eigentlich über Fleisch sprechen. Und das Thema spaltet die Nation in zwei unterschiedlich große Lager

Salatteller
* „Wahnsinn
mit Thunfisch
€ 8,50

mit wackeligen Argumenten. Oder wie eine Schweinehälfte sagen würde: Auf zwei Beinen kann man nicht stehen.

Das Thema ist ernst: Die Weltgesundheitsorganisation WHO warnte im Oktober 2015 vor Wurst. Der tägliche Konsum von 50 Gramm verarbeitetem Fleisch erhöhe das Darmkrebsrisiko um 18 Prozent. Wurst wurde in dieselbe Risikokategorie eingeteilt wie Rauchen und Asbest. Mal ran an den Speck – was ist da dran?

Bismarck soll gesagt haben, dass man bei Gesetzen und bei Wurst besser nicht erfährt, wie sie entstanden sind. Aber bei Statistiken gilt das schon.

Heißt 18 Prozent, dass von 100 Menschen, die 50 Gramm Wurst in sich hineinstopfen, 18 Darmkrebs bekommen?

Nein. Denn wie immer, wenn man Prozente liest, ist die entscheidende Frage: Prozent von was? Und in absoluten Zahlen sieht die Welt wieder anders aus, denn statt fünf von 100 Menschen sind es mit Wurst jetzt sechs von 100, zwar eine Steigerung von gerundet 20 Prozent, aber eben nur einer von 100 mehr, weil Darmkrebs auch

Menschen trifft, die nie Wurst gegessen haben müssen. Aber mit Wurst ein bisschen öfter. Ob es eine sichere Untergrenze gibt, lässt sich nicht sagen. Sicher ist nur, dass man ohne gesundheitliche Verluste auch komplett auf Wurst verzichten kann. Und klar ist auch, dass mehr Fleischverzehr auch mehr Risiko bedeutet. Die Deutschen lieben Fleisch, Männer essen im Schnitt 150 Gramm am Tag, doppelt so viel wie Frauen und deutlich mehr, als ihnen guttut.

Und was soll der Vergleich mit Rauchen und Asbest? Der bezieht sich ebenfalls nur darauf, wie gut der Zusammenhang gesichert ist, aber Rauchen ist und bleibt viel gefährlicher als Wurst. Sogar Rauchwurst. Solange man sie nicht anzündet und inhaliert. Das könnte Asbest noch schlagen, aber bitte probieren Sie es nicht aus.

Um mal die Kirche und den Metzger im globalen Dorf zu lassen: Weltweit sterben jedes Jahr rund 1 000 000 Menschen durch Rauchen, 600 000 durch zu viel Alkohol, 200 000 durch Luftverschmutzung und höchstens 34 000 durch zu viel Wurst.

Mir persönlich ist das nicht wurst, aber ich finde, in der Diskussion um Fleischverzicht hilft es, die Argumente zu sortieren. Ja, zu viel Fleisch ist ungesund. Rotes ist ungesünder als helles, verarbeitetes ungesünder als frisches. Alles richtig.

Nach der persönlichen Gesundheitsbilanz ist das zweite wichtige Argument für Fleischverzicht die Ethik: Schaut man über den Tellerrand, sieht man Dinge, die aus guten Gründen ungerne gezeigt werden. Von den «glücklichen» Kühen verbringt noch nicht einmal jede tausendste ihren Sommer auf der Alm. Und der friedliche Bauernhof mit all den frei laufenden Hühnern ist in Wirklichkeit ein Friedhof: 48 Millionen männliche Küken werden pro Jahr geschreddert, weil sie zum Eierlegen und für die Mast nicht zu gebrauchen sind. Wo bleiben da die Genderbeauftragten? Solche Fakten aus der Massentierhaltung verderben den Appetit. Aber oft nur kurzfristig.

Die unbequeme Wahrheit über die moralisch so überlegenen Vegetarier und Veganer ist: Die allermeisten sind es gar nicht. 84 Prozent der Vegetarier kehren über kurz oder lang zum Fleischessen zurück und 70 Prozent der temporären Veganer. Das sind Ergebnisse einer Befragung von über 10 000 Amerikanern, aber wahrscheinlich ist es in Deutschland ähnlich. So einfach ist es offenbar nicht, auf Fleisch zu verzichten. Es sind wenige Prozent der Bevölkerung, die wirklich auf Dauer komplett fleischfrei leben, aber von denen hört man so einiges. Vegan ist keine Massenbewegung, sosehr sich die Tiere aus der Massentierhaltung auch darüber freuen würden.

Vielen Tieren wäre schon geholfen, wenn viele Menschen etwas weniger Fleisch essen würden, nicht nur ein paar Menschen gar keins. Schaut man genauer hin, sagen auch mehr Menschen, dass sie weniger Fleisch essen als früher, aber das stimmt nur bei jedem vierten.

Das heißt, unsere persönliche Einschätzung und die mediale Präsenz von Themen sagen bisweilen wenig über die Realität aus. Und ginge es nicht um das Weltklima, wäre es sehr komisch, wie viele Menschen sich mit ernsthafter Miene über Rinderpupse unterhalten können. Eine große Menge Fleisch bedeutet eine Menge dicke Luft auf der einen Erde, die um ihre Zukunft bangt, mit Menschen und so manchem Rindvieh. Solange Fleisch in unserer Vorstellung Luxus und Lebenskraft symbolisiert, werden Menschen, sobald sie es sich leisten können, lieber mehr Fleisch essen, als darauf zu verzichten. Und deshalb steigt momentan leider weltweit der Fleischkonsum, erst recht, weil es so billig hergestellt wird. Den Preis zahlen andere, da Anbauflächen, Grundnahrungsmittel und Wasser fehlen, weil uns die Tierproduktion wichtiger ist. Musste mal gesagt werden.

Sogar der Dalai-Lama mag Fleisch. Wo sind unsere Vorbilder?

Wenn man nicht mehr weiterweiß, fragt man am besten mal die Großeltern. Die haben das, was aus 800 Studien über die letzten zwei Jahrzehnte in die Bewertung der WHO eingeflossen ist, bereits vor über 50 Jahren praktiziert. Einmal in der Woche gab es Fleisch. Den Sonntagsbraten. Oder Hühnchen. Und die Woche über galt: Kind, iss dein Gemüse!

Druck, lass nach

Wer von Ihnen kennt sein Sternzeichen?
Wer kennt seinen Blutdruck?
Wovon, glauben Sie, hängt Ihre Zukunft eher ab?

Ein Horrorszenario: Eine mysteriöse Krankheit breitet sich praktisch ungehindert aus, befällt jeden vierten Deutschen und ist tödlicher als Krebs, Aids und EHEC zusammen. Jeden Tag würde dieses Thema die Schlagzeilen beherrschen, jeden Tag würde gefordert, doch endlich ein passendes Medikament zu entwickeln – denn sobald es das gäbe, wäre der Killer Nummer eins besiegt.

Sprung in die Realität. Dieser Killer heißt Bluthochdruck, er tötet durch Herzinfarkt und Schlaganfall, er befällt jeden vierten Deutschen und breitet sich immer weiter aus – und absurderweise gibt es jede Menge wirksamer Medikamente, aber nur ein kleiner Teil der betroffenen Menschen wird ausreichend behandelt. Und das in einem der reichsten Länder der Welt. Bluthochdruck ist eine Erkrankung, die jeden treffen kann, der sich nicht bewegt und viel isst. Ich weiß, das ist keine Schlagzeile wert. Keiner will es mehr hören.

Deshalb möchte ich Ihnen etwas über Blutdruck jenseits der Mechanik erzählen – und es hat mit Psyche, Schmerz und Fakiren zu tun. Und wenn man das berücksichtigt, gelingt auch die Behandlung, die momentan versagt.

Dieses Phänomen nennen die Ärzte gerne «Non-Compliance» – auf gut Deutsch: Jeder Patient macht, was er will. Man könnte es auch mit zivilem Ungehorsam übersetzen. Aber abgesehen davon, dass die Ärzte ein Wort für dieses Verhalten kennen, bringt man uns wenig darüber bei. Vor allem hört und lernt man nicht, was man tun

könnte, um die Sicht des Patienten besser zu verstehen – denn sobald der aus der Tür ist, lebt er wieder in seiner Realität. Und die hat mit der Theorie und Praxis des Arztes sehr wenig zu tun.

Es wird geschätzt, dass die Hälfte aller verordneten und von der Gemeinschaft bezahlten Medikamente nie eingenommen wird – einer der teuersten Bestandteile unseres Hausmülls. Psychologen bezeichnen das als «kognitive Dissonanz» – wir denken gerne schlau und handeln dann doch blöd. Wir wissen, was wir tun sollten, aber tun es nicht.

Den Tübinger Psychologen Niels Birbaumer faszinierten schon lange die Möglichkeiten, Körperfunktionen durch Gedankenkraft zu beeinflussen. Das einfachste Beispiel zeigt, wie schnell man sich beruhigen kann, wenn man auf seinen Atem achtet. Auch an ein einfaches Gerät angeschlossen zu werden, das den eigenen Herzschlag anzeigt, beweist, dass wir «willentlich» unseren Puls rauf- und runterregeln können. Birbaumer testete auch die absoluten Meister der Selbstbeherrschung: Fakire. Wie können sie mit scheinbarer Leichtigkeit schmerzvolle Situationen aushalten? Sie regulieren ihren Blutdruck! Und zwar nach oben! Könnte es sein, dass der Bluthochdruck der Fakire eine zentrale Rolle für ihre Schmerzunempfindlichkeit spielt?

In Experimenten mit Bluthochdruckkranken und Blutdruckgesunden gelang Birbaumer der Beweis. Den Drucksensoren am Hals, den Barorezeptoren der Versuchsteilnehmer wurde über angelegte Halsmanschetten zunehmender Blutdruck vorgetäuscht; dabei sank die Schmerzempfindlichkeit der Bluthochdruckkranken im Vergleich zu den Blutdruckgesunden deutlich. So schaffen es Fakire, geduldig auf Nagelbrettern zu sitzen so wie viele Menschen heute in stundenlangen Meetings – die Verarbeitung unangenehmer Empfindungen wird weitgehend eingestellt. Dieselben Effekte zeigten sich auch durch blutdrucksteigernde Medikamente. In einer amerikanischen Untersuchung wurde festgestellt, dass das «emotional dampening», die gefühlsmäßige «Käseglocke», dazu führte, dass sich Hochdruckpatienten bei der Bewertung von Gesichtsausdrücken schwerer taten. Ein eindeutig ärgerlicher Mensch wurde von ihnen so eingeschätzt, als wolle er nur Spaß machen. Und dieser Verlust der menschlichen «Zwischentöne» fand sich sogar bei Textaufgaben. Die Hypertoniker lasen schlechter die Gefühle «zwischen den Zeilen».

Detlev Ganten, ein weltweit renommierter Pharmakologe, der sein Leben lang über die Hypertonie geforscht hat, sieht den Sinn dieser Regulation in der Evolutionsgeschichte. Wenn sich bei Stress und Gefahr der Blutdruck erhöht und der Schmerz reduziert, war auch bei einer Verletzung die Flucht noch möglich. Wenn alle Körperfunktionen dem Überlebenskampf untergeordnet wurden, waren die unsensibleren Vorfahren im Vorteil. Die genauen Mechanismen zwischen den Drucksensoren am Hals und den Belohnungs- und Druckzentren im Hirn werden noch intensiv erforscht, aber offenbar spielen die Endorphine, die körpereigenen Schmerz- und Glückshormone, eine Rolle. Ganten bringt es auf den Punkt: «Hochdruck macht euphorisch und ist viel zu schön, um ihn aufzugeben!»

Psychologische Studien zeigen, dass es nicht nur um körperliche Schmerzunempfindlichkeit geht, sondern auch die Seele durch Bluthochdruck «abstumpft». Negative Gefühle anderer werden weniger wahrgenommen. Und das erleben viele auch als angenehm; Bluthochdruck könnte also ein erlerntes Verhalten sein: Ich rege mich auf, empfinde dadurch weniger, gewöhne mich an das angenehm dumpfe Gefühl und finde Geschmack an diesem fatalen Kreislauf. Das würde erklären, warum so viele Menschen innerlich unter Druck stehen, aber nach außen hin so wirken, als könne kein Säbelzahntiger sie aus der Ruhe bringen. Büro-Fakire, wohin man schaut! Und wenn dann der Doktor droht, mit Tabletten den Druck zu senken, sträubt sich alles dagegen: Erstens fühle ich mich nicht krank, im Gegenteil. Zweitens machen mir die schlimmen Folgen in zehn oder 20 Jahren theoretisch Angst, aber ich lebe ja jetzt, und es ist bisher immer noch

gutgegangen. Und lieber steht mein Kreislaufsystem unter Druck und ich merke nichts davon, als dass ich mit einem normalisierten Blutdruck wieder mitbekomme, in welchem Hamsterrad ich eigentlich stecke. Plötzlich ist es gar nicht mehr so unvernünftig, seine Tabletten nicht zu nehmen, sondern eher ein Schutzreflex der Seele, die um ihren Panzer bangt.

Klar, die Hersteller von Medikamenten wollen Pillen verkaufen. Die neuen teuren noch lieber als die bewährten alten, die ohne Patente viel günstiger sind. Mit dem Hin- und Herschieben von Grenzwerten werden Menschen unnötig zu Patienten deklariert. Dennoch gilt: Wer seinen Bluthochdruck nicht durch Abnehmen und Bewegung in den Griff bekommt, profitiert von einer sinnvollen Medikation, statt weiter Fakir zu spielen und irgendwann umzufallen. Der Körper meint es gut mit uns, wenn er den Blutdruck hochschraubt, weil er glaubt, es ginge kurzfristig ums Überleben. Wenn wir langfristig überleben wollen, steuern wir besser gegen diese alte evolutionäre Mechanik. Unser Körper wird es uns danken.

Bridge Over Troubled Water

«Ich bin heute nicht aufgestanden,
um alles richtig zu machen.»
MARCO TSCHIRPKE

Die Golden Gate Bridge in San Francisco ist ein architektonisches Wunderwerk. Und ein magischer Ort – für Menschen, die ihr Leben beenden wollen.

Suizid ist bis heute ein Tabu. Dank besserer Aufklärung und Behandlung der zugrunde liegenden seelischen Erkrankungen ist die Anzahl der Suizide in den letzten 30 Jahren von circa 18000 auf 10000 gesunken, aber es bleibt eine Auswirkung der «bösartigen Traurigkeit», dass sie böse ausgeht. Sergeant Kevin Briggs war einer der Polizisten, die für die Golden Gate Bridge und damit auch für all jene zuständig waren, die dort auf der Schwelle standen. Seit seiner Pensionierung hält er Vorträge: «Der Mythos der Brücke besagt, dass man zwischen den Türmen in eine andere Dimension springen und alle Sorgen hinter sich lassen kann. Die Wahrheit: Alle Menschen, die wie durch ein Wunder überlebt haben, sagten, dass ihnen, eine Sekunde nachdem sie losgelassen hatten, klar wurde, dass es ein Fehler war. Heute sind sie heilfroh, dass sie gerettet wurden.»

Ein Depressiver will nicht sterben, er will nur so, wie sich sein Leben in diesem Moment für ihn darstellt, nicht weiterleben. Er will, dass die Zeit der Hoffnungslosigkeit, der Leere und der Selbstvorwürfe aufhört. Und er möchte, dass jemand zuhört, ohne zu sagen: «Reiß dich zusammen.» Wie sich eine Depression anfühlt, wissen nur die, die sie hatten, und «Zusammenreißen» wirkt nur bei den Menschen, die nicht an einer schweren Depression leiden.

A

Die Depression gehört zu den häufigsten und am meisten unterschätzten Erkrankungen. Insgesamt erleiden in Deutschland rund 4,9 Millionen Menschen jedes Jahr eine behandlungsbedürftige Depression, von denen allerdings nur ein Bruchteil eine optimale Behandlung erhält. Bei über der Hälfte der Patienten wird die Erkrankung nicht erkannt, oder Angehörige und auch die Hausärzte erkennen die Schwere nicht, oder die Patienten stellen die körperlichen Symptome in den Mittelpunkt. Selbst bei richtiger Diagnose werden unwirksame Therapien begonnen oder wirksame frühzeitig abgebrochen. Das Leiden für die Menschen und die Kosten für die Gesellschaft sind extrem hoch, weltweit, auch bei uns.

Gibt es heute mehr Depressive als früher? Wahrscheinlich nicht, die Zunahme in der Statistik beruht wohl darauf, dass früher eher andere Diagnosen gestellt wurden: Rückenschmerzen stand auf dem Krankenschein, obwohl die Seele schmerzte und in den Rücken ausstrahlte. Andererseits können gerade chronische Schmerzen Menschen auch mürbe und depressiv machen. Manchen Schmerzpatienten nützen auch Medikamente, die bei Depression helfen – es ist also wie immer wenig sinnvoll, so zwischen Leib und Seele zu trennen. In der öffentlichen Wahrnehmung ist ein gebrochener Arm aber immer ein besseres Gesprächsthema als ein Knacks in der Seele. Wobei *Burnout* wenigstens so klingt, als hätte man für etwas gebrannt. So populär der Begriff ist, so schwammig ist er in der Umschreibung, und letztlich geht es um die Symptome der Depression, die leichter oder schwerer sein können.

Woran liegt es, dass sich viele nicht zu einem Facharzt für Seelenheilkunde trauen? Unsere Klischees über die Psychiatrie halten sich hartnäckig, geprägt durch alte Filme wie *Einer flog über das Kuckucksnest*. Viele, die abfällig von «Klapse» und «Irrenhaus» reden, haben nie eine moderne psychiatrische Klinik von innen gesehen. Mein erstes Krankenpflegepraktikum machte ich auf einer psychiatrischen Aufnahmestation in der Nähe meiner ehemaligen Schule.

Und mein größtes Aha-Erlebnis bei den Aufnahmegesprächen hatte ich, wenn die Patienten ihre Adressen angaben. Mir wurde klar: Psychose, Depression, Sucht und Suizid sind häufig und treffen jede Gesellschaftsschicht in jedem Alter.

Ein zweites Aha kam, als ich merkte, dass viele Patienten sehr froh waren, dass es Menschen gab, die sich mit der Krankheit, die sie hatten, auskannten. Wenn man nicht mehr weiß, wo die eigenen Gedanken herkommen, muss sich das sehr bedrohlich anfühlen. Und dann ist es erleichternd, auf einen erfahrenen und zugewandten Menschen zu treffen, der einem vermittelt: «Sie sind nicht der Erste, das, was Sie haben, hatten wir hier schon öfter, es muss sich keiner dafür schämen, das lässt sich behandeln und geht wieder weg. Haben Sie Geduld.»

Sicher gibt es auch Aufnahmestationen, auf denen diese wichtigen menschlichen Begegnungen aufgrund von Personalknappheit, Überlastung und einem sehr stark biologisch geprägten Verständnis nicht stattfinden. Aber die meisten Psychiatrien sind deutlich besser als ihr Ruf – was bei so einem schlechten Ruf auch nicht wahnsinnig schwer ist.

Psychiater haben Medizin studiert, Psychologen Psychologie. Zur Diagnose sollte man selbstverständlich etwas vom Körper verstehen, denn auch eine Schilddrüsenerkrankung kann massiv unsere Stimmung verändern. In dem Fall sind die richtigen Schilddrüsenhormone vom Arzt wichtiger als Gespräche mit einem Psychologen. Aber für den größten Teil der Depressionen gibt es keinen Bluttest, kein Röntgenbild, das besser anzeigen könnte, was los ist, als ein mitfühlender Arzt.

Ich fand die Psychiatrie immer viel spannender als die Gastroenterologie, denn was Menschen in ihrem Innersten beschäftigt, lässt sich mit einem Gespräch oder mit einer Darmspiegelung herausfinden, je nachdem, wo man das Innerste vermutet. Eine der heißesten Thesen der letzten Jahre lautet, dass es zwischen Darm und Depression eine Verbindung gibt, dass Stoffe aus den Bakterien sich über das Blut bis ins Gehirn auswirken. Die Patienten, die «Ich fühle mich scheiße» sagen, haben das intuitiv vorweggenommen. Noch ergibt sich aus der Forschung keine Behandlung, aber spannend bleibt es. Vor allem, weil man für das Entstehen der Depression bis auf Verschiebungen in der Hirnchemie der Botenstoffe auch keine so richtig befriedigende Erklärung hat. Man kann mit Medikamenten versuchen, die Botenstoffe wieder ins Lot zu bringen. Je schwerer eine Depression, desto besser ist der Nutzen der Medikamente belegt.

Die Psychotherapie mit den besten Wirksamkeitsbelegen wiederum ist die sogenannte «Kognitive Verhaltenstherapie». Sie enthält Elemente wie Tagesstrukturierung (also das Achten auf ein gutes Verhältnis zwischen Pflichten und angenehmen Tätigkeiten), Beeinflussung negativer Denkautomatismen («Nicht alles, was ich mache, mache ich falsch») und das Trainieren von sozialen Fertigkeiten.

Seelische Ausnahmezustände gab es in der Menschheitsgeschichte schon immer, und jede Generation und jede Gesellschaft ging anders damit um. Solange es keine Erklärungen und auch keine wirksamen Behandlungen gab, blühten die magischen Deutungen: Wer Stimmen hörte, hatte Kontakt mit den Göttern oder anderen Dimensionen. Wer komplett den Antrieb verlor, war verflucht oder besessen. Und wer unter Krampfanfällen litt, hatte eine «heilige Krankheit». Psychisch Kranke wirken oft bedrohlich, weil wir sie nicht verstehen, und nicht, weil sie tatsächlich bedrohlich wären. Nur wenn ein «Verrückter» sich oder jemand anderem etwas antut, steht es in der Zeitung und verstärkt oft die Klischees, statt zur Aufklärung beizutragen.

Während körperliche Schmerzen oder Verdauungsprobleme Patienten schnell dazu bringen, einen Arzt aufzusuchen, sind depressive Patienten durch ihre Erkrankung oft nicht in der Lage, gut für sich zu sorgen und sich Hilfe zu holen. Als Angehöriger oder Freund ist die wichtigste Aufgabe, jemanden vor dieser Selbstaufgabe und

Laib und Seele gehören zusammen, zumindest in Süddeutschland.

den vernichtenden inneren Stimmen zu warnen. Diese kreisenden und abwertenden Gedanken werden lauter und schlimmer, je mehr man sich isoliert und sich ihnen überlässt. Deshalb gilt es immer wieder zu betonen: «Depression ist eine bekannte und häufige Erkrankung. Sie ist keine Charakterschwäche. Sie geht auch nicht rasch vorbei, indem man wartet und sich abschottet. Hol dir professionelle Hilfe, dann ist sie gut behandelbar. Es ist so, wie du es vielleicht schon mal beim Fliegen an einem trüben Tag erlebt hast: Sobald du durch die Wolken bist, ist die Sonne wieder da, auch wenn du sie vorher nicht sehen und spüren konntest.»

Auch sollte keiner Angst davor haben, das Thema Suizid anzusprechen: «Du machst einen verzweifelten Eindruck, ich mache mir Sorgen. Hast du finstere Gedanken, denkst du vielleicht sogar

A

daran, dir etwas anzutun? Hast du schon konkrete Pläne dazu? Hast du schon vor der Situation gestanden, sie umzusetzen?»

Das Schweigen zu brechen, hilft den Erkrankten oft, sich Hilfe zu holen und in den schlimmsten Phasen auch einen stationären Aufenthalt als Schutz vor der Selbstgefährdung zu überlegen. Ein großer Schritt war in Deutschland die Gründung der Telefonseelsorge, bei der seit 60 Jahren Tag und Nacht geschulte Ehrenamtliche erreichbar sind. «Sorgen kann man teilen» lautet das Motto. Da Jugendliche sich gerne anderen Jugendlichen anvertrauen, gibt es auch tolle Projekte wie «Freunde fürs Leben», die Gleichaltrige zu Beratern befähigen, die aufklären und zuhören.

Wieso lernen wir in Deutschland eigentlich so viel in der Schule, was man im Leben nie mehr braucht? Und so wenig über das, was einem garantiert einmal passieren wird, nämlich mit einem Menschen in einer akuten Krise zu reden? Ich habe in 13 Jahren Schule viel über Punische Kriege gehört, aber nichts über Panikattacken, Psychosen oder Depressionen. Langsam tut sich etwas: Die Initiative «Irrsinnig menschlich» schickt jeweils zwei Berater in Schulen und redet mit den Kindern oder Jugendlichen über alles, was sonst selten zur Sprache kommt. Der Clou: Einer der beiden Berater ist «Betroffener», der sich aber erst am Ende der Stunde offenbart. Und dann staunen erst einmal alle. Das Erlebnis, dass man sich mit jemandem, der schon mal in der Psychiatrie war, «ganz normal» unterhalten kann, bleibt in Erinnerung.

In Deutschland kann es skandalöse Wochen und Monate dauern, bis man einen Facharzttermin oder Therapieplatz bekommt. Inzwischen haben die Experten erkannt, welches Potenzial in der Online-Beratung und -Aufklärung steckt, gerade für Menschen, die sich schwertun, einen Arzt aufzusuchen und Hilfe zu holen. Klar ist die Online-Therapie kein Ersatz für eine echte menschliche Begegnung, aber manchmal besser als nichts. Sinnvoll erscheint mir die Kombination aus therapeutischer Betreuung und einer Vertiefung und Übungen, die online dazukommen. Bei alldem sollte der Körper nicht vergessen werden. Es ist nicht zu verstehen, warum jeder Orthopäde Massagen verordnen darf, aber die Psychiater nicht. Vielleicht gibt es ja bald auch Sauna auf Rezept! Denn dass die bei mild Depressiven einen stimmungsaufhellenden Effekt hat, wurde kürzlich zum ersten Mal untersucht. Noch besser wirkt, selbst ins Schwitzen zu kommen. Wer Sport macht, denkt meist an die Herzgesundheit, aber wahrscheinlich ist die Wirkung auf die positive Stimmung mindestens genauso wichtig und wirkt dann wiederum günstig auf das Herz. Wer richtig depressiv ist, tut sich krankheitsbedingt schwer damit, sich viel zu bewegen, aber wer es tut, dem tut es gut. Eine Langzeitstudie über 50 Jahre zeigte, dass in jedem Lebensjahrzehnt gilt: mehr Bewegung, weniger Depression.

Ulrich Hegerl, der die Stiftung Deutsche Depressionshilfe leitet, versucht seit Jahren, das Verständnis dafür zu fördern, dass Depressive nicht, wie man meinen könnte, schlapp und schläfrig sind: «Depressiv Erkrankte sind innerlich angespannt, erschöpft, sie finden nur schwer Schlaf, fühlen sich wie ‹permanent vor einer Prüfung›, und alles, was sie machen, erfolgt wie gegen einen bleiernen Widerstand. Auch Puls und Stresshormone sind oft erhöht. Die Erschöpfung gaukelt einem vor, man müsse sich ausruhen und sich mal richtig ausschlafen. In Wirklichkeit ist die Stimmung nach dem Schlaf bei vielen Betroffenen schlechter, bessert sich dagegen schlagartig, wenn die Patienten einmal die Nacht über aufbleiben. Die Menschen sind oft überrascht, dass ihre oft seit Monaten bestehende Depression allein durch einen Schlafentzug durchbrochen wurde. Wir forschen gerade daran, ob auch eine App hilft, zu günstigeren Schlafgewohnheiten zu kommen.»

Vielleicht hilft auch schon, dafür einen guten deutschen Namen zu finden. Momentan heißt das Programm noch englisch-kämpferisch: *I fight depression*. Eins ist aber jetzt schon klar: Der Kampf lohnt sich.

Expressives Schreiben

Sich etwas von der Seele zu schreiben, funktioniert erstaunlich gut. Die Idee für das «Expressive Schreiben» stammt von James Pennebaker. Fünf Tage lang schreibt man konzentriert jeden Tag 15 Minuten lang über ein Ereignis - nicht über das schönste Ferienerlebnis, im Gegenteil: Man bringt das Blödeste, Schmerzhafteste, Ärgerlichste zu Papier, was einem jemals passiert ist. Wichtig dabei ist, einfach draufloszuschreiben, ohne groß nachzudenken. Es gibt kein richtig oder falsch. Hauptsache, es fließt.

Nach der Viertelstunde müssen Sie dann wirklich aufhören und sollten nicht weitergrübeln oder -schreiben. Morgen ist auch noch ein Tag. Dann erzählen Sie dieselbe Geschichte neu und von vorn. Denn sie wird sich durch das Aufschreiben verändern, von Version zu Version. Was das bringt? Die expressiven Schreiber werden nachweislich weniger depressiv, gehen seltener zum Arzt und stärken ihr Immunsystem. Und das nur mit Hilfe von Papier und Bleistift! Warum es wirkt? Vor dem Aufschreiben belastet uns ein Ereignis oft in diffusen Bildern, die immer wieder chaotisch im Kopf auftauchen. Durch das Schreiben geben wir ihnen eine Form. Wir machen sie beherrschbar und beginnen, einen Sinn darin zu sehen. Besonders heilsam sind Texte, die Ursache, Wirkung und Verstehen signalisieren. Offenbar wird durch die schriftliche Wiederholung eine neue Sichtweise geübt. (Übrigens: Expressives Schreiben ist etwas anderes als exzessives Simsen!) Wenn Sie Spaß daran haben, den Seelenmüll nicht nur auf Papier zu bringen, sondern richtig loszuwerden, können Sie am Ende noch mit den Blättern ein kleines Ritual durchführen. Sie zerreißen die Zettel in kleine Stücke und verbrennen das Ganze. Und während Sie dem Rauch hinterherschauen, lassen Sie die ganze ärgerliche Geschichte los. Hilft wirklich. Solange Sie sich nicht die Finger verbrennen.

Unterschätztes Wundermittel Händewaschen

«Es ist ein Jammer, dass die Dummköpfe selbstsicher
sind und die Klugen voller Zweifel.»
BERTRAND RUSSELL

Seit 2008 findet immer am 15. Oktober der Internationale Hände-
waschtag statt. Man sagt zwar oft: «Eine Hand wäscht die andere»,
aber offenbar beziehen die wenigsten das auch auf sich. Laut einer
britischen Studie wuschen sich auf einer Autobahntoilette nur zwei
von drei Frauen und einer von drei Männern die Hände. Da reicht
die private Statistik. Männer sind gerne effizient und denken sich,
warum wegen zwei Fingern die ganze Hand nass machen. Zum
Glück steigen die Schmutzfinken dann in ihr eigenes Auto, zumeist
ohne jemandem vorher die Hand zu schütteln.

Händewaschen wird trotz des lebensrettenden Potenzials viel
zu wenig praktiziert, obwohl geschätzte 85 Prozent aller Anste-
ckungen durch simples Händeschütteln erfolgen. Waschen allein
genügt nicht, man muss auch ab und zu das Wasser wechseln. Was
wir uns alles ersparen könnten: Durchfallerkrankungen zu mehr
als 40 Prozent und Atemwegsinfektionen zu beinahe 25 Prozent.
Kein Medikament, das Sie in der Apotheke kaufen können, ist annähernd so effektiv. Sie haben Ihre Gesundheit in der Hand. Und auch
viele Krankheitserreger von anderen. Oder für andere. 30 Sekunden mehrmals am Tag sollten einem die ersparten fünf Tage im Bett
mit Grippe oder Magen-Darm wert sein. Am besten nicht nur vor
dem Essen, sondern auch jedes Mal, wenn man aus öffentlichen Verkehrsmitteln an den Arbeitsplatz oder nach Hause kommt. Gedruck-
tes Papier ist übrigens keimfrei. Also bis eben.

Ärzte können Herzen transplantieren, abgetrennte Gliedmaßen wieder annähen und fiese Schmerzen lindern – nur mit dem regelmäßigen Händewaschen haben sie bis heute ihre Probleme. Außer es guckt gerade jemand. Wer Arztserien schaut, kennt das: Vor einer Operation schrubben sich die Chirurgen die Hände und lassen sich dann mit erhobenen Handflächen keim- und berührungsfrei die Handschuhe von der Schwester anreichen. Dieses Ritual hat etwas Magisches und ist gleichzeitig höchst sinnvoll, denn die Hände sind die häufigste Quelle von fiesen Bakterien und Viren.

Kennen Sie den Semmelweis-Reflex? Das ist keine Weißmehlbrötchen-Unverträglichkeit. Gemeint ist der Reflex, mit dem neue Ideen mitsamt ihren Ideengebern rundweg abgelehnt werden, meist mit dem Argument: «Quatsch, das haben wir schon immer so gemacht.» Der historische Namensgeber ist Ignaz Semmelweis. Den ungarischen Frauenarzt beunruhigte, dass Frauen im Kindbett häufiger starben, wenn sie mit Ärzten oder Medizinstudenten Kontakt hatten, nicht aber nach Kontakt mit Hebammen. Semmelweis war entschlossen, den Grund dafür herauszufinden, doch gerade durch seine intensiveren Untersuchungen stieg die Zahl der Todesfälle noch weiter an, sodass werdende Mütter sich schließlich weigerten, in seine Abteilung verlegt zu werden. Die weibliche Intuition ahnte lange vor der Wissenschaft, dass es einen ursächlichen Zusammenhang geben musste. Semmelweis nahm die Sorgen ernst und bemühte sich um Hygiene, obwohl zu seiner Zeit Bakterien als Krankheitsverursacher nicht bekannt waren.

Durch simple Händedesinfektion mit Chlorkalk sank 1848 die Sterblichkeit der Frauen und Kinder dramatisch. Dennoch wollten andere Ärzte lange nichts von Semmelweis' Entdeckung wissen. Für sie war der Gedanke, nicht nur Heils-, sondern auch Unheilsbringer zu sein, unerträglich. Der Mann, der vor über 150 Jahren mit der simplen Säuberung der Hände zum Retter der Säuglinge und Mütter wurde, hat zu Lebzeiten nie eine Anerkennung bekommen, stattdes-

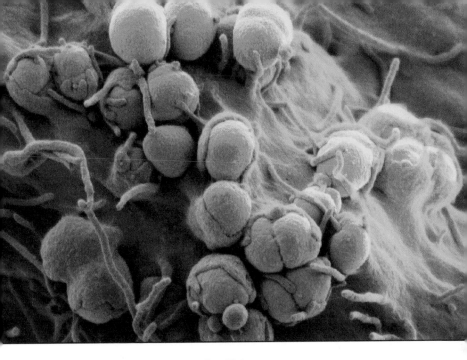

Lieber unter dem Mikroskop als unter der Gürtellinie.

Nur einen tausendstel Millimeter groß sind die hier rot eingefärbten Neisseria-Bakterien. Die auch als Gonokokken bekannten Erreger verursachen die Geschlechtskrankheit Tripper. Die Bakterien lagern sich an die Schleimhautzellen an und werden von diesen aufgenommen – deutlich ist hier zu sehen, wie sich die Zellmembran über einigen der Gonokokken bereits wieder schließt.

sen erntete er nur Spott und Hohn. Hygiene galt als Zeitverschwendung und unvereinbar mit den geltenden Theorien über Krankheitsursachen. Es dauerte über 20 Jahre, bis eine neue Generation von Medizinern begriff und anfing, sich vor dem Kontakt mit Patienten die Hände zu säubern. Bis heute keine Selbstverständlichkeit.

Noch unbegreiflicher als diese zwanzigjährige Semmelweis-Reflex-Starre erscheint mir, dass eine weitere offensichtliche Infektionsquelle erst 2014 ernsthaft unter die Lupe genommen wurde: die Stethoskope. Seit jeher Insignie der Zunft, zum Abhören von Herz, Lunge und Darmbewegung unerlässlich, und seit dem Erfolg

amerikanischer Krankenhausserien trägt auch der deutsche Nach-wuchs-Clooney die Dinger lässig um den Hals baumelnd statt ver-knäult in der Kitteltasche. Für die aktuelle Studie einer Schweizer Uniklinik nahm man, nachdem ein Patient gründlich untersucht worden war, Abstriche sowohl von den ärztlichen Händen als auch von den Kontaktflächen der Stethoskope. Überraschung: Auf beiden tummelten sich dieselben Keime, darunter auch die ganz gefährli-chen, gegen die weder Unkraut noch Antibiotikum gewachsen sind. Hinter vorgehaltener Hand gaben auch praktisch alle praktizieren-den Ärzte zu, sich zwar öfter am Tag die Hände zu waschen – eine Hand die andere –, aber um das kontinuierlich kontaminierte Ste-thoskop kümmerte man sich nur gelegentlich bis gar nicht. Dabei war das Abhörinstrument extra dafür erdacht worden, nicht mehr direkt mit dem Ohr auf dem Patienten liegen zu müssen, sondern etwas mehr Distanz zu pflegen.

Aber natürlich bleibt es bei reichlich Hautkontakt mit vielen Pa-tienten und ihren Mitbewohnern. Auf Intensivstationen ist es schon Usus, dass zu jedem Patienten auch ein Stethoskop gehört, was dann alle Untersucher benutzen, wobei es einem als Arzt viel unhygieni-scher vorkommt, sich das Ohrenschmalz des Kollegen in den eige-nen Gehörgang zu schieben, als unsichtbare Keime auf Patienten zu übertragen. Aber wann saubere Stethoskope auch für andere Patien-ten Standard werden, bevor oder damit sie nicht auf der Intensivsta-tion landen, steht noch in den Sternen. Aus meiner Zeit in einem englischen Lehrkrankenhaus erinnere ich mich noch, wie mich ein Oberarzt testete: «Was ist der wichtigste Teil des Stethoskops?» Und nachdem ich keine gute Antwort fand, löste er lachend das Rätsel: «Der Teil zwischen den Ohrenstöpseln!»

Warum rauchst du eigentlich?

Das Rauchen würde nur halb so viel Spaß machen,
wenn es gesund wäre.

Warum ich die Sendung *Frag doch mal die Maus* so mag? Dort erlebe ich jedes Mal im Studio Kinder, die wirklich etwas wissen wollen, die neugierig sind und Fragen stellen. Ich habe einmal Eric Kandel treffen dürfen, Medizin-Nobelpreisträger, einer der genialsten Gedächtnisforscher und inzwischen über 80 Jahre alt. Er wurde in Wien geboren und musste wegen seiner jüdischen Herkunft emigrieren. Im Interview verriet er sein Erfolgsgeheimnis: «Während die anderen Kinder beim Mittagessen immer gefragt wurden, was sie denn heute in der Schule gelernt haben, wollte man von mir wissen: Was hast du heute in der Schule für eine Frage gestellt?»

Das Geheimnis von weisen Menschen ist, dass sie sich diese kindliche Art, alles immer wieder in Frage zu stellen, bewahrt haben. Und wenn uns ein Kind anschaut und fragt: «Warum bist du eigentlich so dick?», «Warum lachst du so wenig?» oder «Warum rauchst du eigentlich, das stinkt doch?», dann fällt es uns viel schwerer, von Stoffwechsel, Stress im Job oder Genussrauchen zu schwadronieren – wir sind einfach entwaffnet.

Tatsache ist, dass der Verzicht auf das Rauchen die größte Wirkung auf Lebenserwartung und -qualität hat. Tatsache ist auch, dass es mit Vernunft nichts zu tun hat, ob man raucht oder nicht. Und Tatsache ist auch, dass die ganzen Warnhinweise auf Schachteln nur dazu führen, dass die Leute sich einen Überzug für die Schachtel kaufen, um die schlimmen Fotos nicht mehr sehen zu müssen. Wie reagieren wir, wenn man uns bedroht? Wir ändern unser Verhalten

nicht. Wir stecken den Kopf in den Sand oder die Schachtel in die Hülle. Oder beides. Und zwischendurch auch noch eine Zigarette in den Mund, denn die beruhigt uns, wenn wir Angst haben. Am besten raucht man mit anderen, denn gemeinsame Gefahr schweißt Menschen außerordentlich fest zusammen. Langfristig wird oft aus Angst und ewiger Rechtfertigung auch noch Trotz. Statt «Okay, überzeugt, ich höre auf» sagt die innere Stimme: «Die können mich alle mal». Es fehlen Belege, dass durch Abschreckung Raucher tatsächlich nicht nur aufgeschreckt, sondern auch langfristig abgehalten werden.

Eine sehr erhellende Studie im *Journal of Health Psychology* untersuchte, was auf Zigarettenschachteln mehr bewirken könnte. Die Forscher dachten um die Ecke und wählten Fragen statt Aussagen, also nicht «Rauchen macht Krebs und führt im Winter zum Erfrieren auf dem Balkon!», sondern: «Was glauben Sie, macht Rauchen mit Ihrer Lunge?» Statt Information ein In-Frage-Stellen, die Menschen in ihren Zweifeln ernst nehmen, statt sie wie kleine Kinder zu behandeln. Oberstübchen statt Oberlehrer. Das Resultat bei langzeitrauchenden Studenten der Universität des Saarlands: Die Risikowahrnehmung stieg durch die Fragen deutlich höher als durch drastische Grafiken oder Aussagen. Fragen waren sogar wirksamer als die Kontrollschachteln, auf denen gar nichts stand. Gegen Argumente von außen setzen wir uns innerlich zur Wehr. Wenn wir aber durch Fragen Ideen aus uns heraus entwickeln, fehlt diese Abwehrreaktion; eigentlich sehr menschlich und plausibel. Jetzt frage ich mich nur: Wenn diese Studie in Gemeinschaft mit Universitäten in Luxemburg und den Niederlanden gemacht wurde, warum ist es nicht gelungen, diese Erkenntnis auch noch bis nach Brüssel zu transportieren, wo gerade nach jahrelangen Debatten eine neue Abschreckungsstrategie beschlossen wurde, die längst als unwirksam bekannt ist?

In meiner Studienzeit spielte ich in einer Improvisationstheatergruppe; wir übten, darauf zu vertrauen, dass uns immer etwas einfällt. Da ich kein Auto hatte, nahm mich die Kursleiterin in ihrem mit, was ich sehr bald bereute. Sie war Kettenraucherin und rauchte bei geschlossenem Fenster auf der Autobahn. Aber wozu mir tatsächlich trotz Trainings nichts mehr einfiel: Während sie uns vollqualmte, erzählte sie mir stolz, dass sie ihren Radiowecker aus dem Schlafzimmer entfernt habe. Man wisse ja, dass Elektrosmog eine schleichende Gefahr darstelle und nicht zu unterschätzen sei!

Raucher vernebeln gerne ihre Risikowahrnehmung und halten sich an Helmut Schmidt, der geraucht hat, bis er mit 96 starb. Wobei natürlich keiner weiß, ob er vielleicht 120 geworden wäre, hätte er nicht geraucht. Spitzenpolitiker wird man nur, wenn man schon in jungen Jahren bewiesen hat, dass man extrem stressresistent ist, trotz Schlafmangels gute Reden hält und mit Wodka und Zigaretten nachts Einigungen erzielen kann, die tagsüber nie möglich gewesen wären. Deshalb ist es nicht erstaunlich, wenn ein Politiker trotz Zigaretten alt wird. Alle Raucher kennen jemanden, der über 80 wurde und rauchte. Aber viele kennen denselben. Die meisten Raucher werden nicht alt. Sie sehen nur so aus.

Während meines Krankenpflegepraktikums wunderte ich mich anfangs: Warum rauchen die meisten Krankenschwestern einer chirurgischen Station, obwohl sie jeden Tag sehen, was Rauchen dem Körper abverlangt? Nach einigen Diensten wurde mir klar: Es ist Selbstschutz. Wenn man den ganzen Tag zwischen den Zimmern hin und her rennt, will man eine kleine Pause im Schwesternzimmer auch genießen. Und dazu brauchte es eine Zigarette, denn wenn mehrere um den Tisch saßen und ein Patient die Klingel betätigte, gingen stumme Blicke in die Runde. Wer muss aufspringen und laufen? Es war so ein bisschen wie Reise nach Jerusalem andersherum. Wer als Erster seinen Stuhl aufgab, hatte verloren. Sehr schnell einigte sich die Runde auf denjenigen, der ganz unten in der strengen Hierarchie des Krankenhauses stand – der Pflegepraktikant, also ich. Aber es wurde freundlich gefragt: «Du, Eckart, kannst du mal eben

gehen, du siehst ja, ich rauche gerade.» Was hätte ich da sagen sollen? «Du, Erika, ich weiß, das sieht man nicht so deutlich – aber ich atme gerade.» Nein, das habe ich nicht gesagt, sondern bin gelaufen. Erst später lernte ich die zweite goldene Regel des Schwesternzimmers: «Solange der Patient klingeln kann, ist es nichts Ernstes.»

Inzwischen darf man in Krankenhäusern nicht mehr rauchen. Wird weniger geraucht? Ich glaube nicht. Es wird nur länger Pause gemacht, denn jetzt muss man ja erst den ganzen Weg aus dem Gebäude zu den Raucherecken zurücklegen. Und da bekommt man von der Klingel erst recht nichts mehr mit.

Ich finde es immer spannend zu sehen, wie ein bestimmtes Verhalten aufrechterhalten wird, und was es so schwer macht, Dinge zu ändern, die einem offensichtlich nicht guttun. Ich rauche nicht, und ich habe nie geraucht. Ich bilde mir darauf auch nichts ein, weil ich es leichthatte. Meine Eltern rauchten beide nicht, meine Geschwister nicht, und in der Schule war ich so uncool, dass mir klar war, dass ich selbst mit einer Schachtel am Tag nicht den Sprung zu den Coolen schaffen würde – also ließ ich es gleich bleiben.

Meine Tante rauchte, ich habe im Urlaub mal an ihrer Zigarette gezogen und nicht verstanden, was daran so reizvoll sein sollte. Raucher sagen gerne, sie rauchen, «weil es so gut schmeckt». Hat die erste Zigarette geschmeckt? Mal ehrlich, Sie haben gehustet, Ihr Kreislauf spielte verrückt, Ihnen war kotzübel – der ganze Körper sendete eine klare Botschaft: Das ist kein Genuss, das ist Gift. Aber man gewöhnt sich an vieles. Und irgendwann schmeckt es einem wahrscheinlich auch.

Ich glaube, dass Raucher einen Effekt nutzen, der gar nichts mit der Zigarette zu tun hat – wie die Krankenschwestern. Wer eine Zigarettenpause macht, hat Bewegung, Unterbrechung seiner oft stressigen Tätigkeit, sozialen Kontakt und frische Luft. Das einzig Schädliche ist die Zigarette, alles andere würde jedem Nichtraucher auch guttun. Aber einer muss die Arbeit ja machen.

So wie in jedem Indianerfilm wichtige Botschaften mittels Rauchzeichen gesendet werden, so senden auch Raucher ein enorm wichtiges soziales Signal: Ich rauche gerade, bitte störe mich nicht. Jeder braucht mal Abstand und Ruhe. Aber wie zeigt man das ohne Zigarette?

Auf einer Party kann ein kleiner Glimmstängel auf dem Balkon einen großen Unterschied machen. Ohne bist du der Depp, der Kontaktgestörte, der Einsame. Sobald du eine Zigarette in der Hand hast, bist du der Philosoph! Du bist derjenige, der sich selbst, um seine Gedanken zu ordnen, eine kleine Pause verordnet hat.

Wie viel weniger Fortpflanzung hätte auf diesem Planeten stattgefunden ohne den magischen ersten Satz: «Haste mal Feuer?» Was sagst du da als Nichtraucher? «Nein, ich habe zwar kein Feuerzeug, wäre aber an einem Flirt dennoch interessiert»?

Immerhin hat das Rauchen in den letzten Jahren an Reiz verloren, es rauchen in Deutschland weniger Menschen als noch vor 20 Jahren. Doch viel einfacher als aufzuhören, ist, gar nicht erst anzufangen.

Achtzig Prozent aller Raucher haben ihre erste Zigarette vor dem achtzehnten Lebensjahr geraucht. Die Zigarettenindustrie weiß um diese labile Einstiegsphase und startete vor einiger Zeit eine Plakatkampagne, die an Falschheit und Hinterlist nicht zu überbieten war. Vordergründig lautete der Slogan: «Ich kann warten. Zigaretten rauchen erst ab 18!» Diese Kampagne steigerte unter jungen Menschen nachweislich das Risiko, sofort oder später zu rauchen, denn unterschwellig kam eine andere Botschaft an: «Da gibt es etwas, auf das es sich lohnt zu warten, und clever, wie du bist, kommst du auch schon früher dran!» Verbot, Aufschub und Gefahr machen erst interessant.

Ärzte und Verhaltenstherapeuten bieten wirksame Programme an, die in der Kombination mit gesunden Gedanken, Übungen, Nikotinpflastern und gegebenenfalls auch Medikamenten helfen, die entscheidenden Monate durchzuhalten, bis sich das Gehirn entwöhnt hat. Ein weiterer Tipp, der vielen geholfen hat: das Geld, das man als Nichtraucher nicht mehr für das Rauchen ausgibt, zu sammeln und sich damit etwas Tolles zu gönnen. Allein die Erkenntnis, wie viel Geld jede Woche zusammenkommt, motiviert, bei der Stange zu bleiben. Sie wissen schon, wie ich das meine.

Und wer noch mehr finanzielle Motivation braucht: Wer früher stirbt, ist länger günstig. Zyniker rechnen gerne vor, dass Raucher dem Gesundheitssystem unterm Strich Geld bringen. Der Raucher zahlt lange in die Sozialsysteme ein, und im günstigen Fall stirbt er rasch an einem Herzinfarkt. Die Krebsbehandlung ist etwas teurer, aber auch dann gilt: All die Kosten für die langen und teuren Renten- und Pflegejahre ruft der Raucher nicht mehr ab. Die schenkt er der Gemeinschaft. Warum schreibt man das nicht auf die Schachtel?

«Nichtrauchen gefährdet das Gesundheitswesen. Bitte rauchen Sie weiter!»

«Ruinieren Sie sich, nicht die Krankenkasse!»

«Wer früher stirbt, ist länger tot. Die Krankenkassen sagen: Danke, dass Sie rauchen!»

Ich wette, viele würden aus Trotz sofort aufhören. Einen Versuch wäre es wert.

Viel wirkungsvoller wäre aber eine weitere Erhöhung der Tabaksteuer. Jugendliche reagieren nämlich besonders stark auf Preisänderungen, erklären Verhaltensökonomen. Dadurch würden auch diejenigen in die öffentlichen Kassen einzahlen, die später die Kosten verursachen. Allein die jährlich direkt durch das Rauchen verursachten Kosten von mehr als 34 Milliarden Euro liegen deutlich höher als die Tabaksteuereinnahmen von 14 Milliarden Euro pro Jahr, fand Wirtschaftswissenschaftler Tobias Effertz von der Universität Hamburg heraus. Und wenn man dann noch indirekte Kosten durch Arbeitslosigkeit, Arbeitsunfähigkeit und Erwerbsminderung einbezieht, kostet die Schachtel plötzlich 12 Euro. Da kann man sich dann auch die Bildchen sparen. Der Preis wäre Abschreckung genug.

Wahre Wunder

Als mein Opa gestorben ist und ich es erfahren habe, ist die Uhr genau in diesem Moment stehengeblieben.

Meine sonst häusliche Katze war für sieben Wochen weg. Ich hatte die Hoffnung aufgegeben. An dem Tag, als ich das letzte Katzenfutter verschenkt hatte, kam sie wieder.

Als ich eine neue EC-Karte bekam, stellten mein Mann und ich fest, dass wir die gleiche Geheimzahl haben.

Ich habe verschlafen und bin ausnahmsweise einen anderen Weg zur Uni gegangen. Da habe ich einen 10-Euro-Schein auf der Straße gefunden, an dem die anderen 5 000 Studenten vorbeigelaufen sind.

Ich war schon klinisch tot, wurde mit dem Defi wiederbelebt. Beim zwölften Versuch hat es funktioniert.

Ein Leberfleck sollte operiert werden, kurz vor dem OP-Termin war er verschwunden.

Als Kind hatte ich mal eine Kirsche verschluckt. Zufällig kam ein paar Tage zuvor im Fernsehen eine Sendung, in der meine Mutter den «Heimlichgriff» sah. So konnte meine Mutter mir das Leben retten.

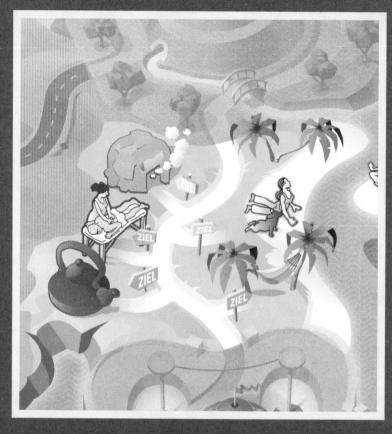

° Markt der Möglichkeiten °

Kapitel 6

KLEINE WUNDER DREIMAL TÄGLICH

Holen Sie sich die Magie zurück ins Leben! Zu Forschungs-
zwecken wurde sie aus der Medizin entfernt – und man hat
vergessen, sie am Ende der Studien wieder zu integrieren.
Medizin ist Heilkunst und nicht nur Wissenschaft. Und das
Leben ist viel mehr als Medizin! Das größte Wundermittel
sind die kleinen Dinge des Alltags, was wir denken, tun
und lassen. Unser Lebensstil kann mehr bewirken als alle
Ärzte zusammen. Deshalb geht es jetzt darum, wie Sie sich
gesunde Gewohnheiten angewöhnen können. Und warum
der innere Schweinehund ausgepeitscht werden will. Wie
können Sie freudvoll genießen und Kräfte sammeln, um
Krisen besser zu überstehen? Für jeden Tag finden Sie
hoffentlich etwas Brauchbares unter den vielen praktischen
Anregungen, sein Leben zu verlängern, zu vertiefen oder
zu intensivieren. Von der Bettkante über das Berühren,
Tanzen und Trinken bis zum Verschieben der Obstschale:
Mit kleinen Veränderungen lässt sich Großes erreichen.

Der innere Schweinehund ist Masochist!

Heute könnte ich Bäume ausreißen. Also kleine
Bäume. Vielleicht einen Gummibaum. Oder Gras.
Gras geht ganz sicher!

Kennen Sie den Scheinriesen aus dem Kinderbuch *Jim Knopf und Lukas der Lokomotivführer*? Der Scheinriese wirkt aus der Ferne größer und ist sehr einsam, weil sich keiner an ihn herantraut. Genauso stelle ich mir den inneren Schweinehund vor. Ich glaube, er existiert in seiner lähmenden Macht vor allem in unserer Phantasie. Wir lassen uns zum Beispiel von ihm einflüstern, dass wir, wenn wir Sport treiben, erschöpft sind, wenn wir zwei Drittel unseres Pensums erfüllt haben. Die Psychologin Ellen Langer wollte das nicht glauben und ließ Gruppen unterschiedlich viele Hampelmänner vorturnen. Siehe da: Wer zwölf machen sollte, war nach acht schon erschöpft. Wenn das Ziel aber 30 Wiederholungen waren, gingen die ersten 20 locker vom Hocker, und das letzte Drittel blieb das schwerste. Der Schweinehund ist also gar nicht taub, er hört genau zu, was die Vorgaben sind, und schaltet sich erst dann ein.

Wenn wir immer von «Selbstüberwindung» sprechen, bauen sich allein durch den Begriff vor unserem inneren Auge schon die unüberwindlichen Hindernisse auf. Auch wer immer nur das Ziel vor Augen hat, ermüdet vor der Umsetzung. Günstiger ist es, gleich in einem Schritt den Wunsch, das Ziel, die Hindernisse und den konkreten Plan zu durchdenken, also Zukunft und Realität zu verbinden. Und das geht.

Auf drei sportliche Leistungen in meinem Leben bin ich stolz. Beim Mallorca-Marathon zehn Kilometer am Stück gerannt zu sein. 3,5 Kilometer durch den Müggelsee in Berlin geschwommen zu sein. Auch am Stück. Was bleibt einem im Wasser auch anderes übrig? Und einmal bei den Bundesjugendspielen den stärksten Jungen der Klasse, Alexander Jäckel, in einer Art spontaner Judoperformance aufs Kreuz gelegt zu haben. Was ihn überrascht hat, aber mich noch viel mehr, denn ich kann gar kein Judo. Dafür gab es keine Siegerurkunde, aber die Anerkennung von allen anderen Jungs der Klasse, und das zählte viel mehr.

Was war bei allen drei Anläufen der Trick? Es ist viel leichter, sich aufzuraffen, wenn es ein Ziel und soziale Unterstützung gibt: Dann wächst man über sich hinaus und kann mehr, als man sich zugetraut hätte. Es ist leichter, seinen Schweinehund zu überwinden, wenn andere mitziehen oder es mitbekommen. Und es ist schwer, den Impuls aufrechtzuerhalten, wenn der Sport keine Routine wird. Seit ich auf Tour mit einem großen Truck voller Lautsprecher und Zeug unterwegs bin, habe ich mir gewünscht, auch eine Tischtennisplatte mitzunehmen. Und so spielen mein Pianist, mein Tourbegleiter und alle, die gerade Lust und Zeit haben, eine kleine Runde vor der Show. Natürlich haben alle die Anweisung, nicht besser zu spielen als ich, aber da hält sich keiner dran. Dass wir nun regelmäßig spielen, klappt, weil wir dafür nicht extra in einen Verein eintreten oder einen Termin machen müssen – der Sport ist integriert in das, was sowieso ansteht. Und so wird er zu einer schönen Gewohnheit.

Tischtennis haben sehr viele schon mal in ihrem Leben gespielt, doch irgendwann ist es bei den meisten eingeschlafen. Das ist schade. Es gibt überall Tischtennisvereine, öffentliche Spielplätze und Keller, wo eine Platte nur darauf wartet, entstaubt zu werden. Pingpong hält jung im Kopf, weil es eine schnelle Reaktion, räumliches Denken und die Augen-Hand-Koordination übt. Gut, das würden auch die Vertreter des Schachsports für sich beanspruchen – ist aber was anderes.

Jetzt verrate ich Ihnen noch einen Motivationstrick der Psycho-

logen: Sagen Sie «du» zu sich selbst! Klingt wie der alte Witz, in dem ein Deutscher einem Engländer sagt: «You can say you to me!» Aber da ist was dran. 96 Prozent der Erwachsenen führen Selbstgespräche, meistens im Stillen. Mit wem die restlichen 4 Prozent reden, wenn schon nicht mit sich, weiß ich nicht. Macht es für die Motivation einen Unterschied, ob ich in der zweiten oder ersten Person mit mir spreche – mich also duze oder ichze?

Ja! Wer sich von «außen» anfeuert, schnitt in einem Experiment nicht nur besser beim Problemlösen ab, sondern war auch stärker motiviert, seinen inneren Schweinehund zu überwinden. Man darf nur nicht durcheinanderkommen und sich innerlich anbrüllen: «Mann, jetzt reiß mich zusammen!»

Woran könnte es liegen, dass wir uns mit «du» mehr anstrengen als mit «ich»? Logisch – an der Kindheit. Denn damals wurde uns Disziplin von außen antrainiert: Immer wenn wir Mist gebaut hatten, hieß es «Du, du, du!». Nach Meinung der Psychologen verinnerlichen wir das mit der Zeit und fühlen uns folglich von uns selbst mehr angesprochen, wenn wir Distanz zu uns aufbauen.

Um Sport zu machen, ist es nie zu spät. In einem Altersheim wurde Krafttraining angeboten. Und ein Jahr später waren 15 Prozent der Bewohner nicht mehr da. Hatten die sich überanstrengt? Nein, die waren wieder nach Hause gezogen, weil sie merkten, dass sie mit ein bisschen mehr Kraft und Beweglichkeit doch noch allein klarkamen.

Kinder lernen Ausdauer und Koordination heute am Bildschirm beim Ballern. Aber wenn man sie auf einen Baumstamm stellt, sind viele mit der Balance überfordert. Jede dritte Sportstunde fällt in Deutschland aus. Öffentliche Schwimmbäder werden geschlossen. Innerstädtische Sportplätze vergammeln oder werden meistbietend bebaut. Am besten gleich in ein Parkhaus umgewandelt, damit die Menschen vom Auto zur Arbeit nicht so weit laufen müssen. Wir sitzen uns zu Tode.

Endlich erwischt: die äußeren Eltern des inneren Schweinehundes.

Die frohe Botschaft aus der Medizin lautet: Es ist die Summe der kleinen Bewegungen über den Tag verteilt, auf die Sie sich stürzen und stützen können – ein Stehpult bei der Computerarbeit oder beim Telefonieren. Warum heißen Mobiltelefone so? Weil man beim Telefonieren mobil sein kann. Wenn ich einen Anruf bekomme und weiß, das dauert ein bisschen, ich muss mir nichts notieren, sondern kann frei reden, habe ich es mir zur Angewohnheit gemacht, dabei einmal um den Block zu laufen. Es gibt auch eine Strecke, wo es steil bergauf geht. Da muss man dem Anrufer nur erklären, dass es nichts mit dem Inhalt des Telefonats zu tun hat, wenn man stöhnt. 15 Minuten Bewegung am Tag reichen schon für einen deutlich positiven Effekt. Schauen Sie mal auf Ihre Mobilfunkrechnung, wie viele Minuten da zusammenkommen!

HANDY

Und wenn es ein bisschen mehr sein darf, dann am besten mit anderen zusammen.

Als ich wusste, dass ich beim Müggelsee-Schwimmen angemeldet war und keinen Rückzieher mehr machen konnte, ging ich mehrfach die Woche «Kacheln zählen» im Schwimmbad, suchte mir in der Umgebung schöne Badeseen und nahm ein paar Stunden bei einem Trainer, der mir zeigte, wie ich mit kleinen Veränderungen meine Technik verbessern konnte. Und plötzlich war es keine lästige Pflichtübung mehr. Es begann, Spaß zu machen. Am Anfang ein bisschen, später immer mehr. An dem Tag selbst war es windig, das Wasser war kalt und so trübe, dass ich zwischendurch die Orientierung verlor und sogar mehr als die 3,5 Kilometer durchhalten musste. Was ich am meisten befürchtet hatte, passierte: Ich bekam Wadenkrämpfe. Die Muskeln machten dicht. Ich hielt trotzdem durch, dehnte unter Wasser, biss die Zähne zusammen und paddelte weiter. Das Foto von mir auf der Ziellinie hat mir meine Redaktion eingerahmt geschenkt. Ich schaue da lieber drauf als in den Spiegel. Ich schwimme auch weiter, aber nicht mehr die Langstrecke. Inzwischen kommen mir die besten Ideen beim Schwimmen, doof ist nur, die dann nicht aufschreiben zu können.

Was ist *Ihr* Ding? Ob es der Lauftreff ist, die Yogagruppe, die beiden Nachbarinnen, mit denen man zu einem festen Termin nordisch schreitet, oder nach dem ersten Schuss vor den Bug die Koronarsportgruppe – wir fühlen uns nach dem Sport besser als vorher. Und sind froh, dass wir auf unsere eigenen Ausreden und unseren Schweinehund nicht gehört haben. Vielleicht ist er ja nicht nur ein Scheinriese, der von unseren negativen Gedanken lebt. Womöglich ist er auch selbst ein bisschen masochistisch veranlagt. Der Schweinehund will erst zur Sau und dann noch zur Schnecke gemacht werden. Der braucht das ab und zu. Tun Sie ihm den Gefallen?

Haben Sie genug Stress?

«Wenn Sitzen das neue Rauchen ist – ist Liegen
dann das neue Sitzen?»
TOMMY JAUD

Heute kann kein Mensch krank sein, ohne dass jemand sagt: «Du hast zu viel Stress, kein Wunder, dass dein Körper so reagiert. Du musst mehr an dich denken, du brauchst auch mal 'ne Pause.»

Dass Stress krank macht, ist so sehr Teil der Alltagspsychologie geworden, dass er als Ursache für alles herhalten muss. Wie immer lohnt sich die Frage: Woher wissen Sie das?

Subjektiv erstellen wir ständig unsere eigenen Studien: Sind wir krank, suchen wir nach belastenden Ereignissen, und klar – da fällt einem immer was ein. Wenn es nichts «Großes» war, dann doch sicher die Summe vieler kleiner Dinge, und wenn einem dann immer noch nichts einfällt, ist es am schlimmsten: Dann ist es etwas Unbewusstes oder Verdrängtes. Stress hat jeder, vom Kindergarten bis zur Pensionierung. Aber ist das überhaupt so problematisch?

Stress hat ein Imageproblem, vor allem, weil sich alle einig sind. Die Mehrheit der Deutschen wünscht sich laut Meinungsumfragen ein «stressfreieres Leben». Dabei kennt jeder jemanden, der kurz nach der Verrentung, als der «Stress» wegfiel, umkippte und ebenfalls wegfiel. Man kann sich offenbar auch zu Tode langweilen und statt an Burnout an Boreout leiden, einer permanenten Unterforderung.

Die Forscher Thomas Holmes und Richard Rahe versuchten bereits 1967, die großen Einschläge im Leben mit Punkten zu kategorisieren: Der Verlust des Partners brachte 100 Punkte, die Scheidung

HANDY

73 und der Verlust des Arbeitsplatzes 45. Selbst die Hochzeit erhielt 50 Punkte, also für Mann und Frau zusammen wieder 100. Geteiltes Leid ist halbes Leid.

Die Forscher wollten wissen, ob diejenigen, in deren Leben es mehr unerfreuliche Ereignisse gegeben hatte, öfter krank wurden. Bei genauerem Hinsehen stellte man fest, dass es gar nicht so einfach ist. Die Punkteskala konnte in dieser Form nicht für jeden angewendet werden – denn mancher war froh, wenn er geschieden wurde, und atmete auf. Andere hatten danach noch jahrelang statt der anfänglichen Schmetterlinge im Bauch nur noch stachelige Rosen im Verdauungskanal. Man hätte die Werte individuell anpassen müssen, was aber wiederum andere Unwägbarkeiten mit sich gebracht hätte.

Und der Zusammenhang von objektivem Stress und Krankheit ist nicht so eng, wie man vermutet hatte. Im Gegenteil: Es häufen sich die Belege, dass uns Stress guttut. Ja, jetzt regen Sie sich bitte nicht auf, das tut Ihnen nicht gut! Ups, jetzt widerspreche ich mir ja selbst.

Der Mensch ist für Stress gemacht; er ist wie ein Motor, der uns am Leben erhält. Hätten unsere Vorfahren immer gechillt, wären wir längst ausgestorben. Das wusste schon Charles Darwin, der Begründer der Evolutionstheorie: Wer gut auf Bedrohungen reagiert, wird mit Überleben und Fortpflanzungserfolgen belohnt.

Entscheidend für die Wirkung von Stress auf unseren Körper scheinen nach heutigem Kenntnisstand nicht die Höhepunkte, sondern die Dauer der Anspannung zu sein. Ist Erholung in Sicht, tut uns der Stress gut. Dauerstress hingegen haut auch den Stärksten irgendwann um. Und dann ist auch nichts mehr mit Fortpflanzung; einige erinnern sich. Das kann also nicht im Sinne der Evolution sein.

Sie meint es aber kurzfristig durchaus gut mit uns. In einer Stresssituation läuten unsere Alarmglocken: Adrenalin wird ausgeschüttet, die Bronchien weiten sich, und uns bricht der Schweiß aus. Im ersten Moment muss Stress uns ja helfen, besonders schnell zu laufen, zu entscheiden und zu kämpfen. Stress soll den Organismus dabei unterstützen, eine Herausforderung gut zu meistern und danach wieder ins Gleichgewicht zu kommen oder sich an eine neue Situation anzupassen. Kurzfristige Stressphasen kitzeln unsere Aufmerksamkeit und das Immunsystem wach, beschleunigen die Wundheilung, machen uns fitter im Kampf mit Krebszellen und verlangsamen den Alterungsprozess des Körpers.

Wenn es gelingt, Stress als Stimulation zu erleben und nicht als Überforderung oder Lähmung, kann sich aus dem Fluchtinstinkt Angriffslust entwickeln. Im Sport wundert man sich ja oft, warum sich Fußballspieler vor einem Spiel mit Kampfgebrüll aufputschen. Aber wer nicht genügend unter Strom steht, erreicht nicht seine Spitzenleistung. Unter Schauspielern ist Lampenfieber sehr verbreitet, und viele sagen: «Wenn ich das nicht habe, bin ich viel schlechter und weniger präsent, also im Moment mit allen Sinnen in der Szene.»

Ich selbst hüpfe vor großen Auftritten hinter der Bühne wie ein Flummi auf und ab, um meine Körperspannung zu fördern und ein bisschen wacher zu werden als die Zuschauer, die sitzen. Aus Neugier habe ich einmal ein 24-Stunden-EKG gemacht und konnte sehen, was ich schon gefühlt hatte: Was für viele Menschen der absolute Stress ist, nämlich vor vielen Leuten aufzutreten, macht mir und meinem Herzen Freude, keine Angst. Angst habe ich vielmehr davor, wieder vor sehr wenigen Menschen auftreten zu müssen. Stress ist also eine sehr individuelle Sache, die mit der Erfahrung und Bewertung einer Situation zu tun hat.

Wie Stress im Kopf entsteht und wie er langfristig auf den Körper wirkt, wurde in einer Langzeitstudie erfasst. 29 000 erwachsene Amerikaner mussten angeben, wie oft sie Stress empfinden und ob sie glauben, dass Stress gesundheitsschädlich ist. Acht Jahre später versuchte man, mit Hilfe des Sterberegisters herauszufinden, ob es einen Zusammenhang zwischen der Einstellung und der drastischsten Folge, der Todeswahrscheinlichkeit, gibt. Siehe da: Wer glaubte,

HANDY

dass Stress die Gesundheit schädigt, behielt recht, sein Sterberisiko lag 43 Prozent über dem der Vergleichsgruppe. Nicht das empfundene Stresslevel war ausschlaggebend, sondern die Überzeugung, dass Stress schadet, ganz im Sinne einer selbsterfüllenden Prophezeiung. Wer Stress für ungefährlich hielt, lebte länger. Es gibt viele Menschen, die gerne viel beschäftigt sind und eher unzufriedener werden, wenn sie nichts zu tun haben und zu viel grübeln.

Entscheidend ist immer wieder die eigene emotionale Bewertung: Bin ich Gestalter oder «Opfer»? Das kennt man schon aus der Jugend: Springe ich im Schwimmbad aus freien Stücken vom Dreimeterbrett, oder werde ich geschubst? Objektiv falle ich drei Meter frei, aber tue ich das unfrei, ist der Stress viel höher, als wenn ich mir das selbst ausgesucht habe.

Der fieseste Stresstest, den sich Psychologen ausgedacht haben, ist der «Trier Social Stress Test». Ein Versuchskandidat wird vor eine Prüfungskommission gerufen. Er steht, alle anderen sitzen. Dann muss er einen freien Vortrag halten, anschließend Kopfrechnen und dann die Arme in kaltes Wasser halten, bis es weh tut. Alle aus der Kommission verweigern konsequent Blickkontakt, Lächeln oder gar ein aufmunterndes Wort. Zur Verschärfung tragen alle Prüfer weiße Kittel, es ist kalt und dunkel im Raum, es gibt Stoppuhren, und alle machen sich ständig Notizen. Psychoterror für die Wissenschaft.

Wir Menschen sind so sehr auf emotionale Rückmeldung angewiesen, dass es kaum etwas Stressigeres gibt, als diese permanent verweigert zu bekommen. Was hilft dann? Zu wissen, dass draußen jemand wartet, der einen liebt. Zu wissen, dass man sich selbst mag, auch wenn man durch die Prüfung fällt. Und zu wissen, dass es in der Vergangenheit Situationen gab, in denen man erfolgreich war. Und auch, sich weitere Herausforderungen vorzustellen, an denen man in Zukunft wachsen wird.

Die moderne Stressforschung bestätigt den alten Rat: *Love it or leave it.* Liebe, was du tust, oder tue etwas anderes. Und auch die klas-

Unbeaufsichtigte Kinder bekommen bei uns einen Hundewelpen und einen doppelten Espresso Geschenkt

We love
Martin Auer Team
Tummelplatz ♡

sische «Managerkrankheit», der Herzinfarkt, betrifft Topmanager gar nicht häufiger, sondern kommt meist in den mittleren und unteren Hierarchiestufen vor. Wer von oben und unten Druck bekommt, leidet mehr als die obersten Chefs. Genauso leiden Menschen, die Arbeiten annehmen müssen, die objektiv stressig sind: in permanenter Hitze, Enge, ohne Sonnenlicht, ohne ausgleichende Bewegung und unter Dauerbeobachtung und Beschimpfung. Der Chef kann seine Tür schließen und das Telefon auf seine Sekretärin umstellen. Die Mitarbeiter im Callcenter haben keine Tür, und «zur Qualitätssicherung können einzelne Gespräche mitgehört werden» – Horror.

Umso mehr freute es mich, dass Gesundheitsforscher der Universität Coburg gestressten Callcenter-Mitarbeitern zeigen konnten,

HANDY

dass sich mit sehr wenig Zeiteinsatz «im Kopf» etwas verändern lässt, was den Stress senkt und die Freude erhöht. Über sieben Wochen sollten sich alle in der Testgruppe jeweils mit einer Übung aus dem Online-Training auf glueck-kommt-selten-allein.de beschäftigen. Es ging darum, zum Beispiel ein Tagebuch über positive Momente zu führen, sich um seine Freunde zu kümmern, das Essen bewusster zu genießen oder jemandem Dankbarkeit auszudrücken. Das Ergebnis: Obwohl sie nur 15 Minuten pro Woche investierten, fühlten sich die Mitarbeiter weniger gestresst und schnitten in objektiven Tests besser ab.

Und wir können uns schon in der Stresssituation fragen: Lohnt der Stress überhaupt?

Wir leben in einer modernen Zeit, mit einem Körper, der aus der Steinzeit stammt und vor dem Säbelzahntiger wegrennen musste. Die frohe Botschaft: Säbelzahntiger sind selten geworden. Wenn Sie Stress haben, drehen Sie sich um. Ist da ein lebensgefährliches Tier? Vielleicht ist es nur eine Druckerpatrone, die klemmt.

Eine Berührung kann Leben retten

«An seine eigene Schulter kann man sich nicht lehnen.»
FLORIAN LANGENSCHEIDT

Als ich für die ARD die Themenwoche «Zum Glück» mitgestalten durfte, blieb mir besonders ein Interview in Erinnerung. Der Fernsehjournalist Marcel Bergmann war auf einer Reportage in Afrika mit dem Auto schwer verunglückt und erst viele Stunden später medizinisch versorgt worden. Er war querschnittsgelähmt und erzählte sehr bewegend, wie er viele Tage in der Klinik darüber nachgedacht hatte, wie er sich mit seinem Rollstuhl die Treppe hinunterstürzen könnte, denn er wollte so nicht weiterleben. Ich fragte ihn: «Was hat Sie davon abgehalten?» Und er antwortete: «Ein Medizinstudent, der jeden Abend, wenn er mit der Stationsarbeit fertig war, zu mir ans Bett kam, sich kurz hingesetzt hat und mir die Hand gehalten hat.» Diese Hand, diese kleine Berührung hielt ihn im Leben.

Später war er sehr froh darüber, weiterzuleben, und klammerte sich an seinen Traum, einmal auf der Chinesischen Mauer zu stehen. Seine Erkenntnis nach 26 Tagen Urlaub: «China ist nicht behindertentauglich. Aber die Chinesen sind es.» Sie trugen ihn mitsamt Rollstuhl auf die Mauer. Helfende Hände.

Das Wort «Be*hand*lung» wird oft durch «Therapie» ersetzt, was schade ist, denn mit dem Wort ging auch die Bedeutung verloren: Menschen wollen berührt werden, und nichts lässt so schnell einen Draht entstehen wie respektvoller körperlicher Kontakt. Die physische Untersuchung war lange Zeit der Kern der ärztlichen Kunst, Patienten mussten sich ausziehen, hinlegen, vorbeugen, husten und schlucken, während die Hände des Heilkundigen auf ihnen lagen

HANDY

und Informationen sammelten und gaben. Die wichtigste Information: Bei mir bist du in guten Händen.

Welcher Medizinstudent hört heute noch ab, wenn ein «Echo» besser Herztöne zeigen kann? Wer hört noch auf das feine Knistern in der Lunge als ein Zeichen der Entzündung, wenn das Röntgenbild schon angefordert ist? Und wer erkennt, dass man nichts weiter tun muss, als die Hand zu halten, damit jemand das Gefühl bekommt: Da hat jemand *begriffen*, wie es mir geht?

Unsere ganze Kultur ist digitaler und berührungsloser geworden. Wenn etwas berührungsempfindlich ist, dann die Benutzeroberflächen der Smartphones und Tablet-Computer. Aber was ist mit der Oberfläche des Benutzers? Auch wenn die Bildschirme inzwischen die ganze Welt mit kostenlosen Bewegtbildern von Körperkontakten versorgen, bleiben viele Menschen unberührt und unbefriedigt. Körperkontakt im echten, nicht-virtuellen Leben hat man unfreiwillig in der U-Bahn im Berufsverkehr – aber zu Hause liegt er oft lahm.

Aus dem Biologieunterricht erinnere ich mich an ein grausames Experiment der Verhaltensforscher aus den sechziger Jahren. Affen lausen sich gegenseitig, kraulen sich im Fell. Damit drücken sie Interesse am anderen aus und Fürsorge. Was passiert, wenn man ein Affenbaby ohne Körperkontakt zur Mutter aufzieht? Die Babys gingen ein, obwohl sie «alles» hatten, was sie an Nahrung brauchten. Das ist beim Menschen nicht anders, und beim Erwachsenen nicht anders als beim Kind. Unsere Haut ist unser größtes Sinnesorgan, zehn Prozent unseres Gehirns beschäftigen sich mit den sensiblen Eindrücken, Berührung ist ein Lebenselixier.

Zu meiner Zeit als Arzt in der Neonatologie tobte gerade ein Streit darüber, ob zu früh geborene Kinder besser konstant im Brutkasten abzukapseln seien oder ob sie zur Mutter auf den Arm durften. Viele Professoren waren der Meinung, dass die keimarme Umgebung hinter Plexiglas auf alle Fälle gesünder sei als die Nähe der besiedelten Mutter.

Heute hat sich die «Känguru-Methode» in Deutschland durchgesetzt: Die Winzlinge dürfen wenn schon nicht in den Beutel zurück, so doch auf der nackten Bauchhaut der Mutter liegen. Auch den ganz Zarten tut die Nähe so gut, dass sie nachweislich ruhiger werden, besser trinken, wachsen und früher entlassen werden können. Und die Keime? Die Keime der Mutter brauchen die Kinder, um ihre eigene Keimmischung auf ihrer Haut und in ihrem Darm anzulegen. Viel gefährlicher sind die resistenten Keime, die das Klinikpersonal zuweilen mit sich herumschleppt. Berühren ist super, wenn sich alle vorher die Hände desinfizieren. Auch sind die Profis viel vorsichtiger damit geworden, ständig Blut abzunehmen. Am besten ist Ruhe und Kuscheln.

Im Rückblick ist es unfassbar, wie lange man die Heilkraft der körperlichen Nähe im Krankenhaus ausgeblendet hat und mit abstrusen Besuchszeiten jeden Kontakt von außen erschwerte. Als mein Bruder Ende der sechziger Jahre für eine Operation länger ins Krankenhaus musste, galt noch die Devise, dass Besuch dem Siebenjährigen schaden würde. Das war «anerkannte Fachmeinung». Jede fühlende Mutter wusste es besser als die Psychologen und Professoren, aber die offizielle Logik lautete: Die Kinder schreien, wenn die Mütter wieder gehen, also ist es besser, wenn sie erst gar nicht kommen.

Inzwischen wissen wir, wie wichtig es ist, andere Haut zu spüren, damit man sich wohl in seiner Haut fühlt. Berührung kann kitzeln, streicheln, drücken. Sie kann uns Last nehmen oder Lust machen. Dafür sind jeweils andere Sinneszellen verantwortlich und verschaltet. Erst vor ein paar Jahren wurde eine neue Art, die sogenannten C-taktilen Fasern, entdeckt, die auf ganz langsame Berührungen ansprechen. Diese «Genussrezeptoren» hatten die Anatomen bislang einfach übersehen. Heute weiß man, dass die Haut so sensibel ist, dass sie einen eigenen Kanal der Kommunikation mit anderen darstellt; so können wir, ohne Worte und Mimik zu kennen, Emotionen von jemandem spüren. Und unsere Gefühle ändern sich,

HANDY

wenn wir berührt werden. Wir nehmen diese Signale bewusst wahr, und parallel landen sie in unserem Glückszentrum. Der Botenstoff Oxytocin wird ausgeschüttet, der eine zentrale Rolle bei der Bindung an andere spielt, der Bildung von Gruppen, dem Urvertrauen und dem Abbau von Angst. Oxytocin ist das natürlichste Beruhigungsmittel, das wir in uns haben.

In der akuten Psychiatrie fand ich es manchmal geradezu absurd, dass man das Mittel der körperlichen Zuwendung nicht nutzen durfte. Intuitiv hätte man sehr verängstigten Menschen gerne einfach mal den Arm auf die Schulter gelegt oder sie umarmt. Das macht man aber nicht, das ist unprofessionell. Professionell sind Beruhigungsmittel aus dem Schrank. Klar gibt es Patienten, die nicht berührt werden wollen. Klar gibt es professionelle Grenzen und das Thema Missbrauch. Aber einem Erzieher, der ein Kind auf den Schoß nimmt, oder einem Pfleger, der jemanden umarmt, wird heute schneller unterstellt, üble Absichten zu haben, als dass man froh ist, dass jemand weiß, wie Menschen ticken und wie wichtig für unser Wohlbefinden auch gewollte Nähe ist.

Es reicht schon eine beiläufige Berührung, um einen «Draht» herzustellen, manchmal auch, um zu manipulieren. Wer von einem Gebrauchtwarenhändler während eines Gespräches nur eine Sekunde am Unterarm berührt wurde, empfand ihn laut einer Untersuchung als vertrauenswürdiger. Kellner, die einem Gast kurz die Hand auf die Schulter legten, bekamen mehr Trinkgeld. Wo ist die Grenze?

Sehr pauschal gilt: Frauen wie Männer werden lieber von Frauen berührt, also lieber von der Mutter als vom Vater, lieber von der Freundin als von einem Freund. Natürlich gibt es große individuelle Unterschiede. Und auch kulturelle: Franzosen berühren sich viel öfter als Amerikaner, bei denen die Grenze zur Belästigung sehr schnell als überschritten gilt. Ein Psychologe zählte, wie oft Menschen, die zusammen öffentlich einen Kaffee trinken, sich gegenseitig berühren: in Lateinamerika 180-mal, in Paris 110-mal, in Florida nur zwei-

Achtung!
An alle Muttis der Station 30!
Wir zeigen Ihnen täglich 2x Ihre Kinder:
von 10^{45}–11^{00} Uhr (mit Arztauskunft: Mo.–Fr.)
u. von 16^{30}–16^{45} Uhr
Ausnahmeregelungen nach persönlicher Absprache
Neo III

War früher alles besser? Nein! Original-Besuchszeiten der Charité aus den achtziger Jahren.

mal. Schlimmer dran waren nur die Engländer, die sich kein einziges Mal berührten. Ob es am Kaffee lag?

In der Klinik war ich immer neidisch auf die Physiotherapeuten, weil sie einen sehr viel engeren Draht zu den Patienten hatten, sie berührten, lockerten, mit ihnen übten. Damals hießen sie noch «Krankengymnasten», was den Wert ihrer Ausbildung und ihres Könnens nicht abbildet. Denn ihr Wissen um den Körper ist eben nicht wie bei den Ärzten anatomisch, sondern sie denken in Bewegungsabläufen, in funktionellen Muskelketten und in Spielern und Gegenspielern, weshalb es für sie zum Beispiel bei Rückenschmerzen Sinn macht, sich mit den Bauchmuskeln zu beschäftigen. Ein guter Körpertherapeut ist weit mehr als ein Masseur oder «Knetmäuschen»,

HANDY

wie sie manchmal abfällig genannt wurden. Leider haben die Kassen
die Behandlungszeiten im ambulanten Bereich inzwischen auf absurde zwölf Minuten gekürzt, was nicht reicht, um einen verkürzten
Muskel zu lockern und zu dehnen und dem Patienten zu zeigen, wie
er eigenständig weiterüben kann.

Muskeln sind keine blöden «Muckis», wie lange gedacht. Sie
sind faszinierende sensible Wesen, umhüllt von einer feinen Bin-
degewebsschicht, den Faszien. Erst seit einigen Jahren wird intensiv darüber geforscht, wie komplex die Wechselwirkungen im Ner-
venkostüm um die Kraftpakete verstrickt sind: von den sensiblen
Nerven, den Spannungsmessern, den Bewegungsmeldern und den
Impulsgebern bis hin zu mechanischer Reizung und seelischer Belastung – all das spielt sich in dieser unterschätzten Schicht ab. Bei
Profifußballern ist klar, dass der Mannschaftsarzt mit seinen Händen
die Wade untersucht, wenn der Muskel verletzt oder verkrampft ist.
Aber beim Patienten?

Warum rennen heute alle zum Osteopathen? Was macht diese
Behandlungsform, die Elemente aus der Physiotherapie und der ma-
nuellen Therapie mit ihren ganz eigenen Griffen und Ideen verbin-
det, so attraktiv? Meiner Beobachtung nach sind auch hier ein wichtiger Anteil die Berührung und das magische Versprechen, Knochen,
Organe und Faszien wieder ins Lot zu bringen. Das Spektrum von
dem, was unter Osteopathie angeboten wird, ist allerdings enorm
breit und schwer durchschaubar. Da gibt es hervorragend ausgebildete Therapeuten, die sich bestens mit den Zusammenhängen des
Körpers auskennen und sehr sensibel diagnostizieren und behandeln, doch ebenso viele, die mit zum Teil geringem fachlichem Wissen und Können auf den Zug aufgesprungen sind, weil es gerade sehr
angesagt ist. Das macht systematische Beurteilungen schwieriger.
Krankenkassen, die eine Zeitlang auch Osteopathie-Behandlungen
bezahlten, sind wieder zurückhaltender geworden, weil in der Lang-
zeitbetrachtung der «harten» Daten – wie etwa Fehltage wegen Rü-

ckenschmerzen – kein klarer Unterschied auszumachen war, aber das tut der Beliebtheit der Methode keinen Abbruch. Was der Friseur des Vertrauens für den Kopf, ist der Osteopath des Vertrauens für den Rest des Körpers: Jemand bringt mit geübten Händen Ordnung ins Chaos. Du musst nicht verstehen, was er tut, aber wenn du wieder auf der Straße stehst, bist du bereit für einen Neubeginn. «Meine» Osteopathin hat mir mit dem Knie und dem Rücken schon sehr helfen können; sie ist gelernte Physiotherapeutin, eine gute Kombination. Momentan ist der Begriff «Osteopath» nicht geschützt, jeder darf sich so nennen. Ab wann das eine eigene Berufsbezeichnung wird, wird noch diskutiert, aber momentan findet man gut ausgebildete über den «Verband der Osteopathen». So gut einem therapeutische Berührung tut, darf sie nicht ersetzen, Patienten zu aktivieren. Ich liege auch lieber auf einer Liege, lasse mich kraulen und am Knie rumdrücken. Aber ich darf mich nicht darum herum drücken, die gelockerten Muskeln dann auch wieder in Betrieb zu nehmen und aufzubauen. Oxytocin verleitet zur wohligen Entspannung. Anspannen nicht vergessen!

In der Naturheilkunde ist die aktivierende Berührung mit Bürsten ein bekanntes Element. Auch in Japan gibt es viele Rituale, beispielsweise sich morgens «wachzurubbeln», bis die Haut prickelt und gut durchblutet und erfrischt den Rest des Körpers gleich mit weckt. Wir dürfen uns also auch selbst berühren! Überall, wo es uns guttut. Auch das ist selbstverständlicher geworden und einer der echten Fortschritte einer neuen Sinnlichkeit nach den prüden fünfziger Jahren. Man wird nicht blind davon, das können Sie mir glauben, auch ohne Doppelblindstudie. Wenn Gott gewollt hätte, dass wir nicht masturbieren, warum hat er uns dann nicht einfach kürzere Arme gemacht?

Wir Deutschen sind heute deutlich weniger verklemmt, weniger distanziert und körperfeindlich als noch vor zwei Generationen. Andere Nationen, bei denen wir gerne Urlaub machen, haben uns schon

HANDY

lange vorgemacht, dass wir unser Körpergefühl und die Berührung nicht auf das Medizinsystem «auslagern» müssen. In Italien rührt es mich stets zu sehen, wie viel sinnlicher die Menschen miteinander umgehen. Dort ist es normal, dass Männer sich die Hand auf die Schulter legen, wenn sie spazieren gehen oder sich in einem intensiven Gespräch befinden. In Deutschland traut sich das kaum einer. Wovor haben wir Angst? Dass es «voll schwul» aussieht? Im Vergleich zur Generation meiner Eltern sind wir doch sehr viel lockerer geworden, sodass sich Männer heute immerhin schon zur Begrüßung umarmen dürfen. Aber damit kein falscher Eindruck entsteht, haut man sich prophylaktisch dabei so vehement auf den Rücken, als hätte der andere gerade ein Stück Fleisch verschluckt, oder macht einen blöden Witz, der die Distanz wiederherstellt. Jungs, lernt von den Frauen: Wir wollen im Grunde unseres Herzens alle in den Arm genommen werden – nicht auf.

Was ist uns unsere Gesundheit wert?

«Der Gesunde hat viele Wünsche. Der Kranke nur einen.»
ARTHUR SCHOPENHAUER

Wenn wir selbst betroffen sind, ändert sich schlagartig unsere Perspektive. Dazu eine Geschichte: Ein korpulenter Mann geht in ein Steakhaus, um sich mal wieder etwas zu gönnen. Er bestellt das teuerste und größte Stück Fleisch, das er auf der Karte finden kann, und fängt an, es hastig in sich hineinzustopfen. Plötzlich verschluckt er sich, und ein Fleischklops bleibt direkt vor seiner Luftröhre stecken. Der Mann läuft blau an, kippt vom Stuhl und droht zu ersticken.

Einem jungen Kellner fällt es auf, er rennt zu ihm, setzt ihn auf, beugt ihn nach vorne – und schlägt mit voller Kraft zwischen seine Schulterblätter. Siehe da – ein Wunder geschieht, der Fleischklops fliegt aus dem Fleischklops.

Farbe kehrt in das Gesicht des Mannes zurück, er atmet tief durch und ist im wahrsten Sinne sehr erleichtert. Er holt seine dicke Brieftasche heraus und spricht: «Junger Mann, Sie haben mir das Leben gerettet, was bin ich Ihnen schuldig?» Der Kellner überlegt kurz und antwortet: «Wissen Sie, ich verdiene hier nur mein Geld, aber in meiner Freizeit habe ich etwas gefunden, das mir Freude macht, ich bin in der Freiwilligen Feuerwehr. Es war meine Pflicht, Ihnen zu helfen, dafür kann ich nichts verlangen. Aber wenn Sie mir etwas schenken wollen: Geben Sie mir doch einfach die Hälfte dessen, was Sie bereit waren zu zahlen, als das Ding noch drinsteckte!»

PS: Es ist wirksamer und ungefährlicher, jemanden vornüberzubeugen und zwischen die Schulterblätter zu schlagen, als der lang propagierte «Heimlich-Handgriff», bei dem man einen Patienten mit beiden Armen von hinten umfasst und ihm ruckartig auf den Bauch drückt.

Also, nicht auf den Bauch drücken, sondern mit flacher Hand auf den Rücken schlagen. Auch bei Kindern, die sich oder einen Gegenstand verschluckt haben.

HANDY

Überlebenskunst Musik

Der Dirigent Otto Klemperer ist bei einem fremden Orchester zu Gast und probt Bruckners Siebte. Um sich den nötigen Respekt für sein außergewöhnlich feines Gehör zu verschaffen, klopft er an einer bestimmten Stelle ab mit der Bemerkung: «Das dritte Horn ist viel zu laut.». Das Orchester schmunzelt, einer traut sich: «Herr Dirigent, das dritte Horn ist ja noch gar nicht da.» Darauf Klemperer geistesgegenwärtig: «Dann sagen Sie es ihm, wenn er kommt!»

Die Panflöte ist älter als die Fußgängerzone. Wenn beponchote Gruppen vor dem Kaufhof aufspielen, soll die Musik die Passanten dazu verleiten, stehen zu bleiben. Die ursprüngliche Idee von Musik war eine andere: in Bewegung zu kommen. Musik ist Lebens- und Überlebenskraft, für die Hörer wie für die Komponisten. Mozarts Jupitersymphonie, Bachs Goldberg-Variationen, Chopins Etüden und Beethovens Sonaten – warum tröstet uns Musik über Jahrhunderte? Warum fühlen wir uns mit Menschen verbunden, über deren Leben wir gar nicht viel wissen?

Die Psychotherapeutin Luise Reddemann und der Sänger und Psychiater Peer Abilgaard haben dazu eine kühne These: Musik tröstet, weil sie auch als Trost entstand – denn die Komponisten hatten es selbst selten leicht: Bach musste mit zahlreichen Todesfällen in seiner Familie seinen Frieden machen und schrieb Musik, die uns viele hundert Jahre später immer noch anrührt. Beethoven litt unter seinem Vater, seinem schwindenden Gehör und wollte sich das Leben nehmen. Aber zu spüren, dass in ihm noch viel Musik war, die in die Welt sollte, hielt ihn am Leben. Schubert, der an den Spätfolgen der Syphilis litt, schuf Werke voller Zärtlichkeit und Romantik.

Was ist an den vielen Anekdoten über Musik als Therapie aus medizinischer Sicht dran?

Der absolute Fachmann in Deutschland für dieses Thema ist der Neurologe Eckart Altenmüller von der Universitätsklinik Hannover. Er spielt selbst Flöte und weiß aus eigener Anschauung und aus der aktuellen Forschung: Musizieren vernetzt das ganze Gehirn, und gerade die emotionalen Zentren reagieren. Patienten empfinden weniger Schmerzen, haben weniger Angst, verbessern ihr Gedächtnis und regenerieren schneller nach einem Schlaganfall. Bei Kindern, die Musikunterricht erhalten, verbessern sich das Sprechen und die soziale und emotionale Kompetenz. Musiktherapie kann helfen, sich und andere wieder zu hören oder sich beispielsweise aus seiner inneren Anspannung in Trance zu trommeln: «Herausbewegt werden» ist die wörtliche Übersetzung von «Emotion». Das machen Schamanen schon immer. Aber warum wird es in Deutschland so wenig eingesetzt? Dazu braucht es gute Therapeuten, und Tabletten sind billiger. So bleibt eine der ältesten Heilkünste oft ungenutzt.

Dabei gibt es tolle Beispiele: Patienten, die ihren Arm nur mit Mühe bewegen können, üben Bewegungen viel länger und effektiver, wenn die Armhöhe durch einen Computer in eine Tonhöhe übersetzt wird, also der Patient zum Komponisten und Dirigenten wird. Dieses musikunterstützte Training wird sinnigerweise MUT abgekürzt und ist viermal so effektiv wie Krankengymnastik allein. Auch bei demenziell Erkrankten verringert Musik Angst und verbessert den Schlaf-wach-Rhythmus, die Aktivität und die Lebensqualität. Wer singt, wird wacher, besser gelaunt und erinnert sich wieder an mehr – Melodien statt Medikamente.

Altenmüller fasst es so zusammen: «In jeder Lebensphase erhöht Musik die Vernetzung im Gehirn, vom Mutterbauch, wo wir als ersten Sinn unser Gehör ausbilden, bis ins hohe Alter.»

HANDY

Aber warum eigentlich warten, bis man dement ist? Dazu habe ich ein kleines Selbstexperiment gemacht und mich zweimal in die MRT-Röhre gelegt – vor und nach dem Sommer 2015. In der Zwischenzeit nahm ich Tanzstunden, nein, nicht für RTL, sondern für die ARD. Ich wollte wissen, wie plastisch mein Hirn ist und wie viel Talent ich dafür habe, mit dem «West Coast Swing» einen Tanz zu erlernen, von dessen Existenz ich bis dato noch gar nichts gewusst hatte. Über 30 Jahre hatte ich keinen Fuß mehr in eine Tanzschule gesetzt. Und entsprechend mühsam war es für mich auch, die Moves zu memorieren. Was mich dabei antrieb, war die legendäre «Einstein Aging Study», die Menschen über 20 Jahre begleitete und zeigte: Was Menschen taten, um sich die Zeit zu vertreiben, hatte Einfluss darauf, wie schnell ihr Hirn abbaute. Meine Oma löste ständig Kreuzworträtsel, und deshalb wusste ich schon sehr früh im Leben: tropischer Vogel mit drei Buchstaben – Ara! Aber leider ist es ein Mythos, dass man durch Sudoku oder Rätsel dem Hirnabbau entgegensteuert. Bewegung bringt viel mehr: Schwimmen zum Beispiel reduziert das Risiko um 29 Prozent. Sensationelle 76 Prozent Risikoreduktion schafft nur eins: Tanzen!

Alzheimer kommt nicht über Nacht, der Weg in die Umnachtung dauert viele Jahre und bahnt sich an, wenn Bahnen aus Mangel an Nachfrage eingestellt werden, so wie die Regionalzüge. Wer immer nur seine mentalen Schnellverbindungen nutzt und nie die Nebengleise einfährt, darf sich nicht wundern, wenn das Hirn rationalisiert, bis der Verstand weg ist. Grob vereinfacht. Ja, es hat auch viel mit Genetik zu tun. Aber was wir in der Hand haben, sollten wir in die Füße packen! Tanzen fordert und erfreut uns auf verschiedenen Ebenen: Wir bewegen unseren eigenen Körper und den eines anderen, lernen neue Schritte, trainieren die Koordination auf dem Parkett, der soziale Kontakt hellt unsere Stimmung auf, und wir hören Musik, die uns glücklich macht. Kein Medikament, kein Schachspiel, keine Nahrungsergänzung hat bis heute eine bessere Wirkung

Paddy Jones, mit 81 Jahren eine wilde Salsatänzerin, ließ mich kurz nach diesem Bild für einen Jüngeren stehen.

gezeigt. Also nicht nur den Arsch hochzubekommen, bringt etwas, sondern ihn auch noch rhythmisch nach rechts und links zu bewegen. Und den Rest des Körpers natürlich mit.

Meine Tanzlehrerin ermahnte mich ständig, den Kopf oben zu behalten. Mein erster Impuls war, den Blick zu senken, um mich zu orientieren, wo meine Füße gerade sind. Glücklicherweise sind die mit dem Hirn auch ohne Benutzung des Sehsinnes in direkter Verbindung verschaltet, und so konnte ich mit der Zeit der Dame auch erhobenen Hauptes auf die Füße treten. Und als ich das zweite Mal den Kopf ins MRT schob, zeigte sich genau das: Beim Hören der Mu-

HANDY

sik verlagerte sich die Aktivität aus dem visuellen Kortex in die Bewegungszentren. Auf gut Deutsch: Ich stellte mir die Musik nicht mehr als unbeteiligter Betrachter nur bildlich vor, nein, nach dem Training setzte mein Hirn automatisch die Takte in Bewegungsmuster um. Ich war nicht mehr Beobachter der Szene, ich war mittendrin, ich guckte nicht mehr zu, es zuckte und leuchtete von der Birne bis in die Beine. Und es zeigten sich in der Pyramidenbahn meines Gehirns zarte Hinweise auf eine Verstärkung der Drähte von der motorischen Hirnrinde zu den Muskeln.

Eigentlich müssten wir im Erwachsenenalter nicht mühselig tanzen lernen, wenn wir es uns nicht vorher abgewöhnt und verlernt hätten. Denn jedes Baby bewegt sich automatisch zu Musik, bis man ihm beibringt stillzusitzen. Kinder, die weiterhin viel tanzen, sind im räumlichen Denken besser und auch in vielen sozialen Fähigkeiten. Mit dem Tanzen hat man etwas für jetzt und für später: «Mensch, lerne tanzen», so der Kirchenlehrer Augustinus, «sonst wissen die Engel im Himmel nichts mit dir anzufangen.»

Tanzend kann man doch gelassen älter werden. Ich mag die Vorstellung, dass es in 30 Jahren im Altenheim keine Polonaise mehr geben wird – dafür eine «Love Parade». Einer legt auf, dreht die Musik auf, sodass es jeder auch ohne Hörgerät wieder im Bauch vibrieren fühlt, und es brummt der Bass mit 160 Beats die Minute. Und zwei Menschen werden sich in die Augen schauen und sagen: «Hörst du, sie spielen unser Lied!»

Die Magie der Poesie oder Worte forte

«Und der Mensch heißt Mensch,
weil er vergisst, weil er verdrängt
und weil er schwärmt und stählt,
weil er wärmt, wenn er erzählt,
und weil er lacht,
weil er lebt,
du fehlst.»

HERBERT GRÖNEMEYER

Als ich vor einem Jahr auf einem Open-Air-Grönemeyer-Konzert war, erlebte ich, wie das Publikum über den Abend immer näher aneinanderrückte. Es mag an der hereinbrechenden Kühle der Nacht gelegen haben. Die andere treibende Kraft waren aber sicherlich die aufbrechenden Herzen. Gewärmt von einer Menschlichkeit, die einen packt dank Musik und Sprache und einem Mann, der sich selbst darüber lustig machen kann, wie er tanzt. Ich war beeindruckt, was Worte bewegen können, auch wenn man sie kaum versteht.

Ich habe mit Herbert Grönemeyer über die Heilkraft von Musik und Humor gesprochen. Ihn selbst hat die Poesie aufrecht gehalten, als ihn zwei schwere Schicksalsschläge kurz hintereinander trafen. Wie kann man solche Einbrüche aushalten? Wie macht ein Mensch da weiter? Grönemeyers Album *Mensch* ließ eine ganze Nation an seiner Trauer teilhaben, aber auch an der positiven Wendung. Seine Texte haben viele sehr berührt und aufgebaut. «Manchmal weiß ich meinen eigenen Text nicht mehr, da der sich in jedem Refrain noch mal ändert. Aber dann höre ich einfach den Fans zu und singe mit denen mit!»

HANDY

Poesie bringt ein «Wozu», ein «Warum» und ein «Trotz alledem» ins Leben. Nietzsche sagte: «Wer ein Warum zum Leben hat, erträgt fast jedes Wie.» Und deshalb kann ich Sie nur neugierig machen, sofern Sie das nicht schon sind, Gedichte und Lieder für sich wieder-zuentdecken. Alte und neue. Wir haben einen unglaublichen Schatz an heilsamen und humorvollen Worten in deutscher Sprache.

Ich wundere mich oft darüber, wie sehr wir beim Essen darauf bedacht sind, wo es herkommt und was drin ist. Bei unserer geistigen Nahrung dagegen achten wir viel weniger darauf, wie viel Gift und Galle wir täglich zu uns nehmen.

«Wo man singt, da lass dich ruhig nieder, böse Menschen haben keine Lieder», meinte Johann Gottfried Seume. Kooperation und Vertrauen wachsen unter den Menschen beim Singen und machen sie damit weniger «böse». Viele Studien haben gezeigt, welch heilende Kraft von Liedern und Musik ausgeht. Und es tut sich auf dem Gebiet viel, zum Beispiel gibt es die «Singenden Krankenhäuser». Dort wird einmal die Woche auf Station gemeinsam angestimmt, jeder kann mitmachen, zuhören oder fliehen – aber viele nehmen sogar nach der Entlassung noch teil, weil das Singen so viel Freude bereitet und medizinisch betrachtet durch Oxytocin und Endorphine Angst nimmt und Schmerzen dämpft. Ein weiteres neues Phänomen ist das «Rudelsingen». Der Name drückt aus, was passiert. Ein Leittier mit Light-Show – sprich Vorsänger und Projektion der Texte – reicht, um Menschen aller Generationen und Lebenswelten mit «Sieben Fässer Wein» zu einem Rudel zusammenzuschweißen, ohne dass Alkohol fließen muss. Und durch die Texttafeln wird die größte Hürde genommen, denn wer kennt heute noch Liedtexte auswendig?

Doch wenn etwas gut ist, gibt es immer auch eine böse Seite. Leider wurde die Massenpsychologie im Dritten Reich mit ungutem Liedgut derartig missbraucht, dass es mehrere Generationen gebraucht hat, um wieder ohne schlechte Gefühle deutsche Lieder schmettern zu können.

Wann haben Sie das letzte Mal gesungen – nüchtern und freiwillig? Immerhin sind in Deutschland mehr Menschen im Chor als im Fußballverein. Hauptsache, wir *gehören* irgendwo dazu und können uns *Gehör* verschaffen. Egal ob mit «Olé, olé, olé, olé» in der Südkurve oder mit Oratorien von Bach.

Lieder und Gedichte haben die magische Kraft, Generationen miteinander zu verbinden. So weiß ich noch, wie meine Großmutter mir «Nun ruhen alle Wälder» vorgesungen hat: «Auch euch, ihr meine Lieben, / soll heute nicht betrüben / kein Unfall noch Gefahr. / Gott lass euch selig schlafen, / stell euch die güldnen Waffen / ums Bett und seiner Engel Schar.» Als Kind wunderte ich mich, was die «goldenen Waffeln» genau an meinem Bett sollten, aber ich dachte mir: Die Großen werden schon wissen, was sie damit meinen.

Jemanden mit gereimten oder verdichteten Worten zu beruhigen und zu beschwören, gehört zu den ältesten Heilungsritualen. Die Urform des Gedichtes sind Zaubersprüche. Aus dem 2. Jahrhundert stammt das Liber medicinalis, das Buch der Medizin, in dem sich auch das Urwort der Zauberer befindet: «A-Bra-Ca-Dabra». Ein Spiel mit den ersten vier Buchstaben des Alphabets und mit dem Klang, der bedeuten könnte: «Ich werde erschaffen, während ich spreche.» «Abracadabra» auf einem Amulett getragen, sollte gegen Malaria helfen. Das andere universelle Zauberwort «Hokuspokus» ist die Verballhornung der liturgischen Worte «Hoc est corpus meum» (Dies ist mein Leib). Einer der ältesten Zaubersprüche in deutscher Sprache stammt aus Merseburg um 750 nach Christus und wurde beschworen, um einen Pferdefuß einzurenken und zum Heilen zu bewegen. Bleibt man heute mit den eigenen Pferdestärken liegen, ruft man den ADAC, der dann seine Engel schickt – die Beschwörung von übermenschlichen Kräften ist uns also in moderner Form erhalten geblieben.

Wenn Worte orale Medizin sind, dann sind Gedichte und Lieder Infusionen! Konzentrate der wirksamen Worte und Weisen, der

HANDY

Weisheiten über Generationen, die uns trösten, erheitern und erstaunen können.

Gedichte auswendig zu können, verändert uns inwendig. Auf Englisch sagt man «to know by heart» – man hat die Worte nicht nur im Kopf, man trägt ihre Weisheit im Herzen. Als ich nach dem Abitur zum Geldverdienen im extrem unglamourösen Lagerhaus des KaDeWes jobbte und Hunderten von gleichen Gläsern ein Preisschild aufzudrücken hatte, lag vor mir ein kleines zerfleddertes Reclam-Heft, mit dem ich versuchte, der von Tageslicht und Sinn befreiten Welt der Waren wahre Poesie entgegenzuhalten. Viele Zeilen sind mir bis heute im Kopf geblieben. Poesie hilft, Dinge anders zu sehen und zu wissen, dass man auch mit ungelösten Fragen nicht allein ist. Rainer Maria Rilke ist so ein treuer Begleiter für mich:

«Man muss Geduld haben, mit dem Ungelösten im Herzen, und versuchen, die Fragen selber lieb zu haben und wie Bücher, die in einer sehr fremden Sprache geschrieben sind. Es handelt sich darum, alles zu leben. Wenn man die Fragen lebt, lebt man vielleicht allmählich, ohne es zu merken, eines fremden Tages in die Antwort hinein.»

Wenn man Patienten Rezepte ausstellt – warum nicht auch eins für die Rezeption von Gedichten? Dreimal täglich Lyrik, sozusagen Worte forte.

*Nicht müde werden,
sondern dem Wunder
leise, wie einem Vogel,
die Hand hinhalten.*

Hilde Domin

Prost!

«Herr Doktor, wie kann ich 100 Jahre alt werden?»
«Rauchen Sie?»
«Nein.»
«Essen Sie übermäßig?»
«Nein.»
«Trinken Sie?»
«Nein.»
«Haben Sie Frauengeschichten?»
«Nein.»
«Wieso wollen Sie dann überhaupt so alt werden?»

Haben Sie schon mal versucht, einen Butterfleck mit Wasser aus den Klamotten zu rubbeln? Wenig aussichtsreich. Mit ein bisschen Alkohol auf dem Lappen löst sich der Fleck aber in Wohlgefallen auf. Warum sollte es Ihren inneren Oberflächen anders gehen als den äußeren? Ein wirksamer Bestandteil aller frei verkäuflichen Arzneien für die Herzgesundheit, von Klosterfrau Melissengeist bis Doppelherz, ist, neben den Kräutern, der Alkohol! Und bei einigen Präparaten sind das über 80 Volumenprozent – das ist hartes Zeug! Und sicher gibt es auch ältere Damen und Herren, die nicht von den Kräutern abhängig geworden sind, sondern vom Alkohol. Bitter.

Das moralische Dilemma, in dem man sich befindet, wenn man Alkohol empfiehlt, ist mir natürlich schmerzhaft bewusst. Es gibt Millionen Menschen, die zu viel trinken. Wie viele ein Problem haben, zu wenig zu trinken, wird dagegen nie berechnet.

Ich werde nie vergessen, wie im zweiten Semester des Medizinstudiums Pathologie an der Reihe war. Da liegen alle Organe neben-

HANDY

einander, aus Körper und Kontext gerissen, mit dem Ziel, den Kontext besser zu verstehen. In der Gesamtschau wird klar, wie «systemisch» Krankheiten sind, wie selten die Ursache nur an einer Stelle zu beobachten ist, sondern bei näherer Betrachtung überall. Zum Beispiel bei Arteriosklerose, der Todesursache Nummer eins.

Eine Hauptschlagader in der Hand zu halten, ist beeindruckend. Oder ein Herzkranzgefäß. Zu wissen, dass vom ungehinderten Blutfluss das Leben abhängt, dass eine Verstopfung den Herzinfarkt, den Schlaganfall oder die Lungenembolie und damit den Tod bringen kann. Ich erinnere mich genau an das Gefühl, mit dem Finger die Gefäßwand abzutasten und die harten Ablagerungen aus Fett und Kalk und Entzündungszellen zu spüren. Es knackte richtig, wenn diese Plaques auseinanderbrachen. Und wenn die Lunge noch schwarz und geteert war, wusste auch der Berufsanfänger, welche Risikofaktoren hier zusammengekommen waren.

Ganz anders sahen die Gefäße bei jemandem aus, der sich zu Tode gesoffen hatte. Da war die Leber hart, aber die Arterien butterweich. Jungfräulich. Kein Kalk, kein Fett, kein Plaque. Übrigens ist die häufigste Todesursache bei Menschen, die zu viel trinken, nicht die Zirrhose, sondern ein Sturz! Auch wenn der Leberschaden langfristig mit dem Leben unvereinbar ist, sind Unfälle sofort wirksam: Treppen, Bäume, Straßenbahnen. Prävention heißt also auch: Wenn man bis zum Umfallen trinkt, dann in einem sicheren Umfeld. Wenn man sich gehenlässt, dann am besten dort, wo man nicht mehr fahren muss, also in den eigenen vier Wänden.

In jeder Notaufnahme in jedem Krankenhaus in jeder Nacht erlebt man das Elend der Alkoholabhängigen – und auch derjenigen, die Opfer von Unfällen wurden, als Beifahrer oder Passanten. Da gibt es nichts zu beschönigen. Fakt ist aber: Wir reden so viel über Lebensmittel und ihre gesundheitlichen Auswirkungen, aber kaum darüber, dass es etwas gibt, was das Leben verlängern kann – ein bisschen Alkohol.

Zwischen viel zu viel und abstinent gibt es ja auch das richtige Maß, und aus ärztlicher Sicht ist nichts dagegen zu sagen. Eher dafür. So wie man beim Fensterputzen einen Spritzer Spiritus ins Wasser gibt, um Schlieren zu vermeiden, so verbessert ein gelegentlicher Aperol Spritz die Sicht auf die Gefäßwand. Und das tut in kleinen Mengen sogar dem Hirn gut und schützt vor Demenz, wahrscheinlich auch über die bessere Durchblutung.

Ich bekomme schon nach den ersten Schlucken Rotwein einen hochroten Kopf. Auch bei Weißwein oder Bier. Und ich werde leider nie lustiger, sondern nur müde. Deshalb trinke ich gerne abends ein Gläschen und habe dann auch kein Problem, es seinzulassen. Falls das für Sie nicht gilt, holen Sie sich bitte professionelle Hilfe.

Wenn Sie heute Abend ganz gesittet anstoßen, trinken Sie auf die Gesundheit, aufs Hirn, auf die Gefäße und die Gemeinschaft. Die christliche Kultur ist eine der wenigen, die den Rausch zum Feiern willkommen heißt. Jesus hat Wasser in Wein verwandelt. Er hätte ja auch Apfelsaftschorle daraus machen können. Hat er aber nicht. Die Religionen, die Alkohol verteufeln, machen keinen glücklicheren oder gelasseneren Eindruck.

Prost!

HANDY

Die Kraft der Rituale

Das einzige Problem beim Nichtstun ist, dass man nie weiß, wann man fertig ist.

Ein Hamster denkt ein Leben lang, sein Hamsterrad wäre eine Karriereleiter. Er müht sich ab, strampelt und strampelt, und irgendwann fällt er tot um und hat nie kapiert: Es ist ja nur ein Rad! Rituale sind der Perspektivwechsel, das Innehalten, das Anhalten des Rades. Man stellt sich neben sich und seine Aufgaben und sieht: Mensch, das ist ja nur ein Rad, ich werde so nie oben ankommen, egal wie viele Stufen ich auf der Leiter hinter mich gebracht glaubte. Und hat man das einmal kapiert, kann man ja wieder einsteigen in das Spiel. Aber dann hat das Rad eine neue Ebene, und man läuft etwas leichter.

Das Leben nicht nur als einen Kampf, sondern auch wie ein Spiel zu betrachten, klappt schon am Morgen. Jens Corssen, ein wunderbarer Coach und Freund, empfiehlt die «Bettkantenübung»: «Frage dich morgens, wenn du noch im Bett bist: Wofür stehe ich heute auf?» Dieser kurze Moment der Fokussierung kann verhindern, dass man mit dem falschen Bein auftritt, weil beide schon auf dem Boden sind. Ich würde ergänzen: Wenn einem gar kein Grund einfällt, aufzustehen, sollte man einfach liegen bleiben! Es ist so anstrengend, mit Menschen zu tun zu haben, die besser liegen geblieben wären. In einem Humorseminar für Pflegekräfte erzählte mir eine Krankenschwester von ihrem Morgenritual. Wenn sie an einem Tag freihat, stellt sie sich trotzdem den Wecker auf 5 Uhr 30 – wegen des herrlichen Gefühls, ihn wieder ausmachen und weiterschlafen zu können.

In mir steckt auch ein kleiner rastloser Hamster, der keine Zeit ungenutzt lassen möchte. Ich habe mir eine Zeitlang noch nicht mal gegönnt, morgens in Muße eine Tasse Kaffee zu trinken. Husch, husch zwei Löffel Kaffeepulver in die eine Backe, Warmwasser in die andere Backe, Kopf schütteln, runterschlucken und los. Ich mache nur Spaß! Das habe ich nicht wirklich getan – aber ich habe auch zu Hause im Stehen immer gefühlt Kaffee «to go» getrunken.

Warum gibt es beim Essen und Trinken so viele Rituale? Sie steigern unseren Genuss! Beim Essen spielen das Vorbereiten und das Drumherum eine große Rolle für das emotionale Ergebnis – wie im Liebesleben auch!

Rituale verschwenden Zeit. Aber gerade weil sie umständlich sind, verschaffen sie uns dafür Momente der kleinen Ewigkeit. Sicher kann man Wein aus einem Pappbecher trinken; es ist der gleiche Wein, aber nicht der gleiche Genuss. Der Wein soll vorher atmen, und wir auch.

In erster Linie sollen Rituale uns zwingen, nicht gleich zur Sache zu kommen und die Vorfreude, die Achtsamkeit im Moment des Genusses und die Erinnerung an den speziellen Akt zu verankern. Wir bremsen uns praktisch selbst aus, indem wir etwas meist sehr Unpraktisches tun. Servietten oder Hände falten, singen oder erst kauen und dann sprechen. Wer bewusster essen möchte, kann sich gerne ein Beispiel an den Forschern nehmen, die ein neues Ritual rund um Schokoriegel entwickelten, so wie das Spiel beim Kindergeburtstag. Eine Tafel Schokolade wird in Zeitungspapier eingewickelt und mit Paketschnur verknotet. Dann bekommt ein Kind eine Pudelmütze, Handschuhe, Messer und Gabel und darf sich so lange an dem Schokopaket versuchen, bis einer in der Runde eine Sechs gewürfelt hat. Dann ist der dran, bekommt die ganze Verkleidung und das Besteck überreicht, und weiter geht der Spaß. Offenbar hat sich jemand von den Psychologen daran erinnert, denn sie hüllten Schokolade ebenfalls ein – aber für Erwachsene. Sie durften erst die eine Hälfte essen, dann die andere, und siehe da: Sie hatten auch mehr Spaß und Genuss.

HANDY

Hüllen fallen zu sehen, ist offenbar spannender als der direkte Zugriff auf das Objekt der Begierde. Ach nee.

Der gesellschaftliche Trend geht in das genaue Gegenteil. Keiner muss mehr etwas auswickeln, schälen oder zubereiten, alles ist schon fertig und kann überall schnabuliert werden. Früher galt es noch als unschön, auf der Straße oder in öffentlichen Verkehrsmitteln zu essen, aber diese Umgangsformen gehen verloren. Und Menschen werden auch immer formloser. Ernährungspsychologen beobachten, dass feste Essenszeiten und ritualisierte Mahle in Gemeinschaft immer mehr der Vergangenheit angehören. Fakt ist auch, dass die Deutschen immer dicker werden. Das könnte zusammenhängen. Wir werden wie die Kühe, die den ganzen Tag irgendetwas vor sich hin kauen, mit dem Unterschied, dass Gras sehr viel weniger Kalorien hat als Burger, Pommes, Gummibären und Chips.

Brian Wansink von der Cornell University probiert schon lange, wie man diese eingefahrenen Verhaltensweisen aufbrechen kann. Einer seiner experimentell bewährten Tricks: Koppele das, was du wirklich essen möchtest, an ein anderes Verhalten. Wo greife ich mehrmals am Tag hin? Zum Schlüsselbrett. Warum nicht die Schlüssel über die Obstschüssel hängen? Wenn ich einen Schlüssel hole, nehme ich mir auch gleich einen Apfel.

Kennen Sie die buddhistische Teezeremonie? Da braucht man als Westeuropäer starke Nerven, denn alles geht sehr bedacht und gefühlt in Zeitlupe: erst das Wasser erwärmen, dann die Kanne vorbereiten, das grüne Teepulver anrichten und mit einem Besen aufschlagen ... Es soll der Gelassenheit dienen, aber in mir steigt die Ungeduld auf, und am liebsten würde ich dazwischenrufen: Nehmt doch einfach mal einen Teebeutel! Zeit ist Geld!

Unsinn.

Zeit ist wichtiger als Geld. Wer anfängt, statt Minuten und Moneten nachzujagen, Momente zu seiner wichtigsten Währung zu machen, erlebt eine andere Art von Reichtum. Sagt man. Ich bin weit

Halb so viel,
halb so schnell,
halb so ernst,
doppelt so schön

davon entfernt, aber neugierig. Deshalb besuchte ich den Zenmönch Hinnerk Polenski. Mitten im Allgäu hat er aus einem alten Gasthof eine Oase der Ruhe gemacht, und er lud mich zur Teezeremonie ein. Im Zen sind viele Vorgänge unglaublich klar strukturiert, was einem zunächst wie Zwang vorkommt. Das Geheimnis der Rituale liegt in der Erleichterung, sich nicht jeden Tag damit zu beschäftigen, wie man es denn heute macht. Und die Gebundenheit in der Form schafft echte Freiheit für die Dinge, über die es lohnt nachzudenken, zu sprechen und zu schweigen. Wir schauten aus dem Fenster, es fing zart an zu schneien, und der Wald, auf den wir blickten, wurde mit dem frischen Schnee noch stiller und magischer. «Jede Schnee-flocke fällt auf ihren Platz», zitierte Hinnerk einen Zenmeister. Eine lustige Vorstellung, dass jede Schneeflocke in ihrem freien Fall vor-herbestimmt sein könnte, dass es kein Zu-Fall sei, wo sie hinfällt.

HANDY

Tipps, um automatisch besser zu essen – und weniger automatisch

→ Was fällt mir ins Auge? Was lacht mich an? Alles, was ich nicht essen möchte, außer Sicht. Noch besser: gar nicht erst einkaufen. Schöne Obstschale dorthin, wo ich oft hingreife und vorbeikomme, zum Beispiel unter das Schlüsselbrett.

→ Wenn ich eine Packung öffne, esse ich nicht direkt daraus, sondern packe mir eine definierte Portion auf einen kleinen Teller und verstaue die Packung wieder weit weg.

→ Wenn ich Chips esse, wechsle ich die Hand. Statt mit der dominanten, also bei Rechtshändern der rechten Hand zu essen, greife ich mit der «schwächeren» Hand zu. Da gelingt es leichter, weniger zu essen – das schaffen Sie mit links!

→ Innerhalb der ersten Stunde nach dem Wachwerden etwas Warmes zu essen, hilft vielen, später am Vormittag weniger zu essen.

→ Wenn ich mit Besteck esse, lege ich es zwischendurch ab, um mich zu bremsen und bewusster zu essen.

→ Was lenkt mich ab beim Essen? Fernseher aus, Handy weg, volle Aufmerksamkeit auf das Essen!

→ Wenn ich Lust habe auf Junkfood, mache ich ein Foto davon. Oft reicht dieser Moment der Veranschaulichung, um dem ersten Impuls zu trotzen. Wenn es weiter lockt, essen und dazulernen.

→ Was empfinde ich vor dem ersten Happen? Ein kurzes Verneigen oder Innehalten, ein Gebet oder nur das Gefühl der Dankbarkeit gibt allem eine spirituelle Würze.

→ Warum hängt immer im Bad ein Spiegel – aber nie in der Küche? Allein, uns bei der Auswahl der Speisen kurz selbst zu beobachten, führt zu bewussteren Entscheidungen. In hartnäckigen Fällen: einen kleinen Spiegel in die Kühlschranktür stellen ;-)

→ **Wenn ich mir etwas in den Mund schiebe, stelle ich mir eine Frage: Möchte ich daraus bestehen?**

Das Auge isst mit

Die gleiche Portion auf einem kleineren Teller sieht größer aus.
Wer seine Teller von 30 auf 25 Zentimeter Durchmesser verkleinerte,
nahm rund 20 Prozent weniger zu sich.

HANDY

Von der Erde aus betrachtet ist der Platz, auf dem sie landet, eben «ihr» Platz. Wer weiß das schon so genau? Und ich merkte an dieser Art des Denkens, wie der Tee wirkte, schon bevor er serviert war. Schließlich kam er auf einem schönen Holztablett, das genau auf die Lehne des Sessels passte, auf seinen Platz, so wie die Schneeflocke.

Tee ist nach Wasser das am häufigsten konsumierte Getränk der Welt. Dabei besteht es ja fast ausschließlich aus Wasser. Aber eben nur fast. Die Wissenschaft hat festgestellt, dass die Teepflanze für uns günstige Substanzen enthält, und es ist nicht entscheidend, ob der Tee grün oder schwarz ist. Gibt es im Tee noch weitere spirituelle Wirkfaktoren, die über die Pflanzenstoffe hinausgehen?

Dazu machte ein taiwanesisch-buddhistischer Buchclub ein interessantes Experiment: Tee wurde gekocht und in viele kleine Flaschen abgefüllt. Die Hälfte der Flaschen wurde zusätzlich mit guten Wünschen von einem Meister meditativ aufgeladen: «Wer diesen Tee trinkt, möge sich auf allen Ebenen gesund fühlen und besonders viel Energie, Kraft und Zufriedenheit empfinden.» Die restlichen Teeflaschen wurden in einem Nebenraum vor den guten Wünschen abgeschirmt.

Rund 200 Teilnehmer sollten jeden Tag eine Flasche trinken und ihre Stimmung beobachten. Sie wussten nicht, ob sie den bewusstseinstechnisch erweiterten Tee oder ein gedankenloses Getränk bekamen. Lässt sich der Geist im Tee herausschmecken? Nein. Alle lagen so oft richtig oder daneben, wie man das bei einer 50-zu-50-Wahrscheinlichkeit erwartet. Viel interessanter erscheint mir: Wer glaubte, den Wundertee zu trinken, war viel besser drauf als vorher. Die Wirkung auf die Stimmung war eindeutig und statistisch signifikant. Wer meinte, unbehandelten Tee zu trinken, blieb dagegen auf seinem Stimmungslevel, selbst dann, wenn der Tee in Wirklichkeit behandelt war. Was das Wort «Wirk-lichkeit» in seiner schönen subjektiven Bedeutung zeigt: Eine erwartete Wirkung wird Wirklichkeit. Ferne Kultur? Zu weit hergeholt?

Rituale machen Sinn, gerade wenn sie uns dazu bringen, unsere Gedanken neu zu sortieren oder überhaupt erst einmal wahrzunehmen. Ein Ritual, zu dem es sogar gute Studien gibt, ist verblüffend einfach und wirksam: abends beim Zubettgehen drei Dinge aufzuschreiben, die an dem Tag gut waren. Wer hat mich heute erfreut? Was war schön? Wofür bin ich dankbar? Automatisch geht man mit anderen Gedanken schlafen als dem üblichen Grübeln: Wer war doof, was habe ich nicht geschafft, und wieso immer ich? Sie können auch mehr Dinge finden als drei, aber aufschreiben ist besser als nur daran denken. Die Stimmung steigt bei den meisten. Bei Ihnen auch? Das wissen Sie nur, wenn Sie es mal über minimal drei Wochen ausprobieren. Abgemacht?

Oder haben Sie schon ein anderes Ritual, das Ihnen hilft, gut in den Tag und gut in die Nacht zu kommen? Der Fernseher? Es klingt unglaubwürdig für jemanden, der im Fernsehen arbeitet, aber wenn Sie es nicht weitersagen: Fernsehen auf Dauer ist ungesund, ebenso wie noch im Bett online Nachrichten zu verfolgen. Wir nehmen den Terror mit unter die Bettdecke und wundern uns, warum wir schlecht schlafen? Dann doch lieber einen Wein aus dem schönen Glas. Oder einen Gute-Nacht-Tee. Und während der zieht, lassen wir die Sorgen des Tages auch ziehen.

Der Buddhist macht abends seine Tasse sauber und stellt sie umgedreht auf den Nachttisch, als Zeichen dafür, dass er bereit ist zu gehen und anderen nicht nach einem möglichen Abgang den Abwasch überlässt. Teetassen können also auch noch leer und im umgedrehten Zustand voller guter Gedanken sein.

HANDY

Yogi, grüß mir die Sonne

Der menschliche Körper ist ein Wunderwerk. Jesus konnte Wasser in Wein verwandeln. Aber jeder Mensch ist in der Lage, über Nacht aus dem ganzen Wein wieder Wasser zu machen.

Vor 30 Jahren war es exotisch, wenn man in Deutschland Yoga machte. Heute ist eine Frau exotisch, wenn sie *kein* Yoga macht. Dabei war Yoga ursprünglich reine Männersache. In Indien war es ein spiritueller Weg, um den Jungs bei der Erleuchtung auf die Sprünge zu helfen. Indischen Frauen war es sogar explizit verboten, Yoga zu üben. Erst durch praktizierende Hollywood-Schauspielerinnen wie Marilyn Monroe, Greta Garbo und Gloria Swanson wurde international die erste weibliche Yogawelle ausgelöst. So begeisterte diese wirksame Mischung aus Krankengymnastik und Weltanschauung auch in Deutschland mehrheitlich Frauen. Ich kenne immerhin einen Mann, der es begeistert praktiziert, Willem Wittstamm. Er ist ein alter Freund von mir, hat mit 50 plötzlich mit Yoga angefangen und ist inzwischen beweglicher, als ich es mit 20 je war. Er gibt Kurse speziell für Menschen in der zweiten Lebenshälfte, beginnt mit seinen Teilnehmern ganz einfach ohne Matte auf einem Stuhl und ist der lebende Beweis, dass es in jedem Alter verjüngend wirkt, sich zu drehen und zu dehnen, bis sich die Sehnen nach dem Dehnen sehnen!

Mit geschätzten fünf Millionen Übenden in Deutschland ist Yoga ein echter Volkssport. Das Wort stammt aus der indischen Ursprache Sanskrit und bedeutet «Joch» oder «anspannen», was erst einmal nicht nach viel Spaß klingt. Ziel der Übungen ist aber das Gegenteil: durch das gezielte Dehnen und Anspannen vergessener Muskel-

Genug Yoga, und es läuft wie geschmiert.

gruppen und durch Konzentration zur Entspannung und geistigen Freiheit zu gelangen. Oder, wie es poetischer in den alten Schriften formuliert wird, «die Gedankenwellen zur Ruhe kommen lassen». Manche streben weiter nach Erleuchtung, andere steuern direkt einen straffen Po an. Als Nebenwirkungen bekommt man anfangs Muskelkater an Orten, von denen man gar nicht wusste, dass man dort überhaupt Muskeln hat. Wer durchhält, wird reich belohnt: Langfristig hält Yoga nachweislich Körper und Seele geschmeidig, senkt den Blutdruck und verbessert den Schlaf. Gelindert werden Rücken- und Nackenschmerzen – bis auf die Schmerzen, die man sich durch übereifriges Üben selbst erst zugefügt hat.

HANDY

Wenn heute für viele die körperlichen Übungen im Mittelpunkt der Praxis stehen, dann ist das kurioserweise ein Re-Import. Viele der sogenannten *Asanas* (Körperhaltungen) sind gar nicht uralt. In der zentralen Schrift des Yoga (*Yoga Sutra* von Patanjali, 400 v. Chr.) wird genau eine Haltung beschrieben: der Meditationssitz. Alle anderen Übungen mit poetischen Namen wie Krieger, Kuhgesicht, herabschauender Hund oder Heuschrecke kamen erst sehr viel später ins Spiel. Laut einiger Autoren erst Anfang des 20. Jahrhunderts, da ließen sich Yogameister von der Gymnastik der britischen Kolonialherren inspirieren. Die Ironie der Geschichte: Die Briten exportierten Gymnastik nach Indien. Dort vermischte sie sich mit der Philosophie und kam in den Siebzigern über Umwege neu verpackt zurück in den Westen. Und hier mischen wir sie wieder mit dem Geist des Kapitalismus und meinen, es ginge um akrobatische Meisterleistung, die straffsten Oberarme und die hippsten Leggings. Statt gelassener werden manche durch Yoga verbissener, wofür aber die alten indischen Meister nun wirklich nichts können. Einer der heißesten Effizienz-Trends ist Bikram-Yoga bei 40 Grad Celsius! Der Raum nimmt einem praktisch das Aufwärmen ab. Kein Witz! Und die Anleiter haben den Charme eines Feldwebels und heizen richtig ein. Ich finde, echte Gelassenheit zeigt sich, wenn man den «Baum» so lange übt, bis man echte Wurzeln schlägt.

Nicht auf Ameisen treten!

Kommt ein Mann in einen Geschenkartikelladen und sagt:
«Ein Geduldsspiel bitte – aber zack, zack!»

Lust auf ein Experiment? Sie dürfen zugleich Wissenschaftler und Forschungsobjekt sein, auch wenn das nicht besonders wissenschaftlich ist. Es geht direkt los. Alles, was Sie tun müssen, ist: *nichts*. Mit Ihrem neutralen und zugleich neugierigen Forscherblick richten Sie Ihre Aufmerksamkeit auf Ihren Körper. Nichts verändern, nur wahrnehmen: Sitzen oder liegen Sie? Sind Ihre Beine übergeschlagen, und welche Form hat Ihre Wirbelsäule gerade (oder gerade nicht gerade)? Fühlt sich Ihre linke Schulter höher oder tiefer an als die rechte? Welches Material berührt Ihr rechter Daumen? Können Sie Ihre Atmung wahrnehmen? Was ist länger: die Ein- oder die Ausatmung? Ganz wichtig: Sie nehmen nur wahr, was jetzt ist, wie es ist. Es gibt in diesem Experiment kein richtig, falsch, besser, schlechter. Sie beobachten einfach.

Das war es schon. Falls Sie mitgemacht haben, waren Sie soeben achtsam. Vielleicht sind Sie es sogar immer noch!

Alle reden über Achtsamkeit, es gibt Kurse, Bücher, Artikel, Online-Programme und natürlich jede Menge Apps. Achtsamkeit springt einen an, ohne dass man auf sie achten müsste. Neulich habe ich einen Bekannten gefragt, was er sich unter Achtsamkeit vorstellt. Er sagte: Ganz vorsichtig sein und nicht auf Ameisen treten. Seine Assoziation war also eher: behutsam. Diese Haltung finde ich schön, denn sie deutet schon darauf hin, worum es geht: mit allen Sinnen wahrzunehmen und auch die kleinsten Kleinigkeiten zu beachten. Auf Englisch heißt diese Methode «Mindfulness», was die Vorstel-

HANDY

lung beinhaltet, dass man seinen «Geist» beziehungsweise sein «Wachbewusstsein» voll einer Sache widmet. Das klingt immer so verkopft. Kennen Sie den Brauch, zum Geburtstag im Kuchen eine Münze zu verstecken? Du weißt als Kind, da gibt es etwas. Du kaust und spürst und kaust und spürst. Ganz vorsichtig. Du darfst dich nicht verschlucken. Denn nur, wenn du beim Kauen plötzlich auf die Münze beißt, bist du der König für den Tag. So ähnlich geht Meditieren. Nur ohne Münze. Aber mit dieser frohen Erwartung von alles und nichts.

Jon Kabat-Zinn, ein inzwischen emeritierter Professor der University of Massachusetts Medical School, gründete 1979 die «Stress Reduction Clinic». Dort nahm er Elemente aus alten buddhistischen Meditationen, dem Zen und dem Yoga und machte daraus eine «weltliche» Form, MBSR (Mindfulness-Based Stress Reduction), ein Konzept, das es ermöglicht, Achtsamkeit in unseren westlichen Alltag zu integrieren. In einem Kurs über acht Wochen und mit täglichen Übungen erlernt man Achtsamkeit und damit das bewusste Sein. Kabat-Zinn arbeitet mit Einsichten, Gedichten, Übungen und einer Prise Humor, die die Widersprüchlichkeiten unseres Geistes anerkennt: «Wherever you go – there you are» oder «Living the full catastrophe». Egal wo man sich hinbewegt, da ist man ja. Sich dem inneren Chaos, der Katastrophe zu stellen und nicht auszuweichen. Das klingt alles banaler, als es ist, weil sich diese Welt per se der bloßen Beschreibung entzieht. «Sitze auf deinem Kissen, so als ob dein Leben davon abhinge. Denn: Es tut es tatsächlich.»

Kabat-Zinn definiert Achtsamkeit als eine Form von Aufmerksamkeit, die sich auf den gegenwärtigen Moment bezieht und nicht wertend ist. Der zweite Teil ist der schwierigere, aber jetzt werte ich schon wieder. Na ja, es geht ja ums Trainieren und nicht ums Meistersein.

Das ist das herrlich Entspannende an diesem Ansatz: Du musst nicht direkt zur Erleuchtung gelangen, sondern immer genau das wahrnehmen und annehmen, was halt gerade da ist. Nicht mehr und nicht weniger. Es geht darum, sich mit der Realität anzufreunden. Das kann man klassisch auf dem Sitzkissen üben, aber auch im Liegen oder Gehen, auf der grünen Wiese oder vor der roten Ampel.

Auf dem Weg zum Mega-Hype ging leider ein Teil der Gelassenheit verloren. Einige Mitarbeiter klagen schon, dass ihre Chefs durch ihre «Achtsamkeit» jetzt noch mehr auf sich achten. Sie wurden nicht etwa mitfühlender, sondern noch härter gegen sich und andere. Wer Achtsamkeit jedoch als «Mentaltechnik» begreift, um noch erfolgreicher zu werden, widerspricht damit dem urbuddhistischen Gedanken, sich gerade von den Erwartungen und dem rastlosen Erreichen und Haben-Wollen zu distanzieren. Es gibt Smoothies, Tees und – halten Sie sich fest – «mindful mayo», also achtsame Mayonnaise. Die ist ohne Tierprodukte. Und bei der Produktion haben wahrscheinlich auch alle versucht, nicht auf eine Ameise zu treten.

Also, Buddha bei die Fische: Was kann Achtsamkeit?

In den letzten Jahren ist die Anzahl an Studien enorm gewachsen. Es gibt viele gute Hinweise, dass Achtsamkeitsmeditation positive Effekte auf die körperliche und mentale Gesundheit hat. Diese Form der Aufmerksamkeit zu trainieren, kann entspannter, zufriedener und gesünder machen. Die Neurowissenschaftlerin und Achtsamkeitstrainerin Dr. Britta Hölzel macht drei Bereiche aus, die von Achtsamkeitstraining beeinflusst werden können: die Kontrolle der Aufmerksamkeit, die Emotionsregulation und das Selbsterleben, zum Beispiel bei chronischen Schmerzen.

Was heißt das konkret? Zu Beginn des Achtsamkeitstrainings ist man zunächst gut mit den Basics beschäftigt: Man übt sich darin, die Aufmerksamkeit gezielt auf wechselnde, aber bestimmte Reize zu lenken, wie das Atmen oder den rechten Daumen, und sich dabei nicht ablenken lassen. Wer länger übt, scheint darin immer besser zu werden. Und wer es sich zur Gewohnheit macht, die eigenen Emotionen wahrzunehmen und zu akzeptieren, dem fällt es leichter,

HANDY

in schwierigen Situationen nicht von seinen Gefühlen überrollt zu werden. Kabat-Zinn benutzt das eindrückliche Bild: Halte die Wellen nicht auf, surfe sie! Klingt gut, oder?

Ganz praktisch habe ich das einmal im Berliner Straßenverkehr erlebt. Ich saß im Auto eines Freundes, der seit Jahren meditiert. Wir waren gerade in eine Diskussion verstrickt, als er nachts auf menschenleerer Straße, das heißt, ohne jemanden zu gefährden, über eine «dunkelgelbe» Ampel fuhr. *Zack!* Geblitzt! Ich wäre in seiner Situation ausgerastet, hätte lamentiert über die Blitzer im Allgemeinen und die Unfehlbarkeit meiner Fahrkünste im Besonderen. Nicht so mein Freund. Er führte seine Gedanken ruhig und gelassen zu Ende, erst einen halben Kilometer nach dem Ereignis sagte er: «Oh, ich wurde gerade geblitzt. *Shit happens!*» Und dann lachten wir beide.

Eines der für mich kuriosesten Ergebnisse der Meditationsforschung ist, dass eine scheinbar so einfache Übung, wie auf einem Kissen zu sitzen und seinen Atem zu beobachten, das Hirn und die Gefühle fundamental beeinflussen kann. Studien haben gezeigt, dass die Teilnahme an einem achtwöchigen Achtsamkeitsmeditationskurs sich in einer messbaren Veränderung in Hirnregionen zeigt, die für Gedächtnis, Selbstwahrnehmung, Empathie und Stressreaktionen zuständig sind.

Von außen betrachtet, wirkt das Achtsamkeitstraining wie ein Rückzug aus der Welt, ein fast autistischer Zustand der Abschottung von äußeren Reizen und Zusammenhängen. Sobald die Meditierenden aber ihre Augen wieder aufschlagen, sind sie in der Regel mitfühlender mit ihren Mitmenschen als vor der Übung.

Wenn man ständig übt, den eigenen Körper wahrzunehmen und nicht zu bewerten, was passiert dann, wenn der Körper massiv Schmerzen hat? Wenn ein Teil alle Aufmerksamkeit für sich haben will und herumschreit? Gerade beim Umgang mit Schmerzen können Achtsamkeitsübungen helfen, auf zwei verschiedene Arten. Viele Meditierende beschreiben, dass es ihnen gelingt und

Spickzettel in Stresssituationen.

hilft, wenn sie den Schmerz durch die neutrale, forschende, nicht wertende Brille der Achtsamkeit beobachten. Sie lernen, zu unterscheiden zwischen der körperlichen Empfindung «Schmerz» und dem «Leid», das unser Geist oft daraus macht: Wenn ein Knie ständig «Hier!» schreit und sich an der Ursache des Schmerzes gerade wenig verändern lässt, ist die zweite Möglichkeit, die Aufmerksamkeit auf eine andere Stelle im Körper zu lenken. Gezielt kann der Geübte dann in das «stille» Knie hineinfühlen und merkt: Ich habe zwar Schmerzen im rechten Knie, aber das muss nicht mein Erleben komplett in Beschlag nehmen. Ich bin viel mehr als mein Schmerz.»

Neben der Achtsamkeitsmeditation gibt es natürlich noch unendlich viele andere Meditationsarten, mit mehr oder weniger spirituellem Überbau, manche ruhiger, manche aktiver.

Auch wenn der letzte Beweis noch aussteht: Ich finde es sehr plausibel, dass man Geistes- und Körperhaltungen verbessern kann,

HANDY

wenn man sie übt. Ich mochte beim Üben besonders die Momente der Stille, denn mein «Mind» scheint besonders schwer zur Ruhe zu kommen, und auch wenn ein Hirnteil gerade mal döst und träumt, kommt ein anderer und gibt seinen gedanklichen Senf dazu. Unaufgefordert. Aber zwischendrin gibt es herrliche klare Momente, in denen man nichts anderes braucht oder will oder tut, als dazusitzen und da zu sein. Was ich ebenfalls am buddhistischen Denken immer sympathisch fand, war der implizite Humor, die Freude an den Widersprüchlichkeiten, über die man verzweifeln oder lachen kann. Zur Übung bekommen die Schüler unlösbare Rätsel, sogenannte Koans, beispielsweise: Wie klingt das Klatschen einer Hand? Dann sitzt du da und denkst darüber nach, und irgendwann haust du dir mit der flachen Hand auf die Stirn und weißt in der Sekunde, wie das Klatschen einer Hand klingt. Es kommt auf einen Versuch an. Und die Disziplin, die Übungen dann auch regelmäßig zu machen. Bis es einem zur guten Gewohnheit wird, morgens und abends so wie beim Zähneputzen den Geist zu putzen, damit er morgens wacher und abends ruhiger wird. Zen ist die Zahnseide unseres Gehirns, damit die gedankliche Mayonnaise nicht ranzig wird, der Senf der Seitenhiebe nicht bitter und der Honig aus dem Bart nicht die Zwischenräume unserer Hirnwindungen verklebt. Und unser Herz. Bewusster wahrnehmen, pausieren, Welt und Wertung sortieren und dann unsere Schritte wählen, das tut uns gut. Den Ameisen auch.

Jon Kabat-Zinn hat einen wunderbar tröstlichen Satz geprägt: «Solange du atmest, ist mehr an dir gesund als krank.»

Also, was auch immer uns an Chaos, Schmerz und Verzweiflung begegnet – wenn man nicht mehr ein noch aus weiß: weiteratmen ist eine gute Entscheidung. Ein und aus. Es gibt sehr wenige Ratschläge in der Medizin, die auf so viele Menschen und Situationen gleichzeitig zutreffen. Aber weiteratmen ist fast immer richtig. Es sei denn, man ist gerade beim Apnoetauchen.

Keiner von uns hat sich selbst zur Welt gebracht

«Ich freu mich, wenn es regnet, denn wenn ich mich
nicht freue, regnet es auch!»
KARL VALENTIN

Wenn man sich über die Atmosphäre auf Kirchentagen lustig machen will, reicht es, das «Danke»-Lied anzustimmen. «Danke für diesen guten Morgen…» Aber je mehr ich über positive Psychologie gelesen habe, desto klarer wurde mir: Das Lied hat recht! Dankbarkeit klingt halt schnell gekünstelt, aber echte Dankbarkeit ist ein echtes Wundermittel. Es gibt zwei Darreichungsformen: Dankbarkeit *akut* und Dankbarkeit *forte*. *Akut* bedeutet: Ich kann jemandem in dem Moment dankbar sein, in dem ich Hilfe bekomme und sich jemand ins Zeug gelegt hat, ohne an sich zu denken. *Forte* heißt: Dankbarkeit als Grundhaltung dem Leben gegenüber, wenn ich staunend die Schönheit der Natur erkenne, mir der Kostbarkeit und Endlichkeit des Lebens bewusst werde oder einfach einen Moment lang spüre, dass es mir gerade verdammt gutgeht.

Gäbe es Tabletten dafür, müsste man sie verschreiben, denn die Auswirkungen auf Leib und Seele sind in den letzten Jahren immer deutlicher geworden, vom Schutz gegenüber seelischen Erkrankungen wie Depressionen bis hin zur Verringerung ganz konkreter Stresssymptome und Schmerzen – und Dankbare schlafen sogar besser! Dankbarkeit erweitert unseren Horizont, und sie hilft uns, Reserven aufzubauen, die uns in der nächsten Krise durchhalten lassen. Wenn man sieht, wie wenig sich unser Wohlbefinden durch Geld steigern lässt, lohnt sich eine Investition in die eigene Dankbarkeit umso mehr.

HANDY

Hundertmal klingeln sagt mehr als tausend Worte.

Wie kommen Sie an diese Droge ran?

Nummer 1: das Tagebuch. Vor dem Schlafengehen drei Dinge aufschreiben, für die man an diesem Tag dankbar ist. Studienteilnehmer, die das über 14 Tage praktizierten, machten sich anschließend weniger Sorgen, waren zufriedener mit ihrem Körper, und viele machten von sich aus die Übung weiter, obwohl sie nicht mehr «mussten».

Nummer 2: der Dankbarkeitsbesuch. Oft ist man Menschen gegenüber für etwas dankbar, das schon länger zurückliegt. Aus heutiger Sicht versteht man vielleicht besser, was es einem damals bedeutet hat. Demjenigen das persönlich zu sagen, ist ein weiterer sehr wirkungsvoller Weg, Dankbarkeit auszudrücken und zu empfinden. Die fortgeschrittene Version ist: vorher einen Brief zu schreiben und diesen Brief dem Wohltäter vor Ort vorzulesen.

Nummer 3: der Dankbarkeitsbrief oder, konkret, ein Foto für die Station.

Auf der Frühchenstation bin ich dieser sehr schönen Idee begegnet. Oft kämpft das ganze Team dort Tage und Nächte um das Leben der Winzlinge. Und für Momente, in denen man am wenigsten Sinn in der ganzen Arbeit sieht, gab es etwas, das einen unmittelbar wieder aufrichten konnte: eine Fotowand. An der Wand neben dem Schwesternzimmer befand sich eine bunte Collage aus Kinderfotos. Eltern hatten sich bedankt, indem sie Fotos schickten, die zeigten, was aus den 500 Gramm inzwischen geworden war: Sophie kann jetzt laufen, Kevin kann Dreirad fahren, und Melina kommt nächstes Jahr schon in die Schule. Ein Blick, und man wusste wieder, wofür man da war und sein Bestes gab.

Ich frage mich ernsthaft, warum es solche Fotowände nicht auf jeder Station gibt. Ja, doch, es gibt Datenschutz. Aber ich wette, es gäbe genug Patienten, denen das egal wäre. Und die Fotowand muss ja nicht im Flur hängen. Sie könnte auch an der Innenseite des Medikamentenschrankes angebracht sein, als Stärkungs- und Beruhigungsmittel, bevor man durchdreht oder nicht mehr kann.

Was spricht dagegen, jedem Patienten bei der Verabschiedung eine Postkarte in die Hand zu drücken, mit der Adresse der Station drauf und dem Verweis: «Porto zahlt Empfänger»? Nach sechs Wochen soll der Patient die Karte mit Grüßen aus dem echten Leben und einem kurzen Text schicken, was ihm im Krankenhaus geholfen hat und wie es ihm jetzt geht.

Je größer die Institutionen geworden sind, desto weniger erleben die einzelnen Mitarbeiter diese sehr befriedigende und sinnstiftende Wandlung: Da kommt jemand elend ins Krankenhaus und geht gesund wieder nach Hause. Das ist doch jedes Mal ein kleines Wunder! Aber das bekommt kaum einer mehr mit, weil der Erste den Patienten nur in der Notaufnahme erlebt hat, der Zweite beim Röntgen,

der Dritte beim Herzkatheter, der Vierte auf der Intensivstation, der Fünfte auf der Normalstation, und der Sechste hat den Brief nach Aktenlage geschrieben, aber den Patienten nie gesehen. Der Zusammenhang fehlt, und damit die Freude und der Sinn. Es ist schon für die Patienten doof, ständig wechselnde Ansprechpartner zu haben, von denen keiner weiß, was der andere schon genau gesagt und erklärt hat. Aber es ist auch für die Ärzte und Pflege doof, weil jeder rödelt, aber keiner mehr erlebt und feiert, was man zusammen geschafft hat.

Wenn Sie jetzt denken: Mensch, die oder der, die haben mir mal wirklich geholfen, dann schreiben Sie doch eine Postkarte, einen Brief oder eine E-Mail. Brief ist schöner. Die Gebühr sollten Sie übernehmen. Aber ich verspreche Ihnen: Im Krankenhaus oder in der Arztpraxis oder dem Pflegeheim freuen sich Menschen über Gebühr!

Warte nicht auf andere, liebe dich selbst

«Ich liebe dich!»
«Echt? Das wäre mir zu anstrengend.»

Neulich sah ich meiner Patentochter Marie zu, wie sie durch das Zimmer tanzte. Anmutig, voller Freude, selbstvergessen. Ich wollte sie motivieren und sagte: «Mensch, so toll, wie du tanzt, vielleicht wirst du mal Balletttänzerin.» Und sie guckte mich ganz ernst an und sagte: «Ich bin Balletttänzerin.» Kluges Kind! Und mir kam wieder die gute alte Grundfrage der Therapeuten in den Sinn: Wer genau hat das Problem? Marie brauchte niemanden, der sie motiviert. Es reichte ihr völlig, wenn ihr niemand im Weg stand! Ich dachte darüber nach, wie ich diese pädagogische Scharte wieder wettmachen könnte: Singen ist gut für die Seele! Bring ihr ein Lied bei! Ich wusste, dass ihre Mutter bald Geburtstag hatte, und brachte ihr den schönen alten Kanon *Viel Glück und viel Segen* bei. Sie lernte ihn schnell, mochte das Lied, und ich hörte, wie sie in ihrem Zimmer weiter vor sich hin trällerte. Gerührt hörte ich an der Tür, was sie sang: «Viel Glück und viel Segen auf all *meinen* Wegen.» Und ich alter Klugscheißer ging hin: «Pass mal auf, du machst das toll, aber das ist nicht ganz richtig. Das ist ja ein Lied für deine Mutter, und es heißt *deinen* Wegen. Und so solltest du es in fünf Tagen auch singen, wenn sie Geburtstag hat.»
Und Marie guckte mich wieder mit diesem durchdringenden Blick einer Vierjährigen an und sagte: «Ich weiß das doch. Aber bis dahin kann ich doch singen, viel Glück und viel Segen auf all *meinen* Wegen.»
Da fiel mir nichts mehr ein.
Marie hatte mit ihren vier Jahren intuitiv etwas verinnerlicht,

HANDY

wofür manche Menschen sehr viel länger brauchen, oft sogar eine ausführliche Psychotherapie. Sie hatte «Self-Compassion», die Fähigkeit, mit sich selbst befreundet zu sein. Das klingt ungewohnt, aber es bedeutet: sich selbst Gutes zu wünschen und an sich nicht ständig viel härtere Maßstäbe anzulegen als an einen guten Freund. «Self-Compassion» lässt sich nicht gut übersetzen, dabei ist es eines der neuen Konzepte der Psychologie, die mir unmittelbar einleuchten, auch als ein Gradmesser für den Erfolg von Psychotherapie. Wenn man sich nach dem Prozess nicht mehr mag als vorher, was hat es dann genutzt?

Lange Zeit galt die Devise, dass Menschen möglichst viel Selbstsicherheit brauchen. Das hat zwei Tücken: ein gewisses Maß an Selbstüberschätzung und ein übermäßiges Kreisen um das Selbst. Die Logik des «Du kannst alles schaffen, du musst nur wollen» und «Du bist die Nummer eins» erzeugt mehr Verlierer als Gewinner. Es können rein logisch nicht alle überdurchschnittlich gut sein, und diese sehr verbreitete Einstellung macht es nicht leichter, Freunde und Partner zu finden. Der billigste Weg, sich besser zu fühlen, ist, andere herunterzumachen, was sich in der Schule und am Arbeitsplatz als Mobbing äußert.

Der Unterschied zwischen Ehrgeiz und Zielorientierung liegt in der Frage: Ist meine Messlatte außen oder innen? Möchte ich besser sein als andere, oder möchte ich mein Bestes geben und weiß, wie nah ich diesem Anspruch gekommen bin?

Die Buddhisten sagen: «If you go into comparison, you go into suffering» – wenn du anfängst, dich zu vergleichen, fängst du an, zu leiden. Wenn ich mich abhängig mache von der Bestätigung anderer, kann ich nur verlieren. Jeder Mensch steht auf einer «Bühne», wird von anderen bewertet und braucht Rückmeldung. Viele bekommen wenig Applaus, obwohl sie auch ihr Bestes geben. Ein Grund, warum Männer selbstsicherer wirken als Frauen, ist die nicht besonders schmeichelhafte Einsicht über mein Geschlecht: Wir sind sehr

Die einen nennen es Rettungsring, die anderen Hüftengold. Wer ist glücklicher ...?

viel weniger kritisch mit uns! Wir halten uns sehr viel eher für die Größten, während Frauen da realistischer sind, bis hin zur Selbstzerfleischung. Gerade auch, wenn es um die Selbsteinschätzung der Attraktivität und äußeren Schönheit geht, fühlen sich Männer mit einem kurzen Blick in den Spiegel schon bestätigt, während Frauen so lange hinschauen, bis sie was zu meckern finden.

Und da kommt Self-Compassion ins Spiel. Kann ich mir selbst auf die Schulter klopfen, wenn es sonst keiner tut? Kann ich mir verzeihen, wenn ich Fehler gemacht habe? Erwarte ich von mir Perfektion, oder ist mir klar, dass alle Menschen Schwächen und Unzulänglichkeiten haben – es also okay ist, dies auch für mich zu akzeptieren und zu «umarmen»?

Wie oft rufen wir: «Das darf doch nicht wahr sein!» Wenn es aber doch offenbar gerade wahr ist, könnte ich auch sagen: «Dieser Mo-

HANDY

ment gehört zum Leben dazu, das Scheitern wie das Gelingen. Ich bin gespannt, wie ich mich aus diesem Sumpf wieder befreie.» So eine Grundhaltung dem Leben und dem Selbst gegenüber ist stabiler als ein «Ich», das ständig gefeiert werden muss. Ein schöner Vergleich ist der Grashalm oder ein Bambus. Da er geschmeidig ist, hält er dem Sturm stand und kann sich danach aus eigener Kraft wieder aufrichten. Diese Fähigkeit, Schwierigkeiten und Schicksalsschläge auszuhalten, heißt Resilienz. Die ersten Forschungsergebnisse mit so unterschiedlichen Menschen wie Kriegsveteranen, Schmerzpatienten oder Geschiedenen zeigen: Self-Compassion lässt sich trainieren. Es macht uns gesünder, mitfühlender und erfolgreicher, weil wir aufhören, uns selbst zu schaden oder aus Angst vor dem Scheitern Dinge gar nicht erst auszuprobieren.

Der einfachste mentale Judotrick, um das Selbstgefühl zu steigern, ist, sich die Frage zu stellen: «Was würde ich einem lieben Freund in meiner Situation jetzt sagen oder raten?» Ein anderer Trick ist, sich die Hand aufs Herz zu legen und sich damit zu beruhigen, so wie wir auch einen Angehörigen oder ein Kind sanft berühren würden.

Versuchen Sie, die folgenden drei Sätze laut zu sprechen; ich weiß, das kommt Ihnen sehr seltsam vor, aber tun Sie es trotzdem:

«Ich glaube, dass ich Gutes, Respekt und Liebe verdient habe. Ich kann gute Dinge ohne schlechtes Gewissen genießen. Ich kann über mich selbst lachen und nehme mich nicht zu ernst.»

War es schlimm? Fühlte es sich ganz verkehrt an, oder könnten Sie sich sogar daran gewöhnen, mit sich selbst befreundet zu sein?

Na, dann probieren Sie doch auch gleich die nächste Stufe und singen Sie, auch wenn Sie heute gar nicht Geburtstag haben: Viel Glück und viel Segen auf all meinen Wegen!

Wahre Wunder

Mein Freund hat das Wunder erlebt, dass ich «Ja» gesagt habe und er mich dieses Jahr heiraten darf.

In der Nacht weckte mich ein «Geist» und sagte immer, ich soll in die Küche gehen. Ich stellte als 9-Jährige fest, dass der Gashahn offen war.

Mein Pferd wurde vor ein paar Jahren eingeschläfert, und wenn ich manchmal in den Himmel gucke, sehe ich mein Pferd in den Wolken.

Ich war in Griechenland im Museum und habe da einen faszinierenden altgriechischen Diskus gesehen. Auf dem Rückweg zum Hotel musste ich pinkeln und habe hinter einem Erdhaufen dieses Geschäft verrichtet. Dabei habe ich die Hälfte eines exakt gleichen Diskus freigelegt. Heute ist ein Silberanhänger mit einer Nachbildung mein Glücksbringer.

Mein Chef wurde heute entlassen.

Ich, morgens vor dem Spiegel.

Unsere Tochter ist aus der Drogenszene rausgekommen und hat heute eine wunderbare Familie.

° Paradies der Phantasie °

Kapitel 7

WER ZULETZT LACHT ...

Im letzten Kapitel geht es um die Kraft der Phantasie, warum auch Humor, Musik und Geschichten uns heilen können. Und ich stelle eine Frage, die über das Buch hinausweist: Welche Medizin wollen wir eigentlich? Wie kommt das Humane zurück in die Humanmedizin? Und wenn wir älter werden – ist das so schlimm? Um eine Antwort darauf zu finden, bin ich für drei Tage in ein Altersheim gezogen und habe mich von einem 81-Jährigen im Tischtennis über den Tisch ziehen lassen. Welche Schlüsse Sie aus dem Ganzen ziehen? Dazu gibt es die erste deutsche Ratgeberlotterie – Sie suchen sich aus 49 Tipps aus, was Ihnen gefällt, und werden so garantiert zum Gewinner!

Der König im Krankenhaus

Das Gesicht ist dir gegeben – lachen musst du selbst.

Der Kunde ist König. Im Krankenhaus spürt man sehr schnell: Die Monarchie ist in Deutschland seit 1918 abgeschafft.

Alfred, ein befreundeter Kommunikationstrainer und Clown, musste einmal ins Krankenhaus, um sich am Ellenbogen operieren zu lassen. Er wurde stationär aufgenommen, untersucht und blieb nüchtern. Am nächsten Morgen kam die Schwester zu ihm und sagte: «Bitte legen Sie sich ins Bett, ich fahre Sie jetzt in den OP.» Alfred erwiderte freundlich: «Ich weiß nicht, ob Sie es wissen, aber ich werde ja am Ellenbogen operiert. Ich habe zwei gesunde Beine, ich würde gerne laufen.» Wie aus der Pistole geschossen kam ihre Ansage: «Es ist zu Ihrer Sicherheit!» Mit diesem Totschlagargument lässt sich im Krankenhaus jeder Unsinn rechtfertigen – in der Praxis bedeutet es: Ende der Diskussion.

Im Bett durch ein Krankenhaus geschoben zu werden, ist kein Vergnügen. Die strenge Schwester hatte für den renitenten Patienten das Kopfteil extra heruntergestellt, sodass Alfred flach auf dem Rücken liegen musste. Man fühlt sich sofort hilflos, wie ein Käfer, der auf dem Rücken gelandet ist. Man schaut in Neonröhren, Nasenlöcher und auf den «Galgen», der über einem baumelt. Das ist alles nicht schön und macht unnötig Angst.

Es sollte eine Pflichtübung in der Ausbildung von Ärzten und Pflegekräften sein, einen Tag lang im Bett durch das eigene Krankenhaus geschoben zu werden – nur um einmal zu spüren, wie das ist, wenn man in einer Mischung aus Autoscooter und Geisterbahn an Wände und Fahrstuhltüren donnert. Der zweite Teil der Übung

Bodenschutz
KOLON
120×100 cm

▶ Schützt den Boden vor Abnutzung und Schmutz.

19.99

Was Ärzte lustig finden ... (Kolon ist der Fachausdruck für Dickdarm, überall auf der Welt, außer in schwedischen Möbelhäusern).

sollte darin bestehen, die Menschen zu zählen, die einem während der Fahrt ins Gesicht schauen. Doppelte Punkte gibt es für die Menschen, die dabei noch lächeln.

Alfreds OP verlief komplikationslos, aber er musste nach einigen Wochen zu einer zweiten Operation. Diesmal dachte er sich: Ich schlage das System mit meinen eigenen Mitteln. Er hielt auf der Fahrt ins Krankenhaus bei Burger King und organisierte sich eine der Kindergeburtstags-Pappkronen. Dann kaufte er noch eine Zeitschrift, die er mit einem Gummiband zu einem Zepter zusammenrollte. Natürlich hatte er außerdem wie jeder Clown eine rote Nase griffbereit.

Alfred versteckte die Requisiten unter der Bettdecke und freute sich diebisch auf den Moment, in dem die Schwester kommen würde, um ihn abzuholen. Als es so weit war, legte er sich brav flach ins Bett und ließ sich um die ersten drei Ecken schieben. Dann plötzlich setzte er sich aufrecht hin, setzte sich die Krone auf, Zepter in

HANDY

die Hand, rote Nase ins Gesicht – und winkte majestätisch allen zu, an denen er vorbeikutschiert wurde. Ein Bild für die Götter!

Alfred erzählte die Geschichte vor vielen Jahren auf einem Humorkongress, und sie ist mir aus drei Gründen ans Herz gewachsen.

Erstens: Sie ist so passiert. Zweitens: Sie zeigt, wie durch den Einsatz minimaler Mittel aus einer Situation der Hilflosigkeit eine Situation der Heiterkeit werden kann. Wie aus einem Käfer ein König wird. Und drittens: Die Geschichte hatte ein Nachspiel.

Jahre später saß Alfred in einem Café und bemerkte, dass ihn ein anderer Gast intensiv musterte. Der Mann kam schließlich zu ihm an den Tisch und erklärte sich: «Entschuldigung, dass ich Sie so anstarre – aber wurden Sie nicht vor einigen Jahren mal am Ellenbogen operiert?» – «Ja, woher wissen Sie das denn?» – «Ich war damals im Operationsteam. Sie konnten mich nicht erkennen, ich hatte schon meinen Mundschutz an. Aber ich möchte Ihnen sagen, der Moment, als Sie mit der Krone, dem Zepter und der roten Nase bei uns hereingeschoben wurden, diesen Moment haben wir nie mehr vergessen! Und immer, wenn wir Stress hatten, eine Operation schwierig wurde, lange dauerte und wir nicht mehr konnten, haben wir kurz innegehalten, uns gegenseitig an diesen Moment erinnert, gelacht, und dann ging es wieder. Ich wollte nur, dass Sie das wissen.»

Humor ist, wenn man trotzdem lacht

Zwei Affen unter der Dusche. Ruft der eine:
«Uuh, aah, uuh-uuh!» Darauf sagt der andere:
«Dann mach es halt wärmer!»

Es ist doch paradox: Jeder Mensch meint von sich, er habe Humor. Gleichzeitig kennen wir viele, die keinen haben. Das geht nicht auf. Ein Beispiel: Ein Junge fährt gemächlich mit seinem Fahrrad vor einer Straßenbahn her. Der Fahrer hupt und hupt, nichts passiert. Er lässt das Fenster herunter und brüllt: «Mensch, Junge, kannst du denn nicht woanders fahren?» Darauf der Junge: «Ich schon, aber du nicht!»

Der eine kann aus seiner Spur, der andere nicht. Klein gegen Groß, geistige gegen körperliche Überlegenheit. Das ist der Urwitz der Menschheit wie in der Geschichte von David gegen Goliath. Der mächtige Riese Goliath wird von dem körperlich unterlegenen David mit seiner Schleuder niedergestreckt. Witz gewinnt gegen Gewalt. Und deshalb ist der kreative Geist auch so eine gute Waffe, vor allem, wenn wir selbst der Feind sind: trübe Gedanken, üble Schmerzen oder wenn die ganze Welt vermeintlich gegen uns ist. In so einem Fall können wir uns selbst zuzwinkern, wenn es uns gelingt, eine Position im Kopf zu finden, die uns etwas innere Distanz verschafft. Das ist die Magie des Humors. Eine Institution in uns, die uns selbst nicht so ernst nimmt, sondern uns über die Schulter guckt und sagt: Alles nicht so schlimm, wie du glaubst, entspann dich, lass los. Aber weil wir uns das, wenn wir angespannt sind, nicht immer selbst sagen können, gibt es «Profis». Jede Kultur hatte nicht nur ihre Medizinmänner, sondern immer auch ihre Hofnarren, Poeten oder

HANDY

Clowns. Manchmal auch in Personalunion. Diese Humorfachkräfte können uns an die Heilkraft des Lachens erinnern, wenn wir es verloren oder im Stress vielleicht auch nur verlegt haben. Wir können uns nicht selbst kitzeln, wir brauchen andere, um uns «anstecken» zu lassen. Jeder kann für sich schmunzeln, aber für einen richtigen Lachflash braucht es Gemeinschaft.

Ist Lachen die beste Medizin? Am besten wurde die Wirkung des Lachens bei Schmerzen untersucht. Wenn Sie das überprüfen wollen, schlage ich Ihnen ein einfaches Experiment vor, zu dem Sie nichts weiter brauchen als einen Hammer. Mit dem schlagen Sie sich zweimal auf den eigenen Daumen. Unter zwei verschiedenen Testbedingungen: einmal allein, einmal in Gesellschaft. Allein tut es lange weh. In Gesellschaft muss man über sein Missgeschick lachen, und der Schmerz lässt nach. Deshalb sollte jeder, der Schmerzen hat, besser nicht die ganze Zeit allein sein und noch besser: etwas zu lachen bekommen.

«Ein Clown wirkt wie Aspirin, nur doppelt so schnell.» Der amerikanische Filmkomiker Groucho Marx trifft mit diesem Satz den Nagel auf den Kopf, warum es seit gut 20 Jahren eine internationale Bewegung gibt, Clowns im Krankenhaus als Eisbrecher einzusetzen. Entstanden ist die Idee des «Hospital Clowns» in den USA durch Michael Christensen aus New York. Meine Stiftung HUMOR HILFT HEILEN fördert nach diesem Vorbild heilsame Stimmung in deutschen Krankenhäusern.

Der große Vorteil der Clowns: Sie stehen außerhalb der Hierarchien, sie können sich ihre Zeit frei einteilen, sie sind die «Joker» der Zuwendung und können hingehen, wo sie gerade gebraucht werden. In Deutschland ist inzwischen eine bunte Szene gewachsen, die ihre Kunst dorthin bringt, wo es wenig zu lachen gibt. Was bringt das? Viel, wie eine aktuelle Studie zeigt: In der Kinderchirurgie der Universität Greifswald wurde die Hälfte der Kinder von einem Clown zum OP begleitet, die andere Hälfte bekam die Standardbegleitung.

Die Ergebnisse waren messbar: Die Angst vor der Operation sank durch die Clowns deutlich bei Kindern und bei Eltern. Durch die Clownintervention stieg das Vertrauenshormon Oxytocin im Speichel der Kinder um 30 Prozent. Alle waren überzeugt von dem Projekt, auch Ärzte und Schwestern. Ich möchte noch erleben, dass es Komik auf Krankenschein gibt.

Oft wird die Humorarbeit mit Clowns für Kinder gleichgesetzt. Das macht heute aber nur noch einen Teil ihrer Arbeit aus. So untersuchen Psychologen der Humboldt-Universität Berlin gerade an erwachsenen Schlaganfall-Patienten, ob eine stationäre Intervention mit Clowns den Therapieerfolg steigern und die depressiven Begleitsymptome der neurologischen Erkrankung mindern kann. Inzwischen werden Clowns erfolgreich in der Geriatrie, der Altenpflege und der Palliativmedizin eingesetzt. Wie die Hospizbewegung ist die Idee Teil einer Gegenkultur zur industrialisierten Medizin.

Wichtig ist auch die Arbeit mit den Pflegekräften. Es wird viel von «personalisierter Medizin» geredet, aber gleichzeitig am Personal gespart. Dabei gibt es dort Naturtalente der guten Laune, die kommen in ein Zimmer und verbreiten sofort Heiterkeit und Hoffnung. Es gibt aber auch andere Naturtalente, bei denen ist es genau andersherum. Und es gibt viele dazwischen, die in die eine oder andere Richtung «kippen» können. Seit mehreren Jahren führen wir mit der Stiftung daher «Humor-in-der-Pflege»-Workshops durch, in denen mit Teams von 15 Teilnehmern drei Stunden lang geübt, gespielt und reflektiert wird. Wie gehe ich in Kontakt mit jemandem, was nehme ich alles wahr, was unterscheidet wertschätzenden von ironischem Humor, wie kann ich mit peinlichen Situationen leichter umgehen, und wie sorge ich als Pflegekraft so gut für mich, dass ein Lächeln nicht «aufgesetzt» werden muss, sondern aus mir herausstrahlt? In einem bislang deutschlandweit einmaligen Projekt werden gerade 2 500 Mitarbeiter der Kranken- und Altenpflege nach diesem Konzept geschult und wissenschaftlich begleitet.

Humor ist eine Geisteshaltung der heiteren Gelassenheit, des herzlichen Über-den-Dingen-Stehens. Zynismus dagegen ist das Darüberstehen ohne Herz und hinterlässt im Abgang einen bitteren Beigeschmack. Auch in der Psychotherapie wird Humor ernst genommen. Humorvolle Geschichten, Wendungen, Ha-ha-Erlebnisse können uns wie einen Geistesblitz so erhellen, dass wir etwas schlagartig anders sehen und sich manche Hirngespinste in derselben Sekunde auflösen. Viele meinen, wenn ein Problem schon lange besteht, müsse auch die Lösung des Problems lange dauern. Kann sein, muss aber nicht. Humor befreit durch den plötzlichen Wechsel der Perspektive.

Deshalb ist es unfreiwillig komisch, wenn wir uns dabei ertappen, wie wir in einer Falle stecken. Wie der Betrunkene, der sich im Kreis um eine Litfaßsäule herumtastet und ruft: «Hilfe, ich bin eingemauert!» Für jeden Außenstehenden ist es offensichtlich, dass er sich lediglich umzudrehen bräuchte, um frei zu sein. Nur er hält an der scheinbar endlosen Wand und seiner «Weltsicht» fest.

Die Erfahrung, dass es nicht lange brauchen muss, um Dinge, die schon lange bestehen, zu verändern, kennt man übrigens auch aus der Hypnotherapie, der Arbeit mit Geschichten, überraschenden Einsichten und mit der Veränderung des inneren Erlebens. Manchmal ist nur eine Sitzung nötig, um Erfolg zu haben. Das kommt den Klienten dann wie ein kleines Wunder vor. Aber diese «Spontanheilungen» mit oder ohne Anleitungen gibt es oft. So wie die meisten Raucher auch von einem Tag auf den anderen aufhören können.

Warum gibt es weltweit Witze und Humor? Eine der für mich überzeugendsten Theorien lautet: Es ist unser geistiges Gegengift, wenn wir uns in ein Denkmuster verrannt haben. Menschen lieben einfache Erklärungen für die Phänomene um sie herum und erliegen dabei oft Irrtümern über Ursache und Wirkung. Offenbar liefert der Humor die Möglichkeit, über seine eigenen falschen Annahmen zu lachen und sie zu korrigieren. Deshalb ist auch ein sicheres Anzeichen für jede Form von Ideologie, dass sie stets komplett humorbefreit daherkommt. Wer sich im Besitz der einzigen Wahrheit wähnt, der hält eine andere Perspektive gar nicht aus.

Ein Mann hat sich beim Wandern verlaufen. Endlich gelangt er an einen Fluss und schöpft Hoffnung, irgendwann eine Brücke und die Zivilisation wiederzufinden. Es kommt aber kein Pfad, keine Brücke, nichts. Da sieht er auf dem Acker auf der anderen Seite des Flusses einen Bauern, der sein Feld bestellt. Frohen Mutes ruft er hinüber: «Landmann, wie komme ich auf die andere Seite?» Der Bauer überlegt eine Weile und ruft zurück: «Du bist schon auf der anderen Seite!»

Im Humor können Widersprüche bestehen bleiben, ohne dass sie aufgelöst zu werden brauchen. Unser Verstand will die Welt sortieren, die ist aber viel zu komplex, um sich in gut / böse, rechts / links, richtig / falsch einteilen zu lassen. Es gibt drei Zustände der Seele, in denen Widersprüche existieren dürfen, ohne aufgelöst werden zu müssen: der Traum, die Psychose und der Humor. An der Nicht-Begreifbarkeit des Lebens kann man verrückt werden, man kann daran verzweifeln, oder man kann darüber lachen. Lachen ist die gesündeste Art und überhaupt nicht oberflächlich. Ein großes deutsches Missverständnis. Mit Lachen akzeptiert man die Doppelbödigkeit des Seins, jedes Lachen ist eine kleine Erleuchtung. In allen Heilungskulten und Religionen der Welt kommen humorvolle Geschichten als Transportmittel für Paradoxien, Optimismus, Verständnis und Heilung vor. Humor nimmt der Angst den Wind aus den Segeln, sogar vor dem Tod.

Ein Fallschirmspringer ist aus dem Flugzeug gesprungen, zieht die erste Leine – nichts passiert. Zum Glück gibt es ja noch den Rettungsschirm, und so zieht er schon leicht panisch die zweite Reißleine. Nichts passiert. Ungebremst rast er der Erde entgegen. Da plötzlich, er traut seinen Augen kaum, sieht er einen Mann, der ihm von der Erde aus entgegenfliegt. Seine Rettung? Er ruft ihm zu: «Re-

Lachen sollte die einzige Ansteckung sein, die man sich im Krankenhaus holt.

parieren Sie Fallschirme?» Der andere ruft zurück: «Nein, nur Gasleitungen!»

Ich habe diesen Witz neulich einem Mann in meinem Alter erzählt, der auf der Palliativstation lag. Er hatte einen fortgeschrittenen Tumor und war sich seiner Situation sehr bewusst. Er beeindruckte mich, denn er war trotz seiner lebensverkürzenden Erkrankung dankbar, auf dieser Station zu sein, wo er sehr liebevoll und kompetent gepflegt wurde. Als ich ihm den Witz erzählte, lachte er laut und herzlich. Für einen Moment waren wir beide frei, ohne Fallschirm im freien Fall und begegneten uns. Wer zum ersten Mal ein Hospiz oder eine Palliativstation besucht, ist oft überrascht, dass dort keine Grabesstille herrscht, sondern oft und gern gelacht oder gesungen wird, mit der Energie des «Wenn nicht jetzt, wann dann?». So wie

George Bernard Shaw sagte: «Das Leben hört nicht auf, komisch zu sein, wenn wir sterben. So wenig, wie es aufhört, ernst zu sein, wenn wir lachen.»

Aber bleibt denn nach dem Lachen etwas über? Ist Humor denn auch nachhaltig? Probieren wir es mit Ihnen aus. Hier der Test:

Kommt ein Dalmatiner an die Kasse. Fragt ihn die Kassiererin: Sammeln Sie Punkte?

Ich liebe diesen Witz, weil er so schön bildhaft ist. Wie immer setzt er beim Zuhörer etwas voraus. Er muss erstens wissen, dass ein Dalmatiner ein Hund mit lauter Punkten ist, und zweitens, dass man an der Kasse oft genau diese blöde Frage hört. Und er verlangt Präzision vom Erzähler: Versuchen Sie es beim Weitererzählen nicht mit einem Dackel! Nur wenn im ersten Satz vor dem geistigen Auge des Zuhörers der Punktehund entstanden ist, kann im zweiten Teil die Pointe zünden. Die Vorstellung, dass ein weißer, unbefleckter Hund herumläuft und Punkte sammelt, kämpft mit der Absurdität, dass die Verkäufer ständig und immer dieselbe Frage stellen, ob sie Sinn macht oder nicht. Und weil unser Verstand sich zwischen den beiden Deutungen nicht für eine «richtige» entscheiden kann, gibt es eine logische Spannung, die sich im Lachen entlädt. Wenn Sie meinen, Humor sei nicht nachhaltig, wette ich heute mit Ihnen, dass Sie das nächste Mal, wenn Sie an einer Kasse gefragt werden: «Sammeln Sie Punkte?», nicht anders können, als an einen Dalmatiner zu denken und dabei von einem seltsamen Grinsen erfasst zu werden. Den Grund werden nur Sie und die anderen Leser dieses Buches kennen. Genießen Sie es und stecken Sie andere an.

Was würde ich tun, wenn ich Krebs hätte?

Schau der Angst so lange ins Gesicht, bis sie zwinkert.

Die erste Frage, die viele sich stellen, wenn sie mit einer Diagnose konfrontiert werden, lautet: Warum ich? Umgekehrt gilt das nicht. Wer nicht erkrankt, fragt nie: Warum nicht ich?

Krebs, Herzinfarkt und Schlaganfall können jeden treffen. Ein Herzinfarkt ist sehr viel wahrscheinlicher, kommt aber schneller auf den Punkt. Man überlebt oder nicht. Das ist eine klare Sache. Herz-Kreislauf-Erkrankungen sind der Killer Nummer eins, machen aber nicht so eine Angst und lösen auch nicht denselben psychologischen Suchprozess aus wie Krebs. Bei Krebs vermutet man immer, das Schicksal wolle einem etwas sagen. Das kann so sein, muss aber nicht. Krebs wirkt so bedrohlich, weil der «Feind» innen sitzt, weil er unsichtbar ist. Er ist gefährlich, und er ist in einem selbst entstanden. Heimlich hat er sich angeschlichen, eingenistet, ist unerkannt gewachsen, meist über viele Jahre, und wir haben nichts davon gemerkt, fühlten uns doch eigentlich gut. Dann kommt die Diagnose und trifft uns wie ein Schlag. Jeder geht damit anders um. Deshalb gibt es auch keinen richtigen oder falschen Weg.

Da meine Babyboomer-Generation die Chance hat, ziemlich alt zu werden, bedeutet das auch, dass mit steigendem Alter eine Krebsdiagnose immer wahrscheinlicher wird – und am besten trifft sie einen dann nicht komplett unvorbereitet. Jeder von uns kennt jemanden, der betroffen ist. In den Medien hören wir von Prominenten und nehmen Anteil an deren Schicksal. Ich selbst kenne alte Menschen und auch etliche junge, im nahen Umfeld und im fernen. Ich habe geliebte Menschen während der Chemotherapie begleitet und leiden sehen. Plötzlich schießt einem die Frage durch den Kopf: Was mache ich denn, wenn es mich selbst trifft? Was wäre, wenn …? Es ist ein heikles Gedankenexperiment. Natürlich würde ich an alles denken, was ich verpasse, was vielleicht nicht mehr gelebt, gesagt und getan werden könnte. Vor allem nicht mehr unbeschwert. Aber ich würde alle Kraft daransetzen, mich nicht zu «beschweren» und diesen Gedanken wenig Platz einzuräumen. Es gibt Naturtalente, die können das, die machen das automatisch. Ich gehöre wahrscheinlich nicht dazu, ich müsste es mir vornehmen. Der Schock säße bestimmt tief. Und die Angst um die, die ich zurücklassen würde, wenn es ernst würde, die hätte ich auch. Und dann würde ich versuchen wollen, schnell die Kurve zu kriegen, nach vorne zu gucken. Die Trauer sehen, annehmen und mitnehmen, aber sie nicht überhandnehmen lassen. Ich weiß, in der Theorie ist man oft schlauer, die Praxis ist hart. Und ich hoffe, dass ich mich immer nur in der Theorie mit diesem Thema beschäftigen muss.

In dem Buch *Mut und Gnade* beschreibt ein Ehepaar, wie es mit der Tatsache umgeht, dass die Frau in jungen Jahren eine aggressive Form von Brustkrebs bekommt. Es hat mich damals, als ich es gelesen habe, sehr beeindruckt. Das Besondere an den beiden Autoren: Sie hatten bis dato alles «richtig» gemacht, lebten extrem bewusst, meditierten, schrieben spirituelle Bücher und aßen kein Fleisch. Und trotzdem erwischte es sie. Schlechtes Karma? Die Rache aus einem früheren Leben? Nein – einfach nur Pech. Sie ließen sich auch von ihren wohlmeinenden Freunden keine Erklärungen und keine Schuld unterschieben. So würde ich das auch handhaben wollen.

Mein Nachbar André ist ein echtes Vorbild für mich. Er hat Darmkrebs, dabei ist er erst Mitte 30. André hat alles getan für seine Heilung, er kombiniert die wissenschaftliche Medizin – Operation, Chemotherapie und Bestrahlung – mit allem, was er sonst noch für sich als günstig herausgefunden hat. Er isst sehr bewusst, hat sich neue Ziele gesetzt und eine Ausbildung angefangen. Seine Freundin un-

terstützt ihn in jeder Phase und mit jeder Faser. Ich habe ihn einmal begleitet zu einem Gottesdienst in der Eifel, wo ich erlebte, wie eine Gemeinschaft einen positiv tragen kann. Jeder durfte einen Zettel ausfüllen mit einem Anliegen. Allein die Tatsache, dass jeder für sich formuliert, wofür man sich Hilfe wünscht, ist schon eine Hilfe. Die Körbe mit den vielen Wünschen ans Universum standen vor dem Altar, zusammen mit vielen Kerzen. Es wurde viel gesungen und gebetet. Ein echter Gänsehautmoment war, als jeder einem der anderen etwas Gutes wünschte. Ich mochte diesen Gedanken sehr, dass jeder für jeden da sein kann. André ist einer der positivsten Menschen, die ich kenne, und sein behandelnder Arzt staunt, wie gut es ihm geht.

«Der Kampf gegen den Krebs» ist eine zweischneidige Rhetorik. Auf der einen Seite können diese Worte jemandem Hoffnung geben. Auf der anderen Seite machen sie viele, die diesen Kampf nicht gewinnen, automatisch zu Verlierern. Und das ist unfair. Leben die «Kämpfer» länger? Das ist schwer herauszufinden, weil sich die Haltung der Krankheit gegenüber ändern und auch kurzfristig schwanken kann. Wenn man Betroffene nur zu einem Zeitpunkt X fragt und drei Jahre später schaut, ob ihre damalige Lebenseinstellung etwas bewirkt hat, kann in diesen drei Jahren viel passiert sein, was mit der Stimmung an Tag X nichts zu tun hat. Krebskranke müssen durch ein Wechselbad der Gefühle. Es gibt Zeiten voller Schmerzen, Hoffnungslosigkeit und Zweifel. Aber eben auch Tage voller Hoffnung und Lebensmut und sogar Glück.

Was sich als Grundmuster aus den verschiedenen Studien ablesen lässt: Hoffnungslosigkeit und «Sichaufgeben» verkürzen das Leben. Eine aggressive kämpferische Haltung ist aber nicht zwingend besser als eine aktive und gelassene. Der entscheidende Faktor für Lebensqualität und Lebensdauer ist ein anderer: die soziale Unterstützung. Patienten, die Menschen an ihrer Seite haben, die mit ihnen schon durch dick gegangen sind und dann durch dünn, sind wichtig. Menschen, die einem zuhören und in den Arm nehmen, wenn einen die Angst überwältigt. Solche, die mit einem zur Therapie gehen. Schon das stärkt das Immunsystem, die Lebenskräfte und die Lebensgeister. Familie und Freunde sind wichtig, wichtig sind aber auch Gleichgesinnte. Es gibt ein großes Angebot von Selbsthilfegruppen, Psychoonkologen, Gruppen in Volkshochschulen und Gemeinden.

Eine sehr hilfreiche Idee ist die «peer to peer»-Beratung. Ich würde jemanden suchen, der meine Erkrankung schon vor ein paar Jahren hatte und damit klar- und durchkam. Besser als jeder Psychologe oder Arzt kann mich jemand beraten, der mir der Lebenseinstellung halbwegs ähnlich, aber eine Erfahrungsstufe weiter ist. Und ich würde regelmäßig meditieren wollen, damit ich übe, meine Gedanken anzuschauen, sie nicht zu bewerten und wie Wolken weiterziehen zu lassen. Ich mag auch die Bergmeditation, in der man sich vorstellt, wie ein Berg in sich zu ruhen, und der Berg bekommt mal Sonne, mal Regen, mal Kälte ab, aber das kratzt ihn nur an der Oberfläche. Im Kern ruht er in sich und überdauert. Solche Übungen haben mir schon sehr gutgetan, momentan mache ich sie nicht regelmäßig, aber ich weiß, dass es hilft, sich an den «Diamanten» in sich zu erinnern, der von nichts angekratzt werden kann. Auch würde ich mir eine Gruppe suchen wollen, in der ich zum Beispiel nach der 5-Rhythmen-Methode tanzen kann. Es gibt sicher noch viele solcher Dinge und Tätigkeiten, die mir früher gutgetan haben und die ich wieder aktivieren könnte.

Jeden Tag würde ich mich daran erinnern wollen, dass die meisten Menschen mit Krebs noch lange und glücklich leben können, dass diese Krankheit nicht nur eine Erscheinungsform hat, sondern unter diesem unglücklichen Schlagwort hundert verschiedene Erkrankungen zu unterscheiden sind, die man besser nicht in einen Topf wirft. Viele Arten sind beherrschbar geworden. Und sie werden zu chronischen Begleitern, so wie andere chronische Erkrankungen auch, mit denen man weiterleben kann. Krebs ist nicht mehr gleich-

HANDY

bedeutend mit schnellem Tod. Auch das würde ich mir immer wieder vergegenwärtigen wollen.

Und ich würde eine Liste machen mit Dingen, die ich erleben möchte. Solche «Bucket Lists» kommen einem erst einmal sehr makaber vor: Was will ich tun, sehen, erfahren, bevor mich der Tod holt (auf Englisch «to kick the bucket»). Aber das große Geheimnis des Sensenmannes ist ja, dass er mit seiner Sense unsere Sinne schärfen kann für das, was Sinn schafft, was existenziell wichtig ist oder eben auch nicht. Und dass er jederzeit kommen kann, auch ohne Vorankündigung einer Diagnose. Wir haben alle eine begrenzte Zeit, und die ein bisschen zu strukturieren und einzuteilen, heißt nicht, sich bis ins Grab Stress zu machen und sich mit einer To-do-Liste bestatten zu lassen. Ich würde es auch eher eine To-be-Liste nennen. Was möchte ich sein, was möchte ich nicht tun und nicht haben? Welche Seiten an mir möchte ich zum Klingen bringen? Wie möchte ich leben, was möchte ich weitergeben?

Es gibt auch Menschen, denen es guttut, sich überhaupt nicht mit ihrer Krankheit auseinanderzusetzen. Menschen, die versuchen, einfach genauso weiterzuleben wie zuvor. Das könnte ich, glaube ich, nicht. Aber wer weiß ...? Es besteht keine Pflicht, die Krankheit zum Thema zu machen. Jeder darf so leben und so sterben, wie er es für richtig hält.

Für Angehörige ist das oft schwer auszuhalten. Meine Tante, die als Röntgenärztin vielen Krebspatienten die Erstdiagnose stellen musste, bekam selbst Bauchspeicheldrüsenkrebs. Da dieser Krebs erst spät Symptome zeigt, ist er oft schon bei der Diagnose gestreut und je nach Form sehr schwer zu operieren und zu behandeln. Ich besuchte sie mehrmals und wollte wissen, wie sie die Krankheit sah, was sie für sich und ihren Körper tun wollte und ob etwas auf ihrer inneren Bucket List stünde. Sie wollte darüber nicht reden. Das war ihre Art, und ich habe es akzeptiert, auch wenn es mir schwerfiel. Meine Tante bekam bis zuletzt Chemotherapien, die ihr nicht guttaten und auch ihr Leben nicht entscheidend verlängern konnten. Aber sie wollte über Sinn und Zweck dieser medizinischen Keulen nicht diskutieren. Sie starb, noch bevor wir ihr ein Bett in einem Hospiz besorgen konnten. Oft habe ich gedacht, dass sie mehr davon gehabt hätte, wenn die Krankenkasse 10 Prozent des Geldes, das sie anstandslos für weitgehend unsinnige und extrem teure Medikamente bezahlt hat, direkt an meine Tante ausgezahlt hätte. Von diesen 10 Prozent hätte sie eine Weltreise machen können, statt in einem Krankenzimmer einen Kampf um ein paar Tage und Wochen mehr aufzunehmen. Vielleicht wäre das mein Weg, ihrer war es nicht.

Die 10-Prozent-Idee ist eine Utopie, das weiß ich auch. Aber was keine Utopie sein muss, ist ein Gespräch mit dem medizinischen Team und allen Angehörigen, wann eine Therapie keinen Sinn mehr macht und welche Optionen man auf einer Palliativstation oder in einem Hospiz hat. Die meisten Menschen werden auf Palliativstationen so gepflegt und mit allem versorgt, dass sie nach Hause entlassen werden können. Denn wenn es so weit ist und wenn es irgendwie möglich ist, würde ich lieber zu Hause sterben wollen. So wie die allermeisten.

Einen schönen Moment mit meiner Tante im Krankenhaus verdanke ich Christoph Reuter, er ist Pianist und ein guter Freund. Da er damals selbst gerade ein Solokonzert gegeben hatte, war zufällig sein Keyboard mit im Auto. Aus einem spontanen Gedanken heraus fuhren wir quer durch die Pampa zu meiner Tante ins Krankenhaus und überraschten sie. Die Schwestern auf der Station staunten nicht schlecht, wie wir da mit schwerem Gerät bepackt aus dem Fahrstuhl traten. Und ich werde nie vergessen, wie Christoph aus dem tristen Zimmer einen Konzertsaal machte – für ein ganz persönliches Wunschkonzert mit Mozart, Chopin und Kinderliedern, eine musikalische Weltreise durch die Jahrhunderte und Lebensphasen. So ein Konzert wünsche ich jedem, der im Krankenhaus liegt. Dazu braucht es keinen Pianisten, ein MP3-Player reicht.

HANDY

Ich kenne viele Menschen, die sich durch eine schwere Erkrankung sehr positiv verändert haben, die an den neuen Herausforderungen nicht zerbrochen, sondern gewachsen sind. Wenn ich krank würde, würde ich versuchen wollen, mich daran zu erinnern, dass es kein Grundrecht auf Gesundheit gibt. 40 Prozent aller Menschen in Deutschland leben mit einer chronischen Erkrankung, mal besser, mal schlechter. Ich würde versuchen, nicht zu viel zu hadern, sondern lieber Josef Hader noch mal live zu sehen. Er ist einer meiner Lieblingskabarettisten und ein genialer Schauspieler. Seinen Film *Indien* würde ich mir noch einmal anschauen, in dem Alfred Dorfer und er als zwei völlig unterschiedliche Charaktere in einem genial tragikomischen Roadmovie als bestechliche Restaurantkritiker durch die Provinz fahren. Der eine glaubt an Reinkarnation und lernt ständig «Trivial Pursuit»-Fragen, der andere redet am liebsten gar nicht. Als eine nicht triviale Erkrankung das Leben komplett in Frage stellt, wird aus der Komödie eine Tragödie, aber zu viel möchte ich gar nicht verraten. Also, Josef Hader käme auf meine Bucket List und ein Bier mit ihm nach der Show. Und Bobby McFerrin würde ich gerne noch einmal live erleben, denn er kann mich mit seiner Stimme in ganz andere Gefilde entführen, jenseits von «Don't worry, be happy».

Was würde ich medizinisch tun?

Ich würde mich gut informieren, alles tun für eine genaue Diagnose und mir dann drei Meinungen einholen. Ich würde versuchen herauszubekommen, wer in Deutschland die meiste Erfahrung mit meiner konkreten Erkrankung hat und wie häufig diese Krankheit eigentlich ist. Denn bei einer häufigen Erkrankung gibt es meist eine eindeutige Therapieempfehlung, bei seltenen Erkrankungen ist es oft schwieriger.

Neulich traf ich auf einen beeindruckenden Mann, der, als er eine seltene Form der Leukämie bekam, so lange Fachleute nervte, bis er Teil einer Studie wurde, in der ein neues Medikament getestet wurde. Logischerweise kann das auch komplett nach hinten losgehen und stellt keine Empfehlung dar. Aber in seinem Fall ging es gut, und er betreibt seitdem ein Internetportal, in dem sich Patienten über Dinge austauschen können, die noch nicht bis zu jedem niedergelassenen Onkologen durchgesickert sind. Ich würde wahrscheinlich auch nichts unversucht lassen und notfalls ein nicht zugelassenes Medikament ausprobieren.

Ich würde schauen, was neben der besten wissenschaftsbasierten Behandlung in der Naturheilkunde zusätzlich möglich wäre. Und vor allem würde ich, soweit es meine körperliche Fitness zuließe, endlich mal wieder Sport machen wollen. Durch Grunderkrankung und Behandlung kommt es oft zu einer bleiernen Schwere, «Fatigue» genannt, eine Müdigkeit und Verstimmtheit, die durch Bewegung deutlich zu bessern ist. Also würde ich beim Ansehen meiner Lieblings-DVDs gucken, dass ich dabei auf einem Ergometer strampeln kann. Und jeden Tag eine Stunde spazieren gehen in der Natur.

Und ich würde viele Dinge nicht mehr tun, damit ich möglichst viel Zeit mit meinen Liebsten hätte. Krankheit als Weg oder Krankheit als «Wecker»?

Und je länger ich darüber schreibe, was ich tun würde, wenn ich Krebs hätte, frage ich mich, was mich davon abhält, all das jetzt schon zu tun. Ich hoffe, das geht Ihnen auch so.

Wie will ich alt werden?

Charlie Brown: «Eines Tages werden wir alle sterben.»
Snoopy: «Stimmt – aber an allen anderen nicht.»

Meine erste Nacht im Altersheim. Es ist früh, ich döse vor mich hin. Irgendwo klingelt ein Wecker. Typisch, denke ich, irgend so ein Dementer kapiert nicht, dass es seiner ist. Das «Düdüdüdüt» bleibt hartnäckig. Gut, dass ich mir für den besseren Schlaf Watte in die Ohren gesteckt habe. Ich drehe mich noch einmal um, es war spät gestern, als ich den Nachtdienst auf seiner Runde begleiten durfte. Hier sind viele, die nicht die ganze Nacht in derselben Position schlafen können, weil sie sich sonst wundliegen. Sie werden umgelagert, dann werden die Kissen neu sortiert und Vorlagen gewechselt. Was für eine Freiheit, sich selbst drehen zu können. Und ich tue es. Immer noch nervt der Ton. Und in meiner Morgendämmerung dämmert es mir: Hier wohnt außer mir keiner mit Handy. Der Weckruf war mein eigener.

In meiner Arztausbildung vor 25 Jahren habe ich noch gelernt, Alter und Tod als böse Feinde zu betrachten. Was für ein Quatsch – denn dass heute mehr Menschen mit Alzheimer in Deutschland leben, ist, salopp gesagt, ein gutes Zeichen. Es bedeutet: Man ist nicht an etwas anderem gestorben. Nächstes Jahr werde ich 50. Und nur mit sehr viel Optimismus kann ich das als Halbzeit bezeichnen. Wovor habe ich Angst, wovor haben wir alle Angst, wenn wir an Alzheimer denken? Wer Höhenangst hat, geht am besten Schritt für Schritt auf Türme. Wer Spinnen fürchtet, tastet sich an Gummispinnen heran. Und wer Angst vor dem Alter hat, übernachtet dort, wo die Matratzen Gummiüberzüge haben. So zog ich für drei Tage in meine mögliche Zukunft – ins Ferdinand-Heye-Haus des Diakoniezentrums Düsseldorf-Gerresheim.

«Besser, du schließt ab», hatte mich Adam gewarnt. Denn nachts sind hier einige der Bewohner in ihrem eigenen Rhythmus aktiv. «Kennst du Zombie-Filme? Ich wette, der Typ, der sich die ausgedacht hat, hat seine Ideen aus dem Altenheim. Die Gespenster im Nachthemd, die Geräusche, manchmal Schreie – und der schlurfende Gang, die Blicke, die durch dich hindurchgehen …» Aber er sagt das mit Liebe in der Stimme, die über die gruselige Analogie hinwegtröstet. Adam war Automechaniker in Polen; einer von vielen Quereinsteigern in der Altenpflege. Als er vor 20 Jahren nach Deutschland kam, machte er ein Praktikum. Und blieb dabei. «Pflege war erst nicht mein Traumjob, aber wenn ich nach Hause gehe und weiß, wie vielen Menschen ich für diesen Tag oder in dieser Nacht helfen konnte, bin ich glücklich.»

Einer meiner Mitbewohner ist Herr Huth, auch schon weit über 80. Er ist gern spät unterwegs und dreht auf den Gängen seine Runden. Er grüßt freundlich. Und er entschuldigt sich, wenn er in ein Zimmer geht, das nicht das seine ist. Ich frage, was er sucht. «Ich will zu meiner Frau», sagt er und deutet in meine Richtung. Dann lacht er, schlägt die Hand vor den Kopf: «Ach nee, die ist ja gar nicht hier.» Ich frage ihn, wo sein Zimmer ist. Er weiß es genau. Vielleicht war ihm einfach langweilig. Er schlappt dorthin zurück, wo die Tür noch offen steht und der Fernseher laut tönt, mit einem Krimi, dessen Handlung niemand verfolgt.

Herr Huth hat früher viel getanzt. «Walzer, Foxtrott …», erzählt er, seine Augen beginnen zu leuchten. Kann er mir ein paar Schritte beibringen? Er nimmt Haltung an, trippelt, dann lacht er: «Das geht nicht barfuß.» Und wir beide wahren unser Gesicht.

Einen Tag später werde ich von jemandem in seinem Alter im Tischtennis geschlagen. Heinz Nink war 1961 mit Borussia Düsseldorf Deutscher Meister. Da war ich noch nicht geboren. Heute

kommt er mit der Aktion «Bunt geht's rund» in Heime, Behinderteneinrichtungen oder zu Flüchtlingen, um die Begeisterung für das Pingpongspielen weiterzugeben. Es gibt viele Wege, das Spiel so zu gestalten, dass jeder mitmachen kann. Größere Bälle, Schaumstoff oder Luftballons. Herr Huth, den ich schlurfend auf dem Gang erlebt hatte, überrascht mich mit schnellen Luftballon-Schmetterbällen, volley, direkt in meine Richtung. Wir lachen uns an. Und ich merke, wie schnell ich andere Menschen von außen beurteile und keine Ahnung habe, haben kann, was in ihnen vorgeht. Wie fit hätte Herr Huth alt werden können, wenn er mehrmals die Woche Tischtennis gespielt hätte? Weiß auch keiner. Ist aber eine gute Frage.

Das Gehirn, die komplexeste Struktur im Universum, kommt ohne Gebrauchsanweisung. Automatisch gehen die meisten falsch damit um. Sie meinen: Ich möchte mir das möglichst lange frisch erhalten – und deshalb setze ich es nur ganz selten ein. Genau falsch. Use it or lose it! Was im Kopf nicht gebraucht wird, wird eingestampft. Richtig verstehen die Forscher die «Neurodegeneration» noch nicht. Sie starren durch die Mikroskope und hoffen, dass man irgendwann diese hässlichen Proteinablagerungen wie mit einem Schluck Rohrreiniger wegbekommt. Dabei ist ja bis heute nicht ganz klar, ob die Alzheimer-Plaques überhaupt das Problem sind oder nur eine Begleiterscheinung. Warum schauen wir aber immer noch so sehr in die Labors und nicht ins Leben? Die größte Studie darüber, wie wir alt werden, läuft vor aller Augen. Schau dir fitte alte Menschen an und frage erst sie und dann dich, worauf es sich im Leben achtzugeben lohnt.

Ein Grund, warum die Behandlung der Demenz so wenig Erfolg bringt, ist: Sie beginnt erst, wenn es für viele Nervenzellen schon zu spät ist. Das ist wie Flugblätter verteilen in einem Fußballstadion – zwei Stunden nach dem Spiel. Bei Alzheimer kommen wir zwei Jahrzehnte zu spät. Hirnabbau kommt nicht über Nacht. Und auch nicht von ungefähr. Es gibt keine Zauberformel, keine «App», die annähernd so viel für den Erhalt unserer grauen Zellen tut wie ein buntes und bewegtes Leben!

Was daraus für die Forschung folgen muss: mehr Studien im echten Leben. Was bewirkt es, Kindern im Vorschulalter schon Singen, Tanzen und Trommeln beizubringen? Es laufen gerade große epidemiologische Beobachtungen für Millionen Euro unserer Steuergelder, die aber alle nur beschreiben. In keiner nimmt man sich eine Gruppe heraus, bringt ihr etwas bei und schaut, ob die zehn Jahre später besser dran sind. Was man dennoch weiß: Kinder, die viel tanzen, sind im räumlichen Denken besser – und in vielen sozialen Fähigkeiten. Was ich gern wüsste: Wenn ich zwischen 40 und 60 regelmäßig tanze, wie stark schützt das mein Gehirn?

In jeder Lebensphase können wir neue Dinge schätzen lernen und damit reifen. Unfreiwillig komisch sind Menschen, die mit 60 immer noch die gleichen Ziele verfolgen wie mit 20 – in den gleichen Klamotten. Im großen Kreis des Lebens werden viele im Alter heiter und gelassen. Humor hilft heilen, auch wenn etwas nicht zu heilen ist. Über alle Sinne, die noch offen sind, können Reize von außen etwas tief im Inneren hervorkitzeln. Maßgeblich gelingt das über Berührung, Humor und Musik.

Was mir in den drei Tagen im Heim half, einen neuen Blick zu bekommen, war ein Alterssimulator. Wie fühlt sich ein Arztbesuch an, wenn ich schlecht höre und Informationen zäh verarbeite? «Fahren Sie nach Wien?» Diese Frage ergibt keinen Sinn! Aber das macht das eingeschränkte Hirn aus «Haben Sie einen Termin?».

«Für die Alzheimer-Patienten sind wir die Verrückten», erklärt mir die Sozialpädagogin Julia Richarz. «Aus deren Sicht reden wir Unsinn, machen seltsame Dinge und verstehen sie nicht.» Und was sie mir auch beibringt und alle Mitarbeiter hier beherzigen: Widersprechen bringt nur Stress. Wenn jemand meint, er muss sich jetzt um seine Eltern kümmern, hat er nichts davon, zu hören: «Ihre Eltern sind schon lange tot, Sie sind doch selbst über 90!»

HANDY

Viel günstiger: das Gefühl dahinter wahrnehmen, spiegeln und begleiten. «Sie sind aber wirklich ein sehr fürsorglicher Mensch. Ich freue mich, dass Sie sich gerne um andere kümmern. Schauen Sie mal hier…» Warum lernt man das nicht in der Schule? Und warum gehen Hipster zum Entschleunigen in exotische Wellnesshotels? «Tempo rausnehmen» kann man in jedem Heim um die Ecke günstiger lernen.

Ist Alzheimer nur Drama oder auch Komödie? In dem Buch *Demensch* haben der Gerontologe Thomas Klie und der Zeichner Peter Gaymann versammelt, was es Ernstes und Komisches zur Demenz gibt. Auf einer Zeichnung steht eine alte Frau mit ihrem Stock auf der Straße vor einem Kruzifix und sagt zu Jesus: «Du verzeihst immer alles, ich vergess immer alles – letztendlich kommt es aufs Gleiche raus.»

Ulrich Fey geht in der Clownsfigur «Albert» seit über zehn Jahren in Altenpflegeeinrichtungen. Die Clowns sind Joker der Zuwendung und dürfen aus der Rolle fallen, sich noch ungeschickter anstellen als alle anderen. Sie nehmen sich auf den Arm und machen Schweres leichter. Die Gruppe im Gemeinschaftsraum des Frankfurter Altenheims ist bunt gemischt: orientierte Damen und Herren, nur eingeschränkt Orientierte, Sehende und Nicht-Sehende, Sprechende und Nicht-Sprechende. Doch alle wollen mit dem Clown singen. «Ich weiß nicht, was soll es bedeuten» und «Oh, mein Papa» aktivieren, «Muss i denn» noch mehr. «Ach, des hat der Elvis aach so schee g'sunge», sagt eine gedankenverloren. «Wer?», fragt eine sonst in sich versunkene Bewohnerin. «Der Elvis Presley!» Nächste Frage: «Hat der hier auch ein Zimmer?»

Elvis lebt! Was Musik auch in der letzten Lebensphase bewirken kann, zeigt sehr anrührend der Film *Alive Inside*. Das Projekt «Music and Memory» startete in den USA und kommt jetzt auch nach Deutschland. Die Idee ist einfach und genial: Nutze den persönlichen Soundtrack des Lebens bei demenziell Erkrankten, um lange verschollene Erinnerungen wieder zum Klingen zu bringen. Spiele die Hits individuell auf einen MP3-Player und gib Musik als Medikament zweimal am Tag für zehn Minuten – über Kopfhörer, sozusagen «ohr-al». Ich konnte es mit einer Musiktherapeutin zusammen praktisch ausprobieren.

So unterschiedlich wie die Menschen und Lieder, so unterschiedlich die Reaktionen. Mal tat sich wenig, mal hatten alle Tränen in den Augen. Ich drehte mich im Walzertakt mit einer 93-Jährigen zu «Ich tanze mit dir in den Himmel hinein …» Ich erlebte, wie eine in sich zusammengesunkene Frau die Augen aufschlug, als mit «Veronika, der Lenz ist da» ein bisschen Frühling bei ihr einzog. Und bei einem bettlägerigen, schwer dementen 69-jährigen Mann fing unter der Bettdecke der Fuß an zu zucken, als er «I Can't Get No Satisfaction» über Kopfhörer hörte. Bei der Gelegenheit fiel mir auf, dass ich dringend meine Eltern fragen muss, was sie eigentlich in der Jugend gehört haben.

In den letzten 20 Jahren wurden 50 000 Pflegekräfte eingespart. Warum hört man in der Politik so viel von den 50 000 Apothekern in Deutschland? Und so wenig von den 1,1 Millionen Pflegekräften? Wenn die Lokführer streiken, kommen Leute ein paar Tage schlecht von A nach B. Aber wenn die Pflege nicht da ist, kommt kein Bedürftiger mehr vom Bett aufs Klo.

«Pflegezeit ist Lebenszeit!» Das sollte für beide Seiten gelten, für Patienten und Pflegende. Aber wer hat noch Zeit? Wenn Zeit Geld ist und gespart wird, wird am grausamsten an Zuwendung gespart, denn das fällt erst einmal nicht so auf. Ich habe selbst noch an der Universitätsklinik in Berlin gearbeitet, heute Charité, das größte Klinikum Europas. Was die wenigsten wissen: Das Wort Charité kommt nicht von Shareholder Value. Charité kommt von Caritas, der Nächstenliebe. Sich um kranke Menschen zu kümmern, war ursprünglich im christlichen Abendland ein Akt der Barmherzigkeit, ein Hospital ein Ort der Gastfreundschaft und ein Patient kein

Kunde, sondern ein leidender Mensch. Und wenn wir gerade so viel reden über die Bedrohung der abendländischen Kultur – Nächstenliebe, Solidarität und Gerechtigkeit sind Werte, für die es sich lohnt, auf die Straße zu gehen.

Ja, es gibt ein massives gesellschaftliches Problem. Heute und erst recht in den nächsten Jahren. Aber das wird nicht besser, wenn wir nicht anfangen, gute Beispiele zu geben, damit junge Menschen in den Gesundheitsberufen ihre Zukunft sehen. Ich habe in meinem Pflege-Crashkurs viel gelernt. Wahrscheinlich ist der Übergang zum Alter schlimm, wo ich mich ständig vergleiche und darüber ärgere, was nicht mehr geht. Aber ich habe viele Alte getroffen, die mir die Angst genommen haben. Solange es so herzliche Menschen gibt, die sich kümmern wie in Gerresheim. Sie haben mich offen empfangen, mir alles gezeigt und mitgelacht, als mich eine Anwohnerin erkannt hat: «Sie sind doch der aus dem Fernsehen, Dalli Dalli!» Ich habe getanzt, Tiere gestreichelt, gesungen und geschwiegen. Ich habe Frauen gesprochen, deren Männer schon seit 40 Jahren tot sind. Und eine, die jeden Tag zweimal zu ihrem Mann geht, der seit seinem Schlaganfall ein Stockwerk drüber liegt, und auch wenn er sie nicht erkennt, macht er einen zufriedenen Eindruck.

Jeder, der tagtäglich für Menschen da ist, die nicht mehr «nützlich» sind, hat meine Hochachtung. Jeder, der Menschen nicht für wertlos hält, nur weil diese nicht wieder gesund und stark werden. Helden des Alltags machen Pipi weg und Tränen und mehr, Tag und Nacht, auch am Wochenende und zu Weihnachten.

Herr Danecke rät mir, so viel wie möglich von der Welt zu sehen. Er war sein Leben lang gern unterwegs und ist noch mit 80 mit seiner Frau auf Kuba gewesen, mit Rucksack. Jetzt ist er 86 und in Kurzzeitpflege, weil zu Hause alles nicht mehr so klappte. Wo war es am schönsten? Samoa? Philippinen? Norwegen? «Das kann ich so gar nicht sagen. Aber wissen Sie, wenn ich abends in meinem Bett liege, mach ich die Augen zu, nehme mir ein Ziel vor – und verreise.»

Deutschlands erste Ratgeberlotterie: Ziehen Sie Ihre eigenen Schlüsse

Was bringt meiner Gesundheit wirklich etwas? Das können Sie getrost dem Zufall überlassen. Ich habe 49 Tipps zusammengestellt, die einen wissenschaftlichen Hintergrund oder sich lebenspraktisch bewährt haben. Hauptsache, Sie tun etwas. Oder Sie entscheiden sich, nichts zu tun. Aber nichts zu tun und währenddessen ständig zu denken, eigentlich müsste ich etwas tun – das ist das Ungesündeste.

Sie können auch beherzt gar keinen der Tipps umsetzen und einfach glücklich sein. Andererseits weiß ich, dass mir manchmal einfache Sätze, offensichtliche Wahrheiten oder winzige Aha-Erlebnisse auf die Sprünge geholfen haben. Und die Gesundheitswissenschaft ist sich inzwischen einig: Die Summe der vielen kleinen Dinge, die wir jeden Tag denken, tun, essen, teilen und genießen, bewirkt Großes. Wir überschätzen das, was wir kurzfristig erreichen können, beispielsweise zehn Kilo in zwei Wochen abzunehmen. Und wir unterschätzen das, was wir langfristig erreichen können, zum Beispiel jeden Tag mindestens 15 Minuten zu Fuß zu gehen. Egal wie viel Sie in sich hineinstopfen, Sie werden es nicht schaffen, in zwei Wochen zehn Kilo zuzunehmen. Warum sollten wir es also schaffen, zehn Kilo zu verlieren? Alles, was Sie dabei verlieren, ist die gute Laune. Und dass die noch wichtiger ist als die ständige Sorge um die Gesundheit, ist eine Botschaft, die heute Gott sei Dank nicht mehr so verrückt klingt wie noch vor 20 Jahren.

Die Ratgeberlotterie funktioniert folgendermaßen: Tippen Sie auf dem Lottoschein Ihre sechs Lieblingszahlen. Wir spielen 6 aus 49. Dann schauen Sie, welche Ratschläge Sie gezogen haben und ob diese für Sie schon die sechs Richtigen sind. Die Annahmestelle sind Sie selbst. Von welchem Tipp nehmen Sie an, dass er einen Gewinn für Sie darstellt? Bei einigen werden Sie es erst wissen, wenn Sie sie ausprobiert und eine Woche durchgehalten haben. Manche machen nicht sofort Spaß – ich sage nur Zahnseide –, sind aber sinnvoll und bringen langfristig mehr Freude beim Küssen, wenn die Zähne und das Zahnfleisch einer zweiten Zunge standhalten. Und ich meine jetzt nicht Rinderzunge. Andere Tipps erfreuen unmittelbar wie: «Machen Sie drei Menschen heute unaufgefordert ein Kompliment.» Ein Vorschlag: «Also, deine Rinderzunge ...» Entschuldigung, lieber Veganer, es war ein Witz, ich kaue nicht länger drauf rum.

Probieren Sie also eine Woche lang einen, keinen oder alle sechs Tipps aus. Und nächste Woche veranstalten Sie wieder eine Ziehung der Lottozahlen. Wenn Sie möchten, können Sie wieder dieselben Zahlen tippen, oder Sie geben sechs neuen Ideen eine Chance. Das liegt in Ihrer Hand. Und für Fortgeschrittene: Sie können auch meine Tipps gegen Ihre eigenen austauschen, das erhöht die Treffergenauigkeit sogar noch!

Viel Glück!

HANDY

49 gesunde Gewohnheiten

1. Die Japaner nennen es Shinrin yoku – Waldbaden. Gehen Sie heute im Wald spazieren. Das senkt Blutdruck und Stress, die staubfreie Luft ist Balsam für die Lunge, und neuerdings ist bekannt: Das Immunsystem wird angeregt durch Stoffe, die die Bäume ausatmen. Also: mit allen Sinnen ins Grüne!

2. Sie haben wenig Zeit, sich zu bewegen? Dann erhöhen Sie die Intensität! Intervalltraining mit einer Minute an der Leistungsgrenze verbessert die Fitness genauso gut wie 45 Minuten moderates Ausdauertraining. Ein kurzer Sprint gefällig?

3. Wer 80 wird, erlebt gut 4000 Wochenenden. Welchen Traum wollen Sie sich erfüllen? Schreiben Sie es auf und machen Sie am nächsten Wochenende den ersten Schritt dazu.

4. Ein Trampolin bringt einen mit einem Sprung zurück in die Kindheit. Für kurze Bewegungspausen gibt es kleine Trampoline, die einen in einer Minute wieder wach machen.

5. Wer ist Ihr Lieblingslyriker? Lesen Sie heute ein neues Gedicht, lernen Sie es auswendig und tragen Sie es jemandem vor, dem Sie damit eine Freude machen.

6. Joker: Heute müssen Sie nichts tun. Aber bitte auch daran halten!

7. Finden Sie heute heraus, wo man in Ihrer Nähe gut tanzen kann. Sie können auch einfach zu Hause Ihre Musik selbst aufdrehen und im Wohnzimmer ausrasten. Tanzen Sie sich Ihre Seele aus dem Leib, keine Angst – die Seele kehrt gerne zurück!

8. Wie viel wollen Sie über Ihre Gesundheitsrisiken wissen? Momentan ist der beste Weg immer noch eine genaue Familienanamnese. Wenn sich in Ihrem Stammbaum bestimmte Erkrankungen häufen, wie Darmkrebs, Psychosen oder Herzinfarkte, lohnt sich ein Gespräch mit einem Arzt darüber, was präventiv sinnvoll ist.

9 Heute ist ein guter Tag, mit dem Rauchen aufzuhören. Und wenn Sie gar nicht rauchen, unterstützen Sie jemanden in Ihrem Umfeld dabei. Zum Aufhören ist es nie zu spät. Und wer nicht raucht, verdoppelt seine Chance, den 80. Geburtstag zu erleben.

10 Wenn Sie der Typ sind, den das motiviert: Besorgen Sie sich einen Schrittzähler, viele Smartphones bieten dafür auch Apps an. 10 000 Schritte am Tag sind das Ziel. Und es beginnt mit dem ersten Schritt.

11 Haben Sie ein Haustier? Hundebesitzer werden seltener depressiv, denn sie haben jeden Tag einen guten Grund aufzustehen, um den Block zu laufen und andere Leute zu treffen. Und es wedelt immer einer mit dem Schwanz, wenn Sie nach Hause kommen.

12 Haben Sie schon einmal ein Musikinstrument gespielt? Reaktivieren Sie Ihre Fähigkeiten, egal auf welchem Niveau. Auch die Stimme ist ein Instrument, singen Sie Karaoke zum Radio, suchen Sie sich einen Chor oder gehen Sie zum «Rudelsingen» in Ihrer Nähe.

13 Beschäftigen Sie sich heute 10 Minuten mit etwas komplett Neuem für Sie. Worüber wollten Sie schon mal mehr wissen? Frönen Sie einem ausgefallenen Hobby oder Interesse, kaufen Sie eine Zeitschrift aus einem Teil des Regals, wo Sie sonst nie hingreifen. Was lernen Sie heute dazu?

14 Was bringt Sie zum Lachen? Wer sind Ihre Lieblingskomiker? Welche Sketche oder Passagen treffen Ihren Sinn für Humor am besten? Packen Sie eine Schatz-kiste mit CDs, DVDs, Büchern, Cartoons und Fundstücken, die Sie «kitzelt».

15 Essen Sie mediterran – viel Gemüse, viel gutes Öl, und vor allem: viele nette Menschen an einem Tisch.

16 Messen Sie Ihren Blutdruck. Es dauert nicht lange, und Sie halten länger, wenn der günstig ist.

17 Machen Sie heute alle 55 Minuten eine kleine Bewegungspause. Wenn Sitzen das neue Rauchen ist, gehen Sie vor die Tür, ohne zu sitzen und zu rauchen – nur um durchzuatmen.

18 Bürsten Sie sich wach. Beine und Arme morgens zum Herzen hin mit einer schönen Schrubbelbürste massieren, weckt und belebt.

HANDY

19 Essen Sie heute Obst am Stück – das sättigt mehr und lässt den Blutzucker nicht so schnell ansteigen wie die modischen Smoothies. Pürierte Kost können Sie immer noch zu sich nehmen, wenn Sie nicht mehr kauen können.

20 Besuchen Sie heute jemanden, der sich darüber freut.

21 Auf wie viele Umarmungen kommen Sie pro Tag? Es gibt sehr unterschiedliche Befindlichkeitsgrenzen, aber die meisten Menschen mögen es, umarmt zu werden, im Zweifel fragen und dann genießen.

22 Schauen Sie sich um – welche drei Dinge in Ihrem Blickfeld können Sie heute loswerden? Verschenken, spenden, wegwerfen? Unser Besitz besitzt uns, loslassen befreit.

23 Verzichten Sie heute bewusst auf zugesetzten Zucker: in Softdrinks, im Kaffee, in billigen Keksen. Was davon fehlt Ihnen wirklich?

24 Haben Sie Schimmel in der Wohnung oder im Keller? Können Sie die Luft trocken und frisch halten, vielleicht auch mit einem kleinen Ventilator für Austausch sorgen? Fachliche Hilfe lohnt, um diese häufigen Haushaltsgifte zu vermeiden.

25 Kennen Sie Ihren Impfstatus? Impfen ist nicht nur etwas für kleine Kinder, auch Erwachsene profitieren davon, bei Reisen sowieso, aber auch bei bestimmten Formen von Lungenentzündung.

26 Jede Stunde Fernsehen reduziert die Lebenserwartung um ungefähr 20 Minuten. Und die Stunde Zeit kommt auch nie wieder. Es lohnt sich, gezielt Sendungen auszuwählen und auszumachen, bevor man einschläft. Zwischen Fernsehen und Schlafengehen noch eine kleine Runde um den Block oder ein Glas Wein hilft beim «Abschalten», und dann schläft man im Bett besser als auf der Couch.

27 Besorgen Sie sich Ohrstöpsel oder gute Kopfhörer mit Geräuschreduktion. Es ist eine enorme Hilfe, wenn man sich auf etwas konzentrieren muss, den Geräuschpegel zu reduzieren. Und besser schlafen kann man auch.

28 Von welchem Ort in Ihrer Nähe kann man in die Ferne schauen? Ein Hügel, eine Brücke, ein Hochhaus mit Terrasse? Den Blick schweifen zu lassen, tut enorm gut und trainiert die Weitsicht.

29 Essen Sie heute eine Mahlzeit in Stille. Alle Ablenkungen fallen weg, und die Achtsamkeit wird auf das Essen gelenkt, den Geruch, den Geschmack, das Erlebnis auf der Zunge, das Kauen, das Gefühl am Gaumen, im Magen ... Achtung: Machen Sie diese Übung nur mit einem Essen, das Ihnen schmeckt!

30 Niemand hat auf dem Sterbebett gesagt: Ich hätte mehr Zeit im Büro verbringen sollen. Gehen Sie heute eine halbe Stunde früher und verbringen Sie diese Zeit mit jemandem, der Ihnen wirklich wichtig ist.

31 Verbannen Sie heute Ihr Handy aus dem Schlafzimmer. Sowohl der Bildschirm als auch die Inhalte stören unseren Schlaf. Wenn Sie sich schon vom Schlafen abhalten wollen, dann gibt es dazu schönere Dinge als die aktuellen Nachrichten.

32 Wer sind die coolsten über 80-Jährigen, die Sie kennen? Besuchen Sie sie oder lesen Sie etwas über Ihre Vorbilder. Wenn wir die Chance haben, älter zu werden, lohnt sich die Frage: Worauf freuen wir uns?

33 Morgens beim Aufstehen kurz überlegen: Wofür stehe ich heute auf? Und wenn Ihnen kein guter Grund einfällt: liegen bleiben.

34 Singen Sie heute unter der Dusche. Geht auch in der Badewanne.

35 Laufen Sie heute barfuß. Ein berühmter Achtsamkeitslehrer sagt: Das Wunder ist nicht, über Wasser zu gehen, sondern das Gras unter deinen Füßen wirklich zu spüren.

36 Verschenken Sie einen Wander-Blumenstrauß mit der Auflage, ihn nach zwei Stunden an jemanden weiterzuverschenken. So macht er viel mehr Freude.

37 Bepflanzen Sie ein tristes Stück Erde in Ihrer Umgebung, werfen Sie eine «Guerilla-Gardening-Samen-Bombe» oder bestricken Sie eine Laterne oder ein Absperrgitter, sodass jeder, der daran vorübergeht, kurz lächelt.

38 Seien Sie heute unerreichbar. Außer für Sie selbst.

39 Machen Sie heute drei Menschen unaufgefordert ein Kompliment.

40 Schreiben Sie einen Brief und danken Sie jemandem, der Ihnen einmal sehr geholfen hat.

HANDY

41 Lesen Sie einem Kind eine Geschichte vor. Oder noch besser: Denken Sie sich gemeinsam eine aus.

42 Schreiben Sie auf, was genau Sie an jemandem lieben. Beziehungen halten nachweislich besser, wenn man sich bewusst erinnert, warum man sich einmal füreinander entschieden hat.

43 Stellen Sie sich vor, was auf Ihrer Trauerfeier Gutes über Sie gesagt werden soll. Welche Eigenschaften sind Ihnen wichtig, welche Werte, welche Botschaften sollen über Ihr Leben hinaus in Erinnerung bleiben? Ein irisches Sprichwort sagt: «Lebe so, dass die Leute an deinem Grab nicht zu sehr lügen müssen.»

44 Entscheiden Sie sich für Erlebnisse, nicht für Dinge. Glücklicher machen uns schöne Ereignisse: Konzerte, Reisen, Kurse. Wir freuen uns vorher, wir haben Freude in dem Moment, und im Rückblick werden die Dinge von allein immer noch schöner.

45 Stellen Sie heute alles, was Sie nicht essen wollen, außer Sichtweite, noch besser so, dass man gar nicht herankommt, auf einen Schrank oder in den Keller. Vermissen Sie was?

46 Besorgen Sie sich einen kleinen Spiegel und befestigen Sie ihn in der Innenseite Ihrer Kühlschranktür. In dem Moment, in dem Sie die Tür öffnen, sehen Sie sich kurz in die Augen. Werden Sie Ihr eigener Augenzeuge. Vielen hilft es, sich nur das zu gönnen, was ihnen wirklich guttut.

47 Stellen Sie sich beim Gehen heute vor, Sie wären zwei Zentimeter gewachsen, weil Sie eine unsichtbare Schnur am Scheitelpunkt Ihres Kopfes sanft nach oben zieht und aufrechter gehen lässt. Wie fühlt sich das an? Wie reagieren andere? Laufen Sie auch leiser als sonst?

48 Erinnern Sie sich an eine Zeit, in der Sie zu kämpfen hatten. Aus heutiger Sicht: Was haben Sie daraus gelernt? Was hat geholfen, diese Phase zu überwinden? Sind Sie heute vielleicht besser darin, sich Hilfe zu holen, Gefühle zu teilen und anderen gegenüber hilfsbereiter und warmherziger zu sein?

49 Kaufen Sie sich eine Packung Smarties und nehmen Sie davon dreimal täglich eins ein, als Placebo. Sie entscheiden selbst, wofür oder wogegen.

Ich fand einen 50-Euro-Schein in einer verschweißten After-Eight-Packung, die ich im Supermarkt gekauft habe.

Das größte Wunder für mich ist, wenn aus zwei Zellen ein Mensch wird und die wissen, was sie tun müssen.

Meiner Mutter ist während ihrer Schwangerschaft eine Maus über die Hand gelaufen, und jetzt habe ich ein Muttermal in Form einer Maus auf meinem Rücken.

Auf der anderen Seite der Welt in Florida am Strand meinen Nachbarn getroffen.

Meine Tochter ist ein großes Wunder. In der 26. Schwangerschaftswoche geboren, durch Infektionen ein Bündel Mensch mit 690 Gramm. Letztes Jahr hat sie ihr Abi gemacht! Ich liebe sie!

Als ich mit null Ahnung in die Neuroanatomie-Prüfung ging und wahllos Kreuze setzte und die Prüfung bestand.

Ich hätte nie geglaubt, es wirklich zu erfahren: die wahren Gründe für meine Dauererschöpfung. Im Rahmen einer Rückführungstherapie kam heraus, dass ich im früheren Leben Kleopatra war. Ich wurde erstochen. Dies führt bis heute - laut Therapeutin - dazu, dass ich posttraumatisch erschöpft bin.

Schluss mit lustig: Rettet das Gesundheitswesen!
Aber nicht dieses

«Die Mediziner sind nicht inhuman, sie haben nur
keine Zeit, human zu sein.»

GERHARD UHLENBRUCK

Haben Sie jetzt ein bisschen mehr Verständnis für beide Seiten und
können besser auswählen, was Sie brauchen und was Ihnen guttut?
«Wer heilt, hat recht» lautet eins der beliebtesten Argumente. Doch
für viele Prozesse der Heilung gibt es kein «Wer», sondern viele,
die sich als Urheber ausgeben. Alle sollten sich die Mühe machen,
herauszufinden, was genau geheilt hat. Denn je mehr wir über sinnvolle Dinge zur Unterstützung der Heilung wissen, desto gezielter
lässt sich dieses Wissen auch für andere einsetzen. Gerade weil die
Selbstheilungskräfte so enorm wirken, sollten wir uns bei jedem zu-
sätzlichen Aufwand eine einfache Frage beantworten: Ist das, was
ich da tun möchte, wirklich besser, als abzuwarten und Tee zu trinken? Ich weiß: Es kommt auf den Tee an!

Bei der Recherche zu diesem Buch habe ich mich mit beiden
Seiten, mit Medizin und Komplementärmedizin, intensiv beschäftigt. Ich habe unzählige Bücher und Artikel gelesen, mich mit vielen
spannenden Menschen getroffen und einiges im Selbstversuch ausprobiert. Ich musste Vorurteile über Bord werfen und mir neue Ur-
teile bilden. So war mir nicht klar, welche visionären Gedanken in
der Naturheilkunde entwickelt wurden, lange bevor diese Erkenntnisse in die Medizin Einzug hielten: die zentrale Rolle des Darms für
die Gesundheit, die jetzt in der Forschung über unsere bakteriellen
Mitbewohner viele neue Erkenntnisse bringt. Oder auch die Regu-

lationstherapie, die betont, wie wichtig ein geregelter Tagesablauf ist, guter Schlaf, bewusste Ernährung und Bewegung, Rituale und Rhythmen.

Sehr viele dieser heilenden Kräfte bleiben ungenutzt oder werden im Krankenhaus mit Füßen getreten. Lärm, Neonlicht, Zeitdruck und schlechtes Essen – man muss schon ziemlich gesund sein, um im Krankenhaus zu überleben, sowohl als Patient als auch als Mitarbeiter. Doch es geht auch anders: Unter dem Stichwort «Heilende Architektur» werden bei der Konzeption vieler Krankenhäuser schon heute «gesündere» Grundsätze berücksichtigt. Freundliche Farben, wärmeres Licht und Badezimmer, die als solche auch zu erkennen sind. Ich wäre glücklich, wenn es in jedem Krankenhaus eine kleine Keller-Disko gäbe, in der sich alle Mitarbeiter nach dem Dienst fünf Minuten lang bei lauter Musik den ganzen Stress aus dem Leib tanzen, die Dienstkleidung ablegen, ihre berufliche Rolle bewusst verlassen könnten und den Stress so nicht mit nach Hause nähmen.

Was ich über die Medizin gelernt habe, hat mich zum Teil begeistert, zum Teil erschüttert. Wie viel Schaden verursacht wird, wenn man blind drauflosoperiert und -therapiert, ohne gute Belege für die Wirksamkeit! Und dafür muss man nicht bis ins Mittelalter zurückblicken, es reicht eine Reise in die achtziger Jahre. Damals wurden Menschen mit Herzrhythmusstörungen mit Medikamenten behandelt, die zwar das EKG verbesserten, aber weltweit zu geschätzt 100 000 Todesfällen führten. Das fiel lange niemandem auf, weil man nur auf das EKG schaute, statt systematisch Nutzen und Schaden abzuwägen. Ein anderes trauriges Beispiel waren die unsinnigen Hormonersatztherapien. Die Wechseljahre wurden zur Krankheit erklärt, der Knochenschwund sollte aufgehalten werden, aber der Preis war zu hoch: Durch die Hormone entstanden viele Tumore der Brust, Schlaganfälle und Thrombosen, Auswirkungen, unter denen Frauen heute noch leiden. Seit 2002 ist man bei der Verschreibung sehr viel vorsichtiger geworden.

HANDY

Wer gute Studien fordert, bekommt schnell das Image eines Spielverderbers. Dabei sind oft die Statistiker diejenigen, die mehr Leben retten als hastige und heroische Eingriffe, die sich im Nachhinein als unnötig oder gefährlich erweisen. Die Medizin hat viele Leichen im Keller, und bis heute wird über Risiken und Nebenwirkungen unzureichend geforscht und aufgeklärt.

Mehr Medizin heißt nicht mehr Gesundheit. Eine interessante Initiative ist «Choosing Wisely» – gemeinsam klug entscheiden. Hier benennen Ärzte selbst die überflüssigen Eingriffe aus ihren jeweiligen Fachgebieten. Es steht fest, dass in Deutschland zu viele Knie, Hüften und Wirbelsäulen operiert werden, zu oft Herzkatheter geschoben werden, dass jedes zweite Röntgenbild nicht sein muss und dass gerade bei älteren Patienten viel zu viele Medikamente verordnet werden. Viele dieser Entscheidungen fallen ohne adäquate Aufklärung und Beteiligung der Patienten.

Doch bei aller Kritik: Ich möchte in keinem anderen Land leben! Über den Daumen wären 95 Prozent der Weltbevölkerung gerne bei uns gesetzlich krankenversichert. Über welchen Schatz wir mit der solidarischen Sozialversicherung seit 1883 verfügen, weiß man, wenn man über den Tellerrand blickt. In den USA und erst recht in vielen ärmeren Ländern der Welt bedeutet für viele Menschen eine chronische Erkrankung auch sozialen Abstieg und Verschuldung. Privat Versicherte bekommen zwar schneller einen Termin, aber oft mehr Unsinn aufgeschwatzt. Wenn es darauf ankommt, erhält auch jeder Kassenpatient sehr teure Therapien ohne Ansehen seiner Person und seines Privatvermögens. Ich finde die Idee der gesetzlichen Krankenkassen so gut, dass ich selbst dort Mitglied bin. Und mir ist die psychologische Falle dieses Systems auch klar: Weil Ortskrankenkassen schon lange nicht mehr alle aus einem Ort versichern, wo man sich kennt und weiß, was wer braucht, führt die Anonymität in der grauen Masse zu einer Nehmermentalität auf allen Seiten. Alle wollen einen möglichst großen Anteil an diesen Milliarden haben –

absurderweise auch die Patienten, denn wer jahrelang in eine Versicherung einbezahlt, möchte auch etwas zurück.

So neu ist dieses Dilemma nicht; schon Voltaire sagte: «In der ersten Hälfte unseres Lebens opfern wir unsere Gesundheit, um Geld zu erwerben, in der zweiten Hälfte opfern wir unser Geld, um die Gesundheit wiederzuerlangen. Und während dieser Zeit gehen Gesundheit und Leben von dannen.»

Stellen Sie es sich so vor: Es ist wie bei einer Hausratversicherung. Sie haben doch auch lieber Ihre Ruhe als einen Schaden. Und man ist nicht neidisch auf den Nachbarn, bei dem eingebrochen wurde. Oder denken Sie sich Krankenversicherung als Reiserücktrittsversicherung: Wir wollen die Reise, den Urlaub, das unbeschwerte Leben. Die Versicherung ist dafür da, dass wir, wenn wir krank werden und nicht reisen können, nicht auf den Kosten sitzenbleiben. Aber deshalb sollte ich nicht erwarten, dass die Versicherung auch dafür verantwortlich ist, dass ich im Urlaub eine gute Zeit habe. Das ist meine Verantwortung. Nicht nur im Urlaub. Vielleicht überweisen Sie Ihren Kassenbeitrag jetzt mit ein bisschen mehr Freude – das wäre doch schon ein kleines Wunder. Die häufigste Frage im Himmel könnte lauten: Warum wart ihr auf Erden so ernst, was habt ihr geglaubt, worum es hier geht? Die häufigste Frage auf der Erde lautet: Zahlt das die Kasse?

Je länger ich Gesundheitspolitik beobachte, desto misstrauischer bin ich, wenn ich höre, «der Markt» regele alles. Sicherheitsgurte haben Tausende von Menschenleben gerettet, aber sie haben sich nicht von allein durchgesetzt, sondern erst, als eine Vorschrift erlassen wurde, die unsere «Freiheit» hinter dem Steuer einschränkt. Die öffentlichen Rauchverbote haben messbar die Zahl der Herzinfarkte durch das Passivrauchen gesenkt – also lassen sich durch allgemeine sinnvolle Präventionsmaßnahmen viele Menschenleben retten, aber keiner jubelt, weil davon nur die Statistiker etwas mitbekommen.

Braucht es Gesundheit als Schulfach, wenn die Mehrheit nicht weiß, welche Körpertemperatur normal ist, wie ein Fieber entsteht und die Notaufnahmen in den Großstädten zusammenbrechen, weil weite Teile der Bevölkerung sie als die erste Anlaufstelle bei gesundheitlichen Problemen nutzen?

Gesundheit folgt der Bildung, aber die ist Ländersache. Die Bildungsfernen in Deutschland sind viel kränker als die Oberschicht und haben zum Teil eine um sieben Jahre verkürzte Lebenserwartung – vergleichbar mit der Situation in einem Entwicklungsland. All das regelt keine Pille, keine Operation, keine Kasse. Und erst recht kein «freier Markt». Ich habe auch keine Patentlösung – aber ein Teil der Debatten um Schul- und Alternativmedizin geht an den großen Problemen in diesem Land vorbei. Bei 7,5 Millionen Analphabeten helfen keine Globuli, da braucht es Bildung, und zwar hochdosiert. Wenn Sie diesen Text bis hierher gelesen haben, gehören Sie zur Bildungselite dieses Landes, hatten das Geld, sich das Buch zu kaufen, die Zeit, es zu lesen, und die Motivation, bei einem solchen Thema durchzuhalten. Sie dürfen zum Vorbild für andere werden. Geben Sie weiter, was Ihnen geholfen hat. Wissen wird nicht weniger, wenn man es teilt.

Ich wundere mich, wie wenig in Deutschland öffentlich darüber gesprochen wird, welche Rolle Gesundheit und Medizin in unserer Gesellschaft spielen sollen. Ich vermisse die Visionäre, die Vordenker und Gestalter eines so zentralen Bereichs unserer Gesellschaft. Im Gesundheitswesen arbeiten mehr Menschen als in der Automobilindustrie – und zynisch könnte man die Automobilindustrie als einen Zulieferer bezeichnen. Wir haben eines der besten und teuersten Gesundheitssysteme der Welt, aber in den letzten Jahren hat sich daraus eine Industrie entwickelt, die versprach, immer effizienter und ökonomischer zu handeln, sich aber von den Bedürfnissen der Patienten abkoppelte: Es wird geröntgt und nicht geredet, es wird operiert statt abgewartet, es werden teure Medikamente entwickelt und verordnet, aber kaum einer kümmert sich darum, was die Menschen damit im Alltag anfangen. Paradoxerweise hat die ganze Ökonomisierung kein Geld gespart, sondern zu einer Ausweitung von unsinnigen «Leistungen» geführt, die sich in erster Linie für die Anbieter lohnen und nicht unbedingt einen Patienten gesünder oder langfristig glücklicher machen.

Die Sprache der Gesundheitsökonomie reicht, um einen das Gruseln zu lehren: Da wird der Patient zur «Fallpauschale» und der Arzt zum «Leistungserbringer». Alle Seiten leiden unter dieser Entwicklung. Die Ärzte in den Krankenhäusern sind frustriert, weil sie mehr oder minder direkt angehalten sind, Umsatz zu machen. Die Patienten fühlen sich verloren, weil sie immer schneller durch die Maschine geschleust werden. Und die Pflegekräfte und Menschen in anderen therapeutischen Berufen gehen auf dem Zahnfleisch, weil man an ihnen am einfachsten sparen kann. Zuerst geht die Motivation flöten, dann verlassen alle, die eine andere Option haben, fluchtartig das System. Deutsche Ärzte und Pflegekräfte wandern in die Schweiz und nach Skandinavien ab, weil sie hier für sich keine Perspektive sehen. Dafür werben wir mühsam wieder Ärzte und Pflegekräfte in Osteuropa, Spanien und Griechenland an, die sich hier schwertun. Ein absurder Kreislauf, der dazu führt, dass bald keiner mehr da ist, der Deutsch als Muttersprache spricht, obwohl sich doch alle einig sind, wie wichtig Zuhören, Sprechen und Kommunikation im Team für eine erfolgreiche Behandlung sind.

Es braucht Wissen und Motivation, Teamentwicklung und Führungskultur. Das geht aber nicht, wenn jeden Tag neue Leute einspringen, weil Stellen chronisch unterbesetzt sind. Viele, die in diesem Beruf ihre Berufung gesehen haben, sind frustriert, weil die Realität nichts mit dem zu tun hat, wofür sie einmal angetreten sind. Im Gegensatz zur Ärzteschaft hat die Pflege zu wenig Standesvertreter und politisches Gewicht. Früher oder später sind wir alle davon abhängig, dass sich jemand um unsere Eltern, unsere Kinder oder

HANDY

uns selbst kümmert, deshalb darf uns nicht egal sein, wenn ein ganzer Berufsstand vor die Wand gefahren wird.

Am Anfang des «Hospitals» stand die Gastfreundschaft, die Idee, dass ein Mensch, der leidet, Hilfe bekommt, und zwar unabhängig von seinem Einkommen und seiner Nützlichkeit für die Gesellschaft. Ein Patient ist kein «Kunde». Die erste Frage sollte auch heute noch lauten: Wie kann ich helfen?, und nicht: Wie mache ich mit deinem Leid 20 Prozent Gewinn? Was wurde aus Zuwendung, Mitgefühl und Solidarität in einer Zeit von «Patientengut», «Basisfallwert», «mittlerer Grenzverweildauer» und «Codierverantwortlichen»?

Wo aber Gefahr ist, wächst das Rettende auch – und deshalb möchte ich am Ende dieses Buches ohne jeden Versuch, das komisch zu gestalten, wagen, zu träumen. Zu träumen, dass sich in unserem Gesundheitssystem etwas bewegt.

«Das Wohl des Kranken ist das höchste Gesetz.» Obwohl dieser Satz über 2000 Jahre alt ist und Hippokrates zugeschrieben wird, ist er sehr modern und wichtig.

Das Gesundheitssystem ist kein Selbstbedienungsladen. Um nicht alles zu machen, was geht und was sich abrechnen lässt, sondern so wenig wie möglich, braucht es Patienten, die mitdenken, mitreden und mitentscheiden. Und die einen Ansprechpartner haben. Das ist möglich! In den USA erhielten fünf Millionen Patienten auf einem sicheren Patientenportal Zugang zu all ihren Daten, ähnlich wie beim Online-Banking. Es zeigte sich, dass Patienten gerne und bewusst die Kontrolle und einen aktiven Part in ihrer Behandlung übernahmen. Sie waren gut informiert, verstanden besser, unter welcher Krankheit sie litten, welche Therapien notwendig waren, und hielten sich auch daran. Alle waren zufriedener, und die Behandlungen waren erfolgreicher. Das Arzt-Patienten-Verhältnis wurde nicht wie befürchtet untergraben, sondern das Vertrauen intensivierte sich, weil man im Gespräch viel genauer über die offenen Punkte reden konnte. Professor Tobias Esch hat die Testphase der offenen Krankenakte ausgewertet: «Die Ärzte hatten die Möglichkeit, am Ende unserer Forschungsphase wieder zum alten Modell zurückzukehren. Aber alle wollten weiter mit ‹open notes› arbeiten.»

Erste Versuchsballons für Deutschland sind in Planung. Aber der Widerstand ist groß: Fast ein Drittel der Ärzte hierzulande ist der Ansicht, dass die Selbstinformation die Patienten meist verwirre und das Vertrauen zum Arzt beeinträchtige. Genauso hatten die amerikanischen Ärzte auch gedacht. Bis sie es ausprobierten.

Wenn Patienten dazu noch einen Gesundheitslotsen an ihre Seite bekommen, der sie durch den Dschungel der Therapien, Verordnungen und den Papierkram führt, können sie sich auf das konzentrieren, wozu sie sonst vor lauter Überforderung nicht kommen: wieder gesund zu werden. Ein vorbildliches Projekt dieser Art hat die Schlaganfallhilfe begonnen. Patienten werden bereits vor der Entlassung aus dem Krankenhaus kontaktiert und die wichtigsten Schritte für die neue Situation zu Hause eingeleitet.

Ich träume davon, dass dadurch das klassische paternalistische Machtgefälle in der Kommunikation zwischen Arzt und Patient zum Auslaufmodell wird und stattdessen das Gespräch auf Augenhöhe und ein gemeinsamer Entscheidungsprozess die Zukunft sind.

Über die Hälfte der Deutschen haben Probleme, unterschiedliche Behandlungsoptionen zu beurteilen, Packungsbeilagen zu entschlüsseln oder zu entscheiden, wann eine Zweitmeinung sinnvoll ist. Diese Gesundheitskompetenz, international «Health Literacy» genannt, liegt bei uns unter dem europäischen Durchschnitt, und das hat Konsequenzen: Menschen mit eingeschränkter Gesundheitskompetenz wissen nicht, wohin sie sich mit ihren Problemen wenden sollen. Sie werden häufiger im Krankenhaus und im ärztlichen Notdienst behandelt, was aufwendiger, aber oft nicht besser und nachhaltiger ist. Bildungsnotstand ist keine Naturgewalt. Die effektivste Förderung greift vor der Schulzeit.

Eine Studie der Stiftung Lesen zeigt: Jeden Euro, den wir in die

HANDY

frühkindliche Bildung investieren, bekommen wir als Gesellschaft fünfundzwanzigfach zurück. Weil diese Kinder einen Schulabschluss machen, einen Beruf ergreifen, Steuern zahlen und weniger krank werden.

Ich träume davon, dass wir in einer Gesellschaft leben, in der Kindern beigebracht wird, was es heißt, gesund zu essen und zu trinken, sich zu bewegen und zu entspannen, sich selbst zu mögen und Freunde zu haben, Probleme und Konflikte zu lösen, kritisch denken und nein sagen zu können. Lobend erwähnen möchte ich «Klasse2000», was im Jahre 2016 nicht mehr ganz so visionär klingt, aber heute genauso dringend gebraucht wird wie 1991, als diese Initiative von Ärzten in Nürnberg begründet wurde. Klasse2000 begleitet Kinder spielerisch von Klasse 1 bis 4. Das Ergebnis: Am Ende der 7. Klasse rauchten die ehemaligen Klasse2000-Kinder seltener und waren seltener schon einmal betrunken. Ein anderes Programm zum Lernen von Gesundheit, Glück und Verantwortung ist unter dem Namen «Gemeinsam leben lernen» kostenfrei im Netz verfügbar, für Lehrer und alle Interessierten.

Ich träume von einer Forschung, die für uns Menschen betrieben wird. Der Herausgeber des British Medical Journal hat vorgerechnet, dass von 25 000 veröffentlichten Forschungsarbeiten genau eine für Patienten in der täglichen Versorgung relevant wird. Öffentliche Forschungsgelder sollten nicht nur der Grundlagenforschung dienen, sondern im gleichen Maße der Versorgungsforschung – und der großen Frage: Was brauchen Menschen in der realen Welt, was wird wie genutzt, und woran scheitern sinnvolle Maßnahmen im Alltag? Das Wissen sollte frei zugänglich sein, verständlich aufbereitet, mit klaren Spielregeln, wie man über Nutzen und Risiken in Faktenboxen so informiert, dass schnell klar wird, ob eine Intervention Sinn macht oder nicht. Und so träume ich von einer Suchmaschine der Vernunft: von einer Internetplattform, die als erste Anlaufstelle für Gesundheitsfragen dient und kompetent und verständlich den aktuellen Stand des Wissens für Ärzte, Patienten und Angehörige vermittelt. Öffentlich finanziert, werbeunabhängig, erstellt von den besten Wissenschaftsvermittlern mit den besten Beiträgen und Autoren, die es zu den Themen gibt. Inklusive aller Beiträge, die das öffentlich-rechtliche Fernsehen und Radio produzieren.

Ich träume davon, dass die Magie wieder Einzug in die Medizin hält und diese sich mehr auf ihre Wurzeln besinnt. Der Placeboeffekt ist keine Täuschung, sondern eine Bestärkung des Patienten. Jedes Medikament und jede Behandlung wird wesentlich wirksamer, wenn Vertrauen und eine positive Erwartungshaltung das gemeinsame Ziel unterstützen. Der Wunsch nach einer ganzheitlichen Betrachtung sollte nicht außerhalb der Medizin stattfinden, sondern mittendrin. Wenn Menschen etwas Zauber brauchen, um sich zu motivieren, warum geben wir ihnen den nicht? Der Gesundheitsmarkt ist eben keine reine Wissenschaft, sondern immer auch Unterhaltungsindustrie. Aber die «Show» der Mediziner, ihre Fähigkeit, zu spüren, was wer braucht, all das ist in den letzten 100 Jahren ignoriert worden, mit dem Ergebnis einer tiefen Krise des Vertrauens in die Wissenschaft bei gleichzeitiger Überbehandlung und Flucht in die Alternativmedizin. Oft agieren Ärzte wie Statisten in einem Theaterstück, und keiner hat ihnen gesagt, dass sie eine wichtige Rolle und vor allem Text haben. Auf zentrale Aufgaben bereitet das Studium praktisch nicht vor: Wie geht man mit den vielen Grenzsituationen um? Mit Leben und Tod? Mit schwierigen Therapieentscheidungen, mit Hoffnungen und Erwartungen, die man oft nicht erfüllen kann? Wie führt man Patienten, wie motiviert man, wie gelingt Lebensstilveränderung nachhaltig? Dazu braucht es nicht nur Wissen, es braucht Persönlichkeit, es braucht Vorbilder und eine Diskussion, welche Werte das Handeln leiten. Ich träume davon, dass der Notenschnitt beim Abitur nicht das einzige Kriterium ist, um für diesen wichtigen Beruf zugelassen zu werden.

Ich träume von einer Medizin, in der der Mensch im Vordergrund

HANDY

steht. Ein Gespräch dazu hat mich sehr erschüttert: Die beste «Investition» in unsere Gesundheit sind gute Bedingungen in den ersten neun Monaten unseres Lebens vor der Geburt. Was in dieser Zeit schiefgeht, weil eine Mutter nicht gut auf sich achtet, raucht, trinkt, Drogen nimmt, geschlagen wird, vermeidbare Infektionskrankheiten zu Frühgeburten führen, hat Folgen für ein ganzes Leben. Hebammen haben oft einen besseren Zugang zu prekären Familien. Ihnen vertrauen sich die Frauen mit ihren Nöten an, und wenn eine tragfähige Allianz entsteht, entsteht auch eher ein gesundes Kind. Ich fragte den Chef einer großen Krankenkasse, warum sie nicht massiv in die Familienhebammen investiert, wenn doch klar ist, dass damit unglaublich viel Leid und auch viel Geld für spätere medizinische, therapeutische und soziale Maßnahmen gespart werden kann. Die Antwort kam prompt: «Wer garantiert mir, dass dieses Kind einmal in meiner Kasse versichert ist?»

Das Elend unseres Systems, das wurde mir in diesem Moment klar: Keine Institution, keine Kasse, kein Arzt und kein Amt hat den Menschen von der Zeugung bis zum Tod in einem großen Bogen auf dem Schirm. Jeder ist für jeweils einen kleinen Abschnitt oder Aspekt unseres Lebens zuständig, und damit verschenken wir unglaublich viele Ressourcen und Lebenszeit. Gesundheit wird in Deutschland oft als ein individuelles Gut betrachtet, für das jeder selbst verantwortlich ist. Das ist nur ein Teil der Wahrheit. Unsere Gesundheit hängt stark von den Menschen um uns herum ab, nicht nur bei Impfungen und Infektionen, sondern auch bei vielen «nicht-übertragbaren» Krankheiten. Stress, Depression, Übergewicht bis hin zu Unfällen und Gewalterfahrungen sind zu einem guten Teil keine Fragen des Individuums, sondern der prägenden Gesellschaft. Ich kann mich auch nicht selbst reanimieren, wenn ich auf der Straße wegen eines Herzstillstands umfalle. Je mehr Menschen sich mit erster Hilfe auskennen, desto sicherer und gesünder leben wir alle. Breite und sichere Fahrradwege leisten mehr für die

Prävention von Verletzungen und Herzinfarkten als ein Fahrradhelm oder blutdrucksenkende Tabletten. In Kopenhagen fahren viel mehr Menschen mit dem Rad zur Arbeit als in Berlin oder Hamburg, weil es in Dänemark viel entspannter möglich ist. Automatisch tun diese Menschen etwas für ihr Herz, ihre Stimmung und ihre Ausdauer, aber Krankenkassen sind nun mal nicht für Fahrradwege zuständig. Zu einer derartigen Betrachtung der Gesundheit als öffentliches Gut gilt es zurückzukehren, weil der Reparaturbetrieb menschlich und finanziell längst an seine Grenzen stößt.

Humanmedizin heißt auch, dass jeder Mensch ein Recht darauf hat, nicht perfekt zu sein, nicht zu funktionieren, Hilfe zu brauchen. Die Menschen leiden manchmal mehr an den zu großen Erwartungen an das Leben als am Leben selbst. Es kann entlasten, wenn wir anerkennen, dass man eben nicht alles in der Hand hat. Und dass der Tod keine Beleidigung der medizinischen Kunst darstellt, sondern dass ein würdiges Sterben zum Leben und zur Medizin dazugehört. Eine echte Humanmedizin schaut über den Tellerrand hinaus und hilft mit ihrem Wissen auch dort, wo es am Nötigsten fehlt.

Ganz schön ernste Themen für jemanden, der als Hofnarr des Systems versucht, positive Veränderungen anzustoßen. Aber vielleicht verstehen Sie jetzt besser, was mich antreibt und wo jeder von uns mithelfen kann, unser Verständnis von Humanität vor dem Kalkül der Ökonomie zu retten. Es gibt überall im Gesundheitswesen immer noch Gott sei Dank sehr viele engagierte Menschen, die jeden Tag mit anpacken, an ihre Grenzen gehen und für andere da sind. Sie entwickeln tolle Ideen, zukunftsweisende Projekte und haben phantastische Erfolge – und jeden Tag passieren «Wunder», im Kleinen wie im Großen.

All diesen Menschen möchte ich danken, ihnen meinen Respekt aussprechen, und ich hoffe sehr, dass immer jemand für Sie und mich da ist, wenn wir jemanden brauchen.

Vielleicht ist das ganze Leben wie eine
Wunderkerze: Es brennt ab, so oder so –
wundern müssen wir uns selbst!

Dank

Mein erster Dank geht an meine Familie. Dicke Bücher über Gesundheit zu schreiben, ist an sich nicht besonders gesund: Man sitzt viel, ist im Kopf oft woanders, schläft wenig und verpasst viel gemeinsame Zeit. Danke für das Durchhalten! Und die nächsten Ferien werden entspannter – versprochen! Die Geschichte mit dem Pusten bestreitet meine Mutter in dieser Form, aber noch besser kann ich mich an das sogenannte Bauchwehtuch erinnern, ein altes rosafarbenes Wolltuch mit magischen Eigenschaften. Das hätte ich gebraucht, während ich dieses Buch schrieb. Aber mit der Abgabe hat sich mein Magen wieder beruhigt. Also, danke an meinen Körper und meinen Rücken, der mir die Vernachlässigung nicht krummgenommen hat.

Mein Kernteam für dieses Buch:
Amanda Mock, Biologin, Wissenschaftsjournalistin und Achtsamkeitsaktivistin, die Fakten checkt, den Überblick behält und im Chaos durchatmen hilft!

Rolf Degen, Psychologe, wandelndes Lexikon und findiger Rechercheur. Er versorgt mich seit Jahren mit Studien, Widerspruch und Humor. Sein Blog ist sehr zu empfehlen.

Susanne Herbert, seit 15 Jahren meine Managerin und vom ersten Buch an mit dabei, die vielen Ideen in die Tat umzusetzen, und immer da, wenn sie gebraucht wird – und das wurde sie!

Andy Hartard von Herbert Management, die mich mit ihrem Feedback nie verschont hat, um das Buch lesbarer zu machen. Dank auch an das ganze Wunderheiler-Tourteam, stellvertretend an **Sabine Frankl**, **Julia Pohlmann** und **Christian Zumstein**, **Christoph Reuter** und die Crew.

Für die Grafiken: «Die Basis» **Jörg Asselborn** und **Jeanne van Stuyvenberg**. **Jörg Pelka** für den Zauberpinguin. **Dirk von Manteuffel** für die «Plazebo»-Anzeigen.

Welche Liebe zum Detail und welche Hingabe in der Herstellung stecken, ahnt hoffentlich jeder, der dieses Buch in der Hand hält – verantwortlich im Rowohlt Verlag: **Julia Suchorski**, **Susanne Frank**, **Julia Vorrath**, **Matthias Wendt**, **Christine Lohmann** und natürlich die Chefin von det Janze (Berlinerin), die wunderbare **Barbara Laugwitz**!

Das erweiterte Team, das mitgefiebert und kommentiert hat:
Tobias Esch, der mit seinen Forschungsarbeiten zur Mind-Body-Medizin, zur Neurobiologie des Glücks und dem Projekt «open notes» immer wieder den großen Bogen schlägt vom Hirn zum Herzen, von der Wissenschaft in die allgemeinmedizinische Versorgung, von Harvard nach Witten / Herdecke. Danke für die Anregungen zur Meditationsforschung und Naturheilkunde.

Eva Albermann für die vielen Anregungen zu den Themen Homöopathie, seelische Gesundheit und das schöne Foto mit dem Wolkenvogel.

Maria Bley, die alle Termine koordiniert und das Foto vom inneren Schweinehund beisteuerte.

Mein Club der Visionäre

BESSER MIT HELM.

DR.
RHOMBERG

Viele Menschen haben mich begeistert und begleitet. Um dieses Buch lesbar zu halten, verzichte ich auf ein fachgerechtes Zitieren. Aber einigen möchte ich danken und sie Ihnen unbedingt vorstellen, denn sie leben alle nach dem Motto von Kurt Marti:

Wo kämen wir hin, wenn alle sagten, wo kämen wir hin, und keiner ginge, um zu sehen, wohin wir kämen, wenn wir gingen?

Die Heiler und Zauberer: Das «Walter-Wunder» passierte bei einem Seminar von **Art Reade**, dem ich viel verdanke. Dank auch an **Tina Sackermann**. An die magische Geschichte der Medizin kam ich über **Robert Jütte**, «Die Geschichte der Alternativmedizin», und **Eckart Straube**, «Heilsamer Zauber». **Christoph Quarch**, Philosoph und Kenner der «Spirit-Szene», über den ich **Angaangaq** kennenlernen durfte. Meine Vorbilder in der Zauberkunst, die Unterhaltung und Aufklärung miteinander verbinden: **Penn & Teller**, **James Randi** und hierzulande **Thomas Fröschle** und **Thomas Fraps**. **Annalisa Neumeyer** für ihre Ideen und Bücher zum «Therapeutischen Zaubern». Der wunderbare Coach **Jens Corssen** mit seiner Bettkantenübung und Sätzen wie: «Da, wo ich bin, will ich sein – alles andere war mir in meiner Vorstellung zu teuer.»

Hilfreiche Institutionen: Jürgen Graalmann und **Harm van Maanen**, die mit ihrer Kenntnis über das Gesundheitswesen nicht nur als «Brückenköpfe» beraten, sondern wichtige Themen nach vorne bringen, zum Beispiel mit unserem gemeinsamen Engagement für den Deutschen Pflegetag. **Guido Bockamp** vom Konsumentenbund, die Skeptiker der GWUP mit **Bernd Harder**, **Peter Brugger**, **Natalie Grams** und das Informationsnetz Homöopathie, die Berater von Sekten-Info NRW. **Klaus Koch** von Gesundheitsinformation.de für die gemeinsame Vision einer «Suchmaschine der Vernunft». **Heidrun Thais** von der Bundeszentrale für gesundheitliche Aufklärung. Das Netzwerk Evidenzbasierte Medizin mit **David Klemperer** und **Daniel Strech**.

Die Wissenschaftsjournalisten: Sebastian Herrmann, der seit Jahren gegen den Gesundheitswahn anschreibt und dabei den Humor nicht verliert. **Nicola Kurth** – für ihre Recherchen zu MMS und ihren Einsatz für guten Wissenschaftsjournalismus. Wie man Sensationsmeldungen auf ihren Gehalt überprüfen kann, steht auf medien-doktor.de. **Christoph Drösser** für seine «Scheinkorrelationen». **Bernhard Albrecht** vom *Stern* für seine preisgekrönte Recherche über die «Unheiler». Und **Claudia Ruby** und **Hristio Boytchev**, die ebenfalls Licht in das Dunkel der gefährlichen Fehlberatung bei Krebserkrankungen brachten. Dem **WDR** mit **Karin Kuhn**, **Siegmund Grewenig**, **Michael Kerkmann** und **Hilla Stadtbäumer** und dem Team von **Ansager & Schnipselmann**, mit denen ich «Frag doch mal die Maus» und «Hirschhausens Quiz des Menschen» machen darf, mit so unvergesslichen Momenten wie dem Tanzen mit Paddy und echter Lebensrettung. **Familie Tammen** für die Bereitschaft, die Geschichte der Wiederbelebung des Mannes öffentlich zu machen, um viele zu ermutigen: Jeder kann mit einer beherzten Herzdruckmassage Leben retten! **Daniele Jörg** (WDR), **Martin Schneider** (SWR) und das **Team von Bilderfest**, mit denen ich die Reportage im Altenheim für die ARD machen durfte. Und **Christoph Koch**, der das für den *Stern* umsetzte.

Beeindruckende Forscher und Ärzte: Jan Oude-Aost, Arzt an der Autismus-Ambulanz der Uni Dresden und Skeptiker, für seine hilfreichen Ideen zur Impfkontroverse und Anmerkungen zu den Texten. Drei Placeboforscher in Deutschland gaben mir Einblicke in ihre Arbeit: **Ulrike Bingel**, **Karin Meissner**, **Christian Büchel**. **Bernard Lown**, Kardiologe in Harvard und Begründer der IPPNW (Internationale Ärzte für die Verhütung des Atomkrieges, Ärzte in sozialer Verantwortung), für seine essenziellen Bücher «Die verlorene Kunst des Heilens» und «Heilkunst». **Prof. Gerd Gigerenzer** vom Harding-Zentrum und **Prof. Dr. Walter Krämer** für ihre Pionierarbeit zur Psychologie der Risikowahrnehmung und Entscheidungsfindung. Sebastian Funk für die Wahrscheinlichkeiten beim Aura-Spüren.

Doris Schäfer und **Kai Kolpatzik** für ihren Einsatz zum Gesundheitswissen. Dem **Team von Klasse2000** und **Petra Kolip** für die Gesundheitsförderung in der Schule. **Günther Jonitz**, Präsident der Berliner Ärztekammer, für seine Pionierarbeit für die «Aktion Patientensicherheit» und für eine Wertorientierung in der Medizin. **Tanja Manzer**, die das erste Institut für Patientensicherheit leitet. **Cornelia Betsch**, die an der Universität Erfurt Kommunikation auf ihre Wirksamkeit überprüft. **Gerd Antes**, die graue Eminenz der Evidenz, Leiter des Deutschen Cochrane Zentrums, für seine unermüdliche Art nachzufragen: Wo ist der Beweis? **Andreas Michalsen** und **Gustav Dobos**, die mir in ihren Kliniken in Berlin und Essen zeigten, was die Naturheilkunde kann. **Ulrich Rüfer**, beherzter Onkologe und Visionär der visuellen Patienteninformation, für die Ideen, Patienten durch intelligente Onlineplattformen zu gemeinsamen Entscheidungen («Shared Decision Making») zu befähigen. **Jürgen Schäfer** von der Uniklinik Marburg vom Zentrum für unerkannte und seltene Erkrankungen. **Gunter Frank** für sein Engagement gegen den galoppierenden Unsinn bei Diät- und Ernährungsberichten.

Bernhard Trenkle und **Barbara Wild** für den Humor in der Psychotherapie. Dem Team von HUMOR HILFT HEILEN, **Catrin Lutz**, **Susanne Prüfer**, **Kerstin Kind**, **Karin Hoffmann**, und allen Trainern und Clowns, die Freude ins Gesundheitswesen bringen. **Ernil Hansen**, der Ärzte auf die Auswirkungen ihrer Worte aufmerksam macht. **Bruno Müller-Oerlinghausen** für «Gute Pillen – Schlechte Pillen». **Eva Winkler** und **Eckhard Nagel** für ihre Impulse zur Ethik in der Medizin. **Ulrich Hegerl** von der Stiftung Deutsche Depressionshilfe. **Britta Hölzel** für die Einblicke in die Meditationsforschung. **Jon Kabat-Zinn** für den wunderbaren Satz: **Solange du atmest, ist mehr an dir gesund als krank!**

In diesem Sinne:

Euch allen ein großes Dankeschön und einen langen Atem!

...CHEN IST DIE BESTE MEDIZIN.

HUMOR HILFT HEILEN

...und 20 Jahren kam die Idee nach Deutschland, Clowns in Krankenhäuser zu bringen. Gesunde ...en sich kranklachen – und Kranke gesund. Professionelle Klinikclowns bringen Leichtigkeit, muntern ...e und große Patienten auf und stärken Hoffnung und Lebensmut. Dr. Eckart von Hirschhausen ...stützt diese Idee seit 2008 mit der bundesweiten Stiftung HUMOR HILFT HEILEN.

...rdert werden:
...lownsvisiten für Kinder, Erwachsene und Senioren
...orkshops für Pflegekräfte und Ärzte
...issenschaftliche Begleitforschung

Das Team von HUMOR HILFT HEILEN

SCHENKEN SIE EIN LACHEN

...e dürfen überweisen! Für mehr gesundes Lachen im Gesundheitswesen sind wir auf Ihre Spenden angewiesen. Danke für Ihre Unterstützung!

≫→ SPENDENKONTO
...MOR HILFT HEILEN + Postbank Hamburg + IBAN DE 24 2001 0020 0999 2222 00 + BIC PBNKDEFF

↘ Mehr zu unseren Projekten erfahren Sie unter: www.HUMORHILFTHEILEN.de

Bildnachweis

Seite 5 © Marga van den Meydenberg

Seite 10, 93, 169, 194 / 195, 243, 333, 381, 441, 477, 490
    © Michael Zargarinejad

Seite 28 © Lüttes Welt / ideapro GmbH

Seite 36 © Dan Meyer, Schwertschlucker

Seite 67 © Sven Nieder

Seite 109 © Jan Niklas Satzke

Seite 122, 134 (unten) © Dirk Borm

Seite 207 (oben) © BDA / DGAI

Seite 207, 407 (unten) © WDR / Max Kohr

Seite 251 © Ryota Kanai

Seite 268 © Welthungerhilfe / Nutz

Seite 325, Lucas Cranach der Ältere, Der Jungbrunnen © unbekannt

Seite 342 © Gute Pillen schlechte Pillen

Seite 373 © Volker Brinkmann / Max-Planck-Institut für
    Infektionsbiologie, Berlin

Seite 425 © Jonas Natterer

Alle weitere Bilder © privat

Ursprung der Wunder

Klippen
Abzoc

Halbinsel der
Halbwahrheiten

Behandlungsgru

Kontrollgru